D1727033

PETER KRASSA

DEIN SCHICKSAL IST VORHERBESTIMMT

»*Zerbrechen Sie sich nicht den Kopf damit,
sich die vierte Dimension vorstellen zu wollen.
Es ist absolut unmöglich, sie sich vorzustellen,
dennoch gibt es sie, und die Hyperräume
und ihre Existenz sind unbestreitbar.*«

HENRI POINCARÉ (1854–1912),
französischer Mathematiker

PETER KRASSA

DEIN SCHICKSAL IST VORHERBESTIMMT

Pater Ernettis Zeitmaschine
und das
Geheimnis der Akasha-Chronik

Vorwort: Viktor Farkas

Mit 37 meist farbigen Fotos

HERBIG

Bildnachweis:

Archiv des Autors: 1, 2, 3, 4, 5, 6, 7, 8, 11, 12, 13, 15, 16, 20, 21, 22 (nach einem Gemälde von Tommaso da Modena aus dem Jahre 1352), 23, 24, 25, 26, 27, 28, 29, 31, 33, 34, 35, 36, 37, Vor- und Nachsatz; Anke und Horst Dunkel: 9, 10; Miriam Berkley: 14; Bonechi Editore, Firenze: 17; Edizione Segno, Udine: 18; Fotostudio Haslinger, Wien: 19; Reinhard Habeck: 30; Nuova Editoriale, Venezia: 32.

Obwohl sich Verlag und Autor bemüht haben, zu sämtlichen Abbildungen des Buches die erforderliche Nachdruckerlaubnis einzuholen, ist es uns nicht in allen Fällen gelungen, die jeweiligen Rechteinhaber ausfindig zu machen. Sofern diese uns in Kenntnis setzen, werden wir selbstverständlich bemüht sein, die Inhaber der betreffenden Bildcopyrights in künftigen Buchausgaben namentlich zu nennen.

Vor- und Nachsatz:
Wie Sand zwischen den Fingern zerrinnt die Zeit. Sie aber ist nur für uns Menschen, als die intelligentesten Geschöpfe des »blauen Planeten« Erde, von essentieller Bedeutung. Für die »Akasha-Chronik«, das sogenannte Weltgedächtnis, ist Zeit völlig belanglos. Wer in jenes »Astrallicht« zu schauen vermag, wo Vergangenheit, Gegenwart und Zukunft ein einheitliches Ganzes darstellen, wo alles gleichzeitig geschieht, dem eröffnen sich zeitlose Erkenntnisse. Ihm wird alles offenbar, denn die »Akasha-Chronik« ist endlos und ewig...

Gedruckt auf chlorfrei gebleichtem Papier

© 1997 F. A. Herbig Verlagsbuchhandlung GmbH, München
Alle Rechte vorbehalten
Umschlaggestaltung: Wolfgang Heinzel
Umschlagbild: Michael Bober, Berlin
Satz: Schaber Satz- und Datentechnik, Wels
Gesetzt aus 10,5/12,5 Punkt Stempel Garamond in PostScript
Druck: Jos. C. Huber KG, Dießen
Binden: R. Oldenbourg, München
Printed in Germany
ISBN 3-7766-2003-X

Inhalt

Viktor Farkas: Vorwort

Fallstricke der Zeit

Zu den ältesten Träumen der Menschen gehörte es schon immer, die Zeit zu enträtseln, wobei der Wunsch, den Vorhang vor der Zukunft zurückzuziehen, naheliegenderweise größer war, als der, alles über die Vergangenheit zu wissen. Aber auch der Drang nach genauer Kenntnis zurückliegender Vorgänge ist nicht schwächlich ausgeprägt, schon deswegen, weil es neben dem hehren Streben nach der geschichtlichen Wahrheit den weit stärkeren Anreiz gibt, zu wissen, wer wo welche Schätze verbuddelt hat, auf daß man sie ausgrabe.

Die Zeit rinnt einem nicht nur durch die Finger, sondern sie repräsentiert auch eines der größten Mysterien überhaupt – sowohl für Philosophen, Esoteriker, Mystiker als auch für Naturwissenschaftler. Sie ist plastisch. Sie verändert sich je nach Bezugssystem (in einem bewegten System durch die Geschwindigkeit, und in einem ruhenden durch Gravitation, manchmal auch beides kombiniert). Sie hat keinen Anfang und kein Ende. Sie wurde im Urknall geschaffen oder sie ist ein reines Produkt unseres Geistes. Fast wäre man versucht, es jedem einzelnen freizustellen, was die Zeit für ihn darstellt, aber ganz so liberal ist die Sache wieder nicht.

Wie nicht anders zu erwarten, hat die Hinterhältigkeit der Zeit es nicht nur Wissenschaftlern, sondern auch Science-fiction-Autoren angetan. Einige von ihnen, die meisten davon mit einem wissenschaftlichen Background, zeigen in Stories, daß alles noch viel schlimmer sein könnte, als man immer schon befürchtete – ebensogut aber auch völlig ungefährlich. Einige besonders signifikante Beispiele machen Eckpfeiler deutlich und sprechen bizarre Aspekte des Umgangs mit dem Phänomen Zeit an.

Frederic Brown, der unangefochtene Meister der »Kürzest-Kurzgeschichte mit Knalleffekt«, schildert in »Das Experiment« die Tücken, die schon einem kleinen Zeitmaschinenmodell innewohnen. Ein Universitätsprofessor stellt seinen Kollegen besagtes Modell vor, das entfernt an eine Briefwaage erinnert. Er legt einen Messingwürfel auf eine Schale am oberen Teil der Maschine und erklärt, das Objekt werde fünf Minuten in die Zukunft geschickt. Der Würfel verschwindet und erscheint tatsächlich fünf Minuten später wieder. Nun zum umgekehrten Experiment.

Der Würfel soll in die Vergangenheit, wobei dies eine etwas kompliziertere Prozedur erfordert: Zuerst muß der Würfel erscheinen, um fünf Minuten später zurücktransportiert zu werden. Der Würfel erscheint. Fünf Minuten vergehen. Als der Professor ihn zum Transport in die Vergangenheit auf die Schale legen will, fragt ein Kollege, ob der Würfel auch verschwinden würde, wenn er nicht auf der Schale läge, oder ob es zu einem Paradoxon käme. Der Erfinder ist fasziniert. Er plaziert den Würfel zum erforderlichen Zeitpunkt nicht auf der Schale. Tatsächlich verschwindet der Würfel *nicht* – wohl aber *das gesamte restliche Universum*.

Das Paradoxon kann sich auch weniger spektakulär zeigen. Es kann den Betroffenen sogar völlig verborgen bleiben. In *William Tenns* »Brooklyn Project« halten Wissenschaftler die Gefahr einer Gegenwartsveränderung für praktisch Null. Eine Zeitmaschine namens »Chronar« soll zur Sammlung von Informationen vier Milliarden Jahre in die Vergangenheit geschickt werden und sich in mehreren Pendelbewegungen mit Hilfe einer Art Zeitzwilling vorsichtig bis etwa vor fünfzehntausend Jahren in Richtung Gegenwart bewegen. Dabei wird sie in einer sicheren Höhe über der Erde schweben. Das Experiment trägt den Namen »Operation Periskop«, da sozusagen ein solches in die Vergangenheit geschoben wird. Es findet vor Journalisten statt, die auf einem Großbildschirm die Sammlung der Daten mitverfolgen können. Nach Meinung der leitenden Wissenschaftler und der staatliche Stellen, die den »Chronar« auch als Wunderwaffe einsetzen wollen, kann so gut wie nichts geschehen. Nichts wird sich verändern.

Die Operation beginnt. I: Der Chronar schwebt vor vier Milliarden Jahren in einer Wolke über der brodelnden Proto-Erde. Er verdrängt Luft, dadurch entsteht Regen… II: Der Chronar schwebt vor zwei Milliarden Jahren über der Erde. Gasmassen umpeitschen ihn. Einige komplexe Moleküle kollidieren mit ihm und verlieren dabei ihre Basisstruktur ... III: Der Chronar erscheint vor einer Milliarde Jahren über der Erde und vernichtet dabei einen Dreilappkrebs ... Und so geht es dahin, neunzehn Pendelschläge lang. Zwischen den einzelnen Phasen verstummen immer mehr von denen, die eine Veränderung der Gegenwart für möglich gehalten hatten. Schließlich ist der Versuch abgeschlossen.

Der geschäftsführende Leiter des Dezernenten für das Pressewesen trumpft auf: »Wir haben uns nicht verändert!« Und er streckt *fünfzehn purpurrote Fühler* voller Triumph von sich: *»Nichts hat sich geändert!«*

Es kann natürlich auch genau umgekehrt sein. »Die Mörder Mohammeds« in *Alfred Besters* gleichnamiger Story *wollen* etwas verändern, indem sie Mohammed töten. Allein, es tut sich nichts. Die Gegenwart bleibt, was sie war. Frustriert lassen die Zeit-Attentäter jegliche Hemmung fallen und meucheln eine geschichtliche Persönlichkeit nach der anderen, zum Teil nur noch aus dem verbissenen Wunsch, irgend etwas umzuändern, egal was. Vergeblich. Sie scheitern an David Finklesteins *Chronon-Theorie,* die in der theoretischen Physik durchaus ihren Platz findet. Nach ihr ist die Zeit nicht kontinuierlich, sondern besteht aus *Chrononen* – vergleichbar mit den Quanten –, die wie Perlen einer Kette aufgereiht sind. Stimmt die Chronon-Theorie, würden Zeitreisen keine Kausalitätsprobleme aufwerfen, da Paradoxien nicht stattfinden, egal wie man die Zeitperlen der Vergangenheit auch aneinanderreiht und mit ihnen herumfuhrwerkt. Auch die Ur-Selbstzeugung aus *Robert A. Heinleins* ultimater Zeitparadoxie-Story »All You Zombies«, in welcher der Protagonist in die Vergangenheit reist, eine Geschlechtsumwandlung durchmacht, sein dort vorhandenes früheres (männliches) Selbst heiratet und seine eigenen Eltern wird, wäre ein Ding der Unmöglichkeit.

Diese und andere originellen Stories zeigen die vielen Möglichkeiten, Chancen, Gefahren und Hemmschuhe bei Zeitmanipulationen.

Eines ist jedenfalls klar: In dem Moment, an dem der nie rastende Menschengeist einen Weg findet, im Gefüge der Zeit ebenso herumzupfuschen, wie er es im Inneren der Atome und neuerdings im genetischen Code zu tun pflegt, könnten echte

»Zeitprobleme« anstehen. Solange er nur als inaktiver Beobachter auftritt – etwa durch den »Chronovisor«, dem *Peter Krassa* in diesem Buch spannend und unterhaltsam auf der Spur ist –, scheint die Gefahr von Realitätsdefekten und Kausalitätszusammenbrüchen nicht sonderlich groß. Allerdings nur dann, solange sich der Blick in die *Vergangenheit* richtet. Ist es aber möglich, durch den Schleier der Zeit nach *vorne* zu linsen, könnt eine Grenze überschritten werden, hinter der Paradoxien aller Art und Größenordnungen lauern. Vielleicht aber auch nicht. Möglicherweise macht ein Naturgesetz, das man – analog zum »kosmischen Zensor« der Astrophysik, der den Zugang zu »nackten Singularitäten« im Kern von Schwarzen Löchern verhindern soll – »temporaler Zensor« nennen könnte, derartigen Horror unmöglich. Vielleicht wartet aber auch das nach *Larry Niven* benannte »Niven's Law« nur darauf, dem Problem ein für allemal den Garaus zu machen. Der amerikanische SF-Autor Niven, der Mathematik und Physik studiert hat, meinte, selbst wenn Zeitreisen und gegenwartsbeeinflussende Vergangenheitsänderungen möglich wären, würde bei der dauernden Neuschaffung von Gegenwart einmal eine solche entstehen, in der ein Naturgesetz Zeitreisen *unmöglich* macht. Dann wäre endgültig Schluß. Zu all dem kann man nur passend wie selten bemerken: *Time will tell.*

Theoretische Physiker vermuten, daß man das Konstrukt eines »temporalen Zensors« vielleicht gar nicht einführen muß. Möglicherweise verhindern bereits bekannte Konzepte der Physik bei einem Blick in die Zukunft den Zusammenbruch von Kausalität und Wissenschaftlern.

Das Mehrfachweltenmodell der berühmten Princeton-Physiker *Hugh Everett, John Archibald Wheeler* und *Neil Graham* könnte ein solches Konzept sein. Es entstand aus der für Wissenschaftler unbefriedigenden Tatsache, daß eine in die Luft geworfene Münze *nur eine Seite* zeigen kann. Die Parität verlangt jedoch Ausgeglichenheit. Daher *muß* die Münze auch *mit der anderen Seite* nach *oben* zum Liegen kommen. Das kann sie aber nur in einem *Paralleluniversum*.

Dementsprechend besagt die Vielweltentheorie nicht mehr und nicht weniger, als daß es an jedem Entscheidungsknotenpunkt – vom Explodieren einer Sonne bis hin zum subatomaren Quantensprung – zu einer Gabelung kommt: Ein komplettes *neues* Universum entsteht. Dann gibt es eines, in dem die Münze mit dem Wappen *nach oben* liegt und eines, in dem *die Zahl oben* ist. Damit sind alle möglichen Varianten abgedeckt. Philosophen, die ähnliches schon vor langer Zeit mit anderen Worten ausgedrückt haben, meinen, unser Schicksal sei nichts anderes als der individuelle Pfad, den sich jeder von uns durch eine unendliche Zahl möglicher Universen bahnt. Die Frage, ob unser freier Wille oder vielleicht eine Mischung von beiden, wartet noch auf Klärung.

Das wissenschaftlich anerkannte Mehrweltenmodell könnte die Problematik der Präkognition (Vorauswissen, Hellsehen), durch Geisteskraft oder mittels »Chronovisor«, entschärfen. Die Problematik besteht in dem Paradox, daß man ein Ereignis, das man aufgrund von Vorauswissen ändert, gar nicht vorhersehen *konnte.* Daraus entsteht eine ewige Schleife: Voraussehen und ändern, daher Voraussehen nicht möglich. In dem Fall Eintreten des Ereignisses mit der Möglichkeit, es vorherzusehen, womit der ganze Zirkus von vorne beginnt, ad infinitum … Die Mehrweltenversion wäre ein ebensolcher Schutz vor diesem Teufelskreis, wie Finklesteins Zeitquantentheorie. Zu Peinlichkeiten, wie sie in Browns »Das Experiment« oder Tenns »Brooklyn Project« geschildert werden, käme es dann gar nicht.

Damit bleibt der letzte, man könnte sagen *ultimate* Aspekt: Die *Illusion* der Zeit. *Alles ist jetzt!* Jede Information ist simultan vorhanden. *Akasha-Chronik* und das Weltwissen *Tattwamashi* (indischer Begriff für die abstrakten Prinzipien der Existenz) reichen dem Informations-Universum der theoretischen Physik gleichsam die Hand. Der »Raum-Zeit-Gobelin« erstreckt sich ohne Anfang oder Ende ins Unendliche. Wir zeitlichen und endlichen Wesen taumeln auf besagtem Gobelin herum, unwissend, ignorant, dreidimensional.

Gelegentlich gelingt es Begabten, sich mental in einzelne Bereiche des universellen Wissens einzuklinken. Dann haben sie Erleuchtungen, Zukunftsvisionen etc. Diese Vorstellung stammt keineswegs von Esoterikern, sondern wird von einzelnen Wissenschaftlern zur sachlichen Erklärung von PSI-Phänomenen herangezogen. Sie vermuten, ein kosmischer Informationspool, den man als ursprünglich vorhandene »Software« bezeichnen könnte, hätte die spätere »Hardware« (das Universum) hervorgebracht. Setzt man statt des modernen Terminus »Software« die altbekannte Schöpferkraft, dann verschwindet, zumindest bei Nicht-Materialisten, das Unbehagen, das viele bei der Vorstellung empfinden, ein Programm sei vor dem Datenverarbeitungsmechanismus vorhanden gewesen, ja habe ihn sogar erzeugt.

Besagter Datenpool müßte nach Ansicht mancher Fachleute mental angezapft werden können, mit Hilfe von Resonanzphänomenen sogar *gezielt*! Ein solcher selektiver (wenn auch unbewußter) Suchmechanismus wäre dem menschlichen Geist nicht wesensfremd. Immerhin kann jeder von uns, wenn er will, aus einem Orchester ein einzelnes Instrument heraushören. Eine wenig beachtete, aber ungeheure Leistung. Bezeichnenderweise gelingt solches am besten, je harmonischer das Orchester spielt und wird immer schwieriger, wenn Dilettanten fiedeln und blasen. Mit solchen Themen setze ich mich auch selbst in meinen Büchern über unerklärliche und grenzwissenschaftliche Phänomene, Parapsychologie, Esoterik etc. immer wieder auseinander.

Der Autor Peter Krassa versteht es im vorliegenden Buch nicht nur, in gewohnt packender und sachlich fundierter Weise die Geschichte einer großen, geheimnisumwitterten Erfindung zu erzählen, sondern auch die damit verbundenen philosophisch-erkenntnistheoretischen Aspekte von vielen Seiten her auszuleuchten. Bis hin zur fundamentalen Frage, ob alles vorherbestimmt ist, weil ohnedies schon alles passiert ist, oder ob unser Wille nicht doch auch ein Wörtchen mitzureden hat. Viele Wissenschaftler sind der Meinung, er hätte etwas mitzureden. Sie postulieren eine gewisse Entscheidungsfreiheit aufgrund der quantenmechanischen Vorgänge in unseren Gehirnen. Da solche Prozesse der Unschärferelation unterliegen, würden sie wahrscheinlich eine gewisse Nicht-Determinierung (Willensfreiheit) zulassen, und darüber hinaus für spontane Erleuchtungen, Intuitionen verantwortlich sein. Dazu könnten noch undefinierte Freiheitsgrade aus der Natur der Parallelweltentheorie kommen.

Peter Krassa versteht es, diese faszinierende Materie sozusagen »schmackhaft« aufzubereiten. Sein Buch gibt so manchen

Denkanstoß und bringt dem Leser – gewissermaßen als »Draufgabe« – geheimnisvolle Persönlichkeiten (Leonardo da Vinci, Edgar Cayce, den Grafen von Saint-Germain u. a. m.) der Geschichte nahe, die kennenzulernen sich wirklich lohnt. Und mit denen sich der Autor seit vielen Jahren beschäftigt.
Viel Spaß beim Lesen und viele Aha-Erlebnisse …

Viktor Farkas

Viktor Farkas, Jahrgang 1945, ist international tätiger Werbefachmann, Sachbuchautor und freier Journalist. Zuletzt veröffentlichte er »Jenseits des Vorstellbaren« (Wien 1996). Gemeinsam mit Peter Krassa schrieb er »Lasset uns Menschen machen« (Edition Meyster 1985 sowie Berlin 1987). Farkas gilt als besonderer Spezialist für das Genre »Science-fiction«.

1 Akasha:
Das Gedächtnis der Welt

Überlistete Zeit

Ich fürchte, ich kann Ihnen die eigenartigen Empfindungen bei einer Reise in die Zeit nicht verdeutlichen. Sie sind außerordentlich unangenehm. Man kommt sich vor wie auf einer Rutschbahn – hilflos dem rasenden Abgleiten ausgeliefert!...«
So läßt der englische Schriftsteller und Weltfriedensphilosoph *Herbert George Wells* den imaginären Erzähler seines wahrscheinlich berühmtesten Romans »Die Zeitmaschine« über jene Empfindungen berichten, die ihn übermannten, nachdem er zum ersten Mal das unglaubliche Experiment gewagt hatte, mit der von ihm geschaffenen Konstruktion *quer durch die Zeit* zu reisen. H. G. Wells (1866–1946), nach und mit *Jules Verne* der »Vater« und Meister des vielfältigen Genre der Science-fiction, durchbrach mit seiner abenteuerlichen Novelle vordem bestehende Tabus der Phantasie. Ihm setzte später der österreichische Satiriker *Egon Friedell* mit seiner »Rückkehr der Zeitmaschine« ein bleibendes Denkmal. Aber ernsthaft bezweifelte natürlich kein seriöser Wissenschaftler jemals die Tatsache, daß derartige Ausritte in die *vierte Dimension* – der Faktor »Zeit« – wohl nie über rein theoretische Überlegungen hinausgelangen würden.
Mit dem ausklingenden 20. Jahrhundert, drei Jahre vor dem beginnenden 3. Jahrtausend, scheint auch diese Barriere überwunden zu sein. 1988 veröffentlichte einer der genialsten Wissenschaftler unserer Zeit, der englische Mathematiker und Physiker *Stephen W. Hawking*, seine vielleicht revolutionierende Abhandlung »Eine kurze Geschichte der Zeit«, worin er sich auf die »Suche nach der Urkraft des Universums« begeben hatte.
Die dabei von ihm gewonnenen Erkenntnisse könnten epochale Auswirkungen nach sich ziehen. Entgegen Hawkings früher vertretenen Meinung, Zeitreisen seien letztlich nicht realisierbar, hat der an der Universität Cambridge lehrende und forschende, inzwischen 55jährige Wissenschaftler seine Ansicht grundlegend revidiert. Hawking, dem 1979 der Titel »Lucasian Professorship« verliehen worden war (ein weltweit angesehenes Lehramt, das vor ihm nur Geistesgrößen wie Sir *Isaac Newton* und *Paul Dirac*

innehatten), bejaht nunmehr erstmals auch die *praktische* Gegebenheit, in absehbarer Zeit die für bislang unüberwindlich gehaltene Schranke zur »vierten Dimension« zu durchbrechen. Damit sanktionierte er gleichsam die zuvor lediglich für eine utopische Träumerei gehaltene *körperliche* Reise durch die Zeit.

Um ein derartiges Vorhaben aber auch berechnen zu können, müsse der Faktor Zeit »nicht mit realen, sondern mit imaginären Zahlen« gemessen werden, bringt Stephen W. Hawking in seinem jüngsten Werk »Eine kurze Geschichte der Zeit« die Angelegenheit »auf den Punkt«. Zwischen Zeit und Raum, so der Wissenschaftler, verliere sich nämlich der Unterschied, und in der sogenannten *euklidischen Raumzeit* existiere ein solcher zwischen der Zeitrichtung und den Richtungen des Raumes gar nicht. »Die Zeitrichtung liegt auf allen Punkten innerhalb des Lichtkegels, während die Raumrichtungen außerhalb liegen«, macht uns Hawking ausdrücklich auf diese Besonderheit aufmerksam – und außerdem läßt er uns wissen: »Die Naturgesetze machen keinen Unterschied zwischen der Vorwärts- und der Rückwärtsrichtung der Zeit.« Zwar ist mir nicht geläufig, wie weit die Erforschung des Zeitphänomens in den Geheimlabors bereits gediehen ist, um ein Gerät zu entwickeln, das ungefähr jenem der von H. G. Wells erdachten Zeitmaschine zu entsprechen vermag, offenbar ist man aber über erste Versuchsstadien bereits hinausgelangt. Das jedenfalls scheint ein *gelungenes* Experiment in dieser Richtung eindrucksvoll zu beweisen. Darüber soll im folgenden ausführlicher berichtet werden.

Zunächst nur gerüchteweise, dann aber doch mit einigermaßen beweiskräftigen Anhaltspunkten, lancierten verschiedene Zeitschriften und Magazine – und hier vor allem in Italien – die Meldung, wonach eine Gruppe international tätiger Wissenschaftler (in ihrer Mehrzahl renommierte Physiker) jahrzehntelang und völlig geheim an einer Apparatur gewerkt haben soll, welche in gewisser Hinsicht wie eine Zeitmaschine funktioniert habe. Wenn auch keinesfalls körperlich, so doch mit Hilfe eines sogenannten »Zeitfensters« soll es der Crew gelungen sein, Geschehnisse, Örtlichkeiten sowie Personen aus Jahrtausende zurückliegenden Zeitabschnitten via Bildschirm des Gerätes sowohl sicht- als auch hörbar zu machen. Auch für verschollen gehaltene klingende Kostbarkeiten aus Musik und Literatur konnten auf die nämliche Weise aufgestöbert und vor dem Vergessen bewahrt werden.

Um an alle diese unerklärbar scheinenden Dinge heranzukommen, war es notwendig, sich eines Mysteriums zu bedienen, das unter der Bezeichnung *Akasha* ganz besonders im esoterischen Umfeld zu einem Begriff geworden ist. Was bedeutet »Akasha«? Gehen Sie, lieber Leser, einmal von der Annahme aus, daß alles, was auf unserem Planeten jemals vorgefallen ist oder sich irgendwann einmal ereignen wird, *niemals* verlorenzugehen vermag. Daß all unser Tun und Wirken – ebenso aber auch das Einwirken der Natur (wie immer sich das auch auf den Fortbestand unserer Umwelt ausgewirkt haben sollte) von Anbeginn der Zeiten – gleich einer zweifachen Tonspur – sowohl optisch als auch akustisch *aufgezeichnet* wurde. Und wird. Dieser Gedankengang (von dessen Realität aber seine Verfechter absolut überzeugt sind) stammt aus dem fernöstlichen – konkret: *indischen* – Kulturkreis, und hier vor allem hat ihn der *Buddhismus* in Jahrtausende währender Tradition geprägt.

Im europäischen Raum, bei theosophischen und anthroposophischen Gesellschaften, wird dieses Mysterium unbekannter Herkunft als »Akasha-Chronik« begriffen. Ihr bedienten sich jene Wissenschaftler, die unter der Anleitung eines Benediktinermönchs aus Venedig und Inhaber eines Lehrstuhls für antike Musik angeblich befähigt waren, mittels paraphysikalischer Kenntnisse das in der »Akasha-Chronik« auf irgendeine Weise (wie bei einem modernen Computer) »gespeicherte« Wissen *abzurufen* und durch ihr geheimnisvolles Gerät nutzbar zu machen.

Dieses Gerät, in Aussehen und Funktion ähnlich einem *Fernsehapparat*, besaß demnach das Know-how, das überspielte Material aus der »Akasha-Chronik« in bewegliche Bilder und Geräusche umzusetzen. Die an seinem Entstehen Beteiligten nannten es – *Chronovisor!*

Es dürften ungeheuerliche Eindrücke gewesen sein, die auf die Konstrukteure dieser modernen Zeitmaschine einwirkten, als sie längst vergangene Ereignisse (auf die ich noch zu sprechen kommen werde) dem Nebel des Vergessens zu entreißen vermochten, sie in ihrer ganzen Bedeutung wieder sicht- und hörbar machten. Hatten sie doch Einblick genommen in jene wundersame »Akasha-Chronik«, von welcher behauptet wird, daß in ihr Vergangenheit, Gegenwart *und Zukunft* der Welt und ihrer Menschheit enthalten sei. Auch deshalb ist es für das Verständnis dieses Buches wichtig, das Phänomen »Akasha« in seiner ganzen Dimension zu begreifen.

Gespeichertes Wissen?

Alle Zeit ist eins und zeitlos«; diese ganz wesentliche Erkenntnis dämmerte dem Franzosen *Henri Etienne Sainte-Claire Deville* bereits Mitte des 19. Jahrhunderts. Ihm verdankt die Nachwelt bekanntlich die Gesetze der thermischen Auflösung – ein Umstand, der sich später als bahnbrechend in der Herstellung von *Aluminium* erweisen sollte. Zwar ist heute nicht mehr nachprüfbar, ob sich der berühmte Chemiker (1818–1881) damals auch mit dem aus dem indischen Raum zu uns gelangten Phänomen der *Akasha-Chronik* befaßt hat – in jedem Fall aber enthält seine treffende Aussage die Quintessenz aller diesbezüglichen Überlegungen, die sich bislang jener kontroversiellen Thematik widmeten.

Definitive *Beweise*, wonach ein solches »Buch des Lebens« oder auch ein sogenanntes »Weltgedächtnis« tatsächlich existieren könnte, worin alles, was sich auf diesem Globus seit Anbeginn jemals ereignete, aufgezeichnet (oder um es in der Computersprache auszudrücken: »gespeichert«) ist, gibt es nach *objektiven* Maßstäben selbstverständlich nicht. Was uns hier, in der westlichen Welt, aus hinduistischen und buddhistischen Quellen bekannt geworden ist, beruht einzig und allein auf (*subjektiv* zu beurteilenden) Überlieferungen aus Indiens historischem bzw. prähistorischem Nachlaß, fußt somit auf oft jahrtausendealten Traditionen der in diesem fernöstlichen Kulturkreis beheimateten Menschen. Welche Bedeutung verbirgt sich hinter dem Schlüsselwort »Akasha«?

Der Begriff entstammt der *Hindu*-Philosophie. Er entspricht sinngemäß einer der vier Ätherformen. Konkret aber ist damit der *Schall*- oder *Laut*äther gemeint. Weil somit der Begriff »Akasha« als ein Objekt der *Akustik* angesehen werden muß, wird deutlich, daß man darin – wie die Bezeichnung »Akasha-Chronik« zunächst irreführend vermuten ließe – selbstverständlich *nicht* »lesen«, sondern allenfalls *hören* kann.

Womit also beispielsweise der deutsche Theosoph Dr. *Rudolf Steiner* (1861–1925), der jene »Akasha-Chronik« propagierte, in der von ihm verfochtenen Darstellung nicht ganz korrekt vorgegangen war. Er hatte hier als Leitbild vielmehr einen Hinweis des Evangelisten *Lukas* vor Augen, der im Kapitel 10, Vers 20, seiner neutestamentlichen Niederschrift (laut kath. Ausgabe der Pattloch-Bibel aus dem Jahre 1957) die angeblichen Jesus-Worte wiedergab: »Doch freut euch nicht darüber, daß die Geister euch untertan sind; sondern freut euch, *daß eure Namen aufgezeichnet sind im Himmel.*«

Rudolf Steiner war im Zusammenhang mit der von ihm genannten »Akasha-Chronik« durch den französischen Okkultisten und Schriftsteller *Eliphas Lévi* (1810–1875) inspiriert worden, der Jahrzehnte zuvor dieses altindische Mysterium in seinen mehr als zweihundert Werken als *Astrallicht* wiedergegeben hatte.

Es wäre aber ungenügend, das Vorhandensein einer unsichtbaren Substanz wie die »Akasha-Chronik« nur deswegen abzuleugnen, weil sich irgendwelche Esoteriker auf die tatsächliche Existenz derselben eingeschworen haben. Auch in unserem modernen Zeitalter hat dieses Phänomen – freilich unter einem völlig anderen Namen – seine Resonanz und Anerkennung gefunden: Als These von den »*morphogenetischen Feldern*«.

Der wie auch der geniale Physiker und Mathematiker *Stephen W. Hawking* in Cambridge tätige Biochemiker *Rupert Sheldrake*, Dozent am dortigen Clare College und einer der umstrittensten, aber auch interessantesten Wissenschaftler dieser Epoche, hat für seine Hypothese, wonach materie- und energielose Felder *tatsächlich* vorhanden seien, inzwischen den Nachweis angetreten. Diese Felder, so schrieb Sheldrake schon in seinem vor dreizehn Jahren erschienenen Weltbestseller »Das schöpferische Universum«, hätten die Fähigkeit, über Zeit und Raum hinweg zu wirken. Zwar seien sie nicht abschirmbar, könnten sich aber durchaus verändern. Konkret ist damit gemeint, daß, sollte ein Angehöriger irgendeiner biologischen Gattung sich ein neues Verhalten aneignen, es annehmen oder erlernen, sich damit sein eigenes morphogenetisches Feld verändern würde. Sein nunmehr neues Verhalten, so er es lange genug beibehalten sollte, würde dann durch diese morphogenetische Resonanz eine Wechselwirkung zwischen den Gattungsangehörigen, somit bei der gesamten

Gattung, beeinflussen. Sheldrake belegte diese Annahme in seinem Buch durch ein praktisches Beispiel: Hat eine Ratte erst einmal gelernt, sich bei einem Licht/Dunkel-Signal Futter zu beschaffen, dann führt das dazu, daß auch andere Ratten sich diese Methode immer schneller ebenfalls anzueignen vermögen, bis schließlich *sämtliche* Ratten – auch wenn sie nicht von den Versuchstieren abstammen sollten oder jemals mit diesen in Kontakt gekommen sind – sich genauso das Verhalten jener ersten Versuchsratte zu eigen machen werden.

Noch etwas simpler erklärt (so läßt uns der englische Biochemiker wissen) heißt dies, daß die Natur ein *Gedächtnis* besitzt und das, was wir gemeinhin als Naturgesetze zu erkennen glaubten, weit eher *Gewohnheiten* sind. Nach Auffassung von Rupert Sheldrake lebt die Natur in Gewohnheiten bzw. in gelernten *Verhaltensmustern*. So wir also vom Konzept des Gedächtnisses und des gewohnheitsmäßigen Verhaltens ausgehen (wofür Sheldrake seine These von den »morphogenetischen Feldern« entwickelt hat), würde, nach der Meinung des Wissenschaftlers, auf relativ einfache Weise verständlich, wie dieses Konzept getestet bzw. überprüft werden kann: Jedes Stück Natur muß sich demnach – diesem Entwurf zufolge – gemäß den Inhalten des *kollektiven* Gedächtnisses seiner Art verhalten. Angefangen von der eingangs erwähnten Versuchsratte bis hin zu auch *nichtbelebten* Stoffen, wie zum Beispiel einem *Kristall* oder ganz gewöhnlichem *Eisenerz*.

Nach jenem Prinzip scheint es auch dem italienischen Benediktinerpater Ernetti schließlich gelungen zu sein, das Wesen sowie die Funktion der »Akasha-Chronik« in ihrer ganzen Dimension zu begreifen. Sein »Chronovisor« registrierte in höchst sensibler Weise (was wohl vermutlich seiner komplizierten Konstruktion entsprochen haben dürfte) gewisse Wellen, die wir außerstande sind, mit unseren fünf Sinnen wahrzunehmen.

Ursprung und Bedeutung

Viele Esoteriker sind von sich aus der Frage nachgegangen, *wovon* eigentlich der Begriff »Akasha« abgeleitet werden müsse. Um das herauszufinden (oder des Rätsels Lösung wenigstens näherzukommen) muß in die tiefsten Tiefen unseres Unterbewußtseins hinabgetaucht werden. Tatsächlich hat es den Anschein, als ob die Schöpfung von Anfang an darauf aus gewesen sei, nichts von dem, was hierorts zu irgendeinem Zeitpunkt (in Vergangenheit, Gegenwart oder Zukunft) geschehen würde, dem Vergessensein anheimfallen zu lassen. Offenbar soll es »aufgezeichnet« werden, aber auch jederzeit »abrufbar« sein. Ähnlich wie bei einem Videoband. Daß wir das alles wenigstens ansatzweise zu erkennen vermögen, in unserem Unterbewußtsein aufbewahrt zu haben scheinen, mag unseren Genen von jener undefinierbaren Schöpfungsmacht (die wir in Ermangelung einer geeigneteren Bezeichnung »Gott« nennen) gewissermaßen »injiziert« worden sein. Dieses in uns schlummernde Wissen, das irgendwann »erwacht« und dann zur Entfaltung gelangt, spiegelt sich – dem jeweiligen kulturellen Verständnis angepaßt – in den schriftlichen und mündlichen Überlieferungen sämtlicher Weltreligionen wider.

In dem *brahmanischen* Schrifttum wird mit »Akasha« die *kosmische Geist-Substanz* bezeichnet, die alles Sein und Werden in sich enthält. Das sächliche *Brahman* (auch »Brahma«) gilt gemeinhin als das unpersönliche, höchste und unerkennbare Prinzip des Universums aus jener Essenz, aus der alles ausströmt und in die alles wieder zurückkehrt, das unkörperlich, unmateriell, ungeboren, ewig, anfanglos und unendlich ist. Dieses Brahman, aus welchem sich, nach einer alten indischen Lehre, auch der Name *Brahma* (als der Schöpfer der indischen Weltanschauung) ableitet, gilt als »alles durchdringend, belebend den höchsten Gott wie auch das kleinste mineralische Atom«. Altindische Geheimlehren bringen es letztlich »auf den Punkt«: Für sie ist »Akasha« das, »aus welchem alle Kreaturen hervorgingen und wohin sie zurückkehrten«. Akasha, so heißt es, sei »älter als sie alle«, ja sei überhaupt »das allerletzte Ende«.

Das alles sind zwar kluge, jedoch bloß theoretische Gedankengänge. Für den Laien, welcher mit dem Wesen der »Akasha-Chronik« zum ersten Mal konfrontiert wurde, bleiben derartige Erörterungen weitgehend unverständlich. Er fühlt sich in diesem Gewirr hochgeistiger Überlegungen ein wenig verloren und vergleicht sein Bemühen, das Wesentliche dieser vielfältigen Übermittlungen zu begreifen, mit einem Dschungelabenteuer – stetig bemüht, sich mit dem Buschmesser eine Schneise durch das Urwaldgestrüpp zu schlagen.

Auch ich war bei meiner Spurensuche von dem Gedanken getragen (getreu dem Bibelspruch), »die Spreu vom Weizen zu trennen«. Zudem wollte ich der Gefahr entrinnen, in einem Meer von theoretischen Auswüchsen über Wesen und Herkunft der »Akasha-Chronik« hilflos unterzugehen. Dieses Zeitphänomen an sich sollte mir lediglich als Gedankenstütze dienen und es mir ermöglichen, dem Leser solcherart die offensichtliche Funktion jenes Gerätes plausibel zu machen, mit dem sich dieses Buch im wesentlichen beschäftigt:

Dem sogenannten *Chronovisor*.

Dabei handelt es sich um eine Apparatur, ähnlich den uns geläufigen TV-Geräten, über deren tatsächliche Existenz kein Zweifel bestehen kann. In den vergangenen vierzig Jahren auf dem Reißbrett konstruiert und schließlich hergestellt von einer Anzahl hochqualifizierter Wissenschaftler von internationalem Format. Angeleitet aber von einem Theologen, der sich neben seiner seelsorglichen Tätigkeit auch mit physikalischen Aufgaben auseinandersetzte und sich darin zu bewähren wußte. Die Rede ist von dem italienischen Benediktinerpater und Experten für archaische Musik, Professor *Alfredo Pellegrino Ernetti*. Von ihm und seinem ungewöhnlichen Lebenswerk wird auf den folgenden Seiten zu berichten sein.

Ahnung aus dem Unbewußten

Er ist nicht neu, der Gedanke, alles Geschehen, dem wir Menschen auf unserem Lebensweg ausgesetzt sind, sei sozusagen »vor-programmiert« und zwinge letztlich alle Lebewesen dieses Planeten (auch die *Tiere?*), einer (vor-)bestimmten Schicksalsbahn zu folgen. Es ist jedoch kein Wissen, das uns zu dieser Überlegung gebracht hat, eher ein unbewußtes *Ahnen*. Eine Ahnung, dem Unterbewußtsein entstiegen, dem Unbewußten. Es hat nicht wenige davon Berührte veranlaßt, ihrem unerklärlichen Empfinden nachzugeben und der Sache auf den Grund zu gehen.

Aus zahlreichen Überlieferungen der Menschheitsgeschichte liegen Hinweise vor, die ernsthaft darauf schließen lassen, daß sich im Verlauf der Zeiten den paranormalen Phänomenen zugeneigte

PSI-Forscher vielfach dem »jenseitigen« Gebiet zugewendet haben – mit dem erklärten Ziel, endlich mehr über Dinge »hinter dem Vorhang des Unbewußten« in Erfahrung zu bringen.

Wie es scheint, hatte Pater Ernettis »Chronovisor« einen möglicherweise ähnlich beschaffenen Vorgänger – jedenfalls läßt eine von der Theosophin Helena Petrowna Blavatsky verbreitete Information darauf schließen. In ihrem berühmt-berüchtigten Werk »Die Geheimlehre« (Abschnitt IX: »Die kommende Kraft«, S. 613 ff.) berichtet die Russin von einer eigenartigen, selbstlaufenden Maschine. Sie funktionierte mittels »sympathischer Vibration« und wurde von einer »ätherischen« bzw. »astralen Kraft« angetrieben. Würde sie in Betrieb gesetzt, gäbe die Konstruktion einen »Ton« von sich, der gleich einer »schrecklichen okkulten Kraft« wirksam wäre. Auf diese Weise sei es der Maschine sogar möglich, die ägyptische Cheopspyramide emporzuheben. HPB (so die von ihr vorzugsweise verwendeten Namensinitialen) beruft sich in ihren Angaben auf »abenteuerliche Berichte aus dem Orient«. Die Theosophin behauptete ferner, daß in uns Menschen das Prinzip existiere, solche Vibrationskräfte »zu steuern« und »zu beherrschen«. Dem von der Blavatsky genannten Erfinder der seltsamen »Maschine«, ein gewisser *Keely* aus Philadelphia, sei es dadurch höchstpersönlich möglich gewesen, seine Apparatur in Tätigkeit zu setzen. Dabei habe es dann zusätzlich noch Levitationen, Materialisationen und *De*materialisationen gegeben.

Helena Petrowna Blavatsky scheint von diesem »Keely« sehr angetan gewesen zu sein. Sie bezeichnete ihn als einen Mann »an der Schwelle eines der größten Mysterien des Universums, insbesondere desjenigen, auf welches das gesamte Geheimnis der physikalischen Kräfte begründet sei«.

Auch Rudolf Steiner, zunächst der Blavatsky geradezu »hörig«, machte sich deren Vorstellungen zu eigen: Er bezog sich in seinen Schriften ebenfalls auf eine angebliche »dritte Kraft«, bezeichnete selbige auch als »Vibrationskraft« und nannte sie »schrecklich und wunderbar«. In dem von ihm verfaßten Drama »Der Hüter der Schwelle« doziert der fiktive Technologe *Strader* über »Harmonie – die Konsonanz der Kräfte« und erklärt das dabei auftretende Phänomen mit der Wirksamkeit »ätherischer Lebenskräfte«, die es mit sich brächten, seine Maschine in Tätigkeit zu setzen. Und weiter läßt er uns wissen: »Der Mensch wird dazu kommen, gewisse spezifische Kräfte kennenzulernen, durch die mit sehr geringer Verursachung, indem feine Vibrationen aufsummiert werden, große technische Kräfte verwirklicht werden können.«

Fast scheint es, als habe man hier das funktionelle Prinzip des später entwickelten »Chronovisor« vorweggenommen – doch wollen wir den Dingen nicht vorgreifen. In jedem Fall scheint es aber hier eine effektive Querverbindung zu der auch nicht unumstrittenen *Tonbandstimmenforschung* zu geben.

Das Psitron

Auch wenn dabei ein unmittelbarer Zusammenhang mit dem sogenannten »Chronovisor« des italienischen Benediktinerpaters Ernetti nicht festzustellen ist, so erscheint es angebracht, hier dennoch ein Gerät zu erwähnen, das der Österreicher *Franz Seidl*, ein in Wien wohnhaft gewesener (bereits verstorbener) Elektroingenieur, vor -zig Jahren entwickelte und vor Zeugen auch praktisch erprobte. Seidl nannte sein elektronisches Produkt – *Psitron*.

Das Gerät diente dem österreichischen Konstrukteur als eine Art Energiegenerator, dazu bestimmt, jene Wesenheiten, mit welchen er mittels Tonband in Verbindung trat, letztlich sogar für die Umwelt *sichtbar* zu machen.

Als es seinerzeit von Ing. Seidl erstmals vorgezeigt wurde, war es allerdings, so der Erfinder, noch nicht ausgereift und im Entwicklungszustand. Leider sieht es so aus, als ob dem Wiener Parapsychologen sein Lebenswerk nicht in dem Maße gelungen sein dürfte, wie er sich das vorgestellt hatte. Seidl beabsichtigte jedenfalls, mit Hilfe seines Psitrons das Stimmen-Phänomen, das er über Tonbänder hörbar und verständlich gemacht hatte, aufzuschlüsseln und wissenschaftlich zu erklären.

Als ersten Erfolg des elektronischen Apparates wertete es Ing. Seidl, daß es ihm gelungen war, damit die Stimmen der Anwesenden ohne Mikrofon oder sonstiger Aufnahmegeräte – und ohne jegliche Verbindung mit dem Tonbandgerät – auf das Band zu projizieren. Ein erster gelungener paraphysikalischer Vorgang. Ob dem österreichischen Elektrofachmann die weiteren Versuche geglückt sind, die darauf abzielten, aus dem Psifeld ein elektromagnetisches Äquivalent zu schaffen, dessen niederfrequentes Feld es ihm ermöglichen sollte, aus dem Gedanken geformte Stimmen aufzuzeichnen, ist mir nicht bekannt. Es sieht aber tatsächlich so aus, als ob es Ing. Seidl – ähnlich wie auch Pater Ernetti – geschafft hätte, in bestimmter Weise Einblick in die Akasha-Chronik zu erhalten. Jedenfalls beruhte das von ihm entwickelte »psitronische« Gerät auf wesensgleichen paraphysikalischen Grundlagen. Alle Geschehnisse seien gleichzeitig vorhanden, erklärte Seidl neugierigen Interessenten. Was es mit sich brächte nachzuweisen, daß die Vergangenheit gegenwärtig und die Zukunftsschau erklärlich wäre. »Es gibt keine Gegenwart ohne Vergangenheit und keine Zukunft ohne Gegenwart«, so der Wiener. »Was jetzt ist, war schon vorher und wird weiter sein. Uns Menschen fehlt die Möglichkeit einer kosmischen Gesamtübersicht allen Geschehens, welches als Ganzes wie ein riesiges Bild vor uns ausgebreitet ist.« Jedoch wandere unser biologischer Zeitsinn wie ein Uhrzeiger darüber hin und teile das Ganze in Segmente ein. Rudolf Steiner bestätigt gleichsam Ing. Seidls Aussage, die einer »Charakterisierung« der Akasha-Chronik gleichkommt: »Noch unverstandene Kräfte in der Natur des Menschen werden gefunden werden, solche Kräfte, um die äußeren elektrischen und magnetischen Kräfte zu beeinflussen.« Laut Steiner sei die zukünftige Meisterung dieser Kräfte von der Selbstlosigkeit des Menschen abhängig und von dessen sozialer Struktur. Er warnte aber vor möglichen Gefahren, sollten bestimmte Erkenntnisse (auch jene über die funktionelle Anwendung des »Chronovisors«?) verfrüht und aus unmenschlichen Motivationen heraus umgesetzt werden.

»Selbst wenn man die nicht nachprüfbaren Behauptungen über erfolgreiche ›Freie-Energie-Maschinen‹ oder ›Tachionen-Konverter‹ dahingestellt sein läßt ..., so verweist doch der gesamte Phänomenkomplex der sogenannten Psychokinese auf Wechselwirkungen zwischen Menschen und materiell-energetischen Vorgängen«, ergänzt der deutsche Parapsychologe Professor *Ernst Senkowski* in seinem 1995 in 3. Auflage erschienenen Globalwerk »Instrumentelle Transkommunikation« und fügt gewissermaßen warnend hinzu: »Bei der ITK handelt es sich durchaus um die psychische Beeinflussung äußerer elektrischer und magnetischer Felder, wobei die Art und der Umfang der Beteiligung des lebenden Menschen ungeklärt ist. Schwingungen spielen eine Rolle, ohne daß mathematisch-physikalische, harmonische Verhältnisse erkannt wären.« Charakteristisch sei allein die dabei bestehende Abhängigkeit der Gerätefunktion vom Erbauer bzw. Operator. Diese sei keineswegs nur vorübergehender Natur, sondern sensibilisiere gleichsam auf Dauer die »subtilen« Eigenschaften des »Maschinisten«.

Kontakte mit dem Unsichtbaren

Was Pater Ernetti oder Ing. Seidl auf paraphysikalischer Ebene glückte – nämlich solcherart Zugang zur »Akasha-Chronik« zu erlangen –, ist verschiedenen, ebenfalls sensitiv veranlagten Menschen auf ganz andere Art gelungen: Denken wir dabei doch nur an den Amerikaner *Edgar Cayce* (1877–1945), den man gemeinhin den »Schlafenden Propheten« nannte. Obgleich ohne jedwede medizinische Ausbildung, war er imstande, sobald er sich in einen Trancezustand versetzt hatte, absolut treffsichere Krankheitsdiagnosen zu erstellen und den davon betroffenen Personen ebenso hilfreiche Heilmittel zu verschreiben. Offensichtlich besaß Cayce die Befähigung, sich medial in jenes »Gebilde« einklinken zu können, das uns als »Akasha-Chronik« zum Begriff wurde.

Die beiden Berliner Physiker *Grazyna Fosar* und *Franz Bludorf*, jetzt als Heilpraktiker und Hypnosetherapeuten tätig, rückten gleichfalls dem Phänomen Akasha »zu Leibe«. In ihrer Veröffentlichung »Resonanz der Psyche« schildern sie anschaulich, auf welche Art es ihnen beiden schließlich möglich wurde, sich *indirekt* Zugang zu diesem phänomenalen Gedächtnisspeicher zu verschaffen. »Natürlich kannten wir die Berichte von *Edgar Cayce*, die in eindrucksvoller Weise bewiesen, daß Menschen in Zeiten der Krankheit oder seelischer Probleme mit Durchsagen, die sich auf angebliche frühere Inkarnationen bezogen, geholfen werden konnte«, erfahren wir im Kapitel »Die Akasha-Chronik offenbart ihre Geheimnisse«, das das Autorenpaar zunächst mit dem »Geständnis« eingeleitet hatte, »derartigen Praktiken jedoch immer mit großer Skepsis« gegenübergestanden zu sein und »unsererseits auch nie einen Wahrsager oder Hellseher aufgesucht« zu haben.

Erstmals seien sie damals und dann zum wiederholten Male mit dem Begriff des persönlichen *Karmas* konfrontiert worden – im esoterischen Bereich bekanntlich eine Bezeichnung für eine Art von ausgleichender Gerechtigkeit, »nach der man im heutigen Leben zum Zwecke des Lernens vor bestimmte Probleme gestellt wurde, wenn man in einer früheren Inkarnation in vergleichbarer Situation versagt hatte«.

Fosar und Bludorf, die sich bereits davor auf dem Gebiet des Wünschelrutengehens und des mentalen Pendelns betätigt hatten, gelangten schließlich – nach eigener Aussage – »auf rein mentale Art und unter Umgehung technischer Hilfsmittel« (wobei sie das Pendel als etwaiges technisches Instrumentarium nicht zu akzeptieren bereit sind) zu »Informationen aus anderen Dimensionen des Bewußtseins«. Spiritistische Sitzungen dienten hierbei »lediglich für unseren persönlichen Erkenntnisgewinn«, da sich die beiden vordem der umfassenden Thematik des Paranormalen ausschließlich »aus wissenschaftlichem Interesse« angenommen hatten. Immerhin resultierte aber aus dieser Kontaktnahme mit dem Jenseits die Verbindung mit ihrem ersten unsichtbaren Gesprächspartner, der sich via Pendel gegenüber Fosar und Bludorf bemerkbar machte. Ihr »lieber *Fabien*«, wie ihn unsere Wünschelrutengänger voll Sympathie bezeichnen, gab Fosar und Bludorf auf »überaus humorvolle und gleichzeitig auch besonnene Art« ersten Anschauungsunterricht über das »Diesseits« und das »Jenseits«. Was beide zu immer neuen Fragen animierte. »Für uns war nun natürlich sehr interessant zu erfahren, woher Fabien dieses erstaunliche Wissen bezog«, gesteht das Parapsychologenpaar offen ein. »Fabien« blieb die Antwort nicht schuldig und nannte die »Akasha-Chronik« als Informationsquelle. Dabei handelt es sich, so wir die Mitteilungen von Fosar und Bludorfs »jenseitigem« Gesprächspartner vorurteilsfrei bereit sind zur Kenntnis zu nehmen, um einen höchst umfangreichen und kompliziert aufgebauten Gedächtnisspeicher. Zu welchem man allerdings einen »Zugriffschlüssel« benötigt, um an die gewünschten Informationen über eine bestimmte Person heranzukommen. Beide Autoren sind sich sicher, diesen »Schlüssel« (und zwar von ihnen numerologisch berechnete Zahlen) gefunden zu haben. Sie verweisen in dem Zusammenhang auf *C. G. Jung*, der vermutet hatte, »daß dem persönlichen Unbewußten jedes Menschen eine persönlichkeitsübergreifende, kollektive Schicht angelagert sei, die er das *kollektive Unbewußte* nannte«. Zu dieser Ansicht sei der Schweizer Psychologe (1875–1961) nicht zuletzt deshalb gelangt, weil bei einer Analyse einer großen Anzahl von Träumen unterschiedlichster Patienten »immer wieder gleichartige Symbolgestalten« aufgetaucht seien. Carl Gustav Jung nannte sie *Archetypen*. Fosar und Bludorf sehen darin gewisse Hinweise auf die »Akasha-Chronik«, war doch Jung in diesem Zusammenhang zu der Erkenntnis gelangt, »daß sie (jene Archetypen) in einem kollektiven Kulturgedächtnis gespeichert seien«.

Auch in der von dem britischen Biologen *Rupert Sheldrake* entwickelten Theorie, wonach die Formen der Organismen aufgrund einer immateriellen »Blaupause« entstehen, die er *morphogenetisches Feld* genannt hat und von welchem er annimmt, daß es von früher existenten, ähnlich beschaffenen Organismen erarbeitet worden wäre, sehen die beiden Berliner Parapsychologen Fosar und Bludorf eine dem Konzept der »Akasha-Chronik« verwandte Parallele. Sie sind sich ziemlich sicher, daß das kollektive Unbewußte (oder jene morphogenetischen Felder bzw. die »Akasha-Chronik«) »wesentlich weitreichendere Informationen zugänglich machen müßte, als es in den fachlich zu eingeschränkten Ansätzen von *Jung* und *Sheldrake* zum Ausdruck kommt«.

Einer, der sich vor mehr als *fünftausend* Jahren ebenfalls der universellen Kenntnisse der »Akasha-Chronik« zu bedienen wußte, war ein indischer Weiser namens *Bhrigu*. Er wurde als einer der zehn *Prajapatis* verehrt und genoß als ein Schüler *Varunas* damals höchstes Ansehen. Dieser Varuna wiederum, eine vedische Gottheit, galt als »Lenker des Alls« sowie als »Wächter der kosmischen Ordnung« und genoß im alten Indien eine weit höhere Verehrung als die übrigen arischen Götter. Daß es keineswegs auf einen Zufall beruhen dürfte, daß dieser Varuna damals stets als »Weltenschöpfer« und in *der Luft schwebend* dargestellt wurde, wird uns in späterer Folge noch deutlicher bewußt werden. Und daß ganz besonders der Prajapati Bhrigu sowie seine engsten Angehörigen von dem Wohlwollen Varunas profitierten, werde ich ebenfalls noch deutlicher machen. Vorerst wollen wir uns aber damit begnügen zu erfahren, daß Bhrigus Weisheit und mediale Fähigkeiten es ihm ermöglichten, sich Einblick in das unübertreffbare »Weltgedächtnis« zu verschaffen. Die Beweggründe, die ihn veranlaßten, dortselbst das Schicksal von angeblich etwa achtzigtausend Menschen zu studieren, die irgendwann in der näheren und fernerer Zukunft existieren würden, kennen wir leider nicht. In jedem Fall wurde es von Bhrigu auf Palmblättern aufgezeichnet und in einer eigens dafür geschaffenen Bibliothek aufbewahrt.

Diese allererste Orakelstätte existiert natürlich schon lange nicht mehr. Aber das von Bhrigu der Nachwelt hinterlassene Schriftgut ging nicht verloren. Fleißige Hände übertrugen es immer und immer wieder auf neue Palmblätter und archivierten das Erbe Bhrigus in eigens dafür angelegten Palmblattbibliotheken. Heute existieren in Indien ungefähr ein Dutzend solcher Örtlichkeiten. Eine davon besuchte ich vor einigen Jahren persönlich, um mir dort meine mögliche Zukunft vorhersagen zu lassen. Mein noch zu erwartendes Geschick – und auch mein *Todesjahr!*

Letzteres erfährt man allerdings nur auf ausdrücklichen Wunsch und auf eigene Verantwortung. Sicher sind es nur wenige, die derartiges riskieren, denn die Kenntnis seines mutmaßlichen Ablebens – ob man daran glauben will oder nicht – kann unter Umständen für die Betreffenden auch zu einem psychischen Problem werden. Und für Labile tatsächlich tödlich enden.

2 Bhrigu:
Der Gesandte der Götter

Bestraft mit einem zweiten Leben?

Bin ich ein Mörder?
Habe ich in einem früheren Leben frevelhafte Schuld auf mich geladen?

Muß ich in meinem nunmehrigen Dasein dafür büßen?

Diese Fragen beunruhigen mich seit mehr als vier Jahren – seit jenem Nachmittag des 16. Februar 1993, als ich in Indien weilte und eine seiner mysteriösen Orakelstätten im südlichsten Zipfel des Landes aufgesucht hatte, um mir dort mein zukünftiges Schicksal weissagen zu lassen.

Damals hatte ich jene mich so sehr belastenden Vorwürfe, ja Anklagen zu verkraften, die Geschehnisse und Handlungen betrafen, die mir angeblich in einer vorangegangenen Existenz widerfahren sein sollen. Denn nicht nur kommende Ereignisse wurden mir hierorts offenbart, auch Vergangenes erfuhr ich aus meinem höchstpersönlichen Palmblatt, und die Gründe, wofür und weshalb ich in meinem jetzigen Leben zu sühnen habe.

Ich befand mich in einer der berühmten indischen Palmblattbibliotheken der Provinzstadt Vaithisvarankoil, hatte mich eigens daselbst eingefunden, um mehr über mich und mein noch vor mir liegendes Leben zu erfahren, über die lichten und vielleicht auch dunklen Abschnitte, die ich zu erwarten hatte – bis hin zum Zeitpunkt meines Dahinscheidens, dem Jahr meines Ablebens.

Es wurde mir nichts verschwiegen, aber immerhin noch eine Spanne Zeit gelassen, mich auf das Unausbleibliche vorzubereiten. Ich kenne jetzt mein Todesjahr, ob ich das mir Vorausgesagte auch zu *glauben* bereit bin, es ernst nehme, bleibt mir überlassen. Was mich aber ernsthaft beschäftigt, sind die behaupteten Geschehnisse in einem angeblich früheren Leben, die mein sogenanntes *Karma* zu bestimmen scheinen: Taten also von sündhafter Bedeutung, die es gilt – so die hinduistische Anschauung –, durch die im Folgeleben gewonnenen Erkenntnisse auszumerzen, zu sühnen oder, wie es in Indien drastisch formuliert wird, zu »verbrennen«.

Was wurde mir zur Last gelegt?

Ich sei in meinem vorangegangenen Dasein ein Priesterschüler an heiliger Stätte nächst der Stadt Auroville gewesen: im Sri-Aurobindo-Ashram bei Pondicherry. Dort hätte ich mit meiner »geistigen Mutter«, also wohl einer Priesterin, gelebt und vermutlich danach gestrebt, mir die »vier Wahrheiten« des Buddhismus zu eigen zu machen. Angeleitet von meiner Glaubensverkünderin, die mich, wie auch die anderen Priesterschüler, zu Gewaltlosigkeit und Nächstenliebe verpflichtete.

Dabei soll es dann zu jenem furchtbaren Verhängnis gekommen sein – einer Untat auf *geistiger* Ebene, jedoch (nach religiöser Auffassung in Indien) in gewisser Weise einem »Mord« gleichzusetzen. Dafür sei ich von meiner geistigen Führerin, meiner Glaubensmutter also, mit einem Fluch belegt worden, der mein nunmehriges Leben schicksalhaft verdunkle. So lange, bis ich für mein unentschuldbares Vergehen von einst gesühnt habe.

Beruht diese unerfreuliche Offenbarung einer mir zugewiesenen, jedoch in meiner Erinnerung nicht nachweisbaren Schuld auf glaubhaftem Fundament? Ist es (objektiv) richtig, was das Palmblatt wiedergab? Viele werden dies verneinen, würden es nicht akzeptieren. Werden überhaupt die Möglichkeit, die Wahrscheinlichkeit einer *Wiedergeburt*, in Zweifel ziehen.

Gibt es sie wirklich, die *Reinkarnation* – dieses buddhistische Prinzip der ständigen Erneuerung? Eine Frage, die sich im Februar 1993 auch mir stellte, nachdem ich in der Palmblattbibliothek von Vaithisvarankoil eine neue Erfahrung gewonnen hatte. Habe auch ich bereits einmal existiert? Lebte ich womöglich – ohne daran auch nur einen Funken Erinnerung bewahrt zu haben – schon viele Leben? In einem jeweils anderen Körper? Unter gänzlich unterschiedlichen Lebensumständen? Mit einer immer anderen, mir völlig fremden Identität?

Ist es überhaupt jedem von uns Menschen auferlegt, die Fehler eines vorangegangenen Daseins im Folgeleben zu sühnen? Sich gewissermaßen davon »reinzuwaschen«? Ähnelt unser aller Schicksal dem des griechischen Gotteslästerers *Sisyhus*, von dem die Sage zu berichten weiß, daß ihn der blitzeschleudernde *Zeus* deshalb dazu verurteilte, im ewigen Auf und Ab einen gewaltigen Fels bergan zu hieven, um dann jeweils kurz vor dem Ziel, dem Berggipfel, zu scheitern. Entglitt ihm doch stets, kurz vor dem Ziel, die steinerne Last und rollte wieder zurück ins Tal. Sind überhaupt Schuld und Sühne untrennbar miteinander verbunden? Ich habe darauf keine (mich) befriedigende Antwort. Andererseits: Sollte hinter jeder Wiedergeburt ein gleichsam »kosmisches Gesetz« zu suchen sein, bekäme unser Dasein seinen eigentlichen Sinn. Denn dann wäre jedes Lebewesen, ganz egal ob Mensch, ob Tier oder Pflanze, in der Lage, sich in einem nachfolgenden Leben zu »regenerieren«. Wir wären dadurch imstande, den »Ballast« vorangegangener Schuld abzuwerfen. Gleich einer Waage, würde sich unser Geschick einmal nach dieser, dann wieder nach jener Seite hin verändern. Wer gefehlt hätte, bekäme eine neuerliche Chance, seine Schuld zu tilgen. Wem Ungerechtigkeit widerfuhr, könnte darauf vertrauen, dafür in einem neuen Dasein Abgeltung zu erfahren. In jedem Fall – und das scheint wohl der tiefere Sinn des Mysteriums Wiedergeburt zu sein – wäre uns damit die Möglichkeit eröffnet, unser Karma, also unseren Schicksalsweg, *positiv* zu beeinflussen, Negatives ungeschehen zu machen. Insgesamt aber geht es in diesem Zusammenhang vor allem darum, sich die drei Wurzeln des heilsamen Wirkens – seines persönlichen Karmas – zu eigen zu machen: Gierlosigkeit, Haßlosigkeit (Güte) und Unverblendung (Einsicht).

Vielleicht gibt es gute Gründe dafür, weshalb mir aus meinem Palmblatt auch geweissagt worden ist, ich würde die letzten vier Jahre meines Erdenlebens wieder auf indischem Boden, und zwar an heiliger Stätte: im Sri-Aurobindo-Ashram, verbringen und dort meine endgültige Ruhestätte finden. Wer weiß, vielleicht schließt sich dann dort für mich der Kreis meines Daseins auf diesem Planeten, trägt dazu bei, als geläuterte Seele einer neuen, mir unerklärbaren Bestimmung entgegenzugehen.

Vom Wesen der Wiedergeburt

Die Wiedergeburt oder *Reinkarnation* bildet den Grundpfeiler der *Theosophie*. Letztere Bezeichnung kommt aus dem Griechischen und bedeutet soviel wie »Gottesweisheit«. Theosophen (die Russin *Helena Petrowna Blavatsky* war eine ihrer bedeutendsten Persönlichkeiten) huldigen im allgemeinen einer eigenen inneren Anschauung über die Mysterien der übersinnlichen Welt. Nicht der Gegenstand ihrer Betrachtung trennt die Theosophie von der Philosophie, sondern vor allem die da und dort zur Anwendung gelangende *Methode*. Während Philosophen dem geordneten Denken absoluten Vorrang einzuräumen pflegen, überwiegt bei den Theosophen die Kraft der *Phantasie* sowie die Innigkeit der religiösen Empfindung. Sie berufen sich dabei gerne auf eine nur ihnen allein zuteil werdende unmittelbare »göttliche Erleuchtung« (oder das, was sie dafür halten). Angeblich erfolgt eine solche durch eine sich dabei ergebende »mystische Vereinigung mit der Gottheit«.

Die Wurzel alles Theosophischen liegt im orientalischen Altertum. Während der ersten Jahrhunderte der Zeitrechnung, »in der großen geistigen Gärung« (*Horst E. Miers*: »Lexikon des Geheimwissens«), die damals stattfand, beeinflußte der phantastisch-theosophische Gedankengang nicht nur christliche, sondern auch griechische Philosophen. Dazu trug wohl vor allem der überströmende Reichtum der inneren Anschauungen bei, welcher sich nur in bildlich-sinnlichen Umschreibungen mitteilen ließ, nicht aber durch wissenschaftliche Begriffe.

Daraus resultierte zwangsläufig auch die Lehre von der Wiedergeburt. Sie beinhaltet zunächst den Begriff der *Seelenwanderung*. Reinkarnation selbst bedeutet (aus dem Lateinischen übersetzt) soviel wie »wieder ins Fleisch treten« bzw. »Wiederverkörperung« oder »Wiedergeburt einer Seele«. Gemeint ist damit die mit der Seelenwanderung einhergehende Annahme der Wiederholung des Individuallebens in einer neuen Diesseitsverkörperung. Deutlicher gesagt: die Rückkehr des Menschengeistes auf die physische Ebene. Damit verbunden: seine Nachfolge auf eine oder mehrere frühere Existenzen.

In unmittelbarem Zusammenhang mit den Gedanken einer Wiedergeburt steht für die Theosophen seit jeher auch die Lehre vom *Karma*. Gleiches gilt aber auch für die Buddhisten, berufen sich diese doch – was etwa die Bedeutung des Begriffes »Karma« anlangt – in erster Linie auf ihren charismatischen Religionsstifter *Buddha* (»Der Erleuchtete«). Dieser brachte jedoch, im Gegensatz zu theosophischen Anschauungen, »Karma« ausschließlich mit »Wirken« in Verbindung und vermied es hierbei, Zusammenhänge dogmatischer Art mit dem uns auferlegten Los »Schicksal« herzustellen. Auf ihn wird der Ausspruch zurückgeführt: »Den

Willen bezeichne ich als das *Wirken* (Karma), denn mit dem Willen *wirkt* man die Tat in Werken, Worten und Gedanken.« Somit bedeutete für Buddha »Karma« gleichviel wie »das Wirken selbst« und nicht bloß das Ergebnis des Wirkens oder gar das menschliche Schicksal, wie dies von manchen Esoterikern gerne behauptet wird.

Im Gegensatz zum Urchristentum in Palästina, wo der Gedanke von der Möglichkeit einer Wiedergeburt stark verbreitet war, hat sich in den folgenden Jahrhunderten (bis hin zum heutigen Tag) die kirchliche Obrigkeit – und mit ihr auch jede andere dem Vatikan nicht hörige christliche Religionsgemeinschaft – von derartigen Überlegungen distanziert und in dieser Frage eine eindeutig ablehnende Position eingenommen.

Dabei ist das Thema Reinkarnation ganz und gar nicht als eine ketzerische Abweichung von christlichem Gedankengut zu sehen, finden wir doch auch im Neuen Testament der Bibel da und dort Anklänge und Hinweise zu dieser (vor allem fernöstlichen) Denkweise. Glaubten denn nicht auch die Jünger Jesu ernsthaft daran, ihr Meister selbst wäre der reinkarnierte Prophet *Elias*, der bekanntlich, so die alttestamentliche Überlieferung, mit einem »feurigen Wagen« in den Himmel aufgefahren war? Und auch *Jesus* selbst scheint – so man den Evangelientexten Glauben schenkt – mehrmals Andeutungen »in Sachen Wiedergeburt« gemacht zu haben.

Spätestens ab dem »dunklen Mittelalter«, als mit päpstlicher Duldung die unselige Inquisition am Werke war und zahlreiche Menschen dazu animierte, an der grausamen Hexenverfolgung mitzuwirken, als es für besonders christlich angesehen wurde, mißliebige Personen bei der kirchlichen Obrigkeit zu verleumden, kam es zu den grausamsten Foltermethoden. Harmlose »Kräuterweiblein«, aber auch andere bedauernswerte Bürger, deren Verhalten fanatischen und böswilligen Nachbarn aus irgendeinem absonderlichen Grund »verdächtig« vorkam, wurden angezeigt und der Inquisition – dem sogenannten (katholischen) Ketzergericht – ausgeliefert. Man beschuldigte sie (wobei es in den allermeisten Fällen an tatsächlichem Beweismaterial mangelte), von Dämonen der Hölle, wenn nicht sogar vom Teufel selbst »besessen« zu sein. Dabei griff man – jedoch in absolut negativem Sinn und in indirekter Weise – auf die »Irrlehre« der Wiedergeburt zurück und behauptete (ohne jemals dafür auch nur den geringsten Nachweis vorlegen zu können), der oder die Angeklagte müsse von in der Person inkarnierten »bösen Geistern« befreit, die Seele des oder der Unglücklichen »erlöst« werden.

In überwiegendem Maße geschah dies derart, daß jene Beschuldigten exorziert wurden, sich also einer zumeist schmerzhaften »Teufelsaustreibung« unterziehen mußten, Folterqualen ausgesetzt waren und dabei oft genug ihr Leben verloren. Dem Klerus kamen diese Vorgangsweisen gerade recht, um in diesem Zusammenhang auch gleich gegen jede Art von Reinkarnationslehre Stellung zu nehmen, sie als satanisch zu verdammen. Die unzähligen menschlichen Tragödien, die mit dieser von Rom aus veranlaßten abermaligen »Christenverfolgung« einhergingen, sind Legion. Dennoch konnte damals der Gedanke einer möglichen Wiederverkörperung der unsterblichen Seele nicht gänzlich ausgerottet werden. Er blieb, bis hin zum heutigen Tag, mehr als bloß eine philosophische Überlegung und hat seither viele Menschen – auch solche, die keineswegs der buddhistischen Lehre anhängen – zum Nachdenken angeregt.

Palmblatt-Illusionen

Seitdem ich vor viereinhalb Jahren eine der indischen Palmblattbibliotheken aufgesucht habe und darüber auch in einem meiner vorangegangenen Bücher berichtete (»Die Palmblattbibliothek«, 1993), haben sich in unregelmäßigen Abständen immer wieder Interessenten bei mir gemeldet, die ebenfalls die Absicht hatten, den Trip nach Indien in eine dieser Orakelstätten zu wagen. Telefonisch oder schriftlich zogen sie bei mir Erkundigungen ein, fragten nach näheren Bedingungen, um in eine dieser Bibliotheken zu gelangen, und zeigten sich allesamt ungemein interessiert, sich von dem dort zuständigen Priester ihr künftiges Schicksal prophezeien zu lassen.

Um aber dabei keine unangenehmen Erfahrungen in Kauf zu nehmen und letzten Endes enttäuscht die Heimreise antreten zu müssen, empfiehlt es sich für jede Person, die sich dem Risiko dieser insgesamt strapaziösen Indienreise aussetzen möchte, gewisse Vorsichtsmaßregeln zu beachten. So wäre es zuerst einmal angebracht, nähere Erkundigungen über die zu bewältigende Route via Flugzeug und Taxi bei einem Reisebüro bzw. bei einem indischen Konsulat einzuholen, sich über die Reiseunkosten inklusive den Nächtigungsgebühren in den indischen Hotels zu informieren und Überlegungen anzustellen, ob man eine derartige Tour allein oder nicht lieber doch mit einer Reisegruppe absolvieren sollte. Zudem würde ich jedem Teilnehmer anraten, nach Möglichkeit noch *vor* dem Reiseantritt die finanziellen Bedingungen mit jener Palmblattbibliothek abzuklären, die man vor hat aufzusuchen. Ich kenne die Klagen zahlreicher Touristen, die dies verabsäumten und sich an Ort und Stelle mit Horrorhonoraren der Bibliotheksleitung konfrontiert sahen, wie sie von der eigenen Brieftasche kaum verkraftet werden konnten.

Damit sich niemand falschen Illusionen hingibt: Auch in Indien leben keine Heiligen. Und Schmalhans ist auch bei den Betreibern der dortigen Orakelstätten »Küchenmeister«. Deshalb herrscht bei der Tempelpriesterschaft vielfach die Irrmeinung vor, daß jene Europäer, die sich den weiten und auch relativ kostspieligen Flug aus Europa ins indische Armenhaus leisten können, finanziell gut »gepolstert« sind und keine Probleme hätten, entsprechend hohe Geldbeträge auszugeben. Daher nochmals: *Zunächst die Honorarfragen regeln, dann erst losdüsen.*

Da vielleicht mancher Leser mein diesbezügliches Buch über meinen Bibliotheksbesuch im Jahre 1993 nicht kennt, möchte ich hier in geraffter Form einen Eindruck vermitteln, wie so ein Aufenthalt an solch einer Örtlichkeit vor sich geht. Jene Palmblattsammlung, in deren Archiv ich damals mein prophetisches Palmblatt vermutete, liegt in dem für indische Verhältnisse kleinen südindischen Städtchen *Vaithisvarankoil*. Ich hatte die Reise in Gemeinschaft mit einer elfköpfigen Gruppe unternommen, die von einem Mann geleitet wurde, der nicht nur als moderner Globetrotter schon fast den gesamten fernöstlichen Raum bereist hatte, sondern zuvor im TV (bei *Rainer Holbes* SAT.1-Reihe »Phantastische Phänomene«) mit einem Kurzfilm auf jene bewußte Palmblattbibliothek, die wir nunmehr betraten, aufmerksam gemacht hatte: dem Reiseschriftsteller *Holger Kersten*.

Ähnlich schlicht, um nicht zu sagen ärmlich wie Vaithisvarankoil insgesamt, präsentierte sich uns das einstöckige Gebäude, in welchem die Orakelstätte untergebracht ist. Kersten hatte uns bereits einige Tage zuvor angemeldet, hatte auch die Zahlungsbedingungen für jeden der Teilnehmer mit *Poosa Muthu*, dem »Vashistar« der Bibliothek, geregelt (DM 50,– pro Person), und so stand dem zu erwartenden Zeremoniell (welches insgesamt einen ganzen Tag dauern sollte) nichts mehr im Wege.

Wie bei jedem indischen Tempelbesuch, wurden auch wir beim Betreten der Räumlichkeiten des Hauses veranlaßt, uns der Schuhe zu entledigen, um dann barfuß oder in Strümpfen das als »geheiligt« geltende Innere des Gebäudes aufzusuchen. Der Vollständigkeit halber bemerkt sei an dieser Stelle, daß die Palmblattbibliothek nicht von allen elf Reiseteilnehmern an einem einzigen Tag aufgesucht werden konnte. Die Gruppe wurde vielmehr gedrittelt und auf insgesamt drei Tage aufgeteilt. Zweimal zu viert und einmal zu dritt bewältigten wir unser Besuchsprogramm – ich gehörte letzterem Grüppchen an.

Wie sich schon bald zeigen sollte (und was von uns allen durchaus positiv vermerkt wurde), kennen die Inder keine Eile. Alles lief in ruhigen und gleichmäßigen Bahnen ab; Streßsymptome hatte also keiner von uns zu befürchten.

Da gab es zunächst mal den großen Auftritt des Priesters und seiner »Ministranten«. Laut betend schritt er seinen Begleitern voran, weihte den Raum, in dem wir uns befanden, während das hinter ihm einherschreitende Gefolge damit beschäftigt war, jedem der sich darin Befindenden »heilige Asche« in die hohlen Handflächen zu streuen. Eigenhändig drückten wir uns das schmutzige Zeug gegen die Stirn, dann erhielt jeder der Anwesenden ein leeres Palmblatt ausgehändigt, während Poosa Muthus Personal damit beschäftigt war, aus mehreren Töpfen jeweils einen Löffel gesalzenen Reisbrei auf diese pflanzliche Unterlage zu servieren. Holger Kersten hatte uns schon vor dem Ritual eingeschärft, zur Nahrungsaufnahme ausschließlich die *rechte* Hand zu benützen – es mit der *Linken* zu tun, gilt in Indien nämlich als unfein und kommt einer Beleidigung gleich. Die linke Hand wird bei den Indern, so will es die religiöse Vorschrift, bloß für weniger delikate Handlungsabläufe herangezogen: Beispielsweise auf der Toilette, wo es bei den Ärmeren zumeist an dem nötigen Papier zur Reinigung des Hinterteils ermangelt.

Die Reisbrei-Ausgabe kann im übrigen durchaus mit dem in den

christlichen Kirchen zelebrierten Kommunion-Ritus gleichgesetzt werden, war wahrscheinlich sogar ein Vorläufer jenes bei
unseren Gläubigen als »heilig« geltenden Sakramentes.

Nachdem wir die geweihte Symbolspeise zu uns genommen hatten, wurde jedem europäischen Besucher (inklusive unserem Begleiter Holger Kersten) ein Bogen Papier überreicht mit dem Ersuchen, darauf Name, Anschrift sowie Datum und Stunde der
Geburt niederzuschreiben. Ein zusätzlich bereitgestelltes Stem-
pelkissen diente dazu, sich mit dem Daumen der rechten Hand
auf dem Bogen Papier zu verewigen. Nach Aussage eines (eng-
lischsprechenden) Begleiters von Poosa Muthu, stellt dieses stem-
pelartige Merkmal, das jedem Bibliotheksbesucher abverlangt
wird, eine gewisse Erleichterung bei der Suche des gewünschten
Palmblattes in den Archivregalen dar.

Kaum hatten wir auch diese Prozedur überstanden, wurden wir
höflich gebeten, zwei Stockwerke hoch zur Dachterrasse des
Bibliotheksgebäudes emporzusteigen, wo dann das eigentliche
Ritual der Palmblattlesung begann.

Ich sagte es schon: Das Sprichwort »Eile mit Weile« hat in Indiens Alltag unbedingten Vorrang. Und so vergingen die Vormit-
tagsstunden damit, indem wir zwei Angehörigen des Bibliotheks-
personals mehrere jeweils individuell gestellte Fragen beantwor-
teten, wobei von unserer Seite bloß ein »Ja« oder »Nein« verlangt
wurde.

Erst am späteren Nachmittag – nach einem vegetarischen Mit-
tagsmahl (zu dem man uns eingeladen hatte) und der unvermeid-
lichen »Siesta« (der erholsamen Mittagsruhe, die allerdings gute
zwei Stunden währte) – wurde es ernst. Man hatte unterdessen
die Palmblätter unserer Drei-Personen-Gruppe im Bibliotheksar-
chiv ausfindig gemacht und dem hierfür zuständigen Experten,
Professor *Natavajan* sowie seinem Assistenten übergeben. Dazu
ein paar Bemerkungen: Sämtliche Palmblätter sind mit Schriftzeichen bedeckt, die von einer Sprache herrühren, die aus dem *Alt-
Tamilischen* abgeleitet wurde. Die Tamilen, in jüngster Zeit durch
revolutionäres Gehabe und Widerstand gegen die Regierungs-
truppen wieder in den Schlagzeilen der Weltpresse, besitzen eine
hohe Kulturstufe und eine weit zurückreichende Geschichte. Die
tamilische Bevölkerung umfaßt heute weit mehr als 20 Millionen
Menschen und siedelt vorwiegend in den Regionen Süd-Indiens

und Ost-Ceylons. Ungeachtet dessen ist das alt-tamilische Schriftgut so gut wie in Vergessenheit geraten; lediglich eine kleine Anzahl von Tempelpriestern sowie einige spezifisch ausgebildete Akademiker sind in der Lage, die auf die Palmblätter geschriebenen Schriftzeichen vergangener Jahrtausende zu lesen und zu verstehen. Professor Natavajan ist einer dieser »Eingeweihten« und in der Eigenschaft als Dolmetscher an der Orakelstätte von Vaithisvarankoil bei den Palmblattlesungen im Einsatz.

Für jeden Wißbegierigen seien, so erfährt man, zwei Palmblätter reserviert. Eines enthält sämtliche Ereignisse seines bisher abgelaufenen Lebensabschnittes, das andere die ihm noch bevorstehenden. Was die Vergangenheit jedes einzelnen Fragestellers anlangt, so reichen die Aufzeichnungen des betreffenden Palmblattes angeblich bis in die Vorleben der jeweiligen Person zurück. Damit berühren wir einmal mehr das in geheimnisvolles Dunkel getauchte Gebiet der Reinkarnation. Mir wurde dabei die wenig angenehme Eröffnung zuteil, welch schwerwiegende moralische und religiöse Verfehlung ich in meinem vorangegangenen Dasein als indischer Priesterschüler gegenüber meiner »geistigen Mutter« begangen haben soll.

Es ist letztlich Sache jedes einzelnen, diese »Vergangenheitsschau« ernst zu nehmen und ihren auf die Person abgestimmten Ereignissen »zu glauben« – oder diese Angaben mit einem gewissen Amüsement zur Kenntnis zu nehmen.

Andererseits hat der Gedankengang, womöglich schon einmal (oder auch mehrmals) gelebt zu haben, etwas Reizvolles an sich. Zwar verspüre ich, subjektiv gesehen, bis dato keinerlei spezifische Bindung an die indische Lebensart, gestehe aber offen ein, persönlich wie geistig mit *China* und seiner alten Kultur zu sympathisieren. Drei ausgedehnte Reisen in das einstige »Reich der Mitte«, die mich zusätzlich zu ebenso vielen Büchern über Chinas legendäre Geschichte animierten, zeigen deutlich auf, wie sehr ich mich diesem riesigen Land und seiner doch recht eigenwilligen Bevölkerung verbunden fühle.

Sollte ich in einem früheren Dasein – *Chinese* gewesen sein? Schlägt die unbewußte Erinnerung an diese Zeit meiner damaligen Existenz hier manchmal durch? Beeinflußt sie mein Handeln? Solche Fragen zu beantworten, scheint mir ein müßiges Unterfangen, steigert aber jedwede Erwartung nach dem Unbekannten, wie wir es gerade in einer Palmblattbibliothek zu verspüren scheinen. Welche Gewichtung haben die dort getätigten Voraussagen? Wenn ich es aufgrund eigener Erfahrung abschätzen soll, dann muß ich vorläufig passen. Ich bin jetzt 58 Jahre alt und habe, so wurde mir prophezeit, mit 65 (also im Jahr 2003) angeblich eine schwierige Unterleibsoperation zu erwarten – mit letztlich positivem Ausgang. Auch würde ich in den kommenden Jahren mehrfach als Verfasser politischer Buchveröffentlichungen hervortreten, wurde aus meinem Palmblatt herausgelesen. Soll man nun an all das »glauben«? Das ist Einstellungssache. Ich selbst bin entschlossen, die Dinge abzuwarten und als aufmerksamer Beobachter zu fungieren. Es wird sich ja zeigen ...

Unterschiedliche Aussagen?

Daß ich den vorangegangenen Abschnitt »Palmblatt-Illusionen« nannte, hat nichts mit Sarkasmus zu tun. Denn dafür bewege ich mich schon zu lange im nebelhaften Bereich phänomenaler Besonderheiten. Ich mußte zur Kenntnis nehmen, daß unserem Begriffsvermögen zum Erfassen der *Wirklichkeit* Grenzen gesetzt sind und daß es hinter der sichtbaren Welt ohne Zweifel eine *unsichtbare* zu geben scheint. Ihre Existenz offenbart sich nur manchmal dem nach ihr Suchenden.
Oft schon wurde ich gefragt, wie ich es mir erkläre, daß letztlich jeder, der den weiten Weg auf sich nahm, eine der indischen Palmblattbibliotheken aufzusuchen, um seine Zukunft zu erfahren, dort dann auch tatsächlich fündig wurde und ein persönliches Palmblatt vorfand? Schließlich, so zweifelt man, hätte man doch in Vaithisvarankoil, Bangalore, Madras und Delhi (oder wo sonst noch eine derartige Bibliothek aufzufinden wäre) nicht wissen können, *welcher* Schicksalsgläubige die jeweilige Orakelstätte – und zu welchem Zeitpunkt! – aufzusuchen beabsichtigte? Diese logischen Fragen stellen sich zu Recht.
Doch der Schein trügt. Jene Zweifler haben dabei ein wichtiges Faktum nicht beachtet und das Pferd »beim Schwanz« aufgezäumt: In Wahrheit hatten die Betreffenden gar keine andere Wahl, als ausgerechnet in einer bestimmten Lebensphase diese

oder jene Palmblattbibliothek zu betreten. Denn ihr Tun war ihnen vorgegeben; Bhrigu, der weise Gründer der allerersten Orakelstätte in Indien, wußte nämlich von Anfang an Bescheid! Er hatte es »gelesen«, hatte sich medial gewissermaßen »eingeklinkt« in das »Weltgedächtnis«, wo Zeit keine Rolle spielt, wo es weder Vergangenes, Gegenwärtiges noch Zukünftiges gibt, wo sozusagen alles, was jemals auf unserem Planeten passierte, passiert und passieren wird, *jetzt und gleichzeitig* abläuft! Bhrigu wußte es bereits vor Jahrtausenden, wußte *alles* und kannte daher auch die *Identität* jedes Menschen, der jemals das Verlangen verspüren würde, in einer der erst viel später existierenden, nachfolgenden Palmblattbibliotheken sein ihm bevorstehendes Schicksal kennenzulernen.

Bhrigu hatte Einblick in die *Akasha-Chronik*!

Er schrieb alles auf und vererbte sein Wissen den nachfolgenden Priestergenerationen, deren kommendes Wirken in diesem Bereich ihm selbstverständlich ebenfalls geläufig war. Leider pflegen heute nicht alle Betreiber solcher Orakelstätten ihre ererbten Kenntnisse im ursächlichen Sinn. Die von Bhrigu seinerzeit auf Palmblättern verewigten Aufzeichnungen werden da und dort oft nur oberflächlich betreut. Wissen wird inflationistisch verschleudert und vielfach leichtfertig preisgegeben. Nur wenige Verwalter von Palmblattarchiven halten sich auch heute noch an die traditionellen Riten indischer Vergangenheit. Die sich immer mehr verbreitende Sucht nach dem Mammon hat leider auch hierzulande (wie auch anderswo) vor der Geistlichkeit nicht haltgemacht.

Um sich vor möglichen betrügerischen Praktiken zu schützen, kamen manche mißtrauisch gewordene Indienreisende auf die glorreiche Idee, auf recht subtile Weise (aber durchaus legitim) dem Wahrheitsgehalt angeblicher Palmblattvorhersagen auf den Grund zu gehen. Würden solche Zukunftsdeutungen denn nicht zwangsläufig in sämtlichen existierenden Bibliotheken *auf das gleiche* hinauslauten? Würden Neugierige, die, um dies nachzuprüfen, zwei oder auch mehrere solcher Orakelstätten besuchen, die Gewißheit erlangen, da wie dort die *immer gleiche* Auskunft über ihr künftiges Geschick zu erhalten? Schließlich wird ja alles Wissen über kommende Ereignisse auf die mediale Einsichtnahme des Chronisten Bhrigu in jene »Akasha-Chronik« zurückgeführt.

Auch der Fachbuchautor und TV-Journalist *Wulfing von Rohr* ist dieser Frage nachgegangen. In seiner Veröffentlichung »Es steht geschrieben …«, worin er ebenfalls über seine persönlichen Recherchen in diversen Palmblattbibliotheken berichtet, kommt er jedoch zu keiner einheitlichen Auffassung. *Gunjur Sachidanada Murthy*, der Palmblattübersetzer, den er in der Orakelstätte in *Bangalore* aufgesucht hatte, war sich gewiß, daß jeder Suchende nur *einer einzigen* Orakelstätte zugehörig sei. Ganz andere Auskunft erteilte man ihm dagegen in der »Schicksalsbücherei« in *Hoshiarpur*. Es sei durchaus denkbar, erfuhr der Autor hierorts, persönliche Informationen über zu erwartende Lebensumstände in unterschiedlichen Bibliotheken zu erfahren. Einschränkend wurde aber vermerkt, daß die Art und die Tiefe solcher Zukunftsprophezeiungen natürlich von der charakterlichen Stabilität der Betreiber jeweiliger Palmblattsammlungen abhängig wäre. Im Klartext heißt das, daß es letztlich von der spirituellen Reife des *Urhebers* abhängig gemacht werden müsse, ob er überhaupt dazu befähigt sei, die entsprechenden Schicksalsbotschaften unverfälscht und ihrem ursächlichen Sinn gemäß weiterzugeben und für seinen Nachfolger in der Bibliothek zu hinterlegen.

Immerhin ist es aber durchaus möglich, daß der Suchende auch in Parallelbibliotheken Teilaspekte seines Lebens auf Palmblättern vermerkt vorfindet.

Seit meinem Besuch der Orakelstätte in Vaithisvarankoil wurde ich wiederholt über ähnlich verlaufene Erlebnisse von anderen Indien-Reisenden informiert, die es sich angelegen sein ließen, auf ihrer Route zumindest *zwei* solcher Bibliotheken aufzusuchen. Die Eindrücke, die sich daraus ergaben, sind zwiespältig. In einem Fall wurde mir überschwenglich bestätigt, daß die Palmblattaussagen *völlig gleichlautend* ausgefallen seien; eine andere Erkenntnis bezeugte mir allerdings das Gegenteil.

Wie es scheint, ist also nichts vollkommen im Leben – und auch die Schicksalsorte in Indien bilden dabei keine Ausnahme. Einmal mehr zeigt es sich eben, daß der Mensch das Maß aller Dinge darstellt, und da wir allesamt leider unvollkommene Geschöpfe sind – vielen Versuchungen ausgesetzt und diesen oft willfährig in die Arme treibend –, spiegelt sich solches mit logischer Konsequenz auch in der Uneinheitlichkeit indischer Palmblattbibliotheken und ihrem Wahrheitsgehalt wider.

Ein sonderbarer Heiliger

E r genießt bei religiös eingestellten Indern besondere Verehrung, gilt als einer der zehn Söhne des Schöpferwesens
Brahma, aus dessen Stirn er im sogenannten »Goldenen Zeitalter« auf wundersame Weise entsprungen sein soll. In der himmlischen Hierarchie wird er zu den Halbgöttern gezählt, zu den
Prajapatis, dazu geschaffen, um – so weiß es die indische Mythologie – »die Einzelheiten der Schöpfung auszuführen«.

Er war es auch, der zu irgendeinem Zeitpunkt vor fünf- bis siebentausend Jahren (hier differieren die überlieferten Wiedergaben) auch die erste jener mysteriösen Orakelstätten schuf, deren
schriftlich niedergelegte Prophetie über das Schicksal von mehreren -zigtausend Menschen in überwiegendem Maße auf Palmblättern verzeichnet worden ist.

Gemeint ist jener Weise, der sein enormes Wissen als gelehri-
ger Schüler *Varunas* empfing, welcher wiederum zu den vedi-
schen Gottheiten gezählt wird und als Wächter der kosmischen
Ordnung höhere Verehrung genoß als die übrigen arischen Götter.

Bhrigu, um den Betreffenden endlich beim Namen zu nennen,
war in jeder Hinsicht ein »sonderbarer Heiliger«. Er besaß einerseits bei den himmlischen Mächten besondere Privilegien, war jedoch nicht immer willens, sich den Anordnungen seiner göttlichen Auftraggeber zu fügen. Ja, er opponierte sogar gegen seinen
Stammvater, weil ihm die angebliche Selbstherrlichkeit Brahmas
mißfiel. Beleidigt wandte sich Bhrigu von seinem Schöpfervater
ab und entdeckte in der Folge seine Sympathie für *Vishnu*. Dieser
war ebenfalls in gewissem Maße an Schöpfungsvorgängen beteiligt, auch wenn er in der göttlichen Rangordnung weit niedriger
eingestuft wurde (wie wir aus den *Veden*, dem ältesten Sanskrit-
schriftgut Indiens, wissen). Bhrigu soll Vishnu, so wird uns legendär überliefert, bei seinem Antrittsbesuch schlafend vorgefun-
den haben, was ihn aber nicht davon abhielt, ihm recht respektlos
»auf die Brust zu steigen«. Möglicherweise gab es (ähnlich wie
bei dem griechischen Götter-Establishment) auch unter Indiens
Himmelsherren diverse Eifersüchteleien – jedenfalls stieß sich
Vishnu nicht im mindesten daran, daß ihm gewissermaßen ein
»Abtrünniger« Brahmas unvermittelt die Referenz erwies. Ganz

im Gegenteil: Er fühlte sich durch Bhrigus Besuch sogar »geehrt« und nahm ihn freudig bei sich auf.

Bhrigu wird unermeßliches Wissen zugeschrieben. Er soll die Besonderheiten des Universums ebenso gekannt haben wie er auch Fähigkeiten besaß, auf medizinischem Sektor Wundersames zu bewirken: Angeblich war es ihm bereits durch die Kraft seine Worte möglich, Menschen, die auf unnatürliche Weise gestorben waren, wieder zum Leben zu erwecken. Vor allem aber tat er sich als »Seher« hervor. Ihm war es aufgrund seiner übernatürlich scheinenden Begabung möglich, sich den Einblick in jenes undefinierbare Etwas zu verschaffen, das uns heute als »Akasha-Chronik« und »Weltgedächtnis« oder auch als »Astrallicht« geläufig ist. Auf welche Weise Bhrigu diese Erkenntnisse gelangen, wird uns wohl für immer ein Rätsel bleiben. Jedenfalls verstand er es, in die Zukunft zu schauen und Hilfesuchenden sowie Trostbedürftigen mit Ratschlägen in schwierigen Situationen, vor allem in ihrer spirituellen Entwicklung, zu helfen und sie mit ihrem unabwendbar scheinenden Schicksal vertrauter zu machen. Alles diente im wesentlichen natürlich der *seelischen* Erbauung, und wenn man dazu noch erfährt, daß dieser Bhrigu in sämtlichen prä-indischen Legenden fast auf eine Stufe mit den mythischen Urgottheiten Brahma, Vishnu und auch *Shiva* (dem Dämonenbezwinger) gestellt wird, dann erhebt sich schon die Frage, ob dieser ungewöhnliche Mann überhaupt ein gewöhnlicher Sterblicher gewesen ist. War er ursprünglich auf der Erde geboren worden – oder kam er von anderswo? Eine Überlegung, der wir in späterer Folge nachgehen werden.

Sicher ist – folgen wir den überlieferten Sanskrittexten –, daß dieser Bhrigu sehr oft seiner eigenen Wege ging. Was gewiß nicht immer die Zustimmung bei seinen göttlichen Auftraggeber gefunden haben dürfte. So stieß er, obgleich zunächst Shivas persönlicher Beauftragter und dessen Anhänger belehrender Guru, diesen sehr unsanft vor den Kopf, als er ausgerechnet diese Gottheit recht ungöttlich bei einem Seitensprung ertappte: in den Armen seiner, Bhrigus, rechtmäßigen Frau.

Weil sich solche Ehebrüche anscheinend öfter ereigneten und Bhrigu die charakterlichen Entgleisungen der Himmlischen nicht goutierte, kam es mehrfach zu Auseinandersetzungen. Im Falle Shivas revanchierte sich der Prajapati, weil ihm »Hörner« aufgesetzt worden waren, damit, indem er dem als Dämonenbezwinger sowie als (nomen est omen) »Fruchtbarkeitsgott« Verehrten ein bleibendes (wenn auch von dem Betroffenen unerwünschtes) »Denkmal« schuf: den *Lingam* – ein Phallussymbol.

Die Affäre Shivas war deshalb aufgeflogen, weil Bhrigu unangekündigt seinen ursprünglichen Auftraggeber aufgesucht hatte: War er doch in gewisser Hinsicht in einer Funktion unterwegs gewesen, die heute etwa der unserer Umfragespezialisten entsprechen würde. Die Brahmanen (das war – wie schon der Name verrät – die offizielle Priesterschaft des Brahma) hatten ihn gebeten herauszufinden, welche Gottheit letztlich am verehrungswürdigsten sei.

»Meinungsforscher« Bhrigu, welcher unter den drei Hauptgöttern Brahma, Shiva und Vishnu zu wählen hatte, entschied sich kurzerhand für Vishnu. Brahmas Arroganz und Shivas Unehrenhaftigkeit waren dafür ausschlaggebend gewesen.

Mit Bhrigus Namen sind im übrigen verschiedene mythische Erzählungen verbunden. So erfahren wir beispielsweise davon, daß die *Bhrigus*, eine Priesterfamilie, die ihre Herkunft von diesem indischen Weisen ableitete und die Verehrung des Feuergottes *Agni* unter den Menschen verbreitete, dafür aus den Händen des *Matarisvan* jenes lebensspendende Element in Empfang nehmen durfte. Matarisvan war so etwas wie der indische »Prometheus« – ein Halbgott, der (wie Jesus in der Bibel) auch »Menschensohn« genannt wurde. Agni selbst war im übrigen keine Person, sondern das Feuer selbst. Matarisvan soll diesen Stoff in dem Element Wasser sowie in einer nicht näher bezeichneten »Pflanze« entdeckt haben. Geht man nun davon aus, daß (immer der Sage nach) dieser vorgebliche »Halbgott« Matarisvan den Feuerstoff Agni »zur Erde hinuntergebracht« haben soll, dann läßt sich mit einigem Recht vermuten, daß der indische Lichtspender sein Produkt »Agni« anderswo (aber jedenfalls nicht auf diesem Planeten) entwickelt haben muß. Wahrscheinlich in einem Labor außerhalb des Planeten Erde.

War also Matarisvan *außerirdischer* Herkunft?

Wir werden noch sehen, daß derartige Verdachtsmomente ihre Berechtigung haben. Wie es überhaupt lohnend erscheint, tiefer in die indische Mythologie hinabzutauchen. Dabei wird man erkennen, daß legendäre Erinnerungen – wie das auch in anderen Kulturkreisen der Welt geschah – Personen und Dinge *verklärten*, ihnen (im Unverständnis einer relativ primitiven Umwelt) einen göttergleichen Status verliehen und damit ein irreales Bild schufen.

Woraus leitet sich überhaupt der Name Bhrigu ab? Altem indischen Schriftgut nach aus der Sprachwurzel »bhraj«. Was mit dem Wort »scheinen« oder auch *leuchten* im Zusammenhang steht. Das mag in gewisser Weise rein symbolische Bedeutung haben, Bhrigus besonderer Begabung wegen, aber es gibt auch handfestere Deutungen.

Die Erbauer der Himmelswagen

Da ist beispielsweise in mythischen Wiedergaben von der Schlacht der zehn Könige die Rede. Sie gehörten allesamt zu der hochstehenden Kaste der Arier, verfeindeten sich aber untereinander und bekriegten sich auf das heftigste. Die einen fünf Herrscher nannte man die »fünf Leute«, ihre fünf Widerparts hingegen die »Bharatas«. Bhrigu gehörte letzterer Sippe an. Mit einiger Wahrscheinlichkeit kann angenommen werden, daß die dem weisen Seher nachfolgenden Priester, welche sich zu Ehren ihres Vorgängers nunmehr als *Bhrigus* bezeichneten, dessen Söhne gewesen sind. Und wenn man davon ausgeht, daß sie ihr Wissen durch ihren Vater empfangen hatten und ihre Kenntnisse auch viele Gebiete der Wissenschaft betrafen, dann überrascht es keineswegs zu erfahren, welche Aktivitäten der Familienclan der Bhrigus hinkünftig zu setzen wußte. Da ist längst nicht mehr religiöse Symbolik oder kultisches Brauchtum im Spiel, vielmehr erkennt man immer deutlicher technologische Fertigkeiten sowie eine ingenieursmäßige Ausbildung bei Bhrigus Nachfahren, die aufzeigen, was beim Studium prä-indischer Überlieferungen ohnehin sofort in die Augen sticht: Schon vor Jahrtausenden gab es in Indien perfekt konstruierte Luftfahrzeuge. Es gab damals sogar ein richtiggehendes Verkehrsaufkommen inner- und außerhalb der Atmosphäre. Was immerhin bedeutet, daß es im alten Indien – vor mindestens fünftausend Jahren – auch Flüge in den Weltraum gegeben haben muß, wie überlieferte Berichte in den Sanskrittexten glaubhaft versichern. Diese Himmelsschiffe hatten eine eigene Bezeichnung. Man nannte sie (wobei die Größenverhältnisse keine Rolle spielten) – *Vimanas.*

Das Wort »Vimana« wird im heutigen Sprachgebrauch leider etwas irreführend übersetzt – und zwar mit dem Wort *Palast.* Diese Benennung führte bei späteren Wiedergaben in deutscher Sprache zu wesentlichen Mißverständnissen, hüteten sich doch die meisten Übersetzer davor, derartige »Paläste«, die im Originalwortlaut als *fliegende* Wohnsitze von »Göttern«, »Dämonen« und prä-indischen Heroen angeführt worden waren, mit diesem Attribut auszustatten. Im *Mahâbhârata* zum Beispiel, dem indischen Nationalepos schlechthin, dessen penible Übersetzung vor mehr als einhundert Jahren *Chandra Protap Roy* besorgte (»The Mahâbârata, Drona Parva«, Calcutta 1888), finden sich in später hergestellten Nachdrucken keinerlei Hinweise mehr von irgendwelchen seinerzeitigen Aktivitäten im Luftraum. Gleiches gilt auch für das *Râmâyana,* das zweite umfassende Werk indischer Geschichte, das jedoch umfangmäßig mit seinen etwa 24 000 Doppelversen nicht an das des Mahâbhârata heranzureichen vermag. Aber auch hier gilt ähnliches wie bei Roys Übersetzung. *M. N. Dutt,* der das Râmâyana vor ebenfalls mehr als einhundert Jahren herausgab (Calcutta 1892/94), berücksichtigte darin selbstverständlich alle Begebenheiten, die die Sanskrittexte wiedergaben; neuere Ausgaben hingegen interpretieren diese »zeitgemäß« und vermeiden es, sich mit den genannten »Palästen« in »höhere Regionen« zu begeben. Die historische und prähistorische Manipulation feiert »fröhliche Urständ'«!

Es ist das Verdienst zweier Fachleute sowie einer Übersetzerin, daß uns heute die Texte jenes altindischen Schriftgutes im Originalwortlaut wieder zugänglich sind und wir Einblick nehmen können in Geschehnisse, die uns in den Epen dieses fernöstlichen Kulturkreises überliefert worden sind: Professor *Dileep Kumar Kanjilal* (er lehrt an der Universität von Kalkutta), ein gebürtiger Inder, veröffentlichte 1985 in seiner Heimat das in englischer Sprache herausgegebene Buch »Vimanas in Ancient India«, das die frühere Bonner Bibliothekarin *Julia Zimmermann* dankenswerterweise (unter Beibehaltung des Originaltitels) ins Deutsche übertragen hat. Der aus Ilsenburg im Harz stammende Indien-Experte *Lutz Gentes* wiederum veröffentlichte im Vorjahr sein monumentales Lebenswerk »Die Wirklichkeit der Götter« (München 1996) worin er sich angelegentlich mit mythischen Überlieferungen einer »Raumfahrt im frühen Indien« beschäftigt.

Ich selbst fand daneben noch eine weitere ergiebige Quelle, welche originalgetreu und ohne Textverzerrungen die spannenden Geschehnisse von anno dazumal wiedergibt: Die von *Veronica Ions* 1967 in England herausgegebene und von Dr. *Erika Schindel* übersetzte Sammlung »Indische Mythologie« (Wiesbaden 1967). Darin findet das einstige Wirken des weisen Prajapati Bhrigu ebenso seine Entsprechung wie die zahlreichen Auseinandersetzungen der indischen Götter mit den ihnen feindlich gesinnten »Dämonen« – und auch die Heldentaten der prä-indischen Heroen werden detailgetreu geschildert.

Außer dem Mahâbhârata und dem Râmâyana weiß auch das *Rigveda* einiges über die altindischen Flugwagen zu berichten. Dem Standard ihrer Besitzer angepaßt, werden diese Vimanas als äußerst komfortabel beschrieben. Sie waren in der Lage, jede beliebige Flughöhe zu erreichen, ja sogar dafür konstruiert, über die obersten Wolkenschichten hinaus bis ins Weltall vorzustoßen. Deutlich wird dabei hervorgehoben, daß zu ihrer Bedienung mindestens drei Personen erforderlich waren. Selbst die Treibstoffarten werden genannt; leider aber konnten bisher nicht alle Worte und ihre Bedeutung aus dem Sanskrit übersetzt werden, so daß vorderhand nicht ersichtlich ist, welche verschiedenen Beimischungen herangezogen werden mußten, um das Luftfahrzeug flugtauglich zu machen.

Um keine Mißverständnisse aufkommen zu lassen: Das Rigveda vermerkt ausdrücklich, daß die Vimanas »ohne irgendwelche Zugtiere« den Luftraum durchpflügten. Sobald die Objekte zur Landung angesetzt hätten, seien eine Menge Neugieriger zur Stelle gewesen, um diesem Ereignis beizuwohnen. Im ersten Buch des Rigveda, Kapitel 46, Vers 4, wird präzise vermerkt, welcher Typ von Flugwagen für diesen oder jenen Hilfseinsatz herangezogen wurde. Da gab es Rettungsaktionen bei Unfällen im Wasser, in Höhlen und auch auf dem Schlachtfeld.

Im Râmâyana wiederum ist von Flugapparaten die Rede, die sich auffallend schnell bewegten und einen Rumpf aufwiesen, der wie Gold geglänzt haben soll. Diese Vimanas waren ziemlich geräumig, enthielten verschiedene Abteilungen und waren offenbar äußerst luxuriös ausgestattet: Beispielsweise mit kleinen, perlenbesetzten Fenstern. Wenn man davon ausgeht, daß uns in diesen prä-indischen Überlieferungen keine Ur-Science-fiction aufgetischt wird (und rein logisch spricht nichts für eine derartige Annahme), dann erfahren wir sogar einiges über damalige *Flugpläne*! So startete (berichtet das Râmâyana) eines dieser Vimanas mit insgesamt zwölf Fluggästen morgens in Lanka (dem heutigen *Sri Lanka*), um zu nachmittäglicher Stunde in Ayodhaya zu landen. Zwischenaufenthalte gab es dabei in Kiskindhya und Vasisthasrama. Insgesamt bewältigte das Luftfahrzeug eine Strecke von etwa zweitausendneunhundert Kilometern. Und das in neunstündiger Flugdauer. Nach heutigen Maßstäben erreichte das Vimana damit eine Stundengeschwindigkeit von dreihundertzwanzig Kilometern!

Obwohl heutzutage Fliegen nicht mehr unbedingt ein Privileg der Vermögenderen darstellt und das Gedränge auf den Airports oft beängstigende Ausmaße angenommen hat, ist es dennoch zumeist nur den finanziell besser Situierten gegeben, größere Entfernungen via Flugzeug zurückzulegen. Ähnlich dürfte es auch im alten Indien gewesen sein. Ausdrücklich wird in den Sanskrittexten vermerkt, daß damals nur »auserlesene Menschen« die Möglichkeit besaßen, sich mit Flugapparaten fortzubewegen. Bei diesen Auserwählten handelte es sich im wesentlichen um Herrscherfamilien oder Heerführer – also etwa das, was wir heute unter Regierungsmitgliedern und hohen Militärs verstehen würden. Was uns aber in diesem Zusammenhang besonders wichtig erscheint, ist der Hinweis, welcher sich in der Sanskritliteratur mehrfach wiederfindet: Daß nämlich die gesamte Technik, die die Konstruktion der Vimanas überhaupt erst möglich machte, den überragenden Kenntnissen »der Götter« zuzuordnen war. Sie wären, liest man in den Texten des *Sabhaparvan*, in früheren Zeiten auf die Erde gekommen, um hier die intelligenteste Lebensform – uns Menschen – zu studieren.

Von hier bis zu den mythischen *Bhrigus*, den Nachkommen des offensichtlich »außerirdischen« Stammvaters Bhrigu selbst, ist da nur ein kleiner Schritt. Gab es in jenen Zeiten bereits – wenn auch nur für höhere Ansprüche – eine *Flugzeugindustrie*? Das mag auf den ersten Blick – und aus heutiger Sicht – abstrus klingen, nimmt man aber die mythologischen Wiedergaben in Indiens religiösen Werken (dem Mahâbhârata etwa oder dem Râmâyana) ernst, dann sticht darin die auffallende Ballung von (durchaus auch *verschie-*

denartigen) Fluggeräten in die Augen. Manche dieser Objekte dürften mit einiger Gewißheit *außerirdischer* Herkunft gewesen sein, wie ja auch deren in unserem Himmelsraum damit operierende Kommandanten, die der Nachwelt als »Götter« (Brahma, Vishnu, Shiva etc.) überliefert wurden.

Wenn man nun erfährt, daß Bhrigus Söhne und Nachfahren in den alten Sanskrittexten hartnäckig als die eigentlichen Erbauer und Konstrukteure der »Himmelsfahrzeuge« genannt werden, ja überhaupt als »Luftgötter« galten – als besonders Befähigte, die imstande waren, sich mit Hilfe ihrer fliegenden Objekte innerhalb der Erdatmosphäre zu bewegen, dann versteht man erst die eigentliche Bedeutung textlicher Hinweise, die Bhrigus seien etwas Besonderes gewesen, hätten »magisches Wissen« besessen und das »Know-how« gekannt, »magische Raketen« abzufeuern. Mit einiger Wahrscheinlichkeit kann hier angenommen werden, daß es sich bei diesen Geschossen um Offensivwaffen für Kriegseinsätze gehandelt haben dürfte.

Auch in punkto Ernährung scheinen Bhrigus Erben bestimmte Angewohnheiten gehabt zu haben, mit denen sie sich möglicherweise von ihrer Umwelt abhoben. Jedenfalls ist uns überliefert, daß Indiens Luftgötter nur ein bestimmtes Getränk zu sich nahmen und offensichtlich bevorzugten: »Soma« nannte sich die Flüssigkeit, deren Zusammensetzung leider unbekannt geblieben ist. Stand dieses »Soma« dann und wann vielleicht nicht zur Verfügung, begnügten sich die Bhrigus aber auch mit Yoghurt oder Wasser. Yoghurt wird im übrigen auch im heutigen Indien von der (zumeist armen) Bevölkerung gerne getrunken.

Daß uns alle diese Einzelheiten – wenn auch oft mythisch verbrämt – bekanntgeworden sind, ist ganz wesentlich diesem Bhrigu zu verdanken. Jedenfalls wird der weise Prajapati sowohl von der hinduistischen als auch von der buddhistischen Priesterschaft übereinstimmend als »Mitverfasser der vedische Texte« bezeichnet. Vor allem der Hinduismus beruft sich auf jene Veden – ein Name, der dort soviel bedeutet wie *heiliges Wissen*. Bevor Bhrigu und ihm zur Seite stehende Chronisten die legendären Überlieferungen auf Palmblättern verewigten, waren diese Erinnerungen an die Hochblüte von Indiens »Goldenem Zeitalter« bloß mündlich weitergegeben worden. Von Generation zu Generation. Auch »Soma«, das geheimnisvolle Getränk, war dabei mit im Spiel, denn es verlieh seinen Konsumenten angeblich ebensolche Stärke wie davor den Göttern, die sich, dank dieses »Soma«-Trunks, erst befähigt gesehen haben sollen, »das Universum« (oder jedenfalls ihren Machtbereich) »kontinuierlich« zu verwalten. Alte Texte bezeichnen »Soma« einmütig als *Quelle der Kraft*.

Von den beiden religiösen Bewegungen Indiens – dem Hinduismus sowie dem Buddhismus – ist erstere zweifellos die ältere Lehre. Keineswegs harmonierten die beiden Glaubensrichtungen wirklich miteinander. Der Hinduismus wirkt auch heute noch viel realitätsnäher als der Buddhismus, der sich nach dem 5. Jahrhundert zunehmend in brahmanische Haarspaltereien verlor. Der Hinduismus berief sich gegenüber den ihm anhängenden Gläubigen vor allem auf die philosophischen Konzeptionen der *Upanishaden*. Sie gelten als eine von Brahma ausgehende *Geheimlehre* und finden ihre Entsprechung in der Beziehung zwischen Brahma und »Atman«. Womit die Verbindung von »Weltseele« und »Einzelseele« gemeint ist. Ein Hinweis auf die Existenz der *Akasha-Chronik*?

Es scheint möglich, und auch ein Zusammenhang mit dem Wirken Bhrigus dürfte hier gegeben sein. Der Prajapati wird ja bekanntlich als einer von zehn Söhnen des Brahma angesehen, und wenn man davon ausgeht, daß die »Upanishaden« – also jene wahrscheinlich von Bhrigus göttlichem Vater weitergegebenen »geheimen« Anordnungen – nicht zuletzt durch den Initiator der späteren Palmblattbibliotheken innerhalb der Priesterkaste in Umlauf gebracht wurden, dann scheinen gewisse Gemeinsamkeiten durchaus gegeben.

Sein universelles Wissen befähigte Bhrigu letztlich auch, sich medial (oder wie auch immer) den von ihm angestrebten Einblick in das rätselhafte *Lebensbuch*, das sogenannte »Weltgedächtnis«, zu verschaffen. In die *Akasha-Chronik* ...

Himmelskämpfe

U nser »Ausflug« in die Mythologie Indiens – unsere Einsichtnahme in ihr fallweise dramatisches Geschehen – hat durchaus seine Begründung. Denn was immer sich damals, in dunkelster Vergangenheit, auf indischem Territorium ereignete, hat einen ursächlichen direkten Zusammenhang mit den vormaligen Aktivitäten Bhrigus und seinen Himmelsfahrzeuge bauenden, familiären Nachkommen. Den »Bhrigus«.

Sie standen mit Sicherheit Pate beim Einsatz jener »Vimanas«, die uns im Verlauf einer Episode begegnen, die vor allem einmal unwiderlegbar aufzeigt, daß das Flugwesen bei den Indern vor etlichen tausend Jahren gang und gäbe war. Ausgangspunkt damaliger Unruhen waren die immer wieder ausbrechenden Rivalitäten zwischen Göttern und Dämonen. Weder diese noch jene dürfen jedoch mit irgendwelchen Geisteswesen oder Sinnbildern gleichgesetzt werden. Es waren durchweg Individuen aus Fleisch und Blut und von humanoidem Aussehen. Da waren einerseits außerirdische Machthaber im Spiel, die von der ahnungslosen, leichtgläubigen Bevölkerung für »Götter« angesehen wurden, wofür ja, nach Ansicht der betreffenden Analphabeten, vor allem sprach, daß sie, »vom Himmel gekommen« waren. Aus der geschlechtlichen Verbindung der Fremden mit ausgesuchten Menschenfrauen – wahrscheinlich nach dem Ablauf eines Vorganges, wie er durch eine künstliche Mutation am genetischen Code herbeigeführt werden kann – erwuchsen sogenannte »Halbgötter«, wie wohl auch der weise Bhrigu einer gewesen sein dürfte.

Im »Mahâbhârata«, Indiens ältestem Epos, wird u. a. von dem mächtigen Herrscher *Bhima* berichtet, der sich nichts sehnlicher wünschte als einen Erben. In seiner Verzweiflung, weil sich bei seiner Gattin kein Nachwuchs einstellen wollte, wandte er sich schließlich an einen himmlischen Gesandten, der als Vermittler zwischen den Göttern und den ihnen ergebenen Erdgeborenen fungierte. *Rsi*, so der Name des Verbindungsmannes, übernahm die Wunschliste des Königspaares und legte sie der »fliegenden Gottheit« *Damana* vor. Dieser zeigte sich Bhima gewogen und übersandte ihm durch seinen Boten ein göttliches Präparat: drei Knaben- sowie drei Mädchen*perlen*. Die Königin schluckte, auf Geheiß des Überbringers, die sechs »Perlen« – und wurde schwanger. Nach einiger Zeit, so ist überliefert, gebar sie ihrem Gatten drei Knaben und drei Mädchen, wobei im »Mahâbhârata« ausdrücklich vermerkt wird, daß das erstgeborene Kind ein Knabe war. Damit hatte Bhima endlich seinen Thronerben gefunden.

Zurück zu jener Episode, bei welcher es weniger friedlich zuging. Sie handelt von der dramatischen Auseinandersetzung zwischen dem »Dämon« *Ravana* und *Ramachandra* – auch *Rama* genannt. Ravana – so wie alle sogenannten »Dämonen« (was als herabwürdigende Bezeichnung verstanden werden muß) ein Abtrünniger und Rebell, der den göttlichen Machthabern, obwohl er von diesen abstammte, den Gehorsam verweigerte –, hatte ein begehrliches Auge auf Ramas junge Ehefrau *Sita* geworfen. Diese war ihrem Gemahl, den man durch eine Intrige um seine rechtmäßige Nachfolge auf den Königsthron gebracht hatte, ins selbstgewählte Exil gefolgt. Während nun Rama sich seiner Jagdleidenschaft hingab, machte sich der tückische Ravana an Sita heran und entführte sie in seinem fliegenden Wagen nach Lanka, dem heutigen Sri Lanka, wo Ravana regierte.

Rama machte sich nach seiner Rückkehr sofort an die Verfolgung des Räubers. Während seine Truppen auf Ravanas Hauptquartier zumarschierten, bestieg Sitas Ehemann sein eigenes fliegendes Gefährt, um den Entführer seiner Gattin einzuholen. Es gelang ihm auch tatsächlich, Ravana hoch über dessen Residenz zu stellen. Die Legende berichtet von einem mörderischen Kampf, welcher sich (heißt es) »unter den Augen sämtlicher Götter« abgespielt haben soll. Beide bekriegten sich mit »magischen Waffen«, doch lange Zeit schien es, als ob es keinem von ihnen gelingen würde, die Oberhand zu behalten. Bis Rama schließlich auf ein besonders wirkungsvolles Gerät zurückgriff, das ihm einst der weise und einflußreiche *Agastya* (dessen Schutz Rama genoß) geschenkt hatte:

Einen *magischen* Pfeil.

Was hinter dieser Waffe in Wahrheit zu vermuten ist, bleibt spekulativ. In jedem Fall handelte es sich um ein furchtbares Geschoß. War es doch, so erfährt man, »mit der Kraft der Götter getränkt«. Der »magische Pfeil« war jedenfalls etwas ganz besonderes. Er entstammte, weiß das »Mahâbhârata«, dem Arsenal der Gottheit Brahma. Er war »vom Winde beflügelt«, und Sonnenlicht sowie Feuerschein hätten sich in seiner (metallischen?) Spitze widergespiegelt. Das zerstörerische Objekt dürfte zudem ziemlich schwer gewesen sein, wird ihm doch, laut originaler Textwiedergabe, »das Gewicht der Berge Neru und Mandara« zugeschrieben. Offensichtlich wurde auf diese furchtbare Waffe, selbst im Ernstfall, nur dann zurückgegriffen, wenn Sein oder Nichtsein des angegriffenen Besitzers davon abhing. »Rama *segnete* den Pfeil und ließ ihn los«, lesen wir weiter. »Er flog Ravana geradewegs in die Brust, tötete ihn und kehrte in Ramas Köcher zurück.«

Damit wird deutlich, daß es sich bei diesem Geschoß um keinen primitiven Pfeil im üblichen Sinn gehandelt haben kann. Das wird einesteils ja bereits durch die Zusatzbezeichnung des Wörtchens »magisch« aufgezeigt, und bestätigt sich zusätzlich durch des »Pfeiles« Eigenschaft, ähnlich dem australischen Bumerang, nach Vollendung seiner zerstörerischen Aufgabe wieder zu seinem Ausgangspunkt zurückzukehren. Allerdings handelte es sich bei Ramas »magischem Pfeil« ganz gewiß nicht um eine Abart dieser australischen Waffe. Das beweisen bereits zwei wesentliche Merkmale des Geschosses: Zum einen wurde es von seinem Besitzer vor dem Abschuß offensichtlich *programmiert* (»gesegnet«, wie das Mahâbhârata kryptisch vermerkt), zum anderen dürfte es schon im Aussehen einem Bumerang nicht im mindesten geglichen haben. Denn es besaß ja eine Spitze sowie mit ziemlicher Gewißheit auch eine Hülle aus Metall, in welcher sich Licht und Feuerschein brachen. Ohne also unser Vorstellungsvermögen allzusehr strapazieren zu müssen, darf daraus geschlossen werden, daß Ramas »magischer Pfeil« einer in Gestalt und Aussehen uns vertrauten *Rakete* geglichen haben dürfte, wie derartige Offensivgeschosse auch bei »modernen« Kampfhandlungen eingesetzt werden.

Im übrigen ist die in den mythischen Überlieferungen gerne gebrauchte Benennung solcher wirkungsvoller Waffen mit der ihnen beigefügten Bezeichnung »magisch« kein Zeichen dafür, daß damals bei deren Gebrauch irgendwelche Zauberei mit im Spiel war. Dieses Wort diente vielmehr der Umschreibung für einen bestimmten Gegenstand (was also nicht allein auf Kriegsmaterialien zutraf), der »normalen« Kriterien zu widersprechen schien und eine Geltungskraft besaß, wie sie der uninformierte Beobachter noch nie zuvor gesehen hatte.

Gerade im technologischen Bereich – und in gewisser Weise läßt sich das auch bei verschiedenen modernen Errungenschaften durchaus konstatieren – könnte man spontan an miteingeflossene Magie denken, wüßten wir, als aufgeklärte Menschen, es natürlich

nicht besser. *Arthur C. Clarke*, sowohl wissenschaftlich als auch als prominenter Science-fiction-Autor weltweit ein Begriff, formulierte diesen Umstand einmal sehr treffend mit der Bemerkung: *»Jede weit genug entwickelte Technologie ist von Magie nicht zu unterscheiden.«*
Weshalb sollte es gerade im Altertum, wo die Volksmasse in relativ primitivem Unverständnis belassen wurde, um den Wissenden nicht ins Handwerk pfuschen zu können, anders gewesen sein?
Nachdem Rama seine Gemahlin Sita aus der Gewalt ihres Entführers befreit hatte, ging er daran, gemeinsam mit seinen Truppen auch die eigentliche Befestigungsanlage Ravanas zu erobern. Er bediente sich dabei der Unterstützung des »Affenkönigs« *Hanuman*, der sich bei seinen kriegerischen Operationen vornehmlich *fliegend* fortbewegte. Schon vor Ramas Angriff war es ihm gelungen, mit seinem »brennenden Affenschwanz« die Gebäude der Residenzstadt Lanka in Brand zu setzen. Hanuman hatte dies ebenfalls von oben her besorgt, indem er – so erfahren wir es aus den überlieferten Sanskrittexten – »von einem Haus zum anderen« gesprungen war. Mit einiger Wahrscheinlichkeit ist dabei zu vermuten, daß dem »Affenkönig« das zerstörerische Werk durch den Abwurf von brandbombenartiger Munition herbeigeführt hatte. Nebenher betätigte er sich auch als eine Art »Aufklärer«: Er spionierte aus luftiger Höhe die strategische Lage von Ravanas Hauptquartier aus.
Bei den nun folgenden Angaben muß eines beachtet werden: Stadt und Befestigung trugen zwar denselben Namen – Lanka –, waren jedoch, wie sich zeigen wird, kein gemeinsames Ganzes. Das bewies sich bereits durch die fast völlige Einäscherung jener Gebäude, die von der Bevölkerung besiedelt waren. Hier konnte also nichts mehr erobert werden. Anders verhielt es sich hingegen mit Ravanas Regierungssitz. Der war, trotz Hanumans »feurigem« Einsatz, offensichtlich unzerstört geblieben. Warum, wird uns bei der mythischen Beschreibung jener »Zwingburg« sofort klar, wo es heißt: »Die ausgedehnte Stadt (?) bestand hauptsächlich aus *Gold* und hatte sieben breite Gräben und sieben hohe Wälle aus Stein und *Metall* (!); vorher stand sie *auf dem Berg Meru*, war jedoch von Vayu *ins Meer* geschleudert worden.«
Was deutlich zum Ausdruck bringt, daß Ravanas scheinbare Befestigungsanlage – ganz abgesehen von ihrer Bauweise aus Gold

und Metall – *beweglich* gewesen sein muß. Ramas Widerpart war somit in der Lage, seinen Standort nach Belieben zu verändern und dorthin zu manövrieren, wo er ihm am dienlichsten gewesen sein mag. So hatte sich die Anlage zuvor auch bereits auf dem Berg Meru befunden, um dann später – wahrscheinlich nach einer teilweise mißglückten kriegerischen Auseinandersetzung mit einem ungenannten Kontrahenten – im Ozean »notwassern« zu müssen, um sie wieder flugtauglich zu machen.

Der erwähnte »Vayu«, dies der Vollständigkeit halber, war keine Person, sondern stand als Synonym für die Gottheit des *Windes* – war also vermutlich eine unbekannte, aber um so wirkungsvollere Waffe, die Ravanas Sitz damals beschädigt hatte.

Bewiesen scheint damit, daß es sich hierbei um ein gewaltiges Flugobjekt, ein riesiges *Vimana*, gehandelt hat, das Ravana nach Gutdünken durch den Himmelsraum (vielleicht sogar darüber hinaus) steuern konnte. Ein monströser »Palast« mit allen Schikanen, der jedoch an keine Örtlichkeit gebunden war.

Nachdem Ravana durch Ramas »magischen Pfeil« getötet und sein Luftfahrzeug zum Absturz gebracht worden war, entbrannte eine mörderische Schlacht, um auch die eigentliche Residenz des besiegten Rivalen einzunehmen.

Hier aber versagte Ramas Armee. Der Kampf wogte hin und her und endete schließlich unentschieden. Daraufhin befahl der Heerführer den Rückzug und kehrte mit Gattin Sita wieder ins Exil zurück.

Ravanas Nachfolge trat dessen Sohn *Indrajit* an, der von Brahma die Gabe der Unsterblichkeit vor allem deshalb erhalten hatte, weil er bereit gewesen war, den von ihm gefangengesetzten »Sturmgott« *Indra* (dem Schleuderer des Donnerkeils »Vajra«) wieder freizulassen.

Bei all diesen hier geschilderten Begebenheiten, die von dem Einsatz unglaublich konstruierter Luftfahrzeuge berichten, erkennt man mit Bewunderung, was für brillante Flugingenieure jene »Bhrigus« gewesen sein dürften. Es scheint deshalb nicht unwahrscheinlich, ihnen noch eine weitere technologische Großtat zuzubilligen, von der die legendären Erinnerungen prä-indischer Chronisten erzählen: Superanlagen im erdnahen Weltraum!

Weltraumstädte im Altertum

Es mag manchem zu phantastisch erscheinen, ernsthaft annehmen zu müssen, daß es im indischen Altertum – vor vielleicht siebentausend Jahren – bereits riesige Erdsatelliten rund um unseren Planeten gegeben haben soll. Noch dazu städteähnliche Gebilde, welche nach Belieben in verschiedene Regionen inner- und außerhalb der Erdatmosphäre dirigiert werden konnten und (wie man beispielsweise aus den heiligen Epen »Mahâbhârata« und »Râmâyana« entnehmen kann) auch im Kampf gegen die aufständischen »Dämonen« zum Einsatz gelangten. Sie spielten in jedem Fall bei den heftigen Auseinandersetzungen, die die außerirdischen »Götter« mit ihren Feinden führten, eine strategisch überaus wichtige Rolle.

Daß es sich dabei keinesfalls um ein bloßes Hirngespinst handelt, ein urzeitliches Science-fiction-Märchen, dafür bürgt heute ein exzellenter Fachmann, der es sich angelegen sein ließ, die legendären Sanskrittexte ins Englische zu übersetzen und zeitgemäß darzustellen.

Das müßte man sich an unseren Hochschulen vergegenwärtigen: einen allseits anerkannten Lehrbeauftragten, welcher in Oxford studierte, eine Berufung zum Rektor am berühmten Victoria College von Coochbehar in Westbengalen erhielt, und sich dort nunmehr als Delegierter dieses indischen Staates in wichtigen Angelegenheiten des Sanskrit betätigt. Ein vollintegrierter Wissenschaftler und Professor an der Universität Kalkutta und hochgeschätztes Ehrenmitglied der Asiatischen Gesellschaft. Dieser Mann nun, in Indien eine führende Kapazität für die Übersetzung von Sanskrittexten und mit allen Weihen der akademischen Zunft versehen – so ein im Kollegenkreis allseits geachteter Gelehrter geht hin und veröffentlicht ein über dreihundert Seiten starkes Manuskript in englischer Sprache, betitelt: »Fliegende Maschinen im Alten Indien«. Was hätte so ein Lehrstuhlinhaber hierzulande »auszubaden«? Oder in den USA? Oder irgendwo anders auf dieser Welt? Der »Fall« des renommierten Psychiaters aus den Vereinigten Staaten, Professor *Jahn Mack*, Pulitzer-Preisträger an der weltberühmten Harvard University im US-Bundesstaat Massachusetts, welcher sich ernsthaft mit Menschen befaßte, die übereinstimmend behauptet hatten, durch UFO-Insassen außerirdischer Herkunft entführt und in deren Raumfahrzeugen medizinischen Untersuchungen unterworfen gewesen zu sein, ist inzwischen allseits bekannt. Dem prominenten Forscher brachte sein unorthodoxes Tun eine peinliche Untersuchung durch ein Kollegium seiner Universität ein. Man drohte ihm den Lehrstuhl wegzunehmen und ihn von der Universität zu verbannen. Und das nur deswegen, weil Professor Mack vorgeschriebene Lehrpfade verlassen hatte und (in durchaus seriöser Weise) eigene Wege gegangen war. Zwar wurde inzwischen alles bereinigt und der gemaßregelte Gelehrte voll rehabilitiert (ohne deshalb seine begonnenen Untersuchungen aufzugeben), doch die Erfahrungen, die er dabei sammeln mußte, wird er wohl nicht so schnell vergessen.

Ganz anders verhält es sich hingegen mit unserem eingangs erwähnten Sanskrit-Spezialisten an der Universität Kalkutta.

Professor Dr. *Dileep Kumar Kanjilal* ist an seiner Dienststelle nicht nur völlig unangefochten, er genießt dort auch die ungeteilten Sympathien seiner Kollegen. Was dieser Wissenschaftler in seinem sicher ungewöhnlichen Werk publizierte, hielt bislang jeder noch so peniblen Prüfung stand. Ich selbst hatte das Vergnügen, den kleinen, dunkelhaarigen Mann mit den dicken Brillengläsern bei mehreren Kongressen der »Ancient Astronaut Society« (die sich mit der Möglichkeit außerirdischer Besuche auf diesem Planeten in fernster Vergangenheit auseinandersetzt) persönlich kennenzulernen und war von dem enormen Wissen des Inders auf dem Gebiet des Sanskrit sehr beeindruckt. Das einzige Manko des Professors: Kanjilals Englisch ist zwar perfekt, jedoch infolge des dabei einfließenden harten Akzents seiner Landessprache leider oft nur schwer verständlich.

Was hat der Sanskritgelehrte nun herausgefunden? In mehrjähriger Forschung gelang der *Nachweis*, daß es in prä-indischer Zeit in seinem Land bereits eine (auch technologische) Hochkultur gegeben haben muß. Er fand heraus, daß die alten indischen Götter keine Symbolgestalten waren, sondern durchaus humanoide Wesen und den Erdbewohnern im Aussehen sehr ähnlich. Mit einer Besonderheit: Diese »Himmlischen« stammten nicht von unserem Planeten! Ihre Heimat lag anderswo, in einem fremden, vorderhand noch unbekannten Sonnensystem. Denn es waren *außerirdische* Besucher, die uns damals beglückten und dank ihrem überlegenen Wissen von der ihnen intelligenzmäßig weit unterlegenen Bevölkerung verehrt und gefürchtet wurden. Daß sich die Fremden während der Zeitdauer ihres Erdengastspiels nicht immer »gentlemanlike« (also gesittet) benahmen, steht auf einem anderen Blatt.

In dem Band »Drona Parva« (er gehört mit zur Sammlung der Sanskrittexte im »Mahâbhârata«) verweist Professor Kanjilal im Zusammenhang mit den in Altindien existenten Raumstationen auf die Seite 690, wo im Vers 62 nachgelesen werden kann: »Die Götter, die geflohen waren, kehrten zurück. Tatsächlich fürchten sie sich bis auf den heutigen Tag vor Mahecwara. Ursprünglich verfügten die tapferen Asuras über *drei Städte im Himmel.* Jede dieser Städte war groß und vorzüglich gebaut. Eine bestand aus *Eisen,* die zweite aus *Silber* und die dritte aus *Gold.* Die goldene Stadt gehörte Kamalaksha, die silbrige Tarakaksha und die dritte, die aus Eisen, hatte Vidyunmalin als Gebieter. Trotz all seiner Waffen gelang es Maghavat nicht, diese *Himmelsstädte* irgendwie zu beeindrucken. Bedrängt suchten die Götter Schutz bei Rudra. Alle Götter mit Vasava als Sprecher gingen zu ihm und sagten: ›Diese schrecklichen Bewohner der (Himmels-)Städte erhielten Unterstützung von Brahma! Als Folge dieser Unterstützung bedrohen sie das Universum. O Herr der Götter, niemand außer dir ist fähig, sie zu schlagen. Deshalb, o Mahadeva, vernichte diese Feinde der Götter!‹«

Mahadeva verschloß sich dem Appell der Bedrängten keineswegs. Was die Folgeseite (691) des »Drona Parva«, Vers 77, beweist: »Civa, der diesen vorzüglichen Wagen flog, der aus all den himmlischen Kräften zusammengesetzt war, bereitete sich für die Zerstörung der drei Städte vor. Und Sthanu, dieser erste (vorderste) der Vernichter, dieser Zerstörer der Asuras, dieser stattliche Kämpfer von unermeßlicher Tapferkeit, der von den Himmlischen bewundert wird, befahl eine ausgezeichnete, einzigartige Kampfposition ... Als dann *die drei Städte am Firmament zusammentrafen* (was wohl aussagen soll, daß sie für die Angreifer sozusagen »im Fadenkreuz« lagen; P. K.), durchbohrte sie der Gott Mahadeva mit seinem schrecklichen Strahl aus dreifachen (Angriffs-)Gürteln. Die Danavas waren unfähig, diesem Strahl, der mit Yuga-Feuer beseelt und aus Vishnu und Soma zusammengesetzt war, entgegenzusehen. Während die drei Städte zu brennen begannen, eilte Parvati dorthin, um sich das Schauspiel anzusehen.«

Die Schilderungen der Kampfhandlungen sind dermaßen realistisch dargestellt, daß es völliger Nonsens wäre, die Beschreibung des Geschehens bloß als reine Symbolhandlung hinzustellen. *Erich von Däniken*, für den Professor Kanjilals sachlich übersetzte Sanskrittexte natürlich »Wasser auf seine Mühlen« im Hinblick einstiger außerirdischer Aktivitäten im Einflußbereich verschiedenster Hochkulturen auf diesem Planeten bedeuten, beruft sich deshalb zu Recht auch auf die »Mahâbhârata«-Veröffentlichungen von Professor *Protap Chandra Roy*, der in den achtziger Jahren des vorigen Jahrhunderts der wohl berühmteste Sanskritgelehrte seiner Zeit gewesen sein dürfte. Als Professor Roy diese Texte ins Englische übertrug, waren ihm uns heute geläufige Vorstellungen von möglichen Weltraumstädten oder riesigen Raumstationen absolut fremd und unbegreiflich. Dennoch scheute er nicht davor zurück, bestimmte überlieferte Zeilen wortwörtlich zu übersetzen. Da hieß es beispielsweise »in heaven three cities« (*»im Himmel drei Städte«*), und genauso brachte es der Sanskritgelehrte zu Papier. Den Vers 50 des »Drona Parva« gab Professor Roy ebenso wortgetreu in englischer Sprache wieder: »The three cities came together in the firmament« – was zu deutsch mit *»Die drei Städte kamen am Firmament zusammen«* zu übersetzen ist.

Gewiß werden jetzt manche Mythenforscher dies alles mit »symbolhafter Darstellung« abzuleugnen versuchen oder vielleicht von irgendwelchen »religiösen Motiven« faseln, welche die Chronisten dieser Sanskrit-Aufzeichnungen bewogen haben könnten, sich in der vorliegenden Weise auszudrücken ... Aber ganz so einfach und banal lassen sich diese mythischen Wiedergaben nicht interpretieren. Auch Erich von Däniken hat für derlei Auslegungsversuche nur Sarkasmus übrig. In seinem Buch »Habe ich mich geirrt?« darauf angesprochen, meint er abwehrend, daß ja dann auch akzeptiert werden müßte, wonach in diesem »religiösen Himmel der allgemeinen Glückseligkeit« sogar Kriege geführt worden wären und damit »kein Jenseits der fortdauernden Beglückung und Seligkeit, sondern ein Schlachtfeld von Widersachern« gewesen sei – also »ein *Raum*«, und nicht, wie Religionsphilosophen gerne theoretisieren, »ein Gedanke«.

Nicht nur Professor Kanjilal, auch manche anderen Sanskritken-

1 Ein Blick in die indische Götterwelt ist gleichzeitig auch Abbild übernatürlicher Vorgänge in den Himmelsräumen, wie sie Eingeweihten durch die Akasha-Chronik zugänglich gemacht wurden.

2 So wie hier dargestellt, könnte ein präindisches »Vimana« ausgesehen haben. Der Zeichner hat es getreu einer ziemlich genauen Beschreibung in Sanskrittexten mit allen Details wiedergegeben.

3 Eine mehr als düstere Vergangenheit aus meinem angeblichen früheren Leben in Indien wurde mir während eines Aufenthalts in einer südindischen Palmblattbibliothek in schockierender Weise zur Last gelegt. Dementsprechend habe ich in meinem nunmehrigen Dasein diese schwere Schuld abzutragen.

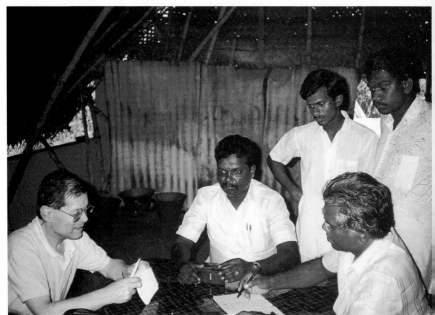

4 Diese Darstellung des weisen Bhrigu in seinen jüngeren Jahren und der Göttin Lakschmi machte mir Poosa Muthu, der Nadi-Astrologe der Palmblattbibliothek in Vaithisvarankoil und oberste Tempelpriester, persönlich zum Geschenk.

5 Eine symbolische Darstellung des Gottes Varuna, der einst im alten Indien besondere Verehrung genoß. Er sei stets »in der Luft schwebend« beobachtet worden, heißt es von ihm. War Varuna in Wahrheit ein außerirdischer Besucher?

6 Eine verehrungswürdige Darstellung des greisen »Göttergesandten« Bhrigu, der die Aufgabe wahrnahm, den Kontakt zwischen den Himmlischen und den Erdbewohnern herzustellen.

7 Mein ganz persönliches Palmblatt, das man mir bei meinem Besuch der südindischen Orakelstätte in Vaithisvarankoil freimütig zeigte.

8 Die getreue Wiedergabe jenes Palmblatt-Textes, in alt-tamilischen Schriftzeichen für mich aufgeschrieben, der mein persönliches Geschick in einem früheren Dasein sowie jenes in dem noch vor mir liegenden Lebensabschnitt beinhaltet.

7

8

ner interpretieren den Begriff »Himmel« ganz anders. Für sie alle ist »Himmel« kein Synonym für Jenseits oder Glückseligkeit, sondern gleichbedeutend mit dem Kosmos. Tatsächlich wird im Wortstamm des Sanskrit dafür der Ausdruck »dort oben« oder auch »über den Wolken« herangezogen. Wobei wir es uns an dieser Stelle – in Ermangelung einer ausreichenden Erklärung – ersparen wollen, näher auf die Zusammensetzung grauenhafter Angriffswaffen wie dem »Yuga-Feuer« einzugehen. »Götterforscher« Däniken, um zeitgemäße Interpretationen vorgeschichtlicher Dinge selten verlegen, läßt dieses Kampfmittel intuitiv »an den Strahl eines *Excimer-Lasers*« denken, welcher vielleicht »mit dem eines ›nukleargepumpten Röntgen-Lasers‹ und einem Partikelstrahl« kombiniert war.

Wie grausam da oben im Weltraum vor Jahrtausenden ganz offensichtlich gewütet wurde, zeigt jene Textpassage im »Mausola Purva« (eine andere als »heilig« geltende Sanskritschrift der Hindus) mit schockierender Deutlichkeit. Auch darin ist von der totalen Vernichtung einer großen Stadt die Rede. »Cukru, der an Bord eines mächtigen Vimana flog«, wird berichtet, »schleuderte auf die dreifache Stadt ein einziges Geschoß, das *mit der Kraft des Universums* geladen war. Ein weißglühender Rauch, *zehntausend Sonnen gleich*, erhob sich in seinem Glanze … Als das Vimana auf der Erde aufsetzte, erschien es wie ein leuchtender Block aus Antimon …«

Und weiter im Text:

»Die unbekannte Waffe ist ein strahlender Blitz, ein verheerender Todesbote, der alle Angehörigen der Vrischni und der Andhaka zu Asche zerfallen ließ. Die verglühten Körper waren unkenntlich. Die davonkamen, denen fielen die Haare und Nägel aus. Töpferwaren zerbrachen ohne Anlaß, die Vögel wurden weiß. In kurzer Zeit war die Nahrung giftig. Der Blitz senkte sich und wurde feiner Staub.«

Nein, nein, ich habe keineswegs irgendwelche Texte verwechselt und hier die reportagenhafte Schilderung von den entsetzlichen Vorfällen nach den Atombombenabwürfen auf Hiroshima und Nagasaki wiedergegeben. Wir befinden uns immer noch in der Hinduschrift »Mausola Purva«. Und doch lassen dort diese dem Bombenabwurf nachfolgenden Geschehnisse um so bestürzender an jene Atomkatastrophen in Japan denken, die sich dort am

6. bzw. 9. August 1945 ereigneten und insgesamt mehr als 400 000 Menschen das Leben kosteten. Der Sanskrittext, vor Jahrtausenden niedergeschrieben, gibt auch wieder, was sich danach ereignete:

»Es war, als seien die Elemente losgelassen. Die Sonne drehte sich im Kreise. Von der Glut der Waffe versengt, taumelte die Welt in Hitze. Elefanten waren von der Glut angebrannt und rannten wild hin und her ... Das Wasser wurde heiß, die Tiere starben ... Das Toben des Feuers ließ die Bäume wie bei einem Waldbrand reihenweise stürzen ... Pferde und Streitwagen verbrannten, es sah aus wie nach einem Brand. Tausende von Wagen wurden vernichtet, dann senkte sich tiefe Stille ... Es bot sich ein schauerlicher Anblick. Die Leichen der Gefallenen waren von der fürchterlichen Hitze verstümmelt, daß sie nicht mehr wie Menschen aussahen. Niemals zuvor haben wir eine so grauenhafte Waffe gesehen, und niemals zuvor haben wir von einer solchen Waffe gehört.«

Assoziationen drängen sich beim Lesen derartiger Schilderungen geradezu auf. Solche Sätze zu formulieren, ohne nicht selbst das Grauenvolle mit eigenen Augen gesehen zu haben – zumindest jedoch eine detailgetreue Darstellung der Geschehnisse übermittelt bekommen zu haben, sind – bei auch noch so üppiger Phantasie – einfach nicht möglich. Jede phantasievolle Erzählung, mag deren Erfinder noch so kreative Eingebungen haben, bedarf letztlich bestimmter *Anhaltspunkte*. »Aus nichts wird nichts«, lautet ein nur allzuwahres Sprichwort. Ohne gewisse Leitlinien, die durch realistisch wiedergegebene Vorfälle dargestellt wurden, läßt sich derartiges, wie die eindrucksvolle Schilderung jenes in alten Hindu-Büchern aufgezeichneten Geschehens, schwerlich nachvollziehen.

Somit stellt sich dem Außenstehenden in jedem Fall die unumgängliche Schlüsselfrage: Wovon und wodurch wurde der Chronist seinerzeit dazu angeregt, einen Report wie den hier vorliegenden zu verfassen? Was beeindruckte ihn dermaßen, den Horror eines Ereignisses darzustellen, wie wir Vergleichbares, Gott sei Dank erst zweimal, im August 1945, hinnehmen mußten? Wie immer man das alles dreht und wendet: Diese Geschehnisse scheinen wirklich und wahrhaftig stattgefunden zu haben!

Was aber veranlaßte Indiens vorgeschichtliche »Kolonisatoren«, ihre Auseinandersetzungen ausgerechnet auf unserem Planeten auszutragen? Wurde da bloß ein durchaus irdisches Kampfgeschehen zu einem himmlischen Gefecht aufgebläht? Oder finden sich Widerspiegelungen einstiger Rivalitäten unter den götterähnlichen Wesen auch in den mythischen Überlieferungen anderer Religionen wieder?

Durchaus!

Es empfiehlt sich, einen kurzen »Seitensprung« in jene Aufzeichnungen vorzunehmen, die uns beispielsweise in der Sammlung »Sagen der Juden« hinterlassen worden sind. Für Erich von Däniken geistert »ein Hauch von derartigen Kämpfen« durchs christlich-jüdische Abendland. »Wurde uns im Religionsunterricht nicht gelehrt, der Erzengel Luzifer sei mit seinen ›Heerscharen‹ im Himmel mit der rebellischen Aussage vor den Allmächtigen getreten: ›Wir dienen dir nicht‹?« Jüdische Chronisten bezeichnen den Unwilligen schlichtweg als *Aufrührer*. In den Legenden dieses Volkes hat er jedoch seinen Namen: *Semael*.

Was veranlaßte Luzifer (Beelzebub, Satan oder auch Teufel, wie immer man den himmlischen »Meuterer« noch nennen möchte) wider den »Höchsten« zu rebellieren? Im nahöstlichen Sagenschatz steht die Antwort. Demnach hatte »der Höchste« die Eifersucht der himmlischen Schar – vor allem aber jene »Semaels« – deshalb geweckt, weil er den ersten Menschen (in der Versinnbildlichung des »Adam«) mehr Weisheit und Verstand zugestanden hatte, als solches bei den »Engeln« vorherrschte. Während diese aber zunächst zögern, aufzubegehren, tut dies Semael ohne jede Hemmung. Immerhin war er (so die legendären jüdischen Erinnerungen) »der größte Fürst im Himmel unter ihnen, denn die heiligen Tiere und die Seraphim hatten ein jedes nur sechs Paar Flügel, er aber besaß ihrer zwölf«. Semael dürfte aber auch einige rhetorische Gewandtheit und Überzeugungskraft besessen haben, denn es gelang ihm schließlich doch, die anderen, nur unwillig abwartenden Engel – die »obersten Heerscharen« – gegen den »Höchsten« aufzuwiegeln, was in der Folge zu jenen Auseinandersetzungen geführt haben dürfte, von denen uns zahlreiche Mythen rings um den Globus so anschaulich berichten. Semael wurde vom »Herrn« aus dem Himmel vertrieben, *»und er ward zum Satan«*. In einer anderen Version wurde der Erzengel *Gabriel* vom Allmächtigen beauftragt, Luzifer und seine Heerscharen zu bekämpfen.

Daß sich derlei keineswegs in irgendeinem imaginären »Jenseits« zugetragen hat, wissen wir inzwischen auch dank der Sanskrit-kenntnisse des indischen Sprachenforschers Professor Kanjilal. Mit Himmel (oder das, was die unwissenden Menschen hierorts dafür ansahen) war von Anfang an »der Himmelsraum«, deutlicher gesagt: das *Weltall*, gemeint. Das bestätigt gleichsam auch das aus dem indischen Kulturkreis stammende *»Buch des Dzyan«*, von dem ich im folgenden Buchabschnitt – in Verbindung mit der Tätigkeit der lebenslang umstrittenen Theosophin *Helena Petrowna Blavatsky*, die dieses Werk ganz wesentlich propagierte und seinen Inhalt für echt ansah – berichten werde. In der 6. Strophe des Buches *Dzyan* heißt es hierzu sehr deutlich: »Es fanden Kämpfe statt zwischen den Schöpfern und den Zerstörern, und Kämpfe *um den Raum.*«

Selbstverständlich waren jene abtrünnigen Raumfahrer kein »Dämonen« in uns geläufigem Sinn. Sie waren von offenbar humanoidem Aussehen und – wie alle Forscher – am Werdegang dieses Planeten sehr interessiert. In der indischen Sanskritüberlieferung *Sabhaparvan* fand Professor Kanjilal die Bestätigung: »Sie kamen von einem weit entfernten Ort *am Himmel*, um die Menschen zu *studieren.*«

Magisches Wissen, magische Waffen

Kehren wir an dieser Stelle wieder zum Ausgangspunkt unserer Betrachtungen zurück. Zu *Bhrigu*, dem weisen Meister und hellsichtigen Priester und seinen familiären Nachkommen, die zu ihrer Zeit, vor fünf, sechs oder sieben Jahrtausenden, ganz wesentlich das Schicksal Indiens und seiner Bewohner beeinflußt haben dürften: die *Bhrigus*.

Die mächtige Position ihres Vaters, der in unmittelbarer Verbindung mit jenen himmlischen Besuchern stand, die im primitiven Volk als »Götter« verehrt und gefürchtet wurden, sicherte auch ihnen eine beherrschende Stellung als königliche Priesterkaste. Allerdings blieben die Bhrigus – im Gegensatz zu ihrem Erzeuger – nicht unbestritten. Immer wieder kam es zu Auseinandersetzungen mit feindlich gesinnten Familien. Da waren beispielsweise die *Srnjayas* sowie die *Vaitahavyas*, zwei ungemein wohlhabende Geschlechter. Insgesamt 99 an der Zahl, erhoben sie sich gegen die Priesterkaste der *Brahmins* und zwangen die Angehörigen, Steuern zu entrichten. Daß dies nicht ohne Gewaltanwendung ging, versteht sich von selbst. Das rief die Bhrigus auf den Plan. Ihnen waren die Umtriebe der 99 Srnjayas und Vaitahavyas schon lange ein Dorn im Auge. Zudem läßt sich aus den Sanskrittexten des Mahâbhârata entnehmen, daß die Aufrührer auch hervorragende technologische Kenntnisse besaßen, standen sie doch – immer noch jener Überlieferung folgend – im Begriff, »*den Himmel zu erreichen*«. Als die Srnjayas und Vaitahavyas dann auch noch dazu übergingen, sich am Eigentum von Bhrigu und seiner Nachkommen zu vergreifen, war das Maß endgültig voll. Es kam zu einem vernichtenden Gegenschlag.

Dabei erwies es sich, daß die Bhrigus kraft ihres »magischen Wissens« und ihrer Befähigung, »Himmelswagen« bauen zu können, eine entscheidende Überlegenheit im Luftraum besaßen. Es heißt, daß ihre »magischen Geschosse« von niemandem aufzuhalten waren – auch nicht von den 99 aufbegehrenden Angehörigen der Priesterkasten der Srnjayas und Vaitahavyas.

Beide Familienclans wurden restlos vernichtet.

Auch über Bhrigu selbst wird einiges offenbar. Die Aussagen der im »Mahâbhârata« enthaltenen Legenden sind von unterschiedlichem Gehalt. Dort tritt der Schöpfer der Palmblattbibliothek nämlich mit vielerlei Eigenschaften in Erscheinung. Was dazu führte, daß Bhrigu manchmal von Menschen geradezu angebetet wurde, aber auch bei den Göttern selbst höchstes Ansehen genoß. Nur wenigen Auserwählten war es gestattet, beispielsweise die Versammlungshalle *Brahmas* aufzusuchen. Daß hier auch Bhrigu dieses besondere Vorrecht besaß, kann kaum noch überraschen. Seine hohe gesellschaftliche sowie priesterliche Position verhalf ihm zu regelmäßigen Einladungen, an den Zusammenkünften der himmlischen Besucher teilzunehmen. Seine Dienste, die er ihnen unter den Menschen leisten konnte, wurden dort anscheinend entsprechend gewürdigt. Wie jene göttlichen und halbgöttlichen Wesen, die sich vorzugsweise in »Himmelswagen« fortbewegten, welche, der Beschreibung nach, in ihrem Aussehen »strahlten wie Feuer«, pflegte auch Bhrigu seine Reisen durch den Luftraum in einem Vimana vorzunehmen. »Er hatte ein hohes Maß an asketischer Macht erlangt«, ist uns überliefert, »und wann immer er etwas wünschte, ging es in Erfüllung...«

Beruhen die mannigfachen Beschreibungen von unglaublich leistungsfähigen Luftfahrzeugen, wie sie uns in den Jahrtausende alten Sanskrittexten übermittelt werden, lediglich auf phantasievollen Einfällen prä-indischer Chronisten? Waren sie sozusagen die Urväter unserer heutigen Science-fiction-Autoren? Ist das uns Überlieferte lediglich als frühgeschichtliche Utopie einzuschätzen?

Einer, der das vehement verneint, ist der bereits mehrfach erwähnte Inder Dileep Kumar Kanjilal. Dieser honorige und in seiner Heimat hochgeschätzte Sanskritforscher lehrt an der Universität in Kalkutta und ist von der Authentizität des Schriftgutes in den heiligen Büchern Indiens absolut überzeugt. In seinem, nunmehr auch in deutscher Sprache vorliegenden Buch »Vimana in Ancient India« (das die in Bonn lebende vormalige Bibliothekarin und des Sanskrit teilweise ebenfalls mächtige, mit Prof. Dr. Kanjilal befreundete *Julia Zimmermann* ins Deutsche übersetzte) listet der Gelehrte Punkt für Punkt besonders herausragende Textstellen auf, in denen von fliegenden Maschinen und ebensolchen Städten die Rede ist. In diesem Zusammenhang geht Kanjilal auch der Beantwortung der Frage nach, was schließlich dazu geführt haben könnte, die damaligen Beobachtungen letztendlich auch schriftlich niederzulegen. Auf diese Weise gelang es, das unglaubliche Geschehen (auch jenes um den mächtigen Bhrigu und die Priesterkaste der »Bhrigus«) der Nachwelt zu erhalten. »Diese himmlischen Gebilde«, resümiert der indische Sanskritgelehrte, »waren für die Menschen vor Jahrtausenden etwas Unbegreifliches, Göttliches, das ihre Vorstellungskraft tief beeindruckte«. Erst heute vermögen wir es zu begreifen.

3 Madame Blavatsky:
Wunder und geheime Lehren

Getauft im Feuer

Es erscheint mir notwendig, die schillernde Lebensgeschichte der *Helena Petrowna Blavatsky* mit einer Rechtfertigung einzuleiten. Dies nicht deshalb, um ihr Dasein zu entschuldigen, denn hierfür gibt es keinen Anlaß, sondern um den dieser Frau ein Leben lang gemachten Vorwurf zu entkräften, sie habe ihre theosophischen Lehren entweder frei erfunden oder bloß aus den Werken anderer Okkultisten abgeschrieben.

HPB (die Initialen ihres Namens waren auch ihr Markenzeichen) benötigte keine Helfershelfer. Sie hatte es nicht nötig, als literarische Plagiatorin in Erscheinung zu treten. Entsprechend rüde wehrte sich die energiegeladene, selbstbewußte Frau und blieb ihren polemisch argumentierenden Gegnern nichts schuldig.

»Meinen Richtern, vergangenen und zukünftigen – seien sie nun ernste literarische Kritiker oder jene heulenden Derwische der Literatur, die ein Buch nach der Popularität seines Verfassers beurteilen, die, kaum einen Blick auf seinen Inhalt werfend, wie todbringende Bazillen sich auf die schwächsten Punkte der Körper stürzen –, habe ich daher nichts zu sagen. Noch will ich mich herbei lassen, jene – glücklicherweise sehr wenig zahlreichen – verrückten Verleumder zu beachten, die in der Hoffnung, die öffentliche Aufmerksamkeit dadurch auf sich zu lenken, daß sie jeden Schriftsteller, dessen Name besser bekannt ist als ihr eigener, verunglimpfen, bei seinem bloßen Schatten schäumen und kläffen. Nachdem diese zuerst jahrelang behauptet hatten, daß die Lehren, die im ›Theosophist‹ vorgetragen wurden und die im Esoterischen Buddhismus gipfelten, alle von der gegenwärtigen Schreiberin erfunden worden seien, kehrten sie schließlich ihren Standpunkt um und denunzierten ›Die entschleierte Isis‹ und das übrige als ein Plagiat aus Eliphas Lévi (!), Paracelsus (!) und, mirabile dictu, aus Buddhismus und Brāhmanismus (!!!). Ebensogut könnte man Renan beschuldigen, sein ›Vie de Jésus‹ aus den Evangelien, und Max Müller, seine ›Heiligen Bücher des Ostens‹ oder seine ›Splitter‹ aus den Philosophien der Brāhmanen oder Gautamas, des Buddhas, gestohlen zu haben. Dem Publikum im

allgemeinen und den Lesern der ›Geheimlehre‹ möchte ich wie-
derholen, was ich von jeher betont habe und was ich jetzt in die
Worte Montaignes kleide:

›Meine Herren, ich habe hier bloß aus gepflückten Blumen einen
Strauß gemacht und nichts eigenes hinzugefügt, als den Faden,
der sie verbindet.‹«

Und genau so, scheint es mir, muß Helena Petrowna Blavatsky
und ihr theosophisches Lebenswerk in einer Gesamtschau auch
beurteilt werden. Was immer ihr auch unterstellt worden ist, in
welchem Licht man immer sie auch sehen wollte – letztendlich
muß dieser kämpferischen, von sich selbst und ihrer Lehre über-
zeugten Frau das zugebilligt werden, was (und auch für uns alle)
in jenem Leitspruch gipfelt: »Der Wille gilt fürs Werk!«

Wer war nun diese, von ihrer Bestimmung erfüllte, energisch
agierende Frau, deren religiöse Lehre – die Theosophie – auch
noch heute, im sogenannten »aufgeklärten« Zeitalter und nur
mehr drei Jahre vor der Jahrtausendwende, nach wie vor eine
große Anzahl von Menschen zu überzeugen weiß? Welche Persönlichkeit verbarg sich hinter diesem Kürzel HPB? Was führte
dazu, daß das Leben der Blavatsky einen derart unsteten Verlauf
nehmen sollte, so widersprüchliche Usancen aufzuweisen hatte
und sie ruhe- und rastlos werden ließ?

Gehen wir deshalb chronologisch vor, denn nur auf diese Weise
lassen sich die »Bruchstellen« ihres Wirkens einigermaßen erklären. Obwohl selbst solche Analysen damit nicht alles transpa-
rent zu machen vermögen. Wie auch HPB's Biograph, *Alfred
Percy Sinnett* (1840–1921), einer der bedeutendsten theosophischen Schriftsteller aus der Gründungszeit der Theosophischen
Gesellschaft, bei der Niederschrift von Blavatskys Lebensgeschichte schmerzvoll feststellen mußte. Manchmal verzweifelte er
fast an den oft widersprüchlichen Angaben der Frau, welche sich
absolut nicht zusammenfügen ließen.

Tatsache aber ist es, daß HPB im Jahre 1831 als Tochter des Oberst
Peter Hahn von Rottenstern und der Schriftstellerin *Helena
Fedeeva* in der ukrainischen Stadt Jekatarinoslaw (dem heutigen
Dnepropetrowsk) geboren wurde. Ihr familiäres Umfeld war pro-
minent: So avancierte Cousin Graf *Sergei Witte*, ein Freund des
berüchtigten Wunderheilers *Rasputin* am Zarenhof, später zum
russischen Premierminister, und überhaupt gehörte ihre Familie zu

einem alten deutsch-russischen Adelsgeschlecht. Nicht mehr so sicher scheinen Tag und Monat von HPB's Geburt festzustehen. Denn einmal wird hierfür der 31. Juli, dann wieder der 12. August angegeben. Fast sechs Dezennien weilte die Blavatsky auf dieser Welt. Kurz vor ihrem 60. Geburtstag verschied sie am 8. Mai 1891 in London. Ihre Lebensbahn war zu keiner Zeit wirklich ruhig verlaufen. Hektik und Unternehmungsgeist diktierten HPB's Tagesablauf. Ihre Lebensbahn glich einer stetigen Berg- und Talfahrt in rasendem Tempo.

Schon das Taufzeremoniell der kleinen Helena Petrowna gestaltete sich dramatisch. Es sollte mit der damals üblichen Feierlichkeit abgewickelt werden, und so hatte ihre Familie alles in die Wege geleitet, um das traditionelle Sakrament in frommer Wirksamkeit ablaufen zu lassen. Da geschah das Unheil: Eines der kleinen Mädchen, das nach altrussischer Sitte eine Kerze in ihrer Hand gehalten hatte, war plötzlich auf dem glatten Steinboden ausgeglitten und gestürzt. Die brennende Kerze berührte das Ornat des Popen, das sich sofort entzündete. In panischer Angst versuchte der Priester, sich seiner in Flammen stehender Kleidung zu entledigen, was ihm schließlich auch gelang. Die Kapelle aber war binnen kurzem erfüllt von Feuer und Rauch. »Effektvoller« hätte auch eine Bühneninszenierung nicht stattfinden können.

Die kleine Helena Petrowna entwickelte sich schon während ihrer Mädchenjahre zu einem sonderbaren Geschöpf. Sie gab sich störrisch und unliebenswürdig, war anderen Altersgenossinnen gegenüber schadenfroh und sogar bösartig. Unvermittelt schlug dann aber ihre Stimmung um: Sie zog sich in solch stillen Stunden in irgendeine Nische zurück, verkroch sich geradezu und döste dann apathisch vor sich hin.

HPB's Eltern waren ratlos. Sie vermochten sich das wechselhafte Verhalten ihrer Tochter nicht zu erklären. Dann nämlich, wenn Helena Petrowna plötzlich Schreikrämpfe bekam, sich jeder Fürsorge entzog und in die nahen Felder flüchtete. Dank hausärztlicher Unterstützung gelang es schließlich, dem Mädchen den Grund für sein unerklärliches Verhalten zu entlocken: HPB gestand nun, von etwas ihr Unfaßbarem verfolgt worden zu sein, von einem Wesen mit »schrecklich leuchtenden Augen«. Dann wieder behauptete sie, zwischendurch wild und unkontrolliert lachend, ihre »unsichtbaren Gefährten« seien gekommen, um sie zu necken. Das Mädchen wurde seiner Umwelt zusehends unheimlich. Visuell von eher häßlichem Aussehen, schien HPB ein tiefes Geheimnis zu umgeben. Zu ihrer Unberechenbarkeit paßte es gut, daß sie – obwohl erst siebzehnjährig – sich überraschend verheiratete. Jedoch keinen altersmäßig zu ihr passenden Mann hatte sie sich ausgesucht, sondern einen fast siebzigjährigen General. Die Hochzeit mit *N. V. Blavatsky*, dem Gouverneur von Eriwan, fand in Tiflis statt. Der hochrangige Offizier war zweifellos eine »gute Partie«. Und wenn man weiß, daß HPB – auch nach eigenen Aussagen – an Männern grundsätzlich desinteressiert war, versteht man erst recht die Reaktion der frischgebackenen Ehefrau: Als nämlich der alte General mit der Ehe ernst zu machen beabsichtigte, warf ihm Helena Petrowna kurzerhand einen Leuchter an den Kopf. Danach verließ sie eilend das Haus.

Aber nicht in üblichen fraulichen Gewändern verbarg sie sich vor ihren Verfolgern. Um nicht gefaßt zu werden, »heuerte« sie als Heizer auf einem Dampfer an und zog (auf Verlangen des Käp'tns) Matrosenkleidung an. Erste Station ihres Fluchtweges war Konstantinopel. Von dort an verlor sich ihre Spur. Sie selbst wollte (lüftete HPB später etwas von ihrem Geheimnis), stets begleitet von irgendwelchen dubiosen Freundinnen, ruhelos in der Welt umhergeirrt sein. Bald wollte sie die Türkei bereist haben, ebenso Griechenland und Ägypten. Irgendwann machte sie sich in London bemerkbar, gleich darauf in Paris. Eines Tages erhielten ihre ukrainischen Angehörigen einen von ihr abgesandten Brief aus Amerika. Mit Recht vermerkte HPB's Biograph Sinnett, daß diese Reisen nur sehr dürftige geographische Stützpunkte aufzuweisen hatten. Und auch die Blavatsky selbst hinterließ über diese Zeitdauer – von 1848 bis 1872 – keine genauen Angaben. Für sie war wesentlich, darüber in lebhaften Farben zu berichten. Das aber tat sie erst in späteren Jahren. Manches, was sie in jenen Jahren erlebt haben wollte, wurde von Zeitzeugen bestritten, soll von ihr bloß phantasiert worden sein. So behauptete HPB, gemeinsam mit den aufständischen »Schwarzen Husaren« in Ungarn revoltiert zu haben, und in Italien will sie eine aus der Freischar des Räubers *Garibaldi* gewesen sein. Angeblich wurde sie bei einem Kampfgetümmel in Mentana schwer verwundet. Ungläubigen Zeitgenossen vermochte sie später, längst alt geworden, sogar ein verschossenes Garibaldihemd vorzuweisen, das sie dann und wann immer noch trug. Und im vertrauten Kreis zeigte die unstete Frau auch die Narben an ihrem Körper, die jene Wunden, die ihr damals angeblich zugefügt worden waren, zurückgelassen hatten.

Während ihrer Reisen machte Helena Petrowna die Bekanntschaft der russischen Gräfin *Kisselev*, in deren Dienste sie eine Zeitlang trat. Dabei ergab es sich, daß die Blavatsky in Kairo einen koptischen Magier namens *Paul Metamon* kennenlernte und bei ihm drei Monate studierte. Sie war ruhelos. Spukzeichen machten sich in ihrem Umkreis angeblich immer noch bemerkbar. Ungeachtet dessen, hatte sich HPB inzwischen dem Okkultismus zur Gänze verschrieben. Wieder in Kairo, gründete sie mit einer Madame *Sébire* eine »Spiritistische Gesellschaft«, die anfangs lebhaften Zuspruch fand. Bis eines Tages eine unvorhergesehene Panne passierte: Einem Teilnehmer an diesen Séancen war nämlich aufgefallen, daß eine angeblich entmaterialisierte Hand, die still durch das Zimmer zu schweben schien, in Wirklichkeit nichts weiter war, als ein – *ausgestopfter Handschuh*! Die Empörung unter den Gästen war natürlich groß, aber Helena Petrowna verlor keinen Augenblick die Nerven. Das sei alleinige Angelegenheit von Madame Sébire, meinte sie achselzuckend und sah sich danach kurzerhand und schleunigst nach jemandem anderen um, der ihre spiritistischen Sitzungen finanzieren konnte. Vom Glück begünstigt, fand sie ziemlich rasch eine neue Geldgeberin: die kleine hakennasige Madame *Coulomb*. Kaum aber hatte sie wieder Geld in den Händen – verschwand HPB spurlos von der Bildfläche.

Mehrmals unternahm Madame Blavatsky alle Anstrengungen, um eine Einreisebewilligung für Tibet zu erhalten, aber weder 1852 noch drei Jahre später konnte sie ihr Vorhaben ausführen: Die englischen Behörden verweigerten ihr (obwohl sie es beim zweiten Mal wieder in Männerkleidung versucht hatte) jedesmal die Durchreise.

HPB war keine Heilige. Längst hatte sie erkannt, daß sich mit okkulten Phänomenen gute Geschäfte machen ließen. Ihre üppige Phantasie tat ein übriges. Gab es bei einer der spiritistischen Sitzungen einmal einen Leerlauf, dann half sie eben ein bißchen nach. Sie nannte diese Vorgangsweise einen »psychologischen Trick«. Wo immer sie mit ihren zweifellos medialen Fähigkeiten auftrumpfte, war sie Mittelpunkt der feineren Gesellschaft.

Helena Petrowna behauptete glattweg, mit »John King«, einem längst verstorbenen Sendling des »Sommerlandes«, auf bestem Fuß zu stehen. Dieses »Sommerland« galt damals in okkulten Kreisen als eine geheimnisvolle Astralwelt, und jener »John King« hatte dorthin nicht nur freien Zutritt, sondern vermittelte HPB aus dieser Dimension nach Belieben Wunderzeichen und Apporte (also Gegenstände bzw. lebende Organismen; P. K.).

Es war jedoch nicht so, daß man diese Frau deshalb als geschäftstüchtige Schwindlerin abtun konnte; sie besaß durchaus ihre Meriten. In New York überschlugen sich Zeitungen in Lobeshymnen. Spaltenlange Artikel berichteten über sie. Ihre Wunder wurden zum Tagesgespräch, und die okkultisch Interessierten drängten sich in HPB's Séancen. Sie wußte, was sie ihren Anhängern schuldig war. Wo sie in Aktion trat, manifestierte sich eine geradezu hundertprozentige Geisterwelt. Bei ihren spiritistischen Sitzungen war immer etwas los: Es klopfte aus Stühlen und Wänden, Möbelstücke bewirkten unerklärliche Geräusche, und aus der Luft waren geheimnisvolle Stimmen zu vernehmen. Lärmende Musik erklang plötzlich aus dem Nichts, Tische bewegten sich und wurden so zu Botschaftsverkündern (auch wenn die dabei gemachten Angaben, die das Medium HPB interpretierte, sich später oft als falsch erwiesen).

Besonders faszinierend war für die Teilnehmer an derartigen Séancen, daß sich an den Wänden Geisterschriften zeigten. Sie erschienen jedoch nie in englischer Sprache, sondern immer nur in fremdartigen, den Anwesenden unbekannten Buchstaben. In jedem Fall sorgte Madame Blavatsky dafür, daß die Höhepunkte bei ihren spiritistischen Sitzungen nicht abrissen und mit dazu beitrugen, ihr stets ein neugieriges Publikum zuzutreiben. Es garantierte ihr eine regelmäßige Finanzierung aller Unkosten. Und um stets neue Attraktionen war HPB nie verlegen: Nach Belieben war es ihr scheinbar möglich, Gegenstände verschwinden zu lassen, um sie danach in anderen Räumen ihres Heimes wieder zurückzumaterialisieren ...

Als besonderes »Gustostück« zeigte die Spiritistin sich dann selbst in Aktion: Mit geschlossenen Augen schwebte sie durch den Raum!

Wahrscheinlich hätte sie auf diese Weise auch weiterhin arbeiten können, hätte damit wohl auch finanziell ausgesorgt gehabt, aber

HPB war stets nach Neuem aus. Das von ihr aufgezogene spiritistische »Warenhaus« begann sie sichtlich zu langweilen. Sie strebte nach anderen Ufern. Etwas Verlockendes nahm unvermittelt ihr Interesse mehr und mehr in Anspruch: Jene astrale Ebene, die ihr Dasein erhellte – die *Theosophie*.

Das war ungefähr der Zeitpunkt, als jener Mann in ihr Leben trat, der sich bislang ebenfalls voller Leidenschaft okkulten Phänomenen gewidmet hatte: der Journalist *Henry Steele Olcott*.

Die indischen Mahatmas

Was ihr an ihm sofort angenehm aufgefallen war, trug Mister Olcott gleich einem Markenzeichen in seinem Gesicht: einen wunderbar gepflegten, schönen Vollbart.

Olcott war bislang als rühriger Reporter beim »New York Daily Graphic« tätig gewesen, hatte vordem als Oberst im Sezessionskrieg der USA mitgewirkt. Er schaffte, was bei der Blavatsky noch keinem Mann geglückt war: Olcott faszinierte die eigenwillige Okkultistin in so dominierender Weise, daß sie ihre bisherige Einstellung gegenüber dem anderen Geschlecht von heute auf morgen fast völlig änderte. Helena Petrowna umschmeichelte den Zeitungsmann, zeigte sich plötzlich als ungemein charmante Frau und war von einer Liebenswürdigkeit, wie man sie bei ihr noch nie gesehen hatte.

Aber auch Olcott war von der Leidenschaft seiner neuen Bekanntschaft tief beeindruckt, und so konnte es nicht überraschen, daß er einem Vorschlag der HPB, künftig als ihr Manager zu agieren, spontan seine Zustimmung gab. Das gemeinsame Interesse für okkulte Dinge schmiedete die beiden aneinander, und Olcott wurde nicht müde, sich überschwenglich positiv über diese »wunderbare Frau« zu äußern. Im Oktober 1874 gründete das neue Duo in den USA den »Miracle-Club«, doch hielt diese Bezeichnung kaum ein Jahr. 1875 wurde die Vereinigung umbenannt und hieß danach »Theosophische Gesellschaft«.

Das Wort »Theosophie« kommt aus dem Griechischen und bedeutet soviel wie »Gottesweisheit«. Sie unterscheidet sich von der *Philosophie* weniger durch den Gegenstand ihrer Betrachtung, sondern vor allem durch die *Methode.* Theosophien geben dem phantasievollen Denken sowie ihren religiösen Empfindungen den unbedingten Vorrang gegenüber dem geordneten Denken sowie der klaren Gedankenwelt philosophischer Betrachtungen. Logik ist hierbei von sekundärer Bedeutung. Vielmehr berufen sich die Theosophen gerne auf jene ihnen angeblich zuteil werdende, unmittelbare »göttliche Erleuchtung«. Sie erfolgt, ihrer Annahme nach, durch die ihnen mögliche mystische Vereinigung mit jener Gottheit. Die theosophische Geisteshaltung wurzelt zwar im orientalischen Altertum, schwappte aber im 1. Jahrhundert unserer Zeitrechnung auch in den abendländischen Kulturkreis über.

Als nunmehrige Präsidentin der neuen »Theosophischen Gesellschaft« bestimmte HPB auch die ideologische Richtung dieser Vereinigung. Vordem hochgespielte, angebliche okkulte Erscheinungen ließ man jetzt stillschweigend von der Bildfläche verschwinden. Selbst »John King«, jener zwar heitere, aber eher etwas läppische Sendling aus dem sogenannten »Sommerland«, hatte ausgedient. Ihm folgten die *Mahatmas* nach. Das waren, laut der Blavatsky, jahrtausendealte indische Weise, die angeblich in unzugänglichen Klöstern des Himalaja zu Hause waren.

Ihnen verschrieb sich die Okkultistin jetzt voll und ganz. Was diese Leitbilder an Weisheiten von sich gaben, will Helena Petrowna »im astralen Licht« geschaut haben: Wunder der Vergangenheit und solche der Zukunft. Alles ordnete sie allein der ihr angeblich gestellten Aufgabe unter, eine »verwirrte Menschheit« aufzuklären. Mit dem einzigen Ziel, diese mit ihrer Hilfe und jener der von ihr vertretenen theosophischen Gedankenwelt in eine »harmonische Bruderschaft« zu verwandeln.

HPB selbst nannte sich fortan *Upasika* – »Schülerin«. Spiritistischer Firlefanz war für sie bedeutungslos geworden; vielmehr war die Frau von der ihr zuteil gewordenen Gnade beseelt, von nun an von den nur ihr zugänglichen, geheimnisvollen »Mahatmas« in der Weisheit theosophischer Gedanken unterwiesen zu werden. »Ich bin nur ein Medium«, verkündete sie demütig, »bestimmt zur objektiven Wiedergabe dessen, was mein Geist im Astrallicht erschauen darf«. Um ihren Lehrmeistern auch körperlich näher zu sein, bestieg sie eines Tages einen Dampfer und fuhr mit ihrem Manager Olcott nach – Indien.

Eine Maschine unter Volldampf

Madame Blavatsky war von ihrer neuen Mission restlos überzeugt. Sie bezeichnete sich selbst als eine »Maschine unter Volldampf«, und bis zu einem gewissen Grad traf dies auch zu. Ihre innere Einstellung harmonierte allerdings nicht im geringsten mit ihrer äußeren Erscheinung. Selbst glühendste Verehrer beschrieben die Frau wenig schmeichelhaft. »Sie hatte ein massiges Kalmückenantlitz«, wissen wir durch ihren engsten Begleiter Olcott, und ein anderes Mitglied ihrer Gesellschaft verglich HPB mit einem »ungeschlachten alten Hippopotamus«. Auf Kleidung legte die Theosophin überhaupt keinen Wert. Monatelang trug sie ein grellrotes, abgetragenes Flanellhemd, und ihr Zigarettenkonsum hatte ein kaum noch erträgliches Ausmaß angenommen. Es mußte also doch die Ausstrahlung und auch die Überzeugungskraft dieser Frau gewesen sein, die es fertigbrachten, ihre Umwelt zu beeindrucken. Aber Blavatsky war bei Definitionen ihres Aussehens auch selbst nicht zimperlich. Ihre wenig einnehmende Erscheinung nannte sie »plump« genug, um inklusive ihrer »seltsamen Sitten und männlichen Gewohnheiten« als »Weib« jede elegante Dame der guten Gesellschaft »aus der Fassung zu bringen«.

In ihrer neuen Rolle als »Medium« indischer Weiser kehrte HPB dem Spiritismus fast völlig den Rücken. Andererseits war sie aber immer noch geschäftstüchtig genug, auf die von ihr bisher gehandhabte »okkulte Dekoration« nicht ganz zu verzichten. Spuk und Wunder waren für ihre zahlreiche Anhängerschaft eben doch zugkräftiger als die von ihr nunmehr propagierte Weisheitslehre. Und wie auch immer man ihre Fähigkeiten auf diesem Gebiet einzustufen bereit war – ob als begnadete Okkultistin oder lediglich als geschickte Trickkünstlerin –, Helena Petrowna, die »Maschine unter Volldampf«, vermochte alle ihre Begabungen mühelos »unter einen Hut« zu bringen. In Adyar, einem Vorort von Madras, wo sie jetzt wohnte, eröffnete sie ein regelrechtes Postamt mit den Mahatmas. Und für die Allgemeinheit hatte Madame eine Fülle sogenannter »Wunder« anzubieten. Einen, den sie damit restlos überzeugte, war der deutsche Theosoph Dr. *Franz Hartmann* (1838–1912). Dieser aus Kempten im Allgäu stammende Geisteswissenschaftler, zweifellos die bekannteste Persönlichkeit im deutschsprachigen Raum, berichtete nach seiner

Rückkehr in die Heimat begeistert: »HPB konnte an irgendeinem Gegenstand, ohne ihn zu berühren, die den Spiritisten bekannten Klopftöne hervorbringen, ja sie hat es sogar, um einen Zweifler zu überzeugen, an den Zähnen in seinem Munde getan. Glockengeklingel, wie von Silberglocken, ertönten bald da, bald dort in der Luft, Bücher, von unsichtbaren Händen getragen, kamen vom entfernten Büchergestell an ihren Schreibtisch geflogen.« Hartmann, durchaus kein unkritischer Geist und sich über die tatsächlichen Fähigkeiten der Blavatsky nie so ganz im klaren, meinte gegenüber Zweiflern, die das indische Medium schlichtweg als Schwindlerin bezeichneten, einschränkend: »Selbst wenn diese Frau sämtliche der von mir beobachteten Phänomene lediglich durch Taschenspielerei bewirkt haben sollte, so wäre damit doch der Zweck des Ganzen, nämlich auf das Studium der Theosophie aufmerksam zu machen, erfüllt. Zudem hätte sie auch niemanden betrogen.«

Geldprobleme belasteten Madame Blavatsky schon längst nicht mehr. In Adyar bewohnte sie einen reizvollen Bungalow, dessen Eingang von zwei blauen, aus Packpapier gefertigten Elefanten flankiert wurde. Sämtliche Räumlichkeiten waren bunt gestaltet. Große Palmblätter, ausgestopfte Affen, Tigerköpfe, orientalische Pfeifen und Vasen, Zigarettenschalen, javanische Vögel, Manuskripte, Kuckucksuhren sowie Idole aller Art drängten sich da zusammen. Aber das waren nur Äußerlichkeiten. Das Allerheiligste, zu dem sonst niemand ihrer Besucher Zugang hatte, war ein kleines Zimmer. Darin befand sich jener Schrein, in dem HPB ihre Briefe an die Mahatmas deponierte. Von dort wurden sie (modern ausgedrückt) angeblich zu den Weisen in die Himalaja-Klöster »gebeamt«, um dann auf demselben Weg beantwortet zu werden.

Das Buch des Dzyan

Geld, das sich die Blavatsky einst von Madame Coulomb in Kairo geliehen, aber nicht zurückerstattet hatte, sollte dann jener auslösende Faktor werden, welcher HPB's so emsige Tätigkeit in Indien abrupt beendete. Die kleine, hakennasige Französin hatte jedoch mit ihrem Plan, die verliehene Summe zurückzuerhalten, kein Glück. Ihre russische Nebenbuhlerin bedauerte, finanziell unterbemittelt zu sein. Ob das damals bloß ein Vorwand war, sich Madame Coulomb vom Hals zu schaffen, oder ob Blavatsky tatsächlich »von der Hand in den Mund« lebte, bleibt dahingestellt. Jedenfalls half es Madame Coulomb herzlich wenig, sich gemeinsam mit ihrem Mann im Haus von HPB einzunisten und dort die Wirtschaft zu übernehmen. Es schienen wirklich keine Moneten vorhanden zu sein. Mit dem unsteten Leben der Theosophin kam die Französin nicht zurecht. Und als sich Helena Petrowna unvermittelt entschloß, in Begleitung ihres Managers Olcott nach Europa zu reisen, kam es, in Abwesenheit von HPB, zum Eklat: Von Eifersucht, Geldnot und Wut übermannt, inszenierte Madame Coulomb in Adyar einen handfesten Skandal.

Dabei konnte sie sich auf die Unterstützung vieler englischer Missionare verlassen, die schon lange – aus rein religiösen Gründen – die russische »Heilige« mißtrauisch beobachtet hatten. Für diese Kirchenvertreter war das, was Madame Blavatsky da an Weissagungen und ähnlichem von sich gab, heidnischer Kult und Unsinn, und dankbar nahmen sie von Madame Coulomb das von ihr bei HPB aufgefundene, die Theosophin offenbar belastende Material entgegen. Es kam zu einer umfangreichen Hausdurchsuchung. Dabei stieß man auf Räumlichkeiten, die wie eine Zauberbude ausgerüstet waren: Falltüren, Klappen, Schiebewände – insgesamt ein wirksames System bequemer, wenn auch für Uninformierte nicht einsehbarer Verkehrswege. Darüber informiert, schaltete sich nunmehr auch die Londoner Gesellschaft für psychische Untersuchungen ein – die offizielle Zentrale des Okkultismus – und schickte einen Abgesandten nach Indien.

Sein nachfolgendes Urteil über die Theosophin fiel vernichtend aus: Der Engländer bezeichnete sie glattweg als »Betrügerin«. Anscheinend war die Russin, die sich zeitlebens nie an ihre Umwelt angepaßt hatte, deshalb auch den britischen Okkultisten lange schon ein Dorn im Auge gewesen.

Anders sahen das natürlich jene Leute, die uneingeschränkt an HPB glaubten. Sie behaupteten nämlich, der Ehemann der hakennasigen und intriganten Madame Coulomb, ein gelernter, einäugiger Tischler, habe das die Blavatsky angeblich belastende Inventar in ihrem Haus auf Geheiß seiner Gattin angefertigt, um die Theosophin zu komprimittieren. In Adyar tobte ein Streit pro und kontra HPB. Aber diese zeigte nicht das mindeste Interesse, sich zu all diesen Anschuldigungen zu äußern. Sie setzte ihre okkultistische Tätigkeit in Europa fort und ließ sich weiter feiern. Schließlich kehrte sie aber doch – wenn auch nur für kurze Zeit – nach Indien, in ihr Haus in Adyar, zurück. Dort wurde sie von ihren Anhängern wie eine Märtyrerin empfangen. Bald aber merkten auch die engeren Vertrauten: Madame Blavatsky war nicht gesund. Das indische Klima bekam ihr keineswegs, und HPB's Ärzte ermahnten sie, nach Europa zurückzukehren. Ausnahmsweise folgte sie den Ratschlägen der Mediziner. Die letzte Phase ihres unsteten Lebens war angebrochen.

Sie zog sich zunächst nach Deutschland zurück, wo sie damit begann (in Würzburg), ihre »Geheimlehre« niederzuschreiben. Ihr ruheloser Charakter trieb Helena Petrowna jedoch wieder zurück nach England, und erst dort – in London, wo sie sich nun endgültig niederließ – setzte sie ihre Arbeit fort.

Längst war HPB zu ihrer eigenen Legende geworden. Die meiste Zeit des Tages verbrachte sie fast regungslos in ihrem Lehnstuhl. Sie war in ihrer Wesensart sichtlich ruhiger geworden. Nur noch selten bekam HPB ihre früher so gefürchteten Tobsuchtsanfälle. Aber wenn sich die Theosophin auch kaum aus ihrem Haus fortbewegte, untätig war sie dennoch nicht geblieben. Sie schrieb und schrieb, und wie eine tatsächliche »Maschine unter Volldampf« produzierte Blavatsky beschriebene Papierbögen en masse. Was sie schriftlich von sich gab, wurde von ihren Gläubigen geradezu verschlungen. Nur *ihre* Arbeiten wollte man lesen: Bücher, Zeitungsartikel, Romane, ja sogar ihre unzähligen Briefe waren gefragt. Als Helena Petrowna von dieser Welt Abschied nahm, war sie in den Augen ihrer theosophischen Gemeinde zu einer »Heiligen« geworden.

Was an ihr war Wirklichkeit, was nur Schein gewesen? War es der schwierigen Russin tatsächlich gelungen, eine geistige Verbindung mit geheimnisvollen indischen »Mahatmas« herzustellen? Hatten ihr diese angeblich auf dem Himalaja ansässigen Mönche Einblick verschafft in das von Blavatsky immer wieder behauptete »Astrallicht«? War HPB eines jener begnadeten Medien gewesen, denen es möglich war, sich auf diese oder jene Weise in die legendäre »Akasha-Chronik« einzuklinken? Wie immer man das

Lebenswerk dieser ungewöhnlichen Frau auch beurteilen mag, sicher ist, daß sie mit ihrer »Secret doctrine«, der sogenannten »Geheimlehre«, eine Kosmologie von weitester Ausdehnung zu Papier gebracht hat, in welcher okkulte Biologie ebenso enthalten ist wie physikalische Elemente, geographische Angaben und manches mehr, was vordem über die mögliche Entstehung der Erde und das Heranwachsen einzelner Glieder der Menschheit niemand wußte.

Ausgangspunkt all dessen aber ist ein Versgebilde, von dem Madame Blavatsky zeit ihres Lebens hartnäckig behauptete, dessen Quellen von ihren Mahatmas empfangen zu haben: das »*Buch Dzyan*«.

Unglaubliches ist darin aufgeschrieben: Die Entstehung der Menschheit, ihre bestimmten Rassenmerkmale, existent gewesene (auch technologische) Hochkulturen, sowie jene Kontinente, die im Verlauf der Jahrmillionen untergegangen sind. Wir erfahren aber auch ganz Wesentliches über unsere angeblichen Schöpfer, denen wir und diese Welt das Dasein zu verdanken haben.

Woher wurde Madame Blavatsky diese kosmologische Weitsicht zuteil? Was verbarg sich hinter dem von ihr mehrfach als Quelle angeführten »Astrallicht«? Ist diese Bezeichnung nur ein anderes Wort für die uns bekannte »Akasha-Chronik«? Vermochte HPB, so wie Bhrigu und manche anderen medial veranlagten Vorgänger und Nachfolger, darin zu »lesen«? War die russische Theosophin mit der gleichen Fähigkeit ausgestattet – oder war sie nichts weiter als eine ihre Mitmenschen besonders beeindruckende Schwindlerin? Jemand, welche sich bloß jener Aufzeichnungen zu bedienen wußte, die andere *vor ihr* orakelhaft niedergeschrieben hatten? Völlige Klarheit darüber werden wir wohl niemals erhalten – insgesamt bleibt aber die von der Blavatsky gestaltete »Geheimlehre« in jedem Fall ein bemerkenswertes Werk. Darin sind Angaben enthalten, die (das ist gewiß) auf eine umfassende Belesenheit der Autorin hindeuten.

Ihre »Geheimlehre« enthält zwar keine grundsätzlich neuen Erkenntnisse, ist aber andererseits mit Zitaten durchsetzt, die nachweislich aus oft sehr seltenen, älteren Schriften entlehnt wurden. Mindestens einhundert solcher Werke zog HPB für ihr Quellenstudium heran, die ihrerseits auf rund 1300 weiteren schriftlichen Unterlagen fußen. Dabei kann der fleißigen Verfasserin auch keineswegs vorgeworfen werden, die von ihr benutzten Werke etwa in ihren umfangreichen Veröffentlichungen verschwiegen zu haben – im Gegenteil: HPB nannte die betreffenden Quellen namentlich; entweder im Textteil ihrer »Geheimlehre« selbst oder in zusätzlichen Fußnoten.

Die »Geheimlehre« von Madame Blavatsky (»The Secret Doctrine«, so der Originaltitel), ihr Hauptwerk, besteht eigentlich aus zwei Bänden: der »Cosmogenesis« (I) und der »Anthropogenesis« (II). Beide Teile erschienen 1888 in London. Später veröffentlichte *Annie Besant* (1847–1933), die Nachfolgerin von H. S. Olcott auf dem Präsidentenstuhl der »Theosophischen Gesellschaft« (sie starb übrigens in Adyar, Indien, wo HPB über viele Jahre gewirkt hatte; P. K.), auch noch einen 3. Band »Occultism« (London 1897), den sie aus nachgelassenen Papieren der Blavatsky zusammengestellt hatte. Und schließlich gibt es einen Band IV: Er enthält ein *einhunderttausend* Stichwörter umfassendes Generalregister.

Natürlich meldeten sich von Zeit zu Zeit besonders fanatische Theosophen, die ernsthaft – aber völlig unbegründet – behaupteten, HPB's »Geheimlehre« sei zur Gänze auf übersinnliche Weise entstanden. Nichts von alldem. Sie beruht ausschließlich auf nachprüfbarem Quellenmaterial.

Ein Geheimnis ist aber tatsächlich in diesem umfangreichen Werk enthalten – eine literarische Schöpfung: das (angeblich) uralte »Buch Dzyan«. »Kein europäischer Religionsforscher kennt es, in keiner europäischen Bibliothek ist es zu finden, es existiert in den geheimnisvollen Bibliotheken Tibets, wo all die heiligen und philosophischen Werke verborgen sind, in welcher Sprache oder Schrift sie auch geschrieben sein mögen«, verkündete HPB.

Was bedeutet *Dzyan* eigentlich? Woher kommt dieser Ausdruck? Im »Lexikon des Geheimwissens«, das *Horst E. Miers* zusammenstellte und verfaßte, werden wir darüber aufgeklärt, daß die Bezeichnung »Dzyan« (auch »Dzyn« oder »Dzen«) möglicherweise dem tibetischen Sprachschatz angehört. Das Wort scheint am ehesten den Begriffen *dhyan* und *Inana* nahezustehen – Vokabeln, die bei den Bewohnern des weltgrößten zentralasiatischen Hochlandes »Weisheit« sowie »göttliches Wissen« bedeuten.

Gut möglich, daß die Wortwurzel für »Dzyan« in der Vokabel

dzin zu suchen ist, denn »dzin« steht im Tibetischen für *lernen.*
Skeptiker halten nichts von der Annahme der Theosophen, wonach die Verkünderin der »Geheimlehre« die Anregungen zu ihrem mehrbändigen Werk von einem »Meister« aus dem Himalaja-Gebirge, einem dieser von HPB behaupteten *Mahatmas,* übermittelt bekommen habe. Sie selbst, die angeblich als einzige die Gelegenheit hatte, Einblick in das geheimnisvolle Buch zu nehmen, deutete in ihrer »Geheimlehre« die »6 Dzyan Chohans« als *Manus.*

Ein »Manu« ist eine Bezeichnung mit vielerlei Bedeutung. Man kann ihn gewissermaßen als Synonym für den Urvater der Menschheit – als einen fernöstlichen »Adam« – begreifen. In der Hindu-Mythologie gilt der Manu hingegen als ein legendäres Wesen und als Sohn des *Vivasvant* (worunter der Begriff für »Sonne« zu verstehen ist). Die Hindus sehen im Manu aber auch den Schöpfer der Menschheit. Ihm sei später »das Gesetzbuch des Manu« (im Originalwortlaut: *Manava-dharma-castra*) zugeschrieben worden.

Wie auch immer: Madame Blavatskys schriftliche Hinterlassenschaft ist von bemerkenswerter inhaltlicher Konsistenz und eine Sammlung von anthropologischem Material, das auch heute noch zu beeindrucken weiß.

Schöpfung in den Hindu-Mythen

Ob die geheimnisvolle »Akasha-Chronik« bei den im »Buch Dzyan« aufgezeichneten Texten Pate stand – wie sie von der Blavatsky in ihrer »Geheimlehre« veröffentlicht wurden –, läßt sich aus heutiger Sicht nicht feststellen. Sicher ist nur, daß die russische Theosophin, wie zuvor wiedergegeben, auf eine Unmenge von Quellenmaterial zurückzugreifen vermochte und dieses geschickt auszuwerten verstand. Wurde ihr die vordem unbekannte Hindu-Schrift von »ihren« Mahatmas (wie sie stets behauptete) zugänglich gemacht oder war sie letztlich selbst die Verfasserin des »Buches Dzyan«?

Selbst wenn man davon ausgeht, daß das von ihr gern vorgeschützte »Astrallicht« lediglich ihrer üppigen Phantasie entsprang, kommen wir dennoch nicht um das Faktum herum, daß die im »Dzyan« nachlesbaren, mythologischen Schöpfungsberichte von irgendwoher stammen müssen. Existierten sie von jeher in der bei HPB nachlesbaren Gesamtsicht, oder beweist sich hierbei die Okkultistin als eine tatsächliche »Maschine unter Volldampf«, auch in bezug auf ihre Begabung, unterschiedliche Quellen zu einem scheinbar einheitlichen Ganzen zu verbinden? Was für Außenstehende und Uninformierte den zwangsläufigen Eindruck erwecken muß, als läge hier ein in sich geschlossenes, auf mythologischen Überlieferungen fußendes Gesamtwerk vor? Etwas, das – sollte Madame Blavatsky dabei wirklich ihre Hände im Spiel gehabt haben – von der Theosophin ja auch ganz genauso beabsichtigt gewesen sein dürfte?

Ich habe solche Überlegungen bewußt in den Raum gestellt, auch um dem Leser deutlich zu machen, daß eine gewisse »gesunde« Skepsis durchaus am Platze wäre, und auch der Autor dieses Buches nicht gewillt ist, bedingungslos alles zu »glauben«, was die in allen Lebenslagen bekanntermaßen einfallsreiche Präsentatorin der »Geheimlehre« ihrer (auf zumindest einem Auge »blinden«) Anhängerschar präsentierte.

Weil aber jede Medaille zwei Seiten hat, will ich mich der möglichen Annahme auch nicht gänzlich verschließen, daß Blavatsky vielleicht doch die Wahrheit sagte und tatsächliche indische oder tibetische Informanten besaß, denen sie ihre zweifellos eindrucksvollen Kenntnisse über legendäre Gegebenheiten wie eben jenen Schöpfungs-Mythos im »Buch Dzyan« verdankte.

Wenden wir uns also den teilweise recht kryptisch abgefaßten Textwiedergaben in jener (laut HPB uralten) Hindu-Schrift vertrauensvoll zu und lassen wir das darin Enthaltene zunächst einmal auf uns einwirken. Die bemerkenswertesten Passagen aus ihrer sogenannten »Anthropogenesis« seien hier nachfolgend zitiert:

Strophe I:
»... (2) Die Erde sprach: ›Herr des strahlenden Angesichtes, mein Haus ist leer ... Sende deine Söhne, dieses Rad zu bevölkern ...‹ (3) Da sprach der Herr des strahlenden Angesichtes: ›Ich werde dir ein Feuer senden, wenn dein Werk begonnen ist ...‹«

Strophe II:
»... (5) Sie wollte keine Söhne des Himmels rufen, sie wollte

keine Söhne der Weisheit verlangen. Sie schuf aus ihrem eigenen Schoße. Sie brachte Wassermenschen hervor, schrecklich und böse ... (6) Aus dem Abfalle und Schleim ihrer Ersten, Zweiten und Dritten bildete sie dieselben. Die Dhyāni kamen und sahen ... die Dhyāni aus dem hellen Vater-Mutter, aus den weißen Regionen kamen sie, aus den Wohnungen der Unsterblichen Sterblichen. (7) Sie fanden keinen Gefallen. ›Unser Fleisch ist nicht da ...‹ (8) Die Flammen kamen ... Mit ihrer Hitze zerstörten sie dieselben ... Sie erschlugen die Formen, die zwei- und viergesichtig waren. Sie bekämpften die Bockmenschen und die hundsköpfigen Menschen und die Menschen mit Fischkörpern ... (10) Als sie zerstört waren, verblieb Mutter Erde bloß. Sie verlangte getrocknet zu werden.«

Lasen wir hier nur die phantasievoll verbrämte Fassung, wie wir ihr auch (in vereinfachter Form) im biblischen »Buch Genesis« begegnen, bzw. wurden hierbei auch geschickte Nacherzählungen aus sumerischen, babylonischen und ägyptischen Urquellen von HPB in das »Buch Dzyan« integriert?

Manches kommt uns jedenfalls bekannt vor, doch besagt das natürlich nicht, daß das bislang vorgelegte Textmaterial deshalb aus anderen, fremden Überlieferungen *gestohlen* sein muß.

In jedem Fall ist es von Interesse zu erfahren, auf welche Weise ein sich »eben erst« neugebildeter Planet (im speziellen Fall: die *Erde*) bevölkert. Auch wenn das Ergebnis zunächst als *mißlungen* betrachtet werden muß. Ein Eingeständnis, das hier übrigens auch in der Schöpfungsmythe der *Maya*, jenem altmexikanischen Volk, seinen Platz gefunden hat. Dort ist von mehreren Versuchen »der Götter« die Rede, eine ihren Ansprüchen genügende Menschheit zu erschaffen. Im »Buch Dzyan« sind es die *Dhyāni*, die den Schöpfungsakt überwachen (wie die »Elohim« in der biblischen Genesis). Um welche Wesen handelte es sich da? In esoterischen Zirkeln interpretiert man diese »Unsterblichen Sterblichen« als göttliche Mächte, als die »Herren des Lichtes«. In der universellen Hierarchie wird ihre Rangstufe mit jener der christlichen *Erzengeln* gleichgesetzt. Die von der Blavatsky für ihre »Geheimlehre« herangezogene Hindu-Schrift mißt den Dhyāni nichts weniger zu als *die Oberaufsicht im Kosmos!*

Es ist nun Auffassungssache, welche *wirkliche* Identität man diesen göttlichen Wesen nach uns zugänglicher *logischer* Überlegung zubilligt. Handelte es sich bloß um *Geistwesen*? Oder waren die Dhyāni von *humanoider* Beschaffenheit? Klar scheint es zu sein, daß man in diesen Lichtgestalten nicht den (oder die) Schöpfer des Universums sah, sondern (um noch einmal den Vergleich mit den sogenannten Erzengeln zu wagen) Abgesandte der höchsten Macht. Das Wort »Engel« stammt ja bekanntlich aus dem Griechischen und heißt dort *angelos* – gleichbedeutend mit dem Begriff »Bote«.

Nun könnte man natürlich auch in solchen Wesen ätherische Gestalten vermuten, ich aber neige dazu, darin ein mythisches Synonym für *Außerirdische* zu sehen. Was diese erdfremden Intelligenzen einstmals veranlaßte, sich in fernen Sonnensystemen (wie dem unseren) schöpferisch zu betätigen, muß zwangsläufig unbeantwortet bleiben. Jedenfalls scheinen sie damals planmäßig vorgegangen zu sein. Daß den Dhyāni die sich aus den vorhandenen Lebenskeimen herausgebildeten irdischen Mischwesen äußerst zuwider waren, scheint verständlich. Derartige Mißgeburten entsprachen nicht ihrem Auftrag, *intelligente* Planetenbewohner zu schaffen. Also beschlossen sie deren sofortige und restlose Vernichtung. Im »Dzyan« wird darüber in sehr drastischer Weise berichtet: »Die Flammen kamen…«, erfahren wir, und wie immer jene generell eingeleitete Zerstörung auch vor sich gegangen sein sollte – sie wurde erbarmungslos in Szene gesetzt: »Als sie zerstört waren, verblieb Mutter Erde bloß …«

Danach aber folgt noch ein Satz, der scheinbar nicht so recht zu dem Vorhergeschilderten passen will: »Sie verlangte getrocknet zu werden.« Wieso das? War nicht gerade noch davon die Rede gewesen, daß mit Hilfe der *Flammen* unser damals noch jungfräulicher Planet durch die Dhyāni von der ersten, mißlungenen Gattung Mensch (wenn man die Mißgeburten überhaupt als solche bezeichnen konnte) entvölkert worden war? War der Feuersbrunst, die die »Herren des Lichtes« entfesselt hatten, auch noch eine globale *Sintflut* gefolgt, die es dann erforderlich machte, sämtliche vordem überschwemmten Landstriche wieder aufzutrocknen?

Erst jetzt scheint es jedenfalls zum eigentlichen Schöpfungsakt gekommen zu sein. Jedenfalls erinnern nun die nachfolgenden Textpassagen an die uns bekannten Wiedergaben in der biblischen »Genesis«:

Strophe III:
»(11) Der Herr der Herren kam. Von ihrem Körper trennte er die Wasser und dieses war der Himmel oben, der erste Himmel. (12) Die großen Chochans riefen zu den Herren des Mondes, der luftigen Körper: ›Bringet hervor Menschen, Menschen von eurer Natur. Gebet ihnen ihre Formen im Innern. Sie wird Hüllen aufbauen außen. Männlich-weiblich werden sie sein, Herren der Flamme auch …‹ (13) Sie gingen ein jeder in sein zugewiesenes Land: Sieben von ihnen, ein jeder an seine Stelle. Die Herren der Flamme blieben zurück. Sie wollten nicht gehen, sie wollten nicht schaffen.«

Das Zitierte macht es deutlich: Nach den mißglückten Versuchen der Dhyānis, vernunftbegabte Lebewesen zu schaffen, übernahm die »oberste Instanz« das Kommando – der »Herr der Herren«. Ihm unterstanden »die großen Chochans« – in der himmlischen Hierarchie rangierten sie ganz offensichtlich *über* den Dhyāni. Die Chochans dürften dabei mit den sogenannten »Elohim« der biblischen Schöpfungsgeschichte identisch sein.

Im Zuge der Erdgestaltung und in Verbindung der Menschheitsentwicklung scheint eine Vielzahl außerirdischer »Konstrukteure« am Werk gewesen zu sein. Durchaus denkbar, daß es hierbei verschiedene Arbeitsgruppen gab, von denen jede einer bestimmten Aufgabe zugeteilt war. Darauf lassen jedenfalls die unterschiedlichen Bezeichnungen schließen, wie sie in der »Strophe III« der Hindu-Schrift dargestellt sind: Diese »Herren des Mondes« etwa, denen *luftige Körper* zugeschrieben werden, scheinen andere Rassenmerkmale gehabt zu haben als beispielsweise die »Herren der Flamme«, von denen wiederum gesagt wird, sie seien mit der Lenkung unseres Sonnensystems beauftragt gewesen und hätten vor rund 18 Millionen Jahren die Evolution der Menschheit überwacht.

Folgt man den Dzyan-Texten aufmerksam, dann scheint es zu Beginn der Menschwerdung *sieben unterschiedliche Arten* (wie immer auch diese beschaffen sein mochten) gegeben zu haben. Ihnen wurden auf der neugeschaffenen Erde verschiedene Wohngebiete zugewiesen, die sie nunmehr besiedelten. Lediglich die »Herren der Flamme« (die vordem offenbar auch für die angeordnete Feuersbrunst bei der Vernichtung der degenerierten Mischwesen verantwortlich gewesen waren) scheinen sich gegen den allgemeinen Marschbefehl aufgelehnt zu haben (»Sie wollten nicht gehen, sie wollten nicht schaffen«), doch hat es den Anschein, als sei das Verhalten dieses »Stoßtrupps« letztlich vom »Herrn der Herren«, der obersten Instanz, toleriert worden. In jedem Fall scheint bereits die Ur-Menschheit zweierlei Geschlechts (männlich und weiblich) gewesen zu sein.

Strophe IV:
»(14) Die Sieben Scharen, die aus dem Willen geborenen Herren, angetrieben von dem Geiste des Lebengebens, trennen ab Menschen von sich selbst, ein jeder in seiner eigenen Zone. (15) Siebenmal sieben Schatten von zukünftigen Menschen wurden geboren, ein jeder von seiner eigenen Farbe und Art. Ein jeder untergeordnet seinem Vater. Die Väter, die knochenlosen, konnten nicht Leben geben den Wesen mit Knochen. Ihre Nachkommenschaft waren Bhūta, ohne Form und ohne Gemüt. Deshalb werden sie die Chhāyā-Rasse genannt. (16) Wie werden die Manuschya geboren? Die Manus mit Gemütern, wie werden sie gemacht? Die Väter riefen zu ihrer Hilfe ihr eigenes Feuer, welches das Feuer ist, das in der Erde brennt. Der Geist der Erde rief zu seiner Hilfe das Sonnenfeuer. Diese Drei brachten durch ihre vereinten Anstrengungen ein gutes Rūpa hervor. Es konnte stehen, gehen, laufen, liegen oder fliegen. Aber es war noch immer nur eine Chhāyā, ein Schatten ohne Verstand … (17) Der Atem brauchte eine Form; die Väter gaben sie. Der Atem brauchte einen groben Körper; die Erde formte ihn. Der Atem brauchte den Geist des Lebens; die Sonnenlhas hauchten ihn in seine Form. Der Atem brauchte einen Spiegel seines Körpers; ›Wir gaben ihm unseren eigenen!‹ – sagten die Dhyānis. Der Atem brauchte einen Träger der Begierden; ›Er hat ihn!‹ – sagte der Träger der Begierden; ›Er hat ihn!‹ – sagte der Ableiter der Wasser. Aber der Atem braucht ein Gemüt, um das Weltall zu umfassen; ›Wir können das nicht geben!‹ sagten die Väter ›Ich hatte es nie!‹ – sagte der Geist der Erde. ›Die Form würde verzehrt, würde ich ihm meines geben!‹ – sagte das Große Feuer … Der Mensch blieb ein leeres, sinnloses Bhūta … So haben die Knochenlosen Leben gegeben jenen, die Menschen mit Knochen wurden in der Dritten.«

Mit Absicht habe ich hier den vollen Wortlaut des mythischen Textes in der 4. Strophe des »Buches Dzyan« wiedergegeben. Er zeigt deutlich auf, daß es anscheinend mehrerer experimenteller

Versuche der außerirdischen »Menschenmacher« bedurfte, um (vermutlich auf genetischer Basis) zu guter Letzt jenen beabsichtigten Homo sapiens zu schaffen, der als intelligentes Lebewesen den Planeten Erde bevölkern sollte.

Bezeichnenderweise ist die von HPB veröffentlichte Hindu-Schrift nicht die einzige Quelle, die Rückschlüsse zuläßt, wie sich damals, am Anfang der Zeiten, der Schöpfungsablauf abgespielt hat. Geradezu parallele Anklänge hierzu lassen sich durchaus auch in den Mythologien anderer Erdvölker entdecken – so etwa im *Popol Vuh*, der »Bibel« der Maya-Indianer. Hat die Blavatsky wesentliche Abschnitte des »Dzyan« lediglich aus jenen anderen Überlieferungen *abgeschrieben*? Skeptiker und Gegner der Theosophin werden solche Gedanken sicher bejahen; mir aber erschiene es vorschnell, dieser Frau derartige Plagiate in die Schuhe zu schieben. In jedem Fall sind die Texte ihres Offenbarungsbuches gut durchdacht und in sich »stimmig«. Helena Petrowna selbst beharrte hartnäckig darauf, das ihr Eingegebene im »Astrallicht« geschaut zu haben. Und so bleibt es letztlich Glaubenssache, ob man bereit ist, dieser zeitlebens umstrittenen Okkultistin, deren Charakterbild viele Facetten aufzuweisen hatte, ihre Behauptung abzunehmen, Einblicke in die »Akasha-Chronik« erhalten zu haben. Ob nun durch die von ihr ins Spiel gebrachten »Mahatmas« aus den unzugänglichen Regionen des Himalaja oder auf andere Art, tut nichts zur Sache.

Vieles, was sie im »Buch Dzyan« wiedergegeben hat, läßt sich aus heutiger Sicht und mit dem Wissen eines aufgeklärten Zeitalters *verständlicher* erklären. Die außerirdische Komponente vermochte HPB in ihren Tagen selbstverständlich noch nicht ins Spiel zu bringen, weil ihr derartige Überlegungen fremd waren. Hätte sie davon gewußt oder zumindest etwas geahnt – und hätte sie mit diesen Offenbarungstexten lediglich eigene Gedankenbilder wiedergegeben –, dann wären durch sie auch solche Hinweise nicht unerwähnt geblieben.

In jedem Fall geht das, was die Theosophin ihrer Mit- und Nachwelt offerierte, über das uns aus der »Genesis« der Bibel Überlieferte weit hinaus, so daß man eher annehmen könnte, die unbekannten Chronisten des Alten Testaments hätten bei der Abfassung ihrer Texte gewisse Anleihen im Mythengut anderer Kulturkreise genommen.

Aus dem Schrifttum im »Buch Dzyan« geht hervor, daß die außerirdischen Genetiker nichts unversucht ließen, um endlich jenes Produkt zu schaffen, das ihren Vorstellungen entsprechen sollte. Schließlich scheint eine besonders befähigte Wissenschaftlercrew angefordert worden zu sein, der es dann endlich gelang, den Schöpfungsakt zu einem guten Ende zu bringen.

Strophe VII:
»(24) Die Söhne der Weisheit, die Söhne der Nacht, bereit zur Wiedergeburt, kamen herab. Sie sahen die schlechten Formen der Ersten Dritten. ›Wir können wählen‹, sagten die Herren, ›wir haben Weisheit.‹ Einige traten in die Chhāyās ein. Einige entsendeten einen Funken. Einige warteten bis zur Vierten. Aus ihrem eigenen Rūpa füllten sie den Kāma. Jene, die eintraten, wurden Arhats. Jene, die nur einen Funken erhielten, blieben bar der Erkenntnis; der Funken leuchtete schwach. Die Dritten blieben gemütlos. Ihre Jivas waren nicht bereit. Diese wurden beiseite gesetzt unter den Sieben. Sie wurden schwachköpfig. Die Dritten waren bereit. ›In diesen werden wir wohnen‹, sprachen die Herren der Flamme und der Dunklen Weisheit. (25) Wie handelten die Mānāsa, die Söhne der Weisheit? Sie verwarfen die Selbstgeborenen. Sie sind nicht bereit. Sie verschmähten die Schweißgeborenen. Sie sind nicht ganz bereit. Sie wollten nicht eintreten in die ersten Eigeborenen. (26) Als die Schweißgeborenen die Eigeborenen hervorbrachten, die zweifältigen, die mächtigen, die starken mit Knochen, da sprachen die Herren der Weisheit: ›Nun werden wir schaffen.‹ (27) Die Dritte Rasse wurde das Vahan der Herren der Weisheit. Sie schuf Söhne von Wille und Yoga, durch Kriyāschakti schuf sie dieselben, die Heiligen Väter, Vorfahren der Arhats ...«

H. P. Blavatsky ließ im folgenden auch die unterschiedlichen Rassenmerkmale bei der Erdbevölkerung nicht unerwähnt:

Strophe X:
»... (39) Die Erste, in jeder Zone, war mondfarben; die Zweite gelb wie Gold; die Dritte rot; die Vierte braun, das schwarz wurde vor Sünde. Die ersten sieben menschlichen Schößlinge waren alle von einer Farbe. Die nächsten sieben begannen zu vermischen. (40) Da wuchsen die Dritte und die Vierte voll Stolz in die Höhe. ›Wir sind die Könige; wir sind die Götter.‹ (41) Sie

nahmen Weiber, die schön anzusehen waren. Weiber von den gemütlosen, den schwachköpfigen. Sie brachten Ungetüme hervor, bösartige Dämonen, männliche und weibliche, auch Khado, mit beschränkten Gemütern. (42) Sie erbauten Tempel dem menschlichen Körper. Den männlichen und den weiblichen verehrten sie. Da wirkte das Dritte Auge nicht mehr.«

Strophe XI:
»(43) Sie bauten große Städte. Aus seltenen Erden und Metallen erbauten sie sie. Aus den ausgespieenen Glutmassen, aus dem weißen Steine der Berge und dem schwarzen Steine verfertigten sie ihre eigenen Bilder, in ihrer Größe und Gestalt, und verehrten sie. (44) Sie machten große Bildnisse, neun Yatis hoch, in der Größe ihrer Körper. Innere Feuer hatten das Land ihrer Väter zerstört. Das Wasser bedrohte die Vierte. (45) Die ersten großen Wasser kamen. Sie verschlangen die sieben großen Inseln. (46) Alle heiligen gerettet, die unheiligen vernichtet. Mit ihnen die meisten der großen Tiere, entstanden aus dem Schweiße der Erde.«

Strophe XII:
»(47) Wenige blieben übrig. Einige gelbe, einige braune und schwarze, und einige rote blieben übrig. Die mondfarbigen waren dahingegangen für immer. (48) Die Fünfte, entsprungen aus dem heiligen Stamme, verblieb; sie wurde beherrscht von den ersten Göttlichen Königen. (49) ... Den Schlangen, die wieder herabstiegen, die Frieden machten mit der Fünften, die sie lehrten und unterwiesen.«

Was uns hier das »Buch Dzyan« präsentiert, scheint eine Bestätigung zu sein für das wechselvolle Geschick der Menschheit insgesamt. Zunächst waren verschiedene Rassen entstanden, wobei es interessant erscheint, daß (so man den Angaben der Hindu-Schrift Glauben schenkt) die ersten intelligenten Erdgeborenen von *gleicher* Hautfarbe waren. Erst die (geschlechtliche) »Vermischung« scheint das geändert zu haben. Arroganz und Maßlosigkeit (»Wir sind die Könige ...«) führten zur Katastrophe.

Wieder trifft sich die »Dzyan«-Erzählung mit jener aus dem AT der Bibel, heißt es doch dort unmißverständlich: »Es begab sich, daß die Menschen auf Erden sich zu vermehren begannen und ihnen auch Töchter geboren wurden. Da sahen die *Gottessöhne,* daß die Töchter der Menschen schön waren, und sie nahmen sich zu Frauen, welche sie nur mochten … Zu jenen Zeiten waren *Riesen* auf Erden, auch nachher noch, als die Gottessöhne mit den Töchtern der Menschen verkehrten und diese gebaren …« (Genesis 6,1–6,4)

Bei HPB lesen wir ähnliches: »›Wir sind die Könige; wir sind die *Götter.*‹ Sie nahmen Weiber, die schön anzusehen waren … Sie brachten *Ungetüme* hervor, bösartige *Dämonen* …«

Da wie dort wird die Verderbtheit des Menschengeschlechtes angeprangert, da wie dort kommt es zur *Vernichtung* der irdischen Rasse. Und in beiden Überlieferungen ist von einem elementaren Ereignis die Rede – von einer *Sintflut*, die im übrigen von fast allen Schöpfungsmythen rund um den Globus bestätigt wird.

Offen bleibt hingegen im »Buch Dzyan«, wer jene *Mondfarbigen* gewesen sind, die »dahingegangen für immer«.

Handelte es sich hier um Bewohner des sagenhaften *Atlantis*?

Und wer waren jene *Schlangen*, »die wieder herabstiegen«, sich mit der »fünften« (Rasse?) versöhnt haben sollen, sie lehrten und unterwiesen? Mit Reptilien aus der Tierwelt haben sie gewiß nichts gemein. Hingegen ist es auffallend, daß in zahlreichen mythologischen Erzählungen unterschiedlichster Kulturkreise oft von »Himmelsschlangen« die Rede ist, welche sich *fliegend* fortbewegt haben sollen und ausschließlich im Luftraum operierten. In den Überlieferungen der verschiedenen Völker werden sie durchweg als »Kulturbringer« bezeichnet, und ihre Spuren finden sich im Sagenschatz der Inder ebenso wieder wie in jenem der Sumerer, Babylonier, Ägypter, Chinesen, Perser, Mexikaner, Thailänder, Azteken, Maya, Prä-Inka, Hethiter, afrikanischen Dinka, Phönizier, Algonkin-Indianer, Chibcha, Brasilianer, Germanen, ja sogar in der biblischen Apokalypse (bei Johannes).

Aufmerksamen Lesern, welche diese Berichte auf ihren Aussagegehalt überprüft haben, wird es dabei kaum entgangen sein, daß die vorgeblichen »Schlangen« auffallende Gemeinsamkeiten mit *mechanisch betriebenen* Flugkörpern aufzuweisen hatten – es sich also in Wirklichkeit um *Luftfahrzeuge* der sogenannten »Götter« handelte: Behelfsmittel von *außerirdischen* Besuchern.

»Lesungen« in der »Akasha-Chronik«?

Hat sie oder hat sie nicht? Um diese beiden Fragen drehen sich seit Jahrzehnten die Diskussionen, wenn es darum geht, die Wesenszüge von Madame Blavatsky einer kritischen Betrachtung zu unterziehen. Hat sie wirklich die Gabe besessen, in dem von ihr behaupteten »Astrallicht« jene Dinge zu schauen, die sie dann später in ihrer »Geheimlehre« zu Papier brachte? Oder hat sie bloß eine (zugegeben: fleißige) Abschreibübung aus anderen literarischen Quellen zustandegebracht, darauf angelegt, sich gegenüber ihrer Um- und Nachwelt mit fremden Federn zu schmücken?
Die Skeptiker und Bezweifler ihrer Fähigkeiten sind von Letzterem überzeugt und lassen kein gutes Haar an der energiegeladenen Theosophin. HPB's Anhängerschar glaubt hingegen bedingungslos, was sie im Verlaufe ihres unsteten, aber dennoch missionarischen Lebens so von sich gab.
Madame selbst, diese »Maschine unter Volldampf« (wie sie sich gerne bezeichnete), machte nie ein Hehl daraus, daß ihren Veröffentlichungen auch das Schriftgut anderer auf Wahrheitssuche befindlicher Autoren zugrunde lag. Einer von ihnen, dessen Werke HPB überaus schätzte, war der Okkultist *Eliphas Lévi*.
Eigentlich hieß der in Frankreich geborene, sich schriftstellerisch betätigende Esoteriker mit bürgerlichem Namen Alphonse-Louis Constant. Daß er sich dann später ein Pseudonym zulegte, hatte auch etwas mit seinem dauernden Hader mit der katholischen Kirche zu tun. Der Wunsch von Alphonse-Louis' Eltern, ihr Sohn möge Priester dieser Glaubensgemeinschaft werden, scheiterte an dessen höchst eigenwilligen Anschauungen, die dem Klerus zuwiderliefen. Er wurde von den kirchlichen Behörden kurzerhand disqualifiziert, was den jungen Mann jedoch nicht daran hinderte, sich auch weiterhin als Abbé zu betrachten und seiner Konfession treu zu bleiben.
Um künftig ungestört arbeiten zu können und seine Auffassung von den Geisteswissenschaften unter die Leute zu bringen, nannte sich Alphonse-Louis von nun an Eliphas Lévi Zahed – die hebräische Übersetzung seines ursprünglichen bürgerlichen Namens. Dieser wohl produktivste esoterische Autor gilt noch heute als Vorbild für alle Okkultisten, und nahezu sämtliche Bewegungen dieser Geistesrichtung, vor allem aber deren Wortfüh-

rer, holten sich ihre Anregungen aus seinen mehr als 200 Veröffentlichungen. Allerdings vermieden sie es ausnahmslos, Eliphas Lévi beim Namen zu nennen.

Auch Madame Blavatsky machte da keine Ausnahme. Der Franzose hatte mit dem Okkultismus erstmals im Priesterseminar Bekanntschaft gemacht. Voll Interesse studierte er daraufhin prominente mittelalterliche Autoren wie Wilhelm Postel, Raimundus Lullus oder Agrippa von Nettesheim. Im Gegensatz zu späteren Verkündern von esoterischen Wahrheiten, war Eliphas Lévi in seinen Büchern nie missionarisch und belehrend hervorgetreten. Er begnügte sich damit, Gedanken in der Weise zu entwickeln, indem er von den einfachsten Tatsachen ausgehend immer näher an den Mittelpunkt seiner Überlegungen heransteuerte.

Der Begriff des »Astrallichtes« war keineswegs Lévis Erfindungsgabe zu verdanken. Er existierte bereits, bevor der Okkultist sich damit zu befassen begann. Wie überhaupt dieser esoterische Schriftsteller eine überaus widersprüchliche Haltung gegenüber diesem Phänomen an den Tag legte. Lévi nannte die subtile Essenz, die angeblich nur dem hellsichtigen Auge sichtbar sein soll und von Okkultisten als unsichtbare Region, welche unseren Globus umgibt, angesehen wird, »die große Schlange«, von der aller böse Einfluß auf die Menschheit niederströme.

Andere Okkultisten teilen zwar in gewisser Weise die Ansicht des Franzosen, schwächen aber dessen kritische Einstellung insofern ab, indem sie behaupten, das »Astrallicht« strahle bloß aus, was es zuvor empfangen habe.

»Astrallicht« und »Akasha-Chronik« sind ein und dasselbe – das haben wir inzwischen klar erkannt. Doch stellt sich die Frage, inwieweit Helena Petrowna Blavatsky eigentlich imstande war, darin »zu lesen«. Beim Studium ihrer »Geheimlehre« stieß ich auf mehrere Andeutungen, die als Hinweise verstanden werden können, wonach HBP tatsächlich Einblick in die »Akasha-Chronik« erhalten haben könnte. Mir liegt weder etwas daran, die nicht unumstrittene Theosophin in den Himmel zu loben, noch diese narzißtisch veranlagte Frau vorweg der Unwahrheit zu bezichtigen. Die religiöse und esoterische Geschichte jeder Nation sei in Symbolen vergraben worden, beklagt sie die ihr mißfallende historische Entwicklung. Niemals sei die geschichtliche Wahrheit mit den entsprechenden Worten buchstabengenau beschrieben worden – und weiter meint HPB wörtlich: »Alle Gedanken und Regungen, alle Gelehrsamkeit und geoffenbarte und erworbene Erkenntnis der früheren Rassen fand ihre bildliche Darstellung in Allegorie und Parabel. Warum? Weil das gesprochene Wort eine Kraft hat, die den modernen ›Weisen‹ nicht nur unbekannt ist, sondern von ihnen nicht einmal vermutet und naturgemäß nicht geglaubt wird. Weil Ton und Rhythmus in enger Beziehung zu vier Elementen der Alten stehen; und weil diese oder eine andere Schwingung in der Luft sicherlich die entsprechenden Mächte erwecken wird und eine Vereinigung mit ihnen, je nach der Art des Falles, gute oder böse Wirkungen herbringt ...«

Wie definierte dies gut einhundert Jahre später der italienische Benediktinerpater *Ernetti* gegenüber einem Journalisten? »Jede Tonwelle ist Energie, die von einer beliebigen Sendequelle, sei es einer direkten menschlichen Stimme, sei es von einer wiedergegebenen, ausgeht ... Und es ist das Prinzip, das bleibt, nämlich daß keine Energie zerstört werden kann, daß sie sich vielmehr lediglich verwandelt.«

An anderer Stelle der »Geheimlehre« erfahren wir: »Das Gesetz des Karma ist unentwirrbar verwoben mit dem der Reinkarnation. Nur das Wissen von den beständigen Wiedergeburten einer und derselben Individualität durch den ganzen Lebenszyklus; die Überzeugung, daß dieselben Monaden (philosophischer Ausdruck für ein einfaches geistiges Wissen; P. K.) ... den ›Kreislauf der Notwendigkeit‹ zu durchlaufen haben, durch eine solche Wiedergeburt belohnt oder bestraft für die in dem früheren Leben erduldeten Leiden oder begangenen Verbrechen ..., kann uns das geheimnisvolle Problem von Gut und Böse erklären und den Menschen mit der schrecklichen scheinbaren Ungerechtigkeit des Lebens aussöhnen.« Das Karma existiere von Ewigkeit an und in Ewigkeit ...

Aber Madame Blavatsky machte sich auch Gedanken über die Hintergründe, die zur Existenz der »Akasha-Chronik« (bzw. des »Astrallichtes«) geführt haben könnten: »Ob die Geister der Weisheit eine vollständige und zusammenhängende Geschichte unserer Rasse von ihrem Anfangsstadium herab bis auf die gegenwärtige Zeit haben; ob sie die ununterbrochene Aufzeichnung über den Menschen, seitdem er sich zu einem vollständigen physischen Wesen entwickelt hat und dadurch zum Könige der Tiere und zum Meister auf dieser Erde geworden ist, besitzen – kann die Schreiberin nicht sagen. Höchstwahrscheinlich haben sie diese, und das ist unsere persönliche Überzeugung. Aber wenn dem so ist, so ist diese Kenntnis nur für die höchsten Initiierten (Eingeweihten), die ihre Schüler nicht in ihr Vertrauen ziehen. Die Schreiberin kann daher nur das geben, was ihr selbst gelehrt worden ist, und nicht mehr, und selbst das wird dem profanen Leser vielmehr als ein unheimlicher, phantastischer Traum, denn als eine mögliche Wirklichkeit erscheinen… Aber es gibt Beweise von einem gewissen Charakter, die unwiderleglich werden und auf die Dauer unleugbar sind, für jedes ernste und vorurteilslose Gemüt. Durch eine Reihe von Jahren wurden ihr solche dargeboten, und jetzt hat sie die volle Sicherheit, daß unsere gegenwärtige Kugel und ihre Menschenrassen auf diese und keine andere Weise geboren und gewachsen sein und sich entwickelt haben müssen.«

Wie immer man sie auch beurteilen mag, den wachen Verstand kann man der Blavatsky nicht absprechen. Selbst das Wesen der *Zeit* scheint sie erkannt und begriffen zu haben, wenn sie in ihrem Monumentalwerk einsichtsvoll befindet: »Die Gegenwart ist das Kind der Vergangenheit; die Zukunft das Erzeugnis der Gegenwart. Und doch, o gegenwärtiger Augenblick! weißt du nicht, daß du keinen Vater hast, noch ein Kind haben kannst; daß du immer nur dich selbst erzeugst? Bevor du auch nur angefangen hast zu sagen: ›Ich bin die Nachkommenschaft des entschwundenen Augenblickes, das Kind der Vergangenheit‹, bist du selbst jene Vergangenheit geworden. Bevor du die letzte Silbe aussprichst, siehe! bist du nicht mehr die Gegenwart, sondern fürwahr jene Zukunft. So sind die Vergangenheit, die Gegenwart und die Zukunft die ewig lebende Dreiheit in der Einheit – die Mahāmāyā des absoluten ›ist‹.«

Mahāmāyā – in dieser Bezeichnung erkannte Helena Petrowna Blavatsky eine gewaltige *kosmische* Kraft, welche die phänomenale Existenz des »Weltgedächtnisses« zu bestätigen vermochte und die es möglich machte, sensitiv begabten Menschen einen »Durchblick« zu jenem Phänomen zu verschaffen. Dessen Aussagegehalt inspirierte die Theosophin, ihr so umfangreiches Werk der »Geheimlehre« in Angriff zu nehmen und zu verwirklichen. Mit »Mahāmāyā« war nichts anderes gemeint, als die – »Akasha-Chronik«.

Darin will HPB angeblich »gelesen, somit ins ›Astrallicht‹ geschaut und die ungewöhnlichsten Dinge dem sogenannten ›Weltgedächtnis‹ entnommen haben«. Mit ihren Vergangenheitsvisionen blieb Madame Blavatsky nicht allein. Wie sich nur wenig später bei einem anderen, nicht weniger populären Okkultisten, zeigen sollte ...

4 Rudolf Steiner:

Von Lemuria zu den Sternen

Im Licht der »Akasha-Chronik«

Nichts als Redensarten, die morgenländischen Schriften entlehnt sind! Keine Spur von Inhalt, die inneren Erlebnissen: Heuchelei!« In derart rüdem Ton äußerte sich 1897 ein damals 36jähriger Mann, der in Rostock zum Doktor der Philosophie promoviert hatte. Und der sich in der Folge als ambitionierter Goethe-Forscher betätigte. Die abwertenden Sätze finden sich in einer Rezension der indischen Bhagavad-Gita wieder, die jener kritische Geist über ein religionsphilosophisches Lehrgedicht aus dem 6. Buch des Epos »Mahâbhârata« verfaßt hatte. Niemand, und schon gar nicht der Rezensent selbst, hätte zu diesem Zeitpunkt daran gedacht, daß es im Fall von theosophischen Themen zu einem Meinungsschwenk des Betreffenden kommen würde. Immerhin handelte es sich bei dem Philosophen um keinen Geringeren als um den später bedeutendsten deutschen Theosophen *Rudolf Steiner* (1861–1925).

1901 war der inzwischen vierzigjährige Mann von der okkultistisch veranlagten *Marie von Sievers* erstmals in theosophische Zirkel eingeführt worden. Um sechs Jahre jünger als Steiner, avancierte sie zunächst zu dessen Sekretärin, später dann zur zweiten Ehefrau des Geisteswissenschaftlers. Marie von Sievers überlebte ihren Mann um 23 Jahre († 1948). Sie war es ganz besonders, die Rudolf Steiner dazu ermunterte, schon 1902 eine deutsche Sektion der »Theosophischen Gesellschaft« (deren Zentrale sich seit dem Ableben der Blavatsky in London befand) zu gründen. Und der Philosoph wußte sich sofort mit einem entsprechenden Buch über »Welt- und Lebensanschauungen« bei jenen Leuten einzuführen, die ihn ob seiner kühnen Voraussagen und hellseherischen Fähigkeiten bewunderten. 1904 machte ihn *Annie Besant*, legitime Nachfolgerin von HPB und H. S. Olcott auf dem Präsidentenstuhl der Adyar-Theosophischen Gesellschaft in London, sogar zum Leiter der »Esoterischen Schule« in Deutschland. Die hiesige Sektion der TG hatte Steiner längst zu ihrem Generalsekretär gewählt.

Dem mißfiel jedoch so manches an seiner Vereinigung. Vor allem die dort vorherrschenden indischen Einflüsse versuchte er systematisch zurückzudrängen. Anders dachte Steiner hingegen über die in dem Werk »Story of Atlantis« des angelsächsischen Schriftstellers *W. Scott-Elliott* vertretene Ideologie einer bevorzugten Menschenrasse, und auch die angenommene, vormalige Existenz des sagenhaften Kontinents (wie sie Scott-Elliott behauptete) fand die Zustimmung des Philosophen. Später berief sich Rudolf Steiner insbesondere auf die »Akasha-Chronik«, in der er medial »gelesen« haben will und die ihn in seiner Ansicht über das legendäre Königreich angeblich bestätigte. Ähnliche Sympathien empfand der Theosoph auch für das mythische Land *Lemuria*, über das Scott-Elliott ein weiteres Buch veröffentlicht hatte (»Lost Lemuria«). Und schließlich faszinierte Steiner der Lebens- und Leidensweg Christi – was im Zuge seiner Kontaktnahme mit der »Akasha-Chronik« ebenfalls nicht ohne Folgen bleiben sollte.

Sehr bewußt habe ich die drei Themen hier hervorgehoben, da Rudolf Steiner darüber – sowie auch insgesamt über Vergangenheit und Zukunft des Planeten Erde und seiner Bewohner – publizierte und unser aller Schicksal durch die »Akasha-Chronik« erfahren haben soll.

Zunächst aber kam es zwischen Steiner und der Theosophischen Gesellschaft zu Irritationen, als dieser sich von den dort vorherrschenden Doktrinen distanzierte. Damals wurde in verschiedenen theosophischen Zirkeln erstmals Kritik gegen ihn laut. Zum endgültigen Bruch mit der Adyar-TG kam es dann Ende 1912, als sich Steiner vehement dagegen verwahrte, die in der englischen Zentrale vorgegebene Auffassung zu akzeptieren, Jesus Christus würde im Körper eines Hindu-Knaben wiedergeboren werden. Steiner bezeichnete solche Behauptungen als »Irrlehren« und zog sich mit dieser ablehnenden Kritik den »Bannstrahl« der TG-Leitung zu. Weil aber gut neunzig Prozent der deutschen Theosophen durchaus die Ansicht ihres Generalsekretärs teilten, wurde die gesamte deutsche Sektion der Adyar-TG von der englischen Theosophen-Zentrale *ausgeschlossen*.

Nun hatte Rudolf Steiner endlich freie Bahn. Bereits am 2. und 3. Februar 1913 konstituierten sich die »Dissidenten« geschlossen zur *Anthroposophischen Gesellschaft*, deren Leitung Steiner übernahm. Der Okkultist hatte die Bezeichnung »Anthroposophie«

mit Absicht gewählt, um sich damit grundsätzlich von den englischen Theosophen zu unterscheiden. Anthroposophie bedeutet so viel wie »Menschenweisheit« – im Gegensatz zur Theosophie, die sich mit »Gottesweisheit« übersetzen läßt. Allerdings: Steiner hatte sich nicht völlig von dem theosophischen Gedankengut entfernt. Er betrachtete die von ihm nunmehr verfochtene Anthroposophie sinngemäß als eine Art Synonym für die Theosophie sowie als eine zeitgemäße Fortführung der ursprünglichen Lehre. Nach wie vor bekannte sich der Philosoph zu der Ansicht, wonach der Mensch durch die Weiterentwicklung seiner geistigen Kräfte die Fähigkeit erlangen würde, mit übergeordneten Wesenheiten höherer Ebenen sowie mit Geistern in Verbindung zu treten.

Auf *einen* Unterschied gegenüber theosophischen Ansichten machte Steiner allerdings aufmerksam: Ungeachtet des gleichen geistigen Grundgedankens, der seine neugegründete Gesellschaft durchaus mit der Adyar-Theosophie verband, hob er die Auffassung der Anthroposophen hervor, daß der nach Erlösung und Vervollkommnung strebende Mensch dabei *auf sich selber* angewiesen sei, »Gott« hingegen bloß die Rolle eines unbeteiligten Zuschauers innehätte. Für Steiner trug jeder Mensch jene höheren Willens- und Erkenntniskräfte, die er benötige, um in die Geisterwelt eindringen zu können, *in sich selbst*. Diese Fähigkeiten mußten nur hervorgeholt und entsprechend *geschult* werden.

Von sich und ihrem Auftrag überzeugt, behaupten die Anthroposophen auch heute noch, daß ihre Methode ebenso exakt sei wie die von der modernen Naturwissenschaft angewandte logisch-mathematische Didaktik. Dank ihrer Schulung und damit verbundenen Erkenntnis sehen sich Anthroposophen jetzt durchaus am Ziel ihrer Wünsche: Wer von ihnen die angestrebte höchste Entwicklung erreicht haben sollte, ist fortan (davon sind sie überzeugt) imstande, sogar in der »Akasha-Chronik« selbst »lesen« zu können. Alle Weltereignisse, behaupten sie, hinterließen nämlich ihre unübersehbaren Spuren in der »geistigen Welt«. Hellseherisch begabte Anthroposophen besitzen, dieser Anschauung gemäß, die Gabe, künftige Ereignisse vorauszusehen und in ihrer Bedeutung zu begreifen.

Doch bevor wir uns zu sehr in philosophischen Betrachtungen verlieren, scheint es ratsam, zum Ausgangspunkt unsere »Nabelschau« zurückzukehren, um zu erfahren, *was* Rudolf Steiner seinerzeit in der von ihm so besonders hervorgehobenen »Akasha-Chronik« – im »Gedächtnisspeicher« unserer Welt – über Vergangenheit und Zukunft der Menschheit »gelesen« haben will.

Die lemurische Rasse

Wie schon erwähnt, hatte sich Rudolf Steiner von den Veröffentlichungen des angelsächsischen Schriftstellers W. Scott-Elliott besonders angesprochen gefühlt. Deshalb war es ihm wichtig, sich mit Hilfe der »Akasha-Chronik« Gewißheit über die Richtigkeit von Scott-Elliotts Angaben zu verschaffen. In späteren Mitteilungen des Anthroposophen erfahren wir, daß der Kontinent Lemuria vor Jahrmillionen südlich von Asien existiert haben soll und sich, laut Steiner, von Ceylon bis Madagaskar erstreckte. Auch das heutige südliche Asien sowie Teile von Afrika waren demnach Lemuria zuzurechnen.

Besiedelt war der lemurische Kontinent von der einstmals existierenden (und schon bei Blavatsky hervorgehobenen) »dritten menschlichen Wurzelrasse«. Rudolf Steiner schrieb darüber erstmals vor mehr als neunzig Jahren in der anthroposophischen Zeitschrift »Lucifer-Gnosis«, die seine »Schauungen« während der Jahre 1904 bis 1908 in ihren Ausgaben Nr. 14 bis 35 veröffentlichte. Die Serie nannte sich »Aus der Akasha-Chronik«. Steiner leitete sie mit den Worten ein: »Die Dinge, die hier mitgeteilt werden, sind auch für den Okkultisten, der sie zum ersten Male liest, überraschend – obgleich das Wort nicht ganz zutreffend ist. Deshalb darf er sie nur nach der sorgfältigsten Prüfung mitteilen.«

Um welche heiklen Informationen aus der »Akasha-Chronik« handelte es sich damals? Nun, Steiner »enthüllte« in seinem Beitrag das Wesen jener »dritten Wurzelrasse«, welche von ihm »die lemurische« genannt wurde: »Im großen und ganzen war bei dieser Rasse das *Gedächtnis* noch nicht ausgebildet. Die Menschen konnten sich zwar *Vorstellungen* machen von den Dingen und Ereignissen; aber diese Vorstellungen blieben nicht in der Erinnerung haften. Daher hatten sie auch noch keine Sprache im eigentlichen Sinne. Was sie in dieser Beziehung hervorbringen konnten, waren mehr Naturlaute, die ihre Empfindungen, Lust, Freude, Schmerz und so weiter ausdrückten, die aber nicht äußerliche Dinge bezeichneten.«

Nach Steiner war die Vorstellungskraft der Lemurier ganz anders geartet als die der ihnen nachfolgenden vierten (*atlantischen*) Wurzelrasse. Sie konnten sich anderen Menschen, den Tieren und Pflanzen, ja sogar *leblosen* Gegenständen mitteilen, ohne daß dazu der Gebrauch einer Sprache notwendig war. Diese Mitteilungen erfolgten, so Steiner, rein gedanklich – also offenbar durch *Telepathie*! Daß diese Rasse das »Gedankenlesen« beherrschte, hatte sie einer Fähigkeit zu verdanken, die es ihr ermöglichte, *Energie* von all den Dingen aufzunehmen, die sie umgaben. Jeder Lemurier sei imstande gewesen, behauptete Rudolf Steiner nach seinem Akasha-Studium, Pflanzen und Tiere »in ihrem inneren Weben und Leben« zu verstehen. Dadurch sei er auch in die Lage versetzt worden, die physischen und chemischen Kräfte von leblosen Dingen zu begreifen. »Wenn er etwas baute, brauchte er nicht erst die Tragkraft eines Holzstammes, die Schwere eines Bausteines zu berechnen. Er sah dem Holzstamme an, *wieviel* dieser tragen konnte, dem Baustein wiederum, *wo* er durch seine Schwere angebracht ist, *wo nicht*. So baute der Lemurier ohne Ingenieurskunst aus seiner mit der Sicherheit einer Art Instinktes wirkenden Vorstellungskraft heraus.«

Die Lemurier sollen es zu ihrer Zeit verstanden haben, den eigenen Körper in hohem Maße *unter Kontrolle* zu halten, und wann immer es ihnen nötig schien, vermochten sie ihre Arme zu *stählen*. Dies alles soll ihnen dank ihrer ungeheuren *Willenskraft* möglich gewesen sein. Sie hätte es zuwege gebracht, die legendären Bewohner dieses Kontinents ungeheure Lasten heben zu lassen. Rudolf Steiner bemerkte dazu: »Diente später dem Atlantier die Herrschaft über die Lebenskraft, so diente dem Lemurier die Bemeisterung des Willens.« Auf allen Gebieten der niederen menschlichen Verrichtungen sei *er* »der geborene Magier« gewesen.

Die Ausbildung des Willens sowie jene der vorstellenden Kraft mußten selbstverständlich erst erlernt werden, verriet Steiner den Lesern seiner Artikelserie. Zu ihrem eigenen Glück seien die Lemurier aber absolut lernfähig gewesen. Vor allem der männliche Nachwuchs wurde darin gedrillt, sich auch unter schwierigsten Bedingungen zu bewähren. Man härtete die Knaben ab, sie mußten lernen, Schmerzen zu ertragen und künstlich herbeigeführten Gefahren zu widerstehen. Was ihm die Akasha-Chronik bezüglich der damals vorgenommenen Aufzucht lemurischer Kinder gezeigt hätte – auch Mädchen wurden in gewisser Weise abgehärtet –, habe alles übertroffen, was sich der gegenwärtige Mensch in seiner kühnsten Phantasie auszumalen verstünde, behauptete Rudolf Steiner in seinem Zeitschriftenbeitrag.

Inwieweit diese Akasha-Schauungen der Wirklichkeit entsprachen, muß jeder für sich selbst entscheiden. Sie vermitteln aber immerhin gewisse Einblicke in die Psyche dieses Mannes, offenbaren uns sein Weltbild und verhelfen uns zudem zu einem immerhin abwechslungsreichen und interessanten Bericht.

Ungeachtet dessen, ob Steiners medial behauptete Wiedergabe vom Dasein einer angeblich einst existent gewesenen Hochkultur (wie jene der Lemurier, Atlantier usw.) auf Tatsachen beruht haben sollte oder lediglich dem Wunschdenken dieses zweifellos außergewöhnlichen, wissenschaftlich gebildeten Mannes entsprach.

Sie beherrschten die Natur

Rudolf Steiner ging in seinen Veröffentlichungen natürlich ebenfalls darauf ein, über die kulturelle sowie wissensmäßige Weiterentwicklung der Lemurier zu berichten. »Wohnungen in unserem Sinne hatten die Lemurier, ausgenommen in ihrer letzten Zeit, nicht«, teilte er den Lesern seiner Beiträge in der Berliner Zeitschrift »Lucifer-Gnosis« mit – sich dabei auf seine mediale Einsicht in die »Akasha-Chronik« berufend. »Sie hielten sich da auf, wo die Natur selbst dazu Gelegenheit gab. Erdhöhlen zum Beispiel, die sie benutzten, gestalteten sie nur so um, statteten sie mit solchen Zutaten aus, wie sie dies brauchte. Später bauten sie auch aus Erdreich derartige Höhlen; und dann entwickelten sie bei diesen Bauten eine große Geschicklichkeit. Man darf sich aber nicht vorstellen, daß sie nicht auch *künstliche* Bauten aufführten. Nur dienten diese nicht zur Wohnung. Sie entsprangen in der ersten Zeit dem Bedürfnis, den Naturdingen eine durch den Menschen herbeigeführte Form zu geben. Hügel wurden so umgeformt, daß der Mensch seine Freude, sein Behagen an der Form hatte ...«

Dabei könnte es sich (ich habe solche Bauwerke aus Erde und Lehm beispielsweise in *China* besichtigen können) um eine Abart der *Pyramiden* gehandelt haben, die in jener Zeit (wie auch im einstigen »Reich der Mitte«) vermutlich allein zu kultischen Zwecken errichtet wurden.

Liest man Steiners Aufzeichnungen aufmerksam, dann wird einem klar, daß es die Menschen offensichtlich schon in frühester Vergangenheit gereizt haben dürfte, den in der Bibel geschilderten Turmbau zu Babel vorwegzunehmen. Erfahren wir doch weiter, daß die auf Lemuria zunächst entstandenen Gebäude zwar ausschließlich der Pflege der »göttlichen Weisheit und göttlichen Kunst« gedient haben sollen, doch nach und nach die lemurischen Baumeister damit offenbar nicht mehr zufrieden waren. Sie setzten vielmehr ihren ganzen Ehrgeiz daran, ihre Bauten immer gewaltiger und kunstvoller zu gestalten.

Allerdings besaßen die nunmehrigen Kreationen kaum noch entfernte Ähnlichkeit mit den vordem errichteten Tempelanlagen. Die nunmehrigen *palastähnlichen* Häuser dienten künftig höchst profanen Zwecken: als Unterrichts- und Wissenschaftsstätten. Jene Auserwählten, die als geeignet angesehen wurden, »eingeweiht« zu werden, erhielten dort eine profunde wissenschaftliche Ausbildung, erlernten die geltenden Weltgesetze sowie ihre Handhabung. Diese Günstlinge waren gegenüber der Öffentlichkeit zu absolutem Stillschweigen verpflichtet, was dazu führte, daß die uninformierten Dutzendbürger damals alles, was in jenen Palästen so vor sich ging, als besonders tiefes Geheimnis ansahen, dessen Kenntnis sie sich als nicht würdig erachteten.

Daß sich Rudolf Steiner ganz besonders dieser »Schauung« annahm, hatte natürlich (schon aus anthroposophischen Motiven) mit seiner religiösen Auffassung zu tun. Das kam in seinen Niederschriften auch zum Ausdruck. Steiner sagte es nämlich partout nicht zu, daß die ursprünglich als Tempeln gedachten Gebäude mißbräuchlich verwendet wurden. Schließlich, so bemerkte er kritisch, sei es doch »nicht eigentlich Religiöses gewesen, was innerhalb dieser Weihestätten gelehrt wurde«. Dennoch habe man damals die darin ausgeübten Tätigkeiten als »göttliche Weisheit und Kunst« bezeichnet, obwohl sie längst nicht mehr der Norm entsprachen.

Wer den Vorzug genoß, eines dieser Gebäude betreten zu dürfen, wurde im Gebrauch der ihm verliehenen Kräfte ausgebildet. Ein Privileg, das man in der Öffentlichkeit durchaus anerkannte. Jenen auf solche Weise auserwählten »Eingeweihten« begegnete man überall mit »Scheu und Verehrung« sowie größtem Respekt. Das geschah wahrscheinlich auch deswegen, weil man wußte, daß diese Priesterschüler über enorme geistige Kräfte verfügten. Die Kenntnis derselben hüteten die Betreffenden – ihrer Macht über ihre Umwelt gewiß – daher auch als (laut Steiner) »strenges, göttliches Geheimnis«.

Der Anthroposoph selbst bezeichnete diesen religiösen Ansatz (der damaligen Stufe der Menschheitsentwicklung gemäß) als eine Art »Willensreligion«. Ihre Handhabung habe allerdings dazu geführt, daß sich auf Lemuria *zwei* Gesellschaftsschichten gebildet hätten: die der sogenannten »Eingeweihten«, die als »geheiligte Personen« angesehen wurden, und jene der »Uneingeweihten«, die im Bedarfsfall dem magischen Einfluß der Priesterschüler ausgeliefert waren.

Boten der Götter

Die Weisheit, welche diese Führer besaßen, und die Kräfte, welche sie beherrschten, seien jedoch keineswegs auf ihre irdische Erziehung zurückzuführen gewesen, will Rudolf Steiner durch die »Akasha-Chronik« erfahren haben. »Sie waren ihnen von höheren, nicht unmittelbar zur Erde gehörenden Wesenheiten erteilt worden«, offenbart der Anthroposoph in seinen Mitteilungen. Modern und zeitgemäß interpretiert besagt dies aber nicht weniger, als daß *Außerirdische* zu den Lehrmeistern der Tempelhüter zählten. Folgerichtig wurden in jenen Tagen diese sogenannten »Eingeweihten« als *Boten* der Götter angesehen. Allein mit den menschlichen Sinnesorganen, schreibt Steiner, mit dem menschlichen Verstande wäre nicht zu erreichen gewesen, was diese Führer wußten und auszuführen vermochten. Die große Masse der Menschen habe deshalb die Priesterschaft und ihre Günstlinge als »Gottesboten« verehrt und ihre Befehle, Gebote und Lehren befolgt. »Durch Wesen solcher Art wurde die Menschheit unterwiesen in den Wissenschaften, Künsten, in der Verfertigung von Werkzeugen«, läßt uns Steiner wissen. Selbst in den Regierungskünsten wären jene, wenn sie weit genug fortgeschritten gewesen wären, von den »Götterboten« unterrichtet worden. »Man sagte von diesen Führern, daß sie ›mit den Göttern verkehren‹ und von diesen selbst in die Gesetze eingeweiht werden, nach denen sich die Menschheit entwickeln müsse«, will Rudolf Steiner aus der »Akasha-Chronik« erfahren haben. Das alles habe der Wirklichkeit entsprochen, beeilte er sich, seinen Offenbarungen hinzuzufügen.

Die Einweihungsorte für jene Auserwählten wurden deshalb Mysterientempel genannt. Wo sich jene Stätten befanden, blieb der Öffentlichkeit jedoch unbekannt. Dort jedenfalls erfolgte die jeweilige »Einweihung« – der Verkehr mit den Göttern. Von dort aus geschah auch alles Notwendige, um den Verwaltungsaufgaben nachzukommen.

Was der Anthroposoph hier kundtat, ist auch deshalb von Interesse, weil hier von eindeutig außerirdischen Aktivitäten in einer seit langem vergangenen Epoche berichtet wird. Es bleibt letztlich sekundär, ob Rudolf Steiner sein Wissen tatsächlich aus der von ihm in den Vordergrund gerückten »Akasha-Chronik« empfing oder anderwärtig bezogen hat. Wesentlich erscheint es mir, daß hier gleichsam eine Bestätigung abgeliefert wird, wonach die Menschheit in ihren Anfängen von Besuchern fremder Welten in gewisser Weise »geformt« und weiterentwickelt worden ist. Dem Volke selbst, schreibt Steiner, seien die Absichten seiner göttlichen Führer natürlich unverständlich gewesen. Es begriff »mit seinen Sinnen« lediglich, »was sich auf der Erde unmittelbar zutrug, nicht was zum Heile dieser aus höheren Welten geoffenbart wurde«.

Daß es sich bei diesen Darstellungen ganz bestimmt nicht um bloße Phantastereien Steiners gehandelt haben dürfte, wird aus dem Folgenden deutlich. Dort nämlich, wo Detaillierteres wiedergegeben wurde:

»Daher mußten auch die Lehren der Führer in einer Form abge-

110

faßt sein, die nicht den Mitteilungen über irdische Ereignisse ähnlich war. Die Sprache, welche die Götter mit ihren Boten in den Mysterien sprachen, war ja auch keine irdische, und die Gestalten, in denen sich diese Götter offenbarten, waren ebensowenig irdisch. ›In feurigen Wolken‹ erschienen die höheren Geister ihren Boten, um ihnen mitzuteilen, wie sie die Menschen zu führen haben ...«

Verständlich, daß sich die Ankömmlinge aus dem Weltraum in einer uns völlig fremdartig klingenden Sprache unterhalten haben. Wahrscheinlich auch, daß sie sich dann wohl der *Telepathie* bedient haben dürften, um ihre Anordnungen an die Priesterschaft weiterzugeben. Und die »feurigen Wolken«? Ist hier der Schluß nicht naheliegend, diese Gebilde mit den Luftfahrzeugen der Außerirdischen in Einklang zu bringen?

Szenen aus der »Akasha-Chronik«

Objektiv zu behaupten, der Anthroposoph Rudolf Steiner habe vor mehr als neunzig Jahren die tatsächliche Gabe besessen, auf medialem Wege Einblick in die geheimnisvolle »Akasha-Chronik« zu erhalten, ist mir nicht möglich. Wie schon bei der Theosophin Helena Petrowna Blavatsky wird auch ihm verschiedentlich unterstellt, lediglich ein Täuschungsmanöver inszeniert zu haben – im günstigsten Fall: einem simplen Irrtum zum Opfer gefallen zu sein. Solche Ablehnung erwuchs aus dem Zweifel seiner Gegner, ein derart mysteriöses Gebilde wie das von Steiner behauptete »Weltgedächtnis« überhaupt als realistisch zur Kenntnis zu nehmen. Ich gebe diesen Antipoden nur insoferne recht, als es letztlich Glaubenssache bleiben muß, ob man bereit ist, einen Jahrtausende alten Mythos zu akzeptieren, der die Existenz einer unsichtbaren Struktur voraussetzt, die angeblich unseren Planeten umgibt. Ich selbst hatte davon erstmals anläßlich meines Besuches einer der indischen Palmblattbibliotheken, im Jahre 1993, erfahren.

Wirklich verblüfft aber war ich dann, als ich beweiskräftige Unterlagen in Händen hielt, die über ein Gerät berichteten, das in Italien entwickelt und danach auch offensichtlich erfolgreich erprobt werden konnte. Diese »Zeitmaschine«, präziser formuliert: eine Art »Zeit-Seher« – von den Konstrukteuren »Chronovisor« genannt –, scheint mir, anhand des Materials, in welches ich Einsicht nehmen konnte, kein Humbug oder Aprilscherz zu sein. Dafür bürgen immerhin die Namen achtbarer Wissenschaftler sowie jener eines der Wahrheit verpflichteten Theologen.

Und auch im Fall Rudolf Steiner muß die Unschuldsvermutung gestattet sein. Deshalb habe ich dem Leser hier dieses Dokument vorgelegt, das Steiner, ein wissenschaftlich ausgebildeter Akademiker, vor 93 Jahren niederschrieb. Wichtig darin scheint hierbei die Rolle der Frauen in der »dritten Wurzelrasse« zu sein. Laut Steiner sei es ihnen gelungen, in ihrer Einflußsphäre immer stärker an Bedeutung zu gewinnen. Wer darauf erpicht war, sich »die Zeichen der Natur« deuten zu lassen, war gut beraten, solche besonderen Frauen, die damals als Priesterinnen wirkten, aufzusuchen, um bei ihnen Rat zu erbitten.

Auf welche Weise sie es geschafft hatten, den auch auf Lemuria zunächst vorherrschenden Einfluß der Männer wenigstens teilweise zurückzudrängen, ist nicht bekannt, könnte aber mit ihrer überlegenen Sensibilität im Zusammenhang gestanden sein. Jedenfalls wurde ihnen zu ihrer Zeit nachgesagt, daß sie es verstanden hätten, die Geheimnisse der Natur zu enthüllen – was die Priesterinnen ganz bestimmten Traumbildern zuschrieben. »Innere Stimmen«, so verbreiteten sie ihre Berufung, »oder das, was Pflanzen, Tiere, Steine, Wind und Wolken sowie das Säuseln der Bäume ihnen zugeflüstert hätten«, wären dafür verantwortlich gewesen.

Diese urzeitlichen Priesterinnen von Lemuria betätigten sich anscheinend auch als Orakelsprecherinnen, da sie imstande waren, »aus besonderen geheimnisvollen Tiefen ihre Wahrnehmungen und Deutungen über all das, was in der Welt enthalten war«, weiterzugeben. Sie entwickelten zudem eine Art Natursprache, die sich in Form von *gesanglichen* Darbietungen artikulierte und von großer Ausdruckskraft gewesen sein soll.

»Man versammelte sich um solche Frauen und empfand in ihren gesangsartigen Sätzen die Äußerungen höherer Mächte«, beschrieb Rudolf Steiner seine Empfindungen beim Anblick solcher von der »Akasha-Chronik« wiedergegebenen Zusammenkünfte. Dabei sei es nicht so sehr auf die etwaige Sinnhaftigkeit des Gesprochenen angekommen, sondern auf Klang, Ton und Rhythmus des gesanglich Vorgetragenen.

Keineswegs seien aber die Priesterinnen insgesamt unabhängig gewesen, will Rudolf Steiner beim Studium der Akasha-Wiedergaben erkannt haben. Über ihnen stand eine Anzahl höherer (und ausnahmslos) männlicher Führer, die es auf sich genommen hatten, Töne und Rhythmen dem weiblichen Priestertum »einzuflößen«. Auf welche Weise das geschah, weigerte sich aber Steiner gegenüber seinen theosophischen Jüngern auszusagen. Jedenfalls hätten diese Darbietungen bei den Teilnehmern solcher kultischer Rituale »seelische Wirkung« gezeigt.

Im Gegensatz zu Helena Petrowna Blavatsky, die sich in ihrer »Geheimlehre« lediglich in Andeutungen über das von ihr angeblich im »Astrallicht« bzw. in der »Akasha-Chronik« Geschaute ergangen war, gab ihr prominenter Nachfolger auf dem Gebiet der Theosophie großzügig von ihm behauptete »schöne Szenen« berichtsmäßig weiter. All dies hätte damals »veredelnd auf die Seelen der Menschen« eingewirkt, zeigte sich Steiner von dem Geschauten sehr beeindruckt.

»Wir befinden uns in einem Walde«, gab er in seiner Veröffentlichung »Aus der Akasha-Chronik« im Stil eines Zeitungsreporters weiter, »vor uns ein mächtiger Baum. Die Sonne ist eben im Osten aufgegangen. Mächtige Schatten werden durch den palmartigen Baum geworfen, um den ringsumher die anderen Bäume entfernt worden sind. Das Antlitz nach Osten gewendet und völlig verzückt, sitzt sie, die Priesterin, auf einem aus seltsamen Naturgegenständen und Pflanzen angefertigten Sitz. Von ihren Lippen strömen in rhythmischer Folge wundersame Laute, welche in regelmäßigen Abständen langsam wiederholt werden. In mehreren Kreisen rings um die Priesterin sitzt eine Anzahl Männer und Frauen mit traumverlorenen Gesichtern völlig versunken da.«

Aus dem hier Geschilderten geht deutlich hervor, daß sich die Gläubigen während dieser Szene in einer Art Trancezustand befanden, gewissermaßen hypnotisiert waren. Äußere Einflüsse waren dadurch ausgeschlossen, volle Konzentration auf das priesterliche Zeremoniell somit gegeben.

Rudolf Steiner hat in seinen Veröffentlichungen mehrfach derartige Szenenausschnitte solcher religiöser Handlungen wiedergegeben, die ihm alle die »Akasha-Chronik« angeblich übermittelt haben soll. Fast immer wird dabei von einer »freien Fläche« erzählt, in deren Mitte eine Priesterin in ihrem rhythmischen Singsang auf die um sie herum befindlichen Zuhörer beiderlei Geschlechts suggestiv einzuwirken vermochte. Nach und nach hätte die seltsame Tonfolge dazu geführt, lesen wir, daß die Menschen in Ekstase verfallen seien und begonnen hätten, sich in rhythmischen Tänzen zu wiegen. »Denn dies war die andere Art, wie die Menschen damals seelisch auf ihre geistigen Aufgaben eingestimmt wurden«, vermochte Steiner seine Begeisterung für die der Natur abgelauschte Weitergabe religiöser Gefühle kaum zu verbergen. Jene Rhythmen, von einer Priesterin gesanglich weitergegeben, seien der Natur »abgelauscht« worden, um sodann in den tänzerischen Bewegungen der eigenen Glieder auf natürliche Weise »nachgeahmt« zu werden, schwelgte der Anthroposoph verzückt. Wäre dadurch doch bewirkt worden, daß sich damals die Menschen »*eins* mit der Natur und den in ihr waltenden Mächten« gefühlt hätten.

Die Zukunft der Erde?

Auch wenn auf diesen Seiten hauptsächlich davon die Rede ist, mit Hilfe der »Akasha-Chronik« die Vergangenheit aufzuhellen, wird jenem rätselhaften Instrumentarium dennoch auch die Macht zugesprochen, seinen (medialen) Benützern den Blick in die *Zukunft* zu gewähren. Rudolf Steiner scheint diese Möglichkeit genützt zu haben – so man seinen Angaben traut. Im Abschnitt »Die Erde und ihre Zukunft« seines Buches »Aus der Akasha-Chronik« schildert er seine dabei gewonnenen Erkenntnisse. Demnach hatte zu seiner Zeit (Anfang des 20. Jahrhunderts) die menschliche Entwicklung die »4. Hauptstufe« erreicht. Womit jener Bewußtseinszustand gemeint ist, in dem wir uns auch jetzt noch befinden. Allerdings empfiehlt es sich beim Studium von Steiners esoterisch verbrämten Texten »zwischen den Zeilen« zu lesen und über das allegorische Beiwerk des Verfassers hinwegzusehen.

Auf jener Bewußtseinsstufe, die Steiner dem Menschen zumißt, nehme dieser »Bilder« nicht mehr nur »traumartig« wahr, sondern er sei imstande, »Gegenstände *draußen im Raum*« real festzustellen. »Auf dem Monde und auch noch während der Wiederholungsstufen auf der Erde stieg zum Beispiel ein Farbenbild auf in seiner Seele, wenn ihm ein entsprechender Gegenstand nahe kam«, umschrieb das »Akasha«-Medium visionär jene Erfahrungen unserer (amerikanischen und russischen) Astronauten im All. »Das ganze Bewußtsein bestand aus solchen in der Seele auf- und abwogenden Bildern, Tönen und so weiter«, versuchte der Philosoph die dabei aufgetretenen Empfindungen der Raumfahrer, anhand der eigenen »Schauungen«, in Worte zu fassen. Ob er damals, 1904, als der Flug zu fremden Gestirnen allgemein in das Reich der Phantasie verwiesen wurde, selbst bereits an derlei Möglichkeiten gedacht und sie für realisierbar gehalten hatte, bleibt ungewiß. Dennoch scheint das, was er über die »Akasha-Chronik« bildhaft erfahren hat, ungeheuren Eindruck bei ihm hinterlassen zu haben. Jedenfalls läßt sich das Folgende durchaus in jener Richtung hin interpretieren, daß es sich bei den Geschehnissen, die uns im Kosmos erwarteten, keinesfalls nur um Traumbilder handeln sollte. »Erst beim Auftreten des 4. Bewußtseinszustandes«, wurde Steiner offenbart, »tritt die Farbe nicht mehr bloß in der Seele, sondern an einem äußeren räumlich begrenzten Gegenstande auf, der Ton ist nicht mehr bloß ein inneres Erklingen der Seele, sondern ein Gegenstand im Raume tönt. Man nennt deshalb in der Geheimwissenschaft diesen vierten, den irdischen Bewußtseinszustand auch das ›gegenständliche Bewußtsein‹. Langsam und allmählich hat dieser sich im Verlauf der Entwicklung herausgebildet, indem die physischen Sinnesorgane nach und nach entstanden sind und so an äußeren Gegenständen die mannigfaltigsten sinnlichen Eigenschaften wahrnehmbar machten.« Was Steiner über die weitere Entwicklung des Menschen visionär zu sehen bekam, scheint der folgende Satz andeutungsweise auszudrücken: »Und außer den schon jetzt entwickelten Sinnen sind andere erst noch im Keime vorhanden, die in der folgenden Erdenzeit zur Entfaltung kommen und die Sinneswelt noch in einer viel größeren Mannigfaltigkeit zeigen werden, als dies schon heute der Fall ist.«

Auch wenn sich Rudolf Steiner, seiner anthroposophischen Anschauung gemäß, bei der Wiedergabe vorangegangener »Schauungen« vorzugsweise einer Symbolsprache bediente, so läßt die hierfür herangezogene Wortwahl dennoch bestimmte Bezüge zur Realität erkennen. Meiner Meinung nach umschrieb der Okkultist ganz eindeutig eine menschliche Errungenschaft, die uns zum heutigen Zeitpunkt längst selbstverständlich geworden ist: *die Raumfahrt!* Das bewies Steiner beispielsweise, wenn er über eine »farbige Welt« philosophierte. Bedeutete das den *realen* Anblick der *Kugelform* des Planeten Erde? Etwas, das vordem lediglich »in seinem Innern wahrgenommen« werden konnte, also auf die eigene Vorstellungskraft beschränkt gewesen war? Nahm Steiner in seiner Akasha-Vision nur vorweg, was den in den Weltraum vorstoßenden Menschen tatsächlich widerfahren ist: Den Anblick unseres Heimatgestirns »draußen im Raume« mit eigenen Augen wahrzunehmen? Und sind es nicht deutliche Aussagen, wenn er davon sprach, wonach der Mensch die Fähigkeit erringen würde, »sich Vorstellungen und Gedanken über die Gegenstände zu bilden«, die ihm im All begegnen würden?

Verblüffend ist es auch, wie treffend Rudolf Steiner den geistigen und den damit einhergehenden *wissenschaftlichen* Aufstieg des Menschen richtig einzuschätzen wußte. Obwohl er – in seinem persönlichen Weltbild gefangen – bei den diversen visionären Aussagen sich zumeist symbolischer Vergleiche bediente, kam der Esoteriker dennoch tatsächlichen Gegebenheiten in unserer wissensmäßigen Weiterentwicklung überraschend nahe. So prophezeite er, von einem dann künftig vorhandenen, fundierten Selbstbewußtsein des Homo sapiens sapiens ausgehend, diesem eine sich ebenso bildende »Anlage zu noch höheren Bewußtseinszuständen«. Damit verband Steiner die sich daraus entwickelnde Befähigung des *Gedankenlesens*, die er mit »Gedankenleben« umschrieb. Nun ist es längst kein Geheimnis mehr, daß sich die wissenschaftliche Forschung – auch im Hinblick auf kommende Raumfahrtvorhaben – mit der Möglichkeit befaßt, das in uns Menschen durchaus vorhandene Potential einer künftigen *telepathischen* Verständigung zu mobilisieren. Dazu Steiner in gewohnt allegorischer Verfremdung: »Diese Bewußtseinszustände wird der Mensch auf den nächsten Planeten zu durchleben haben. Es ist nicht widersinnig, von diesen zukünftigen Bewußtseinszuständen, also auch von dem Leben auf den folgenden Planeten, etwas auszusagen ...«

Es würde hier zu weit führen, sämtliche Erörterungen des Anthroposophen wiederzugeben – denn diese sind nicht unser Thema. Wesentlich hingegen erscheinen mir seine Prophetien bezüglich des künftigen Geschicks der Menschheit, welche, wie in seinen Veröffentlichungen immer wieder betont wurde, ausschließlich »Schauungen« aus der »Akasha-Chronik« zugrunde lagen.

Bemerkenswert in dieser »Zukunftsschau« scheint mir Steiners Ankündigung, wonach den Menschen in nicht allzuferner Zeit das wahrscheinlich größte Abenteuer ihrer Geschichte bevorstehen werde: die erste wirkliche Begegnung mit einer *außerirdischen* Intelligenz! Zwar erfahren wir von Zeit zu Zeit in nicht nachzulassender Regelmäßigkeit von angeblichen Kontakten zwischen Erdenbürgern und extraterrestrischen Besuchern. Doch der unumstößliche Beweis hierfür, dem auch die offizielle Bestätigung zukommen würde, konnte vorderhand nicht erbracht werden. Sei es, weil die Zeugenaussagen unglaubwürdig klangen, oder weil jene Institutionen, auf deren Bejahung solcher Vorkommnisse es angekommen wäre, das bislang hartnäckig dementierten. Wenn man bedenkt, daß Rudolf Steiner seine Ankündigung einer Kontaktnahme zweier unterschiedlicher Lebensformen bereits Anfang dieses Jahrhunderts getroffen hat, dann gewinnt der Inhalt seiner Schriften (zumindest teilweise) an Bedeutung. Darin liest man beispielsweise in diesem Zusammenhang: »Die kommende Erdentwicklung wird einerseits das gegenwärtige Vorstellungs- und Gedankenleben zu immer höherer, feinerer, vollkommenerer Entfaltung bringen, andererseits aber wird sich während dieser Zeit allmählich auch schon das selbstbewußte Bilderbewußtsein nach und nach herausformen.« Dieses, so Steiner, würde jedoch erst »auf dem nächsten Planeten« in uns Menschen zu vollem Leben gelangen. »Dann wird der Mensch mit Wesen in Verkehr treten können, welche seiner gegenwärtigen Sinneswahrnehmung vollständig verborgen bleiben.« Er nennt dieses Gestirn sogar beim Namen: *Jupiter*. Ob der Gelehrte damit tatsächlich diesen Riesenplaneten gemeint hat, oder lediglich allegorisch eine Symbolbezeichnung für jenen Himmelskörper wählte, möchte ich dahingestellt lassen. Gewiß scheint mir aber zu sein, daß ihm die »Akasha-Chronik« zu offenbaren wußte, daß sich der ganz große Traum der Menschen erfüllen würde: Im Verlauf der nächsten Jahrzehnte und Jahrhunderte in das Universum vorzudringen, um dort alle für uns erreichbaren Planeten – so sie unseren Lebensbedingungen entsprechen sollten – zu besiedeln.

Rudolf Steiner sprach im übrigen von verschiedenen Planeten und bezog sich dabei aus naheliegenden Gründen ausschließlich auf unser Sonnensystem. Bei der Aufzählung der einzelnen Namen dieser Himmelskörper war es ihm aber vorwiegend darum zu tun, anhand dessen den von ihm erwarteten kontinuierlichen, *geistigen* Aufstieg des Menschen aufzuzeigen. Er nannte diese Weiterentwicklung – »irdische Verwandlungen«. Es bleibt daher Ermessenssache, ob die jeweilige Planetenbezeichnung wörtlich genommen werden muß oder lediglich dazu diente, die vorweggenommenen Geschehnisse nicht in die Anonymität versinken zu lassen.

Steiner verband die natürliche Weiterentwicklung unserer Spezies mit von ihm postulierten »sieben Bewußtseinsstufen«, als deren Höhepunkt er die Besiedelung des Planeten »Vulkan« empfand. Boshaft bemerkt ist man versucht, bei dieser Namensnennung unvermittelt an die vor rund dreißig Jahren in Amerika konzipierte TV-Serie »Raumschiff Enterprise« zu denken und sich in diesem Zusammenhang an den langohrigen ET »Spock« zu erinnern. War dieser Außerirdische nicht ebenfalls auf einem Planeten zu Hause gewesen, der den Namen »Vulkan« getragen hatte? Scherz beiseite! Rudolf Steiner hatte mit derlei gewiß nichts im Sinn. In Wahrheit ging es ihm – ungeachtet der Namensparallelität – um unser irdisches spirituelles Bewußtsein: um die von ihm erhoffte »Gottseligkeit« der Menschheit.

Wie es dazu kommen soll, darüber hat sich der Geisteswissenschaftler leider nicht näher geäußert. Was veranlaßte ihn dazu, keine zielführenden Angaben darüber zu machen, in welcher Weise unser aller Leben verlaufen würde, sobald wir die anzustrebende »7. Bewußtseinsstufe« erreichen sollten? Einsilbig ließ Steiner seinen Leser- und Anhängerkreis wissen: »Über das Leben auf diesem Planeten (*Vulkan*; P. K.) kann öffentlich nicht viel mitgeteilt werden.« Er berief sich hierbei auf angebliche »geheimwissenschaftliche Anordnungen«, die bestimmt hätten, daß über den Planeten selbst sowie über das auf ihm pulsierende Leben »von keiner Seele nachgedacht werden« solle, »die mit ihrem Denken noch an einen physischen Körper gebunden« sei. Einmal mehr verlagerte Rudolf Steiner das von ihm vorausgesehene, *reale* Geschehen ins transzendente – seiner natürlichen anthroposophischen Linie folgend. Um so mehr liegt es an uns, den esoterischen Ballast seiner Ausführungen abzuwerfen und zu den wesentlichen Aussagen Steiners im Hinblick auf die von ihm prognostizierte Weltraumforschung zurückzukehren.

Ein wichtiges Thema in seinen Akasha-Schriften war Rudolf Steiner unzweifelhaft das »Mysterium Christi«. Ihm widmete der Okkultist sogar eine spezielle Veröffentlichung, der er – wieder auf seinen ureigensten »Akasha«-Visionen beharrend – den provokant klingenden Titel »Das fünfte Evangelium« zuerkannte …

Gab es Jesus zweimal?

E s obliegt mir jetzt, zu sprechen von Dingen, die sich im Verlaufe unseres anthroposophischen Lebens ergeben haben, von den geisteswissenschaftlichen Forschungen, die aus der Akasha-Chronik gewonnen sind und sich beziehen auf das Jesus-Leben.«

Seltsam geschwollen liest sich der vorangegangene Satz, mit dem Rudolf Steiner jenen Abschnitt seines Buches einleitete, den er – wie auch das Buch selbst – »Das fünfte Evangelium« betitelte. Die betreffende Publikation entstand aus den stenografischen Nachschriften einiger Vorträge, die der Anthroposoph zwischen dem 1. Oktober 1913 und 10. Februar des Folgejahres in der norwegischen Hauptstadt Kristiania (heute Oslo) sowie in Deutschlands Reichshauptstadt Berlin und danach in Hamburg, Stuttgart, Köln und München gehalten hatte. Bei Steiners jeweiligen Auftritten ging es ihm primär um »eine Erneuerung des Christus/Jesus-Verständnisses« wie auch um »ein erneuertes Hineinblicken in das, was als Mysterium auf Golgatha sich vollzog«.

Daß die öffentliche Beschäftigung mit der Person des Heilands, und das fernab von christlichen Dogmen, dem Redner mehr Ungemach als Lorbeeren einbrachte, läßt sich wohl erahnen. Noch dazu, wo Rudolf Steiner dann auch noch steif und fest behauptete, es habe in jener Zeit in Palästina nicht nur einen, sondern in Wahrheit *zwei* Knaben gegeben, die Jesus hießen. Diese Erkenntnis wollte der Vortragende einmal mehr aus der »Akasha-Chronik« gewonnen haben, und das damit im Zusammenhang stehende okkulte Studium seinerseits habe ihm Kenntnisse vermittelt, die in gewisser Weise einem »fünften Evangelium« gleichzusetzen wären. In dieser ihm zugänglich gewordenen Offenbarung sei mancherlei enthalten, »was als Mitteilung über das Leben des Christus Jesus *nicht* in den (vier) Evangelien« zu finden wäre. Darunter auch die wahren Hintergründe über die damalige Existenz zweier Jesusknaben.

Die Akasha-Enthüllung habe ihn über die Geburt von zwei Jungen aufgeklärt, eröffnete Steiner seinen Zuhörern, aber nur in einem der beiden sei auch das Ich – »die Geistwesenheit des Zarathustra« – verkörpert gewesen. Das habe bis zum zwölften Lebensjahre dieses Jesusknaben gedauert. Damals seien dessen Eltern mit ihrem Jungen nach Jerusalem gekommen, wo er ihnen aber überraschend verlorengegangen wäre, um von ihnen dann später im Kreise von schriftgelehrten Rabbinern wiedergefunden zu werden. Zu aller Beteiligten Verwunderung habe er den Seelsorgern und Religionslehrern jüdischer Gemeinden im Tempel jene Lehren interpretiert, zu deren Verständnis die Rabbiner eigentlich selbst berufen gewesen wären.

Von dieser Stelle an trennte sich der anthroposophische Vortragende entscheidend von der im Lukas-Evangelium wiedergegebenen Erzählung. Rudolf Steiner beharrte nämlich fortan hartnäckig darauf – sich auf seine »Schauungen« in der »Akasha-Chronik« berufend –, daß die bei Lukas geschilderte Szene in Wahrheit deutlich gemacht habe, »daß das Ich des Zarathustra, das also durch ungefähr zwölf Jahre in dem einen Jesusknaben gelebt hat, hinüberzog in den *anderen*, jetzt ebenfalls zwölfjährigen Jesusknaben, der bis dahin von einer ganz anderen Geistesart gewesen war...« Es habe sich bei jenem »Doppelgänger« um einen Sproß aus der *nathanischen* Linie des Hauses David gehandelt, zu dem nunmehr das Zarathustra-Ich übergewechselt wäre. *Zarathustra* selbst lebte vermutlich im siebenten Jahrhundert vor Christus. Er gilt als Begründer der parsischen Religion. Inwieweit sein Geist sozusagen nacheinander in beiden, von Steiner behaupteten, Jesusknaben reinkarnierte – also *wiedergeboren* wurde –, darüber ließe sich trefflich streiten. Mir aber ist es an dieser Stelle nicht darum zu tun, eine Debatte über Sinn oder Unsinn einer anthroposophischen Verkündigung anzuzetteln, sondern jene Geheimnisse offenzulegen, die solcherart der »Akasha-Chronik« zugeschrieben wurden. Und Rudolf Steiner rief das »Weltgedächtnis« gleichsam als Zeugen auf, wenn er seinen Zuhörern weitere Einblicke in das Leben »jenes nun mit dem Zarathustra-Ich ausgestatteten Jesusknaben« gewährte.

Er unterschied hierbei drei Zeiträume im Leben dieses Jesus. Der eine habe sich ungefähr vom zwölften bis zum achtzehnten Lebensjahre erstreckt, der zweite vom achtzehnten bis zum vierundzwanzigsten, während der dritte Lebensabschnitt vom vierundzwanzigsten Jahr bis zu jenem Zeitpunkt gedauert habe, als der vordem »nathanische« Jesus von seinem Cousin Johannes im Jordan getauft worden sei – damals sein dreißigstes Lebensjahr erreicht hatte. Jener Knabe, den im zwölften Jahr das von Steiner, laut »Akasha-Chronik«, behauptete »Zarathustra-Ich« wieder verlassen hätte, soll – folgt man den Ausführungen des Anthroposophen – »salomonischer« Herkunft gewesen sein. Aber mit ihm brauchen wir uns hinkünftig nicht mehr zu beschäftigen.

Sein gleichnamiger, unfreiwilliger Kontrahent, der nach Rudolf Steiners Akasha-Vision nunmehr durch den in ihm wiedererwachten Geist des Zarathustra aufgewertet worden war, stellte sich gegenüber den Schriftgelehrten des israelitischen Volkes als eine Individualität dar, die mit einem elementaren Wissen über die gesamte jüdische Lehre ausgestattet war und sich gleichfalls bestens informiert über das Wesen der alten hebräischen Gesetzeskunde zeigte. Weil sich die althebräische Welt in der Seele dieses Jesusknaben gleichsam manifestierte, war das für Steiner ein damit einhergehender Beweis, daß der Geist Zarathustras tatsächlich von jenem »nathanischen« Jesus Besitz ergriffen hatte. Was mit dem »salomonischen« Jesuskind geschehen ist, darüber schweigt die Anthroposophie. Offen blieb auch die Frage, wie lange der nunmehrige Messias vom Geist Zarathustras erfüllt und mit Weisheit gesegnet war. Bis zu seiner vorgeblichen Auferstehung oder auch noch danach?

Lassen wir es damit bewenden und als verständlich erscheinen, daß sich ob dieser von der christlichen Doktrin abweichenden Glaubensauffassung zahlreiche kritische Stimmen erhoben und gegen den anthroposophischen Religionsverbreiter Stellung bezogen. Rudolf Steiner hat dies damals mehrfach beklagt und jene Antipoden ebenfalls nicht gerade zart angefaßt. Er bezeichnete sie als »wildgewordene Kritiker«, denen das von ihm im Astrallicht der »Akasha-Chronik« Geschaute einfach nicht einleuchten wollte. Einmal mehr stieg der Philosoph, der zu Beginn seiner theosophischen Tätigkeit mit einer »Sektendogmatik« nichts zu tun haben wollte, für den Wahrheitsgehalt der Aussagen der »Akasha-Chronik« auf die Barrikaden. Sie sei eine Art »Weltgedächtnis«, in der sämtliche weltgeschichtlichen Ereignisse aufgezeichnet seien, erklärte er, ein »Lebens- und Schicksalsbuch der ganzen Menschheit«. Mit ihrer Hilfe sei es ihm möglich geworden, die Zukunft ebenso deutlich zu erkennen wie die Vergangenheit, auch wenn diese Jahrmillionen zurückliege. Steiners engagiertes Plädoyer ließ in diesem Zusammenhang nichts unerwähnt, was der »Akasha-Chronik« in den Augen seiner anthroposophischen Jünger den verdienten Stellenwert beschaffen sollte. Er schränkte allerdings gleich ein, nur der Hellsichtige oder der Wissende, der Eingeweihte könne diese »unmittelbar geistig wahrgenommene« Chronik einsehen und sie auch lesen. »Die in das Lesen solcher lebenden Schrift eingeweiht sind, können in eine weit fernere Vergangenheit zurückblicken, als in diejenige, welche die äußere Geschichte darstellt; und sie können auch – aus unmittelbarer geistiger Wahrnehmung – die Dinge, von denen die Geschichte berichtet, in einer weit zuverlässigeren Weise schildern, als es dieser möglich ist.«

Wem diese Gabe gegeben sei, dem stünden das Vorvorgestern ebenso offen wie das Überübermorgen, wagte der Anthroposoph den ihm Ergebenen euphorisch zu versprechen: »Dann vermag er zu *schauen*, was an den Ereignissen nicht sinnlich wahrnehmbar ist, was keine Zeit von ihnen zerstören kann.« Von der vergänglichen Geschichte dringe er zu einer unvergänglichen vor: »Diese Geschichte ist allerdings mit anderen Buchstaben geschrieben als die gewöhnliche.« Und das, so will es Steiner mit aller Deutlichkeit erkannt haben, sei das eigentliche Geheimnis der »Akasha-Chronik«, wie Eliphas Lévis »Astrallicht« bzw. das unauslöschliche »Weltgedächtnis« in der Gnosis und in der Theosophie gemeinhin genannt würde. Bloß eine schwache Vorstellung könne man in unserer Sprache von dieser Chronik geben, klärte

er weiter auf: »Denn unsere Sprache ist auf die Sinnenwelt be-
rechnet. Und was man mit ihr bezeichnet, erhält sogleich den
Charakter dieser Sinnenwelt.« Die Entzifferung der »Akasha-
Chronik« sei nicht gerade einfach, merkte Rudolf Steiner in
wohlweislicher Voraussicht an, denn: »Die Einzeichnungen in
der ›Akasha-Chronik‹ sind nur schwer in unsere Umgangsspra-
che zu übersetzen.« Wichtig scheint es ihm allerdings gewesen zu
sein zu betonen, daß nirgends für diese Mitteilungen irgendwelcher dogmatische Charakter in Anspruch genommen werden
dürfe. Diese Einschränkung machte er im Rahmen seiner eingangs erwähnten Artikelserie in der Zeitschrift »Lucifer-Gnosis«,
1939 dann auch als Buch mit dem Titel »Aus der Akasha-Chronik« veröffentlicht. Etwaiger Kritik, in welcher der Wahrheitsgehalt solcher medialer Schauungen angezweifelt wurde, begegnete
Rudolf Steiner mit dem Gegenargument: »Der Vorwurf der
Phantastik und grundlosen Spekulation liegt gegenüber solchen
Dingen in der Gegenwart so nahe. Wenn man weiß, wie fern es
dem naturwissenschaftlich im Sinne der heutigen Zeit Gebildeten
liegen kann, diese Dinge auch nur ernst zu nehmen, so kann nur
das Bewußtsein zu ihrer Mitteilung führen, daß man treu im
Sinne der geistigen Erfahrung berichtet.«
Ob die von Naturforschern eingeforderte Toleranz gegenüber
den Geisteswissenschaftlern allerdings da wie dort auch wirklich
gegeben ist, darf bezweifelt werden …

5 Der Chronovisor:
Zeit kennt keine Grenzen

Segen oder Fluch?

Dieser Apparat kann eine Welttragödie auslösen, weil er uns um die Freiheit des Wortes, des Handelns und des Denkens bringen könnte.«
Pessimistische, ja geradezu alarmierende Worte eines Mannes, von dem man eigentlich eine derart düstere Prognose kaum erwartet hätte. War ihm doch, gemeinsam mit einer Reihe hochqualifizierter Wissenschaftler von internationalem Ansehen, immerhin eine wirklich epochale Pioniertat gelungen, wie ähnliches zuvor lediglich literarisch in einer besonders geglückten Sciencefiction-Novelle – »Die Zeitmaschine« des Engländers H. G. Wells – aufgearbeitet worden war. Anfang der neunziger Jahre dieses Jahrhunderts ist nun ein solches Gerät (zumindest in Ansätzen) tatsächlich konstruiert worden. Von der Idee über die Planung bis hin zur Realisierung des Vorhabens lag eine fast vierzigjährige Entwicklungsphase. Eine Zeit der vielfachen Experimente.

Wer war nun jener geniale Einfädler, dem dieses gewaltige Werk zu verdanken ist? Ein Mann mit eigentlich zwei Berufungen. *Alfredo Pellegrino Ernetti*, ein gebürtiger Italiener, gehörte dem Benediktinerorden an. 1926 geboren, war er mit gleicher Leidenschaft Theologe, welcher sich auch als *Exorzist* betätigte, und Musikwissenschaftler in Venedig. Beiden Aufgaben widmete sich der Pater (bis zu seinem Ableben am 8. April 1994) mit aufopferungswilliger Hingabe – immer bemüht, sie zufriedenstellend zu einem positiven Ergebnis zu führen. Daß er dabei auch Widersprüche in seiner wissenschaftlichen sowie religiösen Umwelt provozierte, nahm der stets gütig lächelnde Ordensbruder duldend hin, ohne sich jemals von seinen sich selbst auferlegten Verpflichtungen abhalten zu lassen. Er verstand es, sein theologisches Amt in konstruktiver Weise mit jenem des Forschers zu verknüpfen. Als Professor für »Archaische Musik« – Fachgebiet *Präpolyphonie* – war Pellegrino Ernetti der weltweit einzige Inhaber des hierfür geschaffenen Lehrstuhls am »Conservatorio di Musica Benedetto Marcello«, das sich auf der kleinen Insel *San Giorgio* im Golf der berühmten Lagunenstadt befindet. Unter dem Begriff »Präpolyphonie« verstehen die Fachleute die Musikgeschichte der Antike – und die erstreckt sich vom Jahre 1000 *nach* Christus bis zurück ins 13. und 14. Jahrhundert *vor* seiner Geburt.

Die mit ungemeiner Akribie vorgenommenen musikwissenschaftlichen Untersuchungen jener Epochen, führten Pater Ernetti auf die Spur einer seit Jahrtausenden verschollenen Oper altrömischer Herkunft. Sie hatte ihre Freiluftpremiere im Jahre 169 vor unserer Zeitrechnung und sorgte damals (soviel ist überliefert) in Rom für beträchtliches Aufsehen. Der Autor dieser musikverbrämten Tragödie – *Quintus Ennius Calaber* – durfte sich leider nur kurz an der Aufführung seines Werkes erfreuen, denn da es den damals Mächtigen im Alten Rom, den Herren Senatoren, aufs äußerste mißfiel und zu viele revolutionäre Gedanken beinhaltete, wurde es gleich wieder abgesetzt. Für Quintus Ennius Calaber war die Opernschöpfung »Thyestes« sein Schwanengesang. Er verstarb noch im gleichen Jahr. Nur Fragmente des Stückes hatten die Zeiten überdauert und fanden später bei drei Dichtern der Antike ansatzweise Erwähnung. Das Verlangen, gerade diese musikalische Rarität wiederzufinden, aktivierte Pater Ernettis Anstrengungen. Er suchte den Kontakt zu eine Reihe bedeutender Wissenschaftler, um sie für eine Idee zu gewinnen. Mit Hilfe eines entsprechenden Gerätes, so machte er den von ihm angesprochenen Experten deutlich, wollte er versuchen, längst verlorengegebene Schöpfungen sowie nur noch legendär überlieferte Geschehnisse via Bildschirm und akustisch wieder sicht- und hörbar zu machen. Seine Vorstellungen, auf welche Weise dies vor sich gehen sollte, unterbreitete der Pater seinen Gesprächspartnern in allen Einzelheiten.

Was zuvor reine Utopie zu sein schien, überzeugte, ja begeisterte in der Folge auch die von Ernetti darauf angesprochenen Physiker. Insgesamt zwölf dieser Wissenschaftler erklärten sich im Verlauf von vier Jahrzehnten – zwischen 1950 und 1990 – in unterschiedlichen Einsatzphasen bereit, an dem Experiment bei der Konstruktion eines solchen Apparates mitzuwirken. Anfang der siebziger Jahre wurde der Prototyp dieser ersten De-facto-Zeitmaschine fertiggestellt und erfolgreich erprobt. Auf Vorschlag des Initiators einigte man sich innerhalb seiner Crew, wie das Ding künftig benannt werden sollte: *Chronovisor*.

Hinter dieser Bezeichnung verbirgt sich etwas, das man – um es auch Laien verständlich zu machen – »Zeit-Seher« nennen könnte. Die Geschichte seiner Entwicklung, den Werdegang des »Chronovisors«, will ich im folgenden erzählen. Und auch das, was mit seiner Hilfe den Nebeln der Vergangenheit entrissen, auf seinem Bildschirm sichtbar gemacht werden konnte. Mit Methoden, wie sie üblicherweise nie zur Anwendung kommen. Und die einmal mehr auf paranormaler Ebene ihre Entsprechung fanden. Pater Ernetti und sein Physikerteam fanden Zugang zur – *Akasha-Chronik!*

Aber warum dieses negative Resümee, das der Benediktinermönch aus all seinen außergewöhnlichen Erkenntnissen zog? Was veranlaßte ihn dazu, die Alternativfrage »Segen oder Fluch?« im Zusammenhang mit seinem »Chronovisor« in der Weise zu beantworten, daß er sich davon nunmehr geradezu ängstlich distanzierte?

1972 gab er einem Journalisten des Mailänder Wochenmagazins »Domenica del Corriere« die hierfür schlüssige Begründung: »Man wird mit Hilfe des Geräts erfahren, was der Nachbar oder der Gegner denkt. Der möglichen Folgen wären dann zwei: entweder ein Massaker der Menschheit, oder es käme – eine schwierige Sache – zu einer neuen Ethik. Das ist der Grund, weshalb diese Geräte keinesfalls allgemein zugänglich sein dürfen, sondern unter unmittelbarer Kontrolle der Behörden zu bleiben haben.«

Dabei hatte Pater Ernetti im Gespräch mit dem Medienvertreter zuvor kein Hehl daraus gemacht, welch epochale Entdeckung ihm da gemeinsam mit seiner Physikercrew geglückt war. »Ja«, ließ er den überraschten Journalisten wissen, »mit Hilfe von Wissenschaft und Technik ist es gelungen, das zu verwirklichen, was die Alten schon geahnt haben. Die Pythagoräer und Aristoxener (*Aristoxenes* war ein griechischer Musikschriftsteller, lebte um 350 vor Christus, und ersetzte in der Musiktheorie die Pythagoräische Zahlenspekulation durch das musikalische Gehör; P. K.) hatten bereits im 4. Jahrhundert vor Christus begriffen, daß man mittels der Zerlegung der Töne zur Rekonstruktion der Bilder gelangen könne. Es fehlten ihnen bloß die Hilfsmittel.«

Hilfsmittel, die Ernettis Team ganz offensichtlich besaß. Hilfsmittel, die es den Wissenschaftlern ermöglichten, sich den Zugang

9 Lieben Freunden verdanke ich Fotos von Darstellungen präindischer Luftfahrzeuge, sogenannten Vimanas, wie sie auf alten Gemälden in indischen Tempeln symbolhaft und farbenprächtig
wiedergegeben wurden. Die Identität dieser frühgeschichtlichen Flugwagen wird in den heiligen
Büchern bestätigt.

10 Ein »feuriges« Vimana, offensichtlich eben gelandet, zeigt dieses Tempelfresko. Den Überlieferungen nach, soll es sich bei diesen Luftfahrzeugen um palastähnliche, prächtige Himmelsschiffe
gehandelt haben. Nur etablierte Inder waren deshalb privilegiert, damit zu fliegen.

*11 Als »Maschine unter Voll-
dampf« bezeichnete sich in
Selbstbeschreibung die nich-
unumstrittene Theosophin
Helena Petrowna Blavatsky
Sie behauptete zeitlebens, der
Zugang zur unsichtbaren Akas-
ha-Chronik gehabt zu haben*

11

*12 Rudolf Steiner, glühende-
Anthroposoph, war ursprünglich Anhänger der theosophischen Lehre von Madame Blavatsky. Später trennte er sic-
von dieser Anschauung un-
gründete eine eigene Gesellschaft. Auch Steiner erhiel-
nach seiner persönlichen Aussage, Einblick in die Akasha-
Chronik.*

12

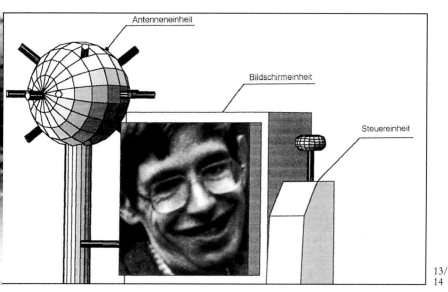

Antenneneinheit

Bildschirmeinheit

Steuereinheit

13 Eine von dem Wiener Astrophysiker Dr. Karl Grün vorgenommene Computer-Rekonstruktion des »Chronovisors«, wie sie anhand der mitgeteilten Beschreibung jener Zeitmaschine entspricht, die der italienische Benediktinerpater Ernetti mit mehreren Physikern entworfen und gebaut hat.

14 (Insert) »Zeitreisen sind machbar«, davon ist seit neuestem der geniale englische Wissenschaftler Prof. Stephen W. Hawking absolut überzeugt. Allerdings bedarf es hierfür gewaltiger Energien.

15 Pater Ernetti war nicht nur Theologe und Exorzist, sondern auch Musikwissenschaftler. Er hatte in Venedig weltweit den einzigen Lehrstuhl für Polyphonie (Musik aus der Antike) inne.

16 Mit Hilfe des Chronovisors konnte auch der Leidensweg Christi dokumentarisch wiedergegeben werden. Auf seinem Gang zur Hinrichtungsstätte auf Golgatha trug Jesus demzufolge nicht das Kreuz, sondern nur einen Balken desselben. Genauso, wie hier auf dieser Abbildung dargestellt worden ist.

16

17

18

17 Kurz vor seinem Ableben, im April 1994, bat man Pater Ernetti und zwei seiner Mitarbeiter in den Vatikan, um dort vor einer hochrangigen Kommission über seine Arbeit mit dem Chronovisor zu berichten.

18 Pater Ernetti betätigte sich neben seiner musikwissenschaftlichen Arbeit auch sehr intensiv mit der Teufelsaustreibung. Er hatte als Exorzist großen Zulauf.

zu jener Quelle zu verschaffen, die schlechthin Alpha und Omega allen Seins bedeutet: die »Akasha-Chronik«.

Gleich einem (unsichtbaren) Video- und Magnetband ähnlich der Speicherung eines Computers, umgibt dieses »Lebensbuch« – das man auch als »Weltgedächtnis« bezeichnen kann – der Überlieferung nach unseren Erdball. Der Begriff »Akasha-Chronik« stammt nachweislich aus dem indischen Raum und reicht Äonen zurück, die sich im Dunkel der Zeit verloren haben. Um es dem Leser nochmals kurz in Erinnerung zu rufen: In der *Akasha-Chronik* soll nicht nur der gesamte Werdegang dieses Planeten seit seiner Entstehung aufgezeichnet sein, sondern auch das, was die Menschen – ja alle Lebewesen – ihm Gutes oder Schlechtes angetan haben; was sie durch ihre Gedanken und Taten bewirkten.

Was der geniale Musikwissenschaftler und Benediktinerpater Pellegrino Ernetti im Teamwork mit jenem Dutzend Physikern verwirklichte, entspricht haargenau den erforderlichen Methoden, sich der Wirksamkeit der »Akasha-Chronik« effektvoll zu bedienen. Das bestätigt sich in den Worten des italienischen Mönchs, mit denen er versuchte, die geglückte Entwicklung des »Chronovisors« seinem ahnungslosen journalistischen Gesprächspartner verständlich zu machen.

»Nehmen wir den Fall des Tones an«, setzte der Pater seine Erläuterungen fort. »Jede Tonwelle ist Energie, die von einer beliebigen Sendequelle, sei es einer direkten menschlichen Stimme, sei es von einer wiedergegebenen, ausgeht. Diese Welle teilt sich in harmonische Ultra-, Hyper-, Hyperschall- und andere Töne. Daß wir Menschen dieses und jenes nicht sehen oder hören, beweist noch längst nicht dessen Nichtexistenz. Schon die Wahrnehmungsfähigkeit bestimmter Tiere – etwa von Hunden und Katzen – ist der des Menschen in mancher Hinsicht weit überlegen. Somit ist die zuvor angesprochene Tonwelle also keineswegs zerstört, sondern befindet sich nach der Atomtheorie im Auflösungszustand der Materie. Materie wird, wie man heute weiß, zerlegt, und zwar nicht nur bis zum Atom, sondern bis in die winzigsten Elemente und auf dem Weg spezieller Verfahren wieder in ihre frühere Form zusammengesetzt. Das ist deshalb möglich, weil sie eben aus Energie besteht. Und«, so fügte Pater Ernetti hinzu, »es ist das Prinzip, das bleibt, nämlich daß keine Energie zerstört werden kann, daß sie sich vielmehr lediglich verwandelt.«

Energie ist nichts als Licht

Was in unserem Lebensbuch – in der sogenannten »Akasha-Chronik« – gewisse *Prägungen* hinterläßt, hat aber ebenso und gleichzeitig Auswirkungen auf die Schwingungsverhältnisse in der Umwelt. All dies beeinflußt damit das Schicksal der Wesenheit Erde und bestimmt darüber hinaus, wenn auch nur zu einem winzigen Prozentsatz, die Gestaltung des *Universums*. Das mag manchem blasphemisch klingen – und hat doch seine unbedingte Berechtigung. Letztlich ist doch der gesamte Kosmos ein einheitliches Ganzes und besteht aus eng vernetzten Beziehungsgefügen. Da gibt es gegenseitige Abhängigkeiten sowie mehr oder weniger starke Möglichkeiten der Beeinflussung. In bezug auf die Akasha-Chronik besagt dies, daß darin alles festgehalten ist, angefangen vom ersten Schöpfungstag bis hin zu einem zukünftigen Ende der Welt. Sämtliche Daten sind dort gespeichert, wie in einem hochmodernen *Zentralcomputer*.

Kehren wir zu Pater Ernetti zurück und zu seinem Versuch, den ihn befragenden Journalisten jene Prinzipien näherzubringen, auf denen die Funktionen seines »Zeit-Sehers« – des *Chronovisors* – beruhen.

Ernetti: »Auch die optische Welle ist gleich der Tonwelle Energie und wie jedes materielle Element aus Licht gebildet, um sich in Licht aufzulösen. Daraus können wir folgern – und ist auch wissenschaftlich *erwiesen* –, daß Energie letztlich nichts als ›Licht‹ ist, das alle die verschiedenen Elemente bildet, die wir Materie nennen. Und wenn das Licht das Urelement darstellt, das alle anderen Energien, die in der Materie stecken, bildet, so besagt dies, daß – gleichwie die anderen Energien ewig und rekonstruierbar sind – sich die optische Welle erst recht rekonstruieren läßt. Denn immerhin ist sie ja die Mutter aller anderen Energien!«

Bei dieser Darlegung konnte sich der Benediktinermönch eine kleine theologische Zwischenbemerkung nicht versagen: »Wenn wir beispielsweise in der Bibel lesen, daß Gott am ersten Tag *das Licht* erschuf, so bedeutet dies nichts anderes, als daß Er dasjenige Element ins Dasein rief, aus dem Er dann alle anderen Elemente zu erschaffen vermochte.«

Damit kehrte Ernetti wieder zum Ausgangspunkt seiner Erklärungen über die Funktionsbasis des »Chronovisors« zurück –

zur eingangs erwähnten *Tonwelle.* »Auch der Ton erzeugt – auch das ist heute längst wissenschaftlich erwiesen – Licht. Er läßt sich in Licht verwandeln, und umgekehrt. Was den gültigen Schluß zuläßt, daß auch die *Schallwelle* nicht verlorengeht, weil sie ja ebenfalls zusammen mit der Lichtwelle zur Bildung aller anderen materiellen Energie-Aggregate beizutragen vermag. Auch die lassen sich somit rekonstruieren und einfangen.« Und auf welche Weise war dies dem Pater und seinen Mitarbeitern möglich? Mittels *Antennen.* Sie erlaubten die Zusammensetzung von Bildern und Stimmen. Es sei ja bekannt, daß jedes Menschenwesen von seiner Geburt an bis hin zu seinem Ableben etwas hinterlasse, das man als eine Art »doppelte Fahrspur« bezeichnen könnte, erläuterte der Ordensmann seinem Gesprächspartner von der schreibenden Zunft. Diese Doppelspur bestünde aus einer akustischen sowie einer optischen und bedeute für jedermann gewissermaßen einen »Personalausweis«, der aber von Person zu Person von unterschiedlicher Zusammensetzung sei. Mit Hilfe eines solchen hypothetischen Dokuments ließe sich, so Ernetti, jedes einzelne Menschenkind in all seinem Tun und Reden rekonstruieren. Natürlich nur dann, wenn man es fertigbrächte, sich Zugang zu diesen ungewöhnlichen »Schätzen« zu verschaffen.

Der Pater machte gegenüber dem Fragesteller kein Hehl daraus, daß ihm dieses Vorhaben gelungen war. Als ein hierfür typisches Beispiel nannte er die »Rückholung« jener im Jahre 169 vor Christus in Rom aufgeführten Operntragödie – »Thyestes« –, die ich zuvor bereits erwähnte. Ein gewisser *Quintus Ennius Calaber* war ihr Verfasser. Von seinem damals bedeutenden Werk hatten bekanntlich nur Bruchstücke die Zeiten überdauert. Mit Hilfe des »Chronovisors« konnte aber das gesamte Opus, die Darstellung durch die damaligen Schauspieler und der Originaltext genauso wie er seinerzeit gesprochen worden war, sicht- und hörbar gemacht werden. Eine weitere Andeutung des Benediktiners bezog sich auf die Sichtbarmachung des gekreuzigten, zu dem Zeitpunkt aber noch nicht gestorbenen Heilands, der angeblich jenem Abbild auf dem (teilweise immer noch umstrittenen) »Grabtuch von Turin« sehr ähnlich sieht. Darüber aber möchte ich später etwas genauer berichten.

Alle Bemühungen des Berichterstatters, für seine Zeitschrift dem Pater noch mehr Einzelheiten über die von ihm und seinen hochqualifizierten Helfern entwickelte Apparatur zu entlocken, verliefen im Sand. Ernetti agierte in der Folge äußerst zurückhaltend – und er hatte hierfür gewichtige Gründe: Zum einen, weil die Fachsprache der Elektronik für den Laien ohnehin ziemlich unverständlich bleiben mußte; zum anderen, weil er es im damaligen Stadium der Weiterentwicklung des »Chronovisors« tunlichst vermied, zu viele Anhaltspunkte über den augenblicklichen Stand der gemeinsamen Forschungsarbeit preiszugeben. Ganz abgesehen davon, daß der Mönch darüber informiert war, daß inzwischen auch in Geheimlabors der Vereinigten Staaten an Ähnlichem gearbeitet wurde und daß sich zusätzlich verschiedene machtvolle und anonym tätige Institutionen – diverse Staatssicherheits-, Spionage- und Abwehrdienste – eingeschaltet und bemerkbar gemacht hatten mit der Absicht, an die Konstruktionspläne von Ernetti und seinem Physikerteam heranzukommen.

Was jedoch trotz aller Vorsichtsmaßnahmen des italienischen Ordensbruders dennoch publik wurde, war die Tatsache, daß es ihm und der Wissenschaftlercrew offenbar gelungen war, mit Hilfe der Elektronik Einblick in ein Phänomen im Umfeld der Geisteswissenschaften zu erlangen, das bisher lediglich im indischen Kulturkreis sowie bei Theosophen und Anthroposophen unter der Bezeichnung *Akasha* seinen Stellenwert besessen hatte. Was nichts weniger bedeutet, als daß sich die Arbeit mit den modernsten Mitteln der Technik durchaus mit sogenannten paranormalen Erfahrungen in Einklang bringen läßt. Auch wenn dies von Vertretern dieser und jener Richtung nach wie vor gerne bestritten wird.

Auch Pater Ernetti machte dabei keine Konzessionen. Ganz im Gegenteil. Darauf angesprochen, beeilte er sich, jegliche »Verdachtsmomente« zu zerstreuen, die ihn in den Geruch eines Esoterikers zu bringen drohten. »Meine Forschungen haben mit Parapsychologie oder Metapsychologie, mit denen man alles zu erklären versucht, was mit Stimmen, Tönen, Gestalten vom Jenseits herkommt, nichts zu tun«, distanzierte er sich vehement. Dennoch sind hier gewisse Zusammenhänge nicht ganz wegzuleugnen. Wie wir noch sehen werden.

Ehe wir uns aber ganz unserem eigenwilligen Pater und seinem wundersamen »Chronovisor« zuwenden, soll – um seine Persönlichkeit entsprechend darzustellen – auch die andere Seite der »Medaille« ins Rampenlicht gerückt werden. Nämlich die von

Alfredo Pellegrino Ernettis *theologischer* Tätigkeit. Sie verrät sehr viel, weshalb der Benediktinermönch – ungeachtet seiner musikwissenschaftlichen Forschungen – durchaus dafür anfällig war, über diesen Rahmen hinaus eine Verbindung zum Jenseits über das nicht ganz unverfängliche Gebiet der Geisteswissenschaften zu suchen. Diesen Weg hatte der Pater bereits zu einem Zeitpunkt eingeschlagen, als das Projekt »Chronovisor« noch längst nicht ausgereift war. Ernetti beschäftigte sich nämlich schon frühzeitig mit der – *Tonbandstimmenforschung*! Und in gewisser Weise läßt sich dadurch auch jener Glaubensakt begreifen, der ihn dazu anhielt, Sündhaftes vom personifizierten Bösen zu befreien: Ernetti verschrieb sich dem *Exorzismus*! Zum Ende seines Lebens, als eine schwere Krankheit ihn ans Bett fesselte, vermochte er die anstrengende und zeitaufwendige Tätigkeit einer »Teufelsaustreibung« aber nur noch phasenweise auszuüben.

Ein kleines Kreuz aus Messing

Wer Pater Ernetti allein deshalb aufzusuchen wünschte, um ihn dazu zu veranlassen, jemanden aus der Familie von einer tatsächlichen oder behaupteten Besessenheit zu befreien – und es waren nicht wenige Gläubige, die derartiges im Sinn hatten –, mußte sich zum Kloster San Giorgio Maggiore bemühen. Die Abtei befindet sich auf einer kleinen Insel nächst der Lagunenstadt Venedig.

Der eher düstere Eindruck des Klosters wird deutlich, wenn man die Einsiedelei der Benediktinermönche betritt, um dort zum eigentlichen Bestimmungsort zu gelangen. Pater Alfredo Pellegrino Ernetti residierte bis kurz vor seinem Ableben am 8. April 1994 in einer Mönchszelle von höchstens fünfzig Quadratmetern. Dort empfing der inzwischen 68 Jahre alt gewordene Ordensmann seine Bittsteller. Exorzismen waren im gläubigen Volk sehr gefragt, und Ernetti kam aufgrund des fortwährenden Andrangs kaum zum Ausruhen. Seine physischen und psychischen Kräfte wurden bei dieser Tätigkeit voll in Anspruch genommen. Wenn man bedenkt, daß sich der Mönch zusätzlich auch noch mit ganzer Kraft seinen musikwissenschaftlichen Forschungen hingab, kann man ermessen, daß sich der Kräfteverschleiß irgendwann einmal negativ bemerkbar machen mußte. Denn Pater Ernetti war nicht nur Wissenschaftler; er war ein ebenso engagierter Exorzist. In dieser Eigenschaft beharrte er unbeirrt in seiner Überzeugung, daß es »das Böse« nicht nur symbolisch, sondern – in Gestalt Luzifers – in jedem Fall auch *tatsächlich* gab.

In der Klause des Klosterbruders dominierte, für jeden Besucher sofort ersichtlich, ein gewaltiger, ganz offensichtlich aus »antiker« Zeit stammender Schreibtisch. Das riesige Möbelstück wurde von Experten auf ein historisches Alter von gut zweihundert Jahren geschätzt. Seinem Besitzer war es längst unentbehrlich geworden, brachte er doch in den verschiedenen Regalen dieses Schmuckstückes und auf der fast überdimensional anmutenden Tischplatte sämtliche Utensilien unter, die er bei seinen beiden Tätigkeiten als Pater und Musikfachmann benötigte. Da gab es kein freies Plätzchen, das nicht mit Büchern, Schreibblöcken und sogar Aktenordnern ausgefüllt war. Dazu kam eine alte Schreibmaschine, unzählige Merkzettel und außerdem *zwei* Telefonapparate – von dem Schreibgerät gar nicht zu reden. Für den Außenstehenden mutete es geradezu unfaßbar an, daß Pater Ernetti in diesem Tohuwabohu einigermaßen die Übersicht behalten konnte. Im Wust der auf dem Schreibtisch gelagerten Gegenstände verlor sich deshalb irgendwie das eigentliche »Statussymbol« des Gottesmannes, war für Besucher erst bei genauem Hinschauen zu entdecken:

Ein kleines Kreuz aus Messing.

Solange der Ordensmann bei Kräften und körperlich vollfit gewesen war, zeigte sein Terminkalender deutlich an, wie dichtgedrängt sich darauf seine Verpflichtungen häuften. Wobei Pater Ernettis Einsätze als Exorzist seine Arbeiten an dem »Chronovisor« im Laboratorium in vorteilhafter Weise verschleierten.

In vatikanischen Kreisen wurde Ernettis Wirken als Exorzist durchaus wohlwollend registriert. Mehr noch: Die Bischofskonferenz in Rom beauftragte den Pater sogar – und verband das mit dem offiziellen »ausdrücklichen Wunsch« –, eine Fibel zu diesem Thema niederzuschreiben. Der Exorzist kam diesem Ersuchen umgehend nach und veröffentlichte bald danach seinen »Katechismus des Satans« (»La Catechesi di Satana«). Darin beschrieb Ernetti die Praktiken des Teufels bei seinem Seelenfang an uns Menschen. Präzise listete der Benediktinermönch die Vorgangsweise des Leibhaftigen auf, nach welcher Methodik sich dieser an seine Opfer heranzumachen pflegte. Das ging so vor sich, daß der Höllenfürst zunächst darauf aus war, sich die Häuser und Wohnungen der von ihm Heimgesuchten anzueignen. Die Betroffenen merkten dies – behauptete Ernetti – durch bestimmte paranormale Auswüchse innerhalb ihrer vier Wände: Da bewegten sich angeblich Stühle ohne Fremdeinwirkung im Raum, Teller flogen von allein durch die Luft, um danach, ohne es unterbinden zu können, an den Zimmerwänden zu zerschellen. Damit nicht genug, öffneten sich, laut Ernetti, die Fenster gewissermaßen selbsttätig, obwohl kein Windhauch zu verspüren war. Alles Geschehnisse als untrügliches Zeichen für das Einwirken einer dunklen Macht, die letztlich darauf aus war, sich die Seelen der von ihr drangsalierten Opfer, die sich nach Ansicht des Exorzisten zweifellos versündigt hatten, anzueignen.

Die Aussagekraft des »Katechismus« zeigte bei seinen Lesern die erwartete Wirkung. Dafür sorgte sein Verfasser, der es meisterlich verstand, die Folgen solch teuflischer Praktiken in dramatischer Weise darzustellen: Demnach kam es in der Folge bei den vom Satan Besessenen zu Wahnsinnsanfällen, welche sich darin äußerten, daß die Unglücklichen plötzlich meinten, in ihrem Inneren »eine Stimme« zu vernehmen, die zu jeder Tages- und Nachtzeit zu ihnen sprach. Dieses bösartige Störmanöver Luzifers – sozusagen »his Master's Voice« – blockiere alles andere, meinte Pater Ernetti während seiner Exorzistentätigkeit herausgefunden zu haben. Jedenfalls zeige sich die betroffene Person von nun an außerstande, eigenmächtige Gedanken zu fassen und wäre nicht mehr in der Lage, zu fühlen, zu riechen oder Geschmacksangaben zu machen. Dafür aber seien diese Bedauernswerten von einem Augenblick zum anderen fähig, sich in einer bislang völlig unbekannten Sprache zu artikulieren sowie über Ereignisse Auskunft zu geben, welche Jahrhunderte zurücklagen und von denen die Betreffenden nie zuvor etwas vernommen hatten.

Für Exorzisten sind dies alles unleugbare Symptome, die für den unheilvollen Einfluß einer fremden, bösartigen Macht sprechen. Eine ungeheure Kraft bemächtige sich plötzlich der vom Leibhaftigen heimgesuchten Person. In ihrer Verblendung glaubt sie, unvorstellbare Leistungen vollbringen zu können. Zusätzlich beschrieb der »Enthüller« des satanischen Katechismus, was Beelzebub bei seinen unglücklichen Opfern im steigenden Maße bewirkte: Diese sagten oder taten nunmehr Dinge der obszönsten Art – und dies mit einer Hingabe, wie ihnen solches bei klarem Verstand niemals auch nur andeutungsweise in den Sinn gekommen war.

Freilich blieb der Benediktiner im Zuge seiner Exorzistentätigkeit von Vorwürfen aus berufenem Munde nicht verschont. Man machte ihn darauf aufmerksam, daß er hier ganz offensichtlich eine von ihm angenommene Besessenheit mit typisch psychischen Krankheitssymptomen verwechselt habe. Aber bei einem über sechzigjährigen Mann wie Pater Ernetti blieben solche Einwände aus medizinischen Kreisen fast wirkungslos. Er »fühle« geradezu jene große Kälte, die von Satan ausginge, beeilte sich der Ordensmann seinen Kritikern aus dem Ärztemilieu zu entgegnen. Jedenfalls zeigte sich der Mönch nicht im mindesten bereit, dem von ihm praktizierten Exorzismus abzuschwören.

Der Mann mit der sanften Stimme

Wer dem Benediktinerpater erstmals begegnete, hätte ihn nie und nimmer für einen engagierten Teufelsaustreiber gehalten. Und doch war Pellegrino Ernetti zu Lebzeiten das Attribut zuerkannt worden, »der größte Feind Luzifers« zu sein. Diese lobende Einschätzung seiner Tätigkeit war ihm jedenfalls von maßgeblicher Stelle im Vatikan zuteil geworden.

Auf Außenstehende (und ich kenne immerhin zwei seriöse Persönlichkeiten, die in relativ enger Beziehung zu dem Pater standen) machte Ernetti einen eher »harmlosen«, unauffälligen Eindruck. Der Venezianer besaß eine auffallend sanfte Stimme, seine Augen blickten gütig, und sein Auftreten war von ruhigem Wesen. Aber das zur Schau getragene Verhalten des Klosterbruders täuschte über dessen Willensstärke in religiösen Fragen hinweg. Pater Ernetti war eine in jeder Hinsicht charakterlich gefestigte Persönlichkeit. Er wußte, was er wollte.

Uninformierte wären beim Anblick dieses sich unauffällig gebenden Mannes sicher auch nicht auf den Gedanken gekommen, in

Ernetti einen ungemein engagierten Musikwissenschaftler zu sehen. Alles das aber kam seinem Vorhaben zugute, relativ ungestört an seinem außergewöhnlichen Projekt arbeiten zu können. Und wenn Pater Ernetti auch mit seiner Tätigkeit als Exorzist seinen sich selbst auferlegten religiösen Verpflichtungen nachkam – die eigentlichen Qualitäten dieses Gottesmannes waren ganz woanders zu suchen. Ihn beschäftigte in seiner Eigenschaft als ordentlicher Professor am Konservatorium »Benedetto Marcello« in Venedig das umfassende, jedoch der Allgemeinheit kaum geläufige Gebiet der »antiken Musik«.

Für den im Orden der Benediktiner dienenden Geistlichen bedeutete es eine besondere Auszeichnung, Inhaber des bislang einzigen Lehrstuhls zu sein, welcher sich mit der komplizierten Materie »Präpolyphonie« (worunter man die sogenannte *archaische* Musikrichtung versteht) auseinandersetzt. Hier studiert man die Musik aus dem Jahre 1000 bis zurück ins zehnte oder elfte Jahrhundert *vor Christus*. Eine Zeit also, in welcher es noch keine Notenschrift gab. Dafür sind umfassende Studien erforderlich, und Pater Ernetti hatte es im Rahmen seines Lehramts verstanden, diesem Umstand in nachahmenswerter Weise Rechnung zu tragen. Als Theologe, Philosoph und Musikwissenschaftler tragen nicht weniger als 72 Buchveröffentlichungen seinen Namen. In diesen Publikationen befaßte sich Ernetti vorwiegend mit der Problematik des liturgisch-musikalischen Kultes. Nebenher veröffentlichte der vielseitige Fachmann auch noch 54 Langspielplatten, auf denen Kostproben von archaischer Musik zu hören sind.

Vor jetzt zweiundvierzig Jahren, 1955, war dieser spezifische Lehrstuhl in Venedig geschaffen worden. Das Konservatorium selbst befindet sich wie eh und je auf der Insel *San Giorgio*. Neununddreißig Jahre, vom ersten Tag ihres Bestehens, war diese Professur dem Benediktinerpater Pellegrino Ernetti anvertraut gewesen – erst sein Tod im April 1994 hatte ihm die Aufgabe aus den Händen genommen.

»Zu den vielen Dingen, die mich von Anfang an interessierten, gehörte der Rhythmus der antiken Musik«, vertraute der gelehrte Mönch einmal Freunden an. Ihn faszinierte die Überlegung nachzuprüfen, ob die seinerzeitigen Rhythmen ähnlich denen der modernen Musik gewesen waren. »Bei diesem Nachdenkprozeß kam mir die Elektronik in den Sinn«, bekannte er, »oder besser gesagt: die elektronische Oszillographie ...«

Ernetti war kein Mann des langen Zögerns. Er wollte es genauer wissen und machte sich sogleich an die Arbeit. An der katholischen Universität Mailand kam es damals, am Beginn der fünfziger Jahre, zu ersten Untersuchungen. Und der begeisterte Musikwissenschaftler durfte sich bei seinen Forschungen der ambitionierten Mitarbeit eines ebenso erfahrenen wie anerkannten Kollegen auf dem Gebiet der Theologie gewiß sein:

Pater *Agostino Gemelli*.

Nach und nach ergab sich zudem die Möglichkeit, auch noch Spezialisten aus anderen Ländern der Erde für diese Forschungen zu interessieren. Nicht nur Pater Gemelli, auch jene anderen Experten zeigten sich von dem umfangreichen Wissen Pater Ernettis beeindruckt. Auf diese Weise ergaben sich engere Kontakte, und was der venezianische Ordensmann insgeheim angestrebt hatte, begann nun konkret Gestalt anzunehmen. Nach und nach vertraute er seinen Mitarbeitern den Plan an, ein Gerät zu entwickeln, mit dessen Hilfe es möglich sein würde, zu konkreten Ergebnissen in der prähistorischen Musikforschung zu gelangen. Mehr noch: Damit würde sogar die effektive Chance bestehen, einstmals stattgefundene Ereignisse, ja ausschnittsweise Szenen solcher Begebenheiten in Bild und Ton zu empfangen, die mit der projektierten Apparatur angepeilt werden konnten.

Ausgangspunkt für jene ernsthaft vorgesehene Unternehmung war die zu gewinnende Erkenntnis, sich auf wissenschaftlicher Ebene – in Übereinstimmung mit paraphysikalischen Versuchen – Einblick in die geheimnisvolle Akasha-Chronik zu verschaffen. Unter den Physikern der ersten Stunde – nicht alle der insgesamt zwölf Wissenschaftler beteiligten sich zur gleichen Zeit an der Konstruktion und späteren Fertigstellung jenes Gerätes, das als »Chronovisor« Pater Ernettis geglücktes Lebenswerk darstellen sollte – befanden sich auch zwei Männer, die zwar auf verschiedenen wissenschaftlichen Ebenen tätig waren, dennoch aber den Gedankengängen ihres Kollegen und Musikgelehrten aus Italien durchaus aufgeschlossen gegenüberstanden:

Enrico Fermi und *Wernher von Braun*.

Kernenergie und Weltraumfahrt

Wie weit diese beiden weltweit anerkannten Spezialisten gemeinsame Berührungspunkte hatten, läßt sich rückschauend nur vermuten. Sicher ist, daß Fermis und von Brauns Lebenswege unterschiedlich verliefen. Enrico Fermi, wie schon sein Name verrät: ein »waschechter« Italiener, wurde am 29. September 1901 in Rom geboren. Das Schicksal hatte ihm nur eine relativ kurze Frist gesetzt, die ihm gestellten Aufgaben zur Zufriedenheit abzuschließen. Mit 53 Jahren erlag der berühmte Kernphysiker, der in den USA eine steile Karriere gemacht hatte, einer unheilbaren Krankheit. »Magenkrebs« lautete die ärztliche Diagnose, als Fermi am 29. September 1954 in Chicago für immer die Augen schloß.

Wernher von Braun kam am 23. März 1912 in der polnischen Provinzstadt Wirsitz bei Posen zur Welt. Schon als Zwölfjähriger zog ihn der Mond magisch an. Er träumte davon, einmal selbst zu dem Erdtrabanten fliegen zu können, und bereits mit zwanzig Jahren wurde ihm vom deutschen Heereswaffenamt der Auftrag erteilt, Flüssigkeitsraketen zu entwickeln. 1934 promovierte von Braun zum Doktor der Philosophie, Fachrichtung Physik; ein Gebiet, das ihn schließlich, ähnlich wie Enrico Fermi, auf die »Spur« des italienischen Theologen Pellegrino Ernetti führen sollte. 1977 starb von Braun, gerade erst 65jährig, ebenfalls an Krebs.

Um die Bedeutung dieser beiden Männer für die spätere Tätigkeit am Bau des »Chronovisors« ins rechte Licht zu rücken, soll hier, in gestraffter Form, die berufliche Laufbahn Fermis und von Brauns kurz nachgezeichnet werden.

Seine Schulzeit verbrachte Enrico in Rom, wo er in allen Fächern stets brillierte. Das Genie, das ihn später zur wissenschaftlichen Arbeit führen sollte, zeigte sich bei Fermi bereits als Zehnjähriger: Rein zufällig hatte er einer Unterhaltung von Erwachsenen zugehört und dabei die Bemerkung aufgeschnappt, wonach die Gleichung $x^2 + y^2 = r^2$ einen Kreis darstelle. Das ging dem kleinen Enrico nicht mehr aus dem Kopf, und er grübelte über das Vernommene solange nach, bis er den Sinn dieser Formel begriffen hatte und sich das Zustandekommen des Kreises auch selbst, anhand jener Formel, erklären konnte.

Fermi studierte in Rom und bewarb sich nach bestandenem Abitur um ein Stipendium an der »Scuola Normale Superiore« in Pisa. Das Thema der Aufnahmeprüfung, das der Studiosus Enrico brillant abhandelte, lautete: »Die Eigenschaften des Schalls«. Nach einer halbseitigen Einleitung behandelte der Kandidat das Beispiel eines vibrierenden Stabes in aller Ausführlichkeit. Zunächst nannte er schriftlich die partielle Differentialgleichung für den Stab, berechnete seine Eigenwerte und -funktionen, und entwickelte in der Folge seine Bewegungen in eine Fouriersche Reihe und was sonst hierfür noch erforderlich war.

Eine derartige Abhandlung aus dem Ärmel zu schütteln – ohne die dazu notwendigen Bücher zur Verfügung zu haben – würde wahrscheinlich auch heute noch die meisten Doktoranden überfordern. Fermi war kein einziger Fehler unterlaufen, was den Prüfer, Professor *Pittarelli*, dermaßen verblüffte, daß er sich kurzerhand den Kandidaten kommen ließ und ihn – obgleich eine zusätzliche Prüfung zur schriftlichen keineswegs vorgeschrieben war – auch mündlich zur Thematik befragte. Nach diesem Gespräch erklärte Professor Pittarelli spontan und begeistert, während seiner bisherigen, schon lange währenden Lehrtätigkeit noch keinem so talentierten Studenten begegnet zu sein. Er prophezeite Fermi zwei Dinge, die sich beide erfüllten: den ersten Platz beim Wettbewerb (der Enrico zu seinem Stipendium verhalf) sowie eine brillante berufliche Karriere.

Bereits nach dem ersten Studienjahr galt Fermi an der Universität Pisa in Sachen Relativität und Quantentheorie als oberste Autorität. Später erhielt der junge Mann auch ein Stipendium der italienischen Regierung sowie zusätzlich ein Rockefeller-Stipendium. Mit dieser Auszeichnung in der Tasche war es Enrico Fermi nunmehr möglich, nach Deutschland und Holland zu gehen, wo er mit international tätigen Physikern in Kontakt kam. Ende 1933 gelang es dem inzwischen 32jährigen, ein fundamentales theoretisches Problem in den Griff zu bekommen: das des Betazerfalls. Danach konzentrierte sich seine Forschertätigkeit darauf, die große Entdeckung der künstlichen Radioaktivität voll auszunützen und die damit verbundenen Möglichkeiten zu verbessern. 1938 meldete sich bei ihm der dänische Atomphysiker *Niels Bohr* und ließ Fermi »unter der Hand« wissen, daß ihm noch im selben Jahr der Nobelpreis verliehen werden würde.

Diese gezielte Indiskretion von dänischer Seite nahm der italienische Physiker zum willkommenen Anlaß, Italien mit Frau und
Kindern zu verlassen und nach der tatsächlichen Verleihung des
hochdotierten Preises mit seiner Familie nach New York weiter-
zufahren. An der Columbia University, die er schon früher mehrmals besucht hatte, wurde Enrico Fermi begeistert empfangen –
und von Bohrs Mitteilung überrascht, wonach eben die elektri-
sierende Entdeckung der Kernspaltung durch die Physiker *Hahn*
und *Strassmann* gelungen war.

Von der Kernspaltung zur Kettenreaktion war es nur ein kleiner
Schritt. Nur vier Jahre später wurde am 2. Dezember 1942 in
Stagg Field in Chicago der erste kritische Kernreaktor durch
Enrico Fermi in Betrieb genommen, wobei sich der italienische
Atomphysiker in erster Linie der für die zur Erzeugung von Plu-
tonium erforderlichen Kettenreaktion widmete. Später dann, am
Ende des Zweiten Weltkrieges, begann sich Fermi aus dem Bereich der Kernphysik zurückzuziehen. Er hatte den Eindruck gewonnen, wonach die Kernphysik ein Stadium der Reife erlangt
habe, was sie ihm automatisch nunmehr weniger anziehend
machte. Er wollte sich mit derlei Dingen nicht mehr länger bela-
sten und seine Zeit uneingeschränkt der Lehre und der Forschung zur Verfügung stellen. Enrico Fermi stand an der Wiege
einer Schule in Chicago, die später für sich in Anspruch nehmen
konnte, daß dort mehrere bedeutende Physiker der Nachkriegs-
zeit ausgebildet wurden: *T. D. Lee* und *C. N. Yang* beispielsweise, denen die historische Arbeit über die Nichterhaltung der
Parität sowie wichtige theoretische Resultate über eine Vielzahl
von Problemen, so die statistische Mechanik oder die Feldtheorie, zugeschrieben werden.

Fermi selbst hatte sich in seinen letzten Lebensjahren nach und
nach von jeder Öffentlichkeitsarbeit zurückgezogen. Ihm war
daran gelegen, die experimentelle Forschung auf seinen beiden
hauptsächlichen Interessensgebieten – der Hochenergiephysik
und der Anwendung von Computern – fortzusetzen.

Wann aber lassen sich Begegnungen Enrico Fermis mit Pater Pellegrino Ernetti ins Auge fassen, nannte doch der Ordensbruder
den Atomphysiker im Gespräch mit Freunden und Journalisten
ausdrücklich beim Namen und bezeichnete Fermi als einen der
maßgebenden Initiatoren und Mitarbeiter der ersten Stunde.

Auch wenn der Benediktiner hierüber keine genauen Daten mitgeteilt bzw. hinterlassen hat, scheint es in diesem Zusammenhang doch möglich zu sein, einen ungefähren Zeitraum hierfür in Betracht zu ziehen. Auskunft hierüber gibt eine Biographie über Fermi, welche besagt, daß der Wissenschaftler nach dem Zweiten Weltkrieg wiederholt zu Gastvorlesungen in seine Heimat Italien zurückkehrte. Schon damals quälte ihn ein hartnäckiges Magenleiden, doch konnten die Ärzte, welche Fermi konsultierte, die eigentliche Ursache seiner Beschwerden nicht diagnostizieren. Erst viel später, im September 1954, unterzog sich der Leidende, nachdem er von seinem letzten Aufenthalt in Italien (wo er einen Kurs über die Physik des Pions abgehalten hatte) nach Chicago zurückgekehrt war, einer dringenden Operation. Dabei wurde es für Fermi wie auch für die ihn behandelnden Ärzte zur tragischen Gewißheit: Er litt an einem unheilbaren Magenkrebs. Mit sokratischer Ruhe nahm der weltberühmte Physiker diese schockierende Nachricht zur Kenntnis und fügte sich seinem grausamen Schicksal mit nahezu übermenschlicher Charakterstärke. Am 29. November des gleichen Jahres schloß Enrico Fermi für immer die Augen. »Mit ihm trat wohl der letzte Physiker ab, der das ganze Feld in Theorie und Experiment beherrscht hatte«, schrieb Fermis Biograph und Landsmann *Emilio Segrè*, selbst ein großer Physiker sowie Nobelpreisträger des Jahres 1959, im 2. Band seiner Veröffentlichung »Die großen Physiker und ihre Entdeckungen«.

Eine vielleicht weltrevolutionierende Erfindung, an deren Wiege Enrico Fermi gemeinsam mit anderen international tätigen Physikerkollegen gestanden war, wird vermutlich nie mit seinem Namen in Verbindung gebracht werden. Ob gewollt oder ungewollt: Fermi zog es – offenbar im Einvernehmen mit dem geistlichen Musikwissenschaftler Ernetti – vor, die damals gemeinsam erarbeiteten Konstruktionspläne für den »Chronovisor« anonym voranzutreiben. Nicht auszudenken, wie sich die Dinge entwickelt hätten, wäre der italienische Atomphysiker von seiner tödlichen Krebskrankheit verschont geblieben. So aber war es ihm bloß vergönnt gewesen, das Anfangsstadium dieses projektierten Vorhabens mitzuerleben.

Ob Enrico Fermi damals bereits überzeugt war, daß die erfolgreiche Fertigstellung dieses Gerätes gelingen würde? Man möchte es fast glauben, war doch dieser Wissenschaftler zeitlebens Realist genug gewesen, alle seine Ideen zu einem positiven Ergebnis zu gestalten.

Ähnlich zielbewußt, wie dies auch von dem weltweit anerkannten Raketenfachmann *Wernher von Braun* gesagt werden kann. »Sich schonen« – das war dem Deutschen ein Leben lang immens schwergefallen. Sein Arbeitstag verlief fast immer rund um die Uhr. Selbst als er sich am 6. August 1975 im Johns-Hopkins-Hospital in Baltimore (USA) einem sofortigen Eingriff unterziehen mußte – von Braun litt an inneren Blutungen sowie an einem bösartigen Tumor im Dickdarm – und dadurch tagelang ans Krankenbett gefesselt war (und danach auch noch in den vier Wochen daheim, die er für seine Genesung benötigte), hielt der Bettlägerige nichts vom Müßiggang und las während dieser Zeit mehr als ein Dutzend Bücher seiner Fachrichtung. Anfang Dezember 1975 saß der Raumfahrtexperte, dessen körperliche Konstitution und Willenskraft erstaunlich waren, wieder an seinem Schreibtisch in der Hauptverwaltung von Fairchild in Germantown (Maryland).

Dennoch mußte er ab diesem Zeitpunkt seine Arbeitsweise radikal ändern. »An ein Leben mit langfristigen Planungen und an einen Terminkalender gewöhnt, der Monate im voraus festlegte, was er wo und wann zu tun hatte, fand er es zunächst schwer, sich an die Vorstellung zu gewöhnen, von nun an nur noch die 14 Tage von einer ärztlichen Untersuchung zur nächsten planen zu können«, schrieb Wernher von Brauns Biograph *Erik Bergaust* – über den ärztlich festgelegten Sechs-Stunden-Tag des amerikanischen Raketenfachmannes deutscher Abstammung.

Ganz im Gegensatz zu früher, als der junge Wernher bereits mit 18 Jahren im Mitgliederstand des Vereins für Raumschiffahrt geführt wurde und – noch ehe er 1934 erfolgreich promovierte – als gerade erst Zwanzigjähriger eine atemberaubende Karriere begann. Er wurde mit der Leitung der Raketenversuchs-Station des Heereswaffenamtes in Kummersdorf betraut und wechselte bereits fünf Jahre später in die Heeresversuchsanstalt Peenemünde. Als technischer Direktor entwickelte er im Verlauf seiner dortigen Tätigkeit bis Ende des Zweiten Weltkrieges, 1945, die sogenannte Fernrakete »A-4«, die als berüchtigte »V-2« von der Nazi-Luftwaffe gegen England zum Einsatz gelangte.

Wernher von Braun war ein ehrgeiziger Wissenschaftler. Obwohl er für Hitlers Luftwaffe unentbehrlich schien, war der kreative Raketenkonstrukteur alles andere als ein glühender Nationalsozialist. Politik im eigentlichen Sinn interessierte ihn kaum – sein Ziel war höher gesteckt. Er träumte nach wie vor davon, ein Raumschiff bauen zu können, mit dem es (vielleicht sogar unter seiner persönlichen Teilnahme) möglich sein würde, den erdnächsten Himmelskörper, den Mond, zu erreichen.

Als Wernher von Braun 1945 ein amerikanisches Angebot erhielt und mit hochfliegenden Plänen in die USA auswanderte, trug ihm dies böse Nachreden ein. »Manchen erschien seine Loyalitätsschwenkung vom nationalsozialistischen Deutschland zu den Vereinigten Staaten unnatürlich schnell und einfach«, liest man in Bergausts Wernher-von-Braun-Biographie. Auch ehemalige Kollegen des Raumfahrtspezialisten, die mit ihm in Peenemünde gearbeitet hatten – so der Mathematiker Dr. *Paul Schröder* –, bezeichneten von Braun als Opportunisten, der nichts weiter tue, als die Gedanken von ihm überlegenen Männern (er dachte dabei gewiß auch an dessen »geistigen Lehrer« Professor Dr.-Ing. *Hermann Oberth*) aufzugreifen, sich also solcherart mit fremden Federn zu schmücken. Biograph Erik Bergaust: »Für Schröder und einige andere Wissenschaftler umgab von Braun zu wenig die Gloriole der Wissenschaft, kam zu sehr der Public-Relations-Mann in eigener Sache zum Vorschein.« Ein Faktum, das der Bezichtigte offenherzig bestätigte. Wernher von Braun: »Natürlich, das stimmt. Aber ich muß immer ein zweiköpfiges Monster sein – Wissenschaftler und Werbemanager zugleich.«

Was immer man zu den zuvor aufgezeigten, angeblichen Charakterschwächen des deutschen Raketenbauers auch sagen mochte, von Brauns Energie und sein Tatendrang waren stets vorbildlich. Kaum in Amerika eingetroffen, arbeitete er von 1945 an in führender Position im US-Raketen- und Raumfahrtprogramm. Erst im Jahre 1955, also ein Jahrzehnt nach seiner Einwanderung in die Vereinigten Staaten, erhielt Wernher von Braun auch die amerikanische Staatsbürgerschaft. Bis es soweit war, wurde es dem Deutschen im Land der unbegrenzten Möglichkeiten keineswegs leicht gemacht. Immer wieder hagelte es Vorwürfe. Einer seiner schärfsten Kritiker trieb es dabei besonders bunt: »Schauen Sie sich diesen von Braun an«, ging er diesen frontal an: »Er ist der Mann, der für Hitler den Krieg verloren hat! Seine ›V-2‹ war eine große technische Leistung, aber sie hatte kaum militärischen Wert...« Von Braun habe immer nur der »Kolumbus des Weltraums« sein wollen. Er träumte vom Raumflug, nicht von Waffen. Jetzt versuche er den Vereinigten Staaten ein Raumfahrtprogramm zu verkaufen, das lediglich ein verkapptes Mittel zur Gewinnung der Vormachtstellung in der Welt sei.

Diese Vorwürfe zeigen deutlich, daß es militärische Kreise in den USA waren, die sich bemühten, Wernher von Brauns Position zu erschüttern. In dem man vordergründig seine Weltraumambitionen geißelte, versuchte man ihn zwischen den Zeilen als Nazi und Kriegsverbrecher zu verteufeln.

Enrico Fermi stand diesen Diskreditierungen von Anfang an ablehnend gegenüber. Von Brauns deutscher Superwaffe, der »V-2«, begegnete er mit ebensolchem Respekt wie der in den Kriegsjahren in den Vereinigten Staaten entwickelten Atombombe. Ähnlich wie der deutsche Raketenfachmann war auch er viel zu sehr engagierter, vielleicht sogar fanatischer Wissenschaftler, als daß ihm der politische Aspekt sowie der mögliche Mißbrauch derartiger Waffen im Stadium ihrer Entwicklung wirklich bewußt wurde. Bezeichnend hierfür ist Fermis Reaktion auf alle Einwände von Kollegen gegen den Bau der Atombombe im Frühsommer 1945: »Laßt mich in Ruhe mit euren Gewissensbissen. Das ist doch so schöne Physik!« Erst viel später, als auch ihm die verheerende Wirkung und Zerstörungskraft dieser Waffe – nach ihrer grauenhaften Anwendung in Hiroshima und Nagasaki – bewußt geworden war, bezeichnete Fermi die Atombombe als »etwas Böses« und distanzierte sich davon »aus fundamentalen ethischen Gründen«.

Tatsächlich, und obwohl Wernher von Braun und Enrico Fermi an verschiedenen Projekten arbeiteten, muß angemerkt werden, daß unter den technischen Durchbrüchen, die allesamt der Zweite Weltkrieg in irgendeiner Weise ausgelöst hatte, von Brauns Fernrakete in Gestalt der »V-2« sowie Fermis Tätigkeit an der Wiege der Kernwaffenentwicklung die wohl folgenschwersten Konsequenzen nach sich zogen. Inwieweit sich der deutsche Raumfahrtexperte und der italienische Atomphysiker letztlich fanden, um (entweder gemeinsam oder wenigstens abstandsweise) an dem Projekt »Chronovisor« des venezianischen Musikwissenschaftlers Ernetti mitzuwirken, ist – auch bei genauester Durchforstung beider Lebensläufe und beruflicher Biographien – datumsmäßig nicht exakt festzustellen. Da aber kein objektiver Anlaß vorliegt, an dem Wahrheitsgehalt der Angaben des »exorzistischen« Benediktinerpaters zu zweifeln, muß es diese direkte oder indirekte Zusammenarbeit zwischen Fermi und von Braun irgendwann zwischen den späten vierziger und frühen fünfziger Jahren gegeben haben. Wie ja überhaupt gesagt werden muß, daß die Tätigkeit der von Ernetti andeutungsweise gegenüber Medienvertretern erwähnten zwölf Physiker (von denen der Ordensbruder namentlich nur Enrico Fermi und Wernher von Braun nannte) selbstverständlich nicht in ständiger Gemeinsamkeit vor sich ging. Sie erfolgte jeweils in längeren Abständen.

Immerhin dauerte es an die vierzig Jahre – von ungefähr 1950 bis Ende 1990 –, ehe der Plan Pater Ernettis, den von ihm projektierten »Chronovisor« zu bauen, tatsächlich realisiert war.

Wie aber hatte das alles begonnen? Was hatte den umtriebigen Benediktinermönch dazu veranlaßt, sich auf ein dermaßen riskantes und sicher auch nicht gerade billiges Experiment einzulassen?

Pellegrino Ernetti hat Fragen dieser Art, wie sie in den meisten Fällen von Vertretern aus der Medienszene an ihn herangetragen wurden, dann und wann sehr offen beantwortet. Er war aber auch gern gesehener Gast bei diversen PSI-Kongressen – und stand dort natürlich ebenso im Mittelpunkt des Interesses. Dies schon deshalb, weil sich das Gerücht, der Pater arbeite gemeinsam mit einer Reihe von Wissenschaftlern an einer ganz großen Sache, auch in den esoterischen Kreisen herumgesprochen hatte.

Lassen wir also im Folgenden die Entstehungsgeschichte des »Chronovisors« in aller Ausführlichkeit Revue passieren.

Wie alles begann

Zu den vielen Dingen, die mich interessierten, gehörte von jeher auch das Rhythmische der antiken Musik«, verriet Pater Ernetti seinen Zuhörern, wenn wieder einmal das Gespräch auf seine phantastisch anmutende »Zeitmaschine« gekommen war. »Als Musikwissenschaftler beschäftigte mich nämlich die

Frage, inwieweit die rhythmische Bedeutung in der antiken Musik mit jener in der modernen übereinstimmte oder ihr zumindestens ähnelte. Es kam zu ersten Untersuchungen, bei welchen ich nicht auf mich allein gestellt war. Dabei ging mir ein Mann zur Hand, den ich später als wahren Freund gewinnen konnte – Pater *Agostino Gemelli*. Gemeinsam forschten und experimentierten wir Anfang der fünfziger Jahre an der katholischen Universität von Mailand.« Pater Gemellis Zuneigung und Unterstützung waren sicher ausschlaggebend, daß es 1955 zur Gründung des Lehrstuhls für Präpolyphonie auf dem der Stadt Venedig vorgelagerten Inselchen San Giorgio kommen konnte und diese Professur verdientermaßen Pater Alfredo Pellegrino Ernetti anvertraut wurde.

Der Benediktinermönch besaß nun eine gewisse Unabhängigkeit, und die Kompliziertheit der von ihm am Konservatorium »Benedetto Marcello« gelehrten Musikrichtung ermöglichte es ihm zudem, relativ unbehelligt und unüberprüft durch irgendwelche offiziellen »Störenfriede« seine Pläne umzusetzen. Pater Ernetti kontaktierte nach und nach zahlreiche (größtenteils ausländische) Physiker, wobei er es besonders bedauerte, auf einen von ihnen, den er bereits am Beginn seiner Arbeit in Mailand kennengelernt hatte – den in Amerika tätig gewesenen Landsmann und weltweit anerkannten Atomphysiker *Enrico Fermi* (der inzwischen, 1954, verstorben war) –, nicht mehr zurückgreifen zu können. Fermi, den der Ordensbruder im Zuge seiner Vorlesungen in Italien kennen und schätzen gelernt hatte, war einer der ersten Wissenschaftler von Rang gewesen, den Ernetti im Hinblick auf sein Vorhaben, ein Gerät wie den »Chronovisor« zu konstruieren, anzusprechen wagte. Wobei der Gelehrte auf Anhieb größtes Interesse an Ernettis Projekt bekundete und sich damit (soweit es seine Zeit erlaubte) auch gedanklich auseinandersetzte. Das war wahrscheinlich mit ein Grund, daß der Pater bei späteren Gesprächen in der Öffentlichkeit (und weil die Betreffenden inzwischen verstorben waren) offenherzig die Namen Fermi und Wernher von Braun preisgab, was er bei allen anderen mit ihm zusammenarbeitenden Wissenschaftlern absolut vermied.

Diese Fachleute waren ihrerseits von dem Wissen des Benediktiners beeindruckt. Sie fanden Gefallen an seinem Projekt und erklärten sich schließlich, wann immer er einen von ihnen im Verlauf der »Chronovisor«-Entstehungsjahre darauf ansprach, zur Mitarbeit bereit.

Ernetti ging bei der Realisierung seines Planes unter anderem von einer der verschlüsselten Voraussagen des französischen Arztes, Astronomen und Schriftgelehrten *Michel de Notredame* aus, welcher von 1503 bis 1566 gelebt hatte. Die breite Öffentlichkeit kennt ihn allerdings unter seiner weit populäreren Namensbezeichnung *Nostradamus*. Jener Vierzeiler, der Pater Ernetti geradezu »elektrisierte«, beziehungsweise der Beginn davon, lautete (in italienischer Version): »La storia del genere umano si sta registrando su un grande nastro magnetico ...« Zu deutsch läßt sich dies übersetzen mit: *»Die Geschichte der menschlichen Art wird auf einem großen magnetischen Band aufgezeichnet ...«*

Allerdings hatte die ursprüngliche, von Nostradamus niedergeschriebene Versfassung etwas anders gelautet. Sie war von ihrem Verfasser (sicher deshalb, um nicht etwa die gefürchtete Inquisition auf den Plan zu rufen) »maskiert« (also *getarnt*) worden und erst danach durch den verläßlichsten Nostradamus-Interpreten, *Renuncio Boscolo*, in die zuvor zitierte Version uminterpretiert worden. Ursprünglich las sich der Anfang des Nostradamus-Vierzeilers (italienisch) nämlich so: »La grande pista incisa ne mostrera la maggior parte della storia ...«

Pater Ernetti fand ebenfalls die »Neufassung« Boscolos für zielführender. Er identifizierte sich voll und ganz mit dessen Auslegung, die Bedeutung von »pista incisa« (»eingeschnittene bzw. eingeprägte Spur«) zum nunmehrigen »nastro magnetico« umzuformen und damit einer der Erfindungen der Jetztzeit anzupassen: dem *Magnetband*!

Auch die anderen Angaben in dem Nostradamus-Vierzeiler ergaben für den Musikwissenschaftler klare Hinweise über die Kenntnis des französischen Wahrsagers im Hinblick auf die Akasha-Chronik. Vor allem aber die Voraussage im Vers, wonach noch vor dem Ende des 2. Jahrtausends »das große geprägte Band« den Menschen ihre Geschichte (vollständig) zugänglich machen würde, wies seiner Ansicht nach überdeutlich darauf hin, daß auch Nostradamus von der Existenz des »Weltgedächtnisses« wußte.

Pater Ernetti war sich, als er sein (selbstverständlich geheimgehaltenes) Vorhaben startete, durchaus bewußt, daß es unendlich schwierig sein würde, sämtliche daran beteiligten Mitarbeiter dazu zu verpflichten, über ihre Arbeit gegenüber der Öffentlichkeit dichtzuhalten. Immerhin waren es zahlreiche prominente Namen, die in den kommenden Jahren versuchen würden, das »Chronovisor«-Projekt zu realisieren. Und der Ordensmann war Psychologe genug, um dabei nicht die Gefahr zu verkennen, daß berufliche bzw. persönliche Eitelkeiten zu einer frühzeitigen Offenlegung seiner Pläne führen konnten. Deshalb verpflichtete er zu Beginn jeden seiner Mitarbeiter zu einer Art »Schweigegelübde«, woran er sich natürlich auch selbst sehr penibel hielt. Wurde Ernetti von wißbegierigen Reportern, denen von irgendwoher Gerüchte über seine Tätigkeit zugeflogen waren, auf seine Forschungsarbeit angesprochen, dann pflegte er stets besonders wortkarg zu reagieren. Seine diffus klingenden Statements hatten daher auch nur äußerst geringfügigen Aussagewert. Erst im Jahre 1986, während eines parapsychologischen Kongresses am 18. und 19. Oktober in Riva del Garda, sprach der vorsichtige Wissenschaftler erstmals etwas genauer über seine Forschungen in Venedig. Seine Ausführungen, die er im Verlauf eines offiziellen Vortrages von sich gab, schlugen bei den anwesenden Astrologen, Parapsychologen und sonstigen Sensitiven wie eine Bombe ein.

Eine unglaubliche Entdeckung

Vom Prinzip der höheren Physik ausgehend, so ließ Pater Ernetti seine Zuhörer wissen, sei es ihm und seinem Team gelungen, Licht- und Schallwellen aus vergangenen Epochen der Erde zu empfangen. Das habe es möglich gemacht, die gesamte Chronologie dieses Planeten vollständig zu rekonstruieren. »Alles was sich bislang um uns ereignete, wurde auf einem riesigen magnetischen, jedoch für unsere Augen nicht sichtbaren Band gespeichert. Gemeinsam mit meinen Mitarbeitern konstruierte ich deshalb eine Apparatur, mit deren Hilfe wir in der Lage waren, Klänge und Bilder aus unserer Vergangenheit zurückzuholen und über einen Bildschirm optisch und akustisch zu reproduzieren.«
Die Aussage des Italieners kam einer Sensation gleich. Sie rückte in

der Folge die zuvor in den Medien kaum beachtete Veranstaltung der astrologischen Zeitschrift »Astra« jäh in den Mittelpunkt des Interesses. Medienvertreter eilten herbei, um mit dem Pater selbst in Kontakt zu treten und mehr über sein geheimnisvolles Gerät, das er »Chronovisor« genannt hatte, zu erkunden. Und der Ordensmann zeigte sich überraschend mitteilsam. Journalisten, die natürlich einiges zu erfahren hofften und Pater Ernetti über die Funktionen und die Konstruktion seiner Erfindung befragten, bekamen erstmals ein paar »Appetithappen« aus berufenem Munde serviert. Allerdings fiel es den meisten einigermaßen schwer, den Background von Ernettis Erklärungen zu begreifen. Physik war offenbar für die meisten von ihnen ein Tor mit sieben Siegeln.

»Die Wissenschaftler gehen von einem Prinzip der höheren Physik aus«, verriet der Ehrengast des PSI-Kongresses. »Sie erklären, daß jeder von uns nach und nach das, was in Sekunden, Stunden, Tagen, Monaten und Jahren geschieht, als visuell-akustische Doppelspur zurückläßt. Unsere gesamte Physiognomik (das ist die Deutung des Ausdrucks) besteht aus Licht- und Schallenergie. Unsere Haut emittiert Wellen, die mit denen anderer Personen in Übereinstimmung treten können, wobei sie Sympathie verursachen – oder aber sie sind disharmonisch und rufen jene instinktive Antipathie hervor, die sonst nicht erklärbar ist. Auch die Wörter, die wir aussprechen, sind in Wahrheit Schallenergie. Diese von uns ausgesandte Energie kann nicht zerstört werden, bestenfalls kann sie sich wandeln. Sie bleibt aber erhalten und schwingt ewig im Raum.«

Um diese Energieform gewissermaßen »empfangen« zu können und sie dann so zu rekonstruieren, daß wir auch imstande sind, die Wiedergabe der betreffenden Person aus vergangenen Zeiten sowie das mit ihr einhergehende historische oder prähistorische Ereignis sowohl visuell als auch akustisch zu erkennen, bedürfe es jedoch eines entsprechenden Instrumentariums, machte der Theologe den Kongreßteilnehmern deutlich. Auch auf die ungefähre Zusammensetzung seines »Chronovisors« ging Ernetti (wenn auch nur vage) ein:

Seine Apparatur bestand demnach aus drei elementaren Gruppierungen: Kettenförmig angeordnete Antennen aus verschiedenen Metall-Legierungen, deren Zusammensetzung der Pater aber nicht verraten wollte. Diese Antennen sind miteinander verbunden und dadurch imstande, alle – oder fast alle – verschiedenen Qualitäten der elektromagnetischen sowie nichtelektromagnetischen Wellen zu empfangen, die im luftleeren Raum (dem sogenannten »Äther«) existieren. *Nicht*-elektromagnetische Wellen konnten bisher physikalisch nicht definiert werden. Unerwähnt ließ Ernetti auch die Bedeutung der von ihm genannten »Qualitäten« (zu denen, wieder laut Ernetti, »Quantitäten« im gegensätzlichen Verhältnis stehen). Längst war den Zuhörern bewußt geworden, daß sich der Benediktinermönch aus Venedig einer mit Vorbedacht hintergründigen Sprechweise bediente, er also eine Art »Fach-chinesisch« von sich gab, das offenbar mit dazu beitragen sollte, Details, die der Pater »chronovisionär« nicht preiszugeben gedachte, auf diese Weise zu verschleiern. Ernetti referierte also in bunter Folge über hypothetische »Tesla-Wellen«, sprach von »Formwellen«, dozierte über »Gravitationswellen(systeme)« und ließ auch die »morphogenetischen Felder« des Engländers Rupert Sheldrake nicht außer acht, die – wie er ausführte – insgesamt für die Inbetriebnahme seines »Chronovisors« von Bedeutung zu sein schienen oder zumindest dazu beitrugen, jene über dieses Gerät zu empfangenden Informationen zu »tragen« bzw. den Zugang hierfür zu vermitteln.

Unter den von dem Venezianer verwendeten Fachausdrücken ließ die Zuhörer auch das Wort »Osmose« aufhorchen, worunter Ernetti den Übergang von der diesseitigen zur jenseitigen Welt verstand.

Schließlich verriet der Pater, daß eine zweite Gruppe von Elementen des »Chronovisors« von Gerätschaften gebildet werde, die mit *Lichtgeschwindigkeit* in der Lage wären, das jeweils angepeilte Ereignis – wonach konkret im »Äther« gesucht worden sei – authentisch zu rekonstruieren. Auch diese Elemente seien dann durchaus in der Lage, mit *Lichtgeschwindigkeit* die gewünschten Bilder und Stimmen auszuwählen.

Und schließlich nannte der Exorzist aus Italien auch noch die Tätigkeit der dritten Gruppe, die im Anschluß daran Bilder und Töne – ähnlich einem Fernsehempfänger – zu reproduzieren vermag. Überhaupt gestand Pater Ernetti der Optik sowie der Akustik in Verbindung mit dem »Chronovisor« den gleichen Stellenwert zu. Somit ließ sich das unglaubliche Gerät prinzipiell mit jener Zeitmaschine vergleichen, wie sie beispielsweise der amerikanische Filmregisseur *Robert Zemeckis* in seinem Science-fiction-Streifen »Zurück in die Zukunft« vorführte.

Werden wir in vielleicht nicht allzuferner Zeit mit einer weiteren epochalen Errungenschaft zu rechnen haben, die andere, heute bereits zum Alltag zählende Apparaturen ergänzen könnte? Wird es dann neben Tonbandgeräten, Computern, Videokassetten und TV-Gerätschaften ganz selbstverständlich sein, auch einen »Chronovisor« zu gebrauchen? Solche Fragen prasselten nach der Beendigung seines Vortrages auf Pellegrino Ernetti nieder. Überraschenderweise – trotz seiner eingangs zitierten, negativen Aussage, sein Gerät könnte bei falschem Gebrauch eine Welttragödie auslösen – beantwortete der Gastredner derlei Gedankengänge *positiv*.

Nicht auszudenken, welche Konsequenzen sich aus einer Vervielfältigung eines solchen Gerätes sowie bei seinem öffentlichen Gebrauch ergeben könnten. Für Pater Ernetti erwies sich dieser »Chronovisor« jedenfalls als segensreich. Als Musikpädagoge und Professor für »archaische Musik« gelang es ihm, mit Hilfe seines »Zeit-Sehers« die Wiedergabe eines Theaterstücks zu realisieren, das vor mehr als zweitausend Jahren, also noch vor Christi Geburt, in Rom aufgeführt worden war.

Eine verunglückte Premiere

Die Aufführung der opernhaften Tragödie »Thyestes« war 169 vor Christus in der italienischen Senatorenstadt Rom in glanzvollem Rahmen angesetzt worden. Mit Bedacht hatte man die Premiere des Stückes so festgelegt, daß sie parallel zu den ebenfalls in dieser Zeit stattfindenden Apollinischen Spielen stattfinden würde. Leider war dem Werk keine glückhafte Zeit beschieden. Sein Autor, der Dichter *Quintus Ennius Calaber*, machte sich eines für damalige Zeiten schweren Vergehens schuldig: Er »löckte wider den Stachel«. Soll heißen: Der Verfasser, der während seiner siebzig Lebensjahre (239–169 v. Chr.) ein fleißiger Schreiber gewesen war – Annalen, Satiren und Gedichte stammen aus seiner Feder –, brach mit seinen Inszenierungen mit den gängigen klassischen literarischen Traditionen der altrömischen Dramaturgie. Die herrschenden Kreise empfanden sein »Thyestes« als aufrührerisch und gefährlich. Sie setzten das Stück kurzerhand ab und auf den Index. Quintus Ennius Calabers revolutionär anmutende Gedanken, die in so gut wie allen seinen Werken zum Durchbruch gelangten, waren – so ist man sich heute ziemlich sicher – damals wohl der Hauptgrund dafür, sämtliches Schriftgut dieses Dichters zu vernichten.

Es geriet im Lauf der Zeit, wie von den römischen Machthabern gewollt, fast völlig in Vergessenheit. Lediglich 25 Zeilen aus Quintus Ennius Calabers abgesetzter Oper »Thyestes« blieben auf irgendeine Weise erhalten und fanden später bei klassischen Autoren wie *Cicero, Probius* oder *Nonius* in Form von Zitaten in deren Werken auszugsweise Erwähnung.

Die Erstaufführung der Oper »Thyestes« fand unter recht eigenartigen Umständen statt. Autor und Komponist hatten sie auf unüblichem Terrain, unter freiem Himmel, auf dem *Forum Holitorium*, »über die Bühne« gehen lassen. Allerdings: dieses Gelände diente sonst ganz anderen Zwecken. Es handelte sich nämlich um den am Westhang des Kapitols in Rom liegenden *Gemüsemarkt*!

Ob man damals, von seiten des Publikums, die Gelegenheit benützt hatte, nach den Darstellern der Freilichtaufführung mit Tomaten zu werfen, ist nicht überliefert. Hingegen ist mir im Zusammenhang mit diesem dramaturgischen Werk eine Episode geläufig, die so recht aufzeigt, daß auch ansonsten durchaus mit Pater Ernetti sympathisierende Zeitgenossen in mancherlei Hinsicht gewisse Zweifel an der Authentizität des von dem Benediktinermönch Berichteten hegten.

Es war ein mit beißender Ironie verfaßter Artikel in einer italienischen Tageszeitung gewesen, den der aus den Marche stammende Präsident der Mittelschule »Amedeo di Savoia« in Jesi, *Giuseppe Marasca,* eher zufällig zu Gesicht bekommen hatte. Der ehrenwerte Professor, der an dieser Lehranstalt unterrichtete, las den Beitrag sehr aufmerksam. Erstmals vernahm er etwas von einem »gewissen Pater Pellegro«, an welchem der Verfasser kein gutes Haar gelassen hatte. Der so heftig kritisierte und polemisch attackierte Ordensbruder aus Venedig hatte nämlich die Unverfrorenheit besessen, zu behaupten, mittels einer dubiosen Maschine Bilder und Töne aus dem Äther empfangen zu können, die aus einer schon lange vergangenen Epoche der Menschheit stammen sollten.

Die außergewöhnliche Lektüre erweckte zunehmend die Neugier von Signor Marasca. Der Professor, der sich neben seiner Lehramtstätigkeit als Literaturexperte auch mit wissenschaftlichen Grenzgebieten befaßte, war nämlich ebenfalls (wie angeblich auch dieser »Pater Pellegro«) auf den Hinweis einer angeblichen Existenz der »Akasha-Chronik« gestoßen. Ein Umstand, dem der Professor einiges abgewinnen konnte und ihn gegenüber den in dem Artikel wiedergegebenen Überlegungen des venezianischen Mönchs hellhörig machte.

Marasca zögerte nicht lange, setzte sich hin und schrieb dem ihm unbekannten Geistlichen einen Brief. Die Anschrift des Betreffenden hatte er über jene Zeitung erhalten, die den wenig schmeichelhaften Beitrag veröffentlicht hatte.

Das Schreiben des Pädagogen landete zwar an der richtigen Stelle in Venedig, nicht jedoch beim Adressaten. Es meldete sich vielmehr die Benediktiner-Abtei des Konservatoriums »Benedetto Marcello« und empfahl Professor Marasca in höflichem Ton, sich doch an eine Veröffentlichung des ihr angehörenden Paters Pellegrino Ernetti zu halten, die in Kürze in der Zeitschrift »Civiltà delle Macchine« (Kultur der Maschinen) erscheinen würde.

Giuseppe Marasca faßte sich also in Geduld. Den Artikel las er mit steigendem Interesse und war sich danach gewiß, einen gleichgesinnten PSI-Forscher gefunden zu haben. Auch wenn der ursprüngliche Beitrag, auf den der Professor ganz zufällig in jener Tageszeitung gestoßen war, höchst oberflächlich geschrieben worden war und auch Ernettis Namen fehlerhaft wiedergegeben hatte, so enthielt dieser Bericht dennoch einige wichtige Aufschlüsse über den venezianischen Exorzisten. Marasca erhielt Kenntnis davon, daß der Ordensmann im Verlauf seiner Musikforschungen auch mit Pater Gemelli zusammengearbeitet hatte. Dieser Theologe, den ich bereits kurz erwähnte, war vierzig Jahre lang, von 1919 bis zu seinem Todesjahr, 1959, an der Katholischen Universität »Ambrosiana des Heiligen Herzens« in Mailand gewesen. Genau an dieser Hochschule hatte auch Professor Marasca seinerzeit studiert. Er wußte noch von damals, daß Pater Gemelli prinzipiell nur solche Mitarbeiter in seinem Umfeld akzeptierte, die mit überdurchschnittlichen intellektuellen Fähig-

keiten aufzuwarten vermochten. Gemelli, auch das war dem
Pädagogen bekannt, gehörte zu jenen vielseitigen Gelehrten, welche sich in einem relativ frühen Stadium, als das Thema noch
längst nicht (im Gegensatz zu heute) »en vogue« war, auf das sen-
sible Gebiet paranormaler Erscheinungen vorgewagt hatten. Gemelli hatte davon aber nur wenig Aufsehens gemacht, und so
wußten nur einige »Eingeweihte« in der Umgebung des katholischen Rektors von seiner aus dem Rahmen fallenden Tätigkeit.
Professor Marasca empfand Hochachtung vor Pater Ernetti, war
er sich doch der Tatsache bewußt, daß es wohl nur dessen großer Intelligenz und kreativen Forschungsarbeit zugeschrieben
werden konnte, damals das Vertrauen und die Zuneigung des renommierten Wissenschaftlers aus Mailand gewonnen zu haben.
Tatsächlich verlief die Zusammenarbeit der beiden Theologen mit
PSI-Ambitionen überaus harmonisch.
Während des Parapsychologen-Kongresses 1986 am Gardasee enthüllte Ernetti ein vordem völlig unbekannt gewesenes Faktum:
Nicht *Friedrich Jürgenson*, gemeinhin als der »Vater der Metapho-
nie« angesehen, war in Schweden als erster auf die geheimnisvollen
»Stimmen aus dem Jenseits« gestoßen; der eigentliche Entdecker
sei Pater Agostino Gemelli gewesen, dem die Tonbandstimmenfor-
schung ihre Existenz zu verdanken habe. Der Venezianer präzi-
sierte dann noch seine Angaben: »Es war am 17. September 1952,
als es dem Pater gelang, die erste Stimme mittels Magnetophon aufzuzeichnen. Ich war in jenen Minuten persönlich anwesend, als
Gemellis Tonbandstimmen-Experiment im Physiklabor unserer
Universität erfolgreich abgeschlossen werden konnte.«
Professor Marasca war inzwischen voll Zuversicht, den venezianischen Benediktinerpater für eine Zusammenarbeit zu gewinnen.
Er glaubte, in Ernetti einen Gleichgesinnten erkannt zu haben.
Besonders beflügelte ihn dabei eine Pressemeldung, die von einem
steinreichen Amerikaner berichtet hatte, der unlängst verstorben
war. Vor seinem Ableben hatte dieser Mann, ein gewisser *James
Kid*, testamentarisch verfügt, sein immenses Vermögen – rund *vier
Milliarden* Dollar – demjenigen zu vermachen, dem es gelingen
sollte, die Existenz der Seele endlich auch *wissenschaftlich* nachzuweisen. Hier bot sich, nach Ansicht Marascas, ein Ansatzpunkt,
der vielleicht auch den Ordensgeistlichen in Venedig reizen
würde, sich an einer derartigen »Seelensuche« zu beteiligen. Kurz-

entschlossen rief der Pädagoge eines Abends den experimentier-
freudigen Pater an und versuchte ihn für das Projekt einer Seelen-
forschung zu gewinnen. »Wenn nach dem Übergang unsere
Stimmen und unsere Bilder im Äther eingeprägt bleiben, dann bedeutet das doch, daß von uns in jedem Fall ›etwas‹ – nach unserer
Glaubensmeinung: die Seele – den Tod überlebt?« Aber der Benediktinermönch reagierte zur Überraschung Marascas enttäu-
schend. Skeptisch meinte er: »Wir empfangen ja nicht nur Bilder
von Menschen, es gelang uns mit Hilfe des Chronovisors ebenso
eine Szene wiederzugeben, die sich seinerzeit, vor mehr als zweitausend Jahren, auf dem Gemüse- und Fruchtmarkt im alten
Rom, dem ›Forum Holitorium‹, ereignete. An dem dabei zu be-
obachtenden Geschehen hatten aber keineswegs nur Männer und
Frauen ihren Anteil, sondern auch die damals existierenden Häuser, Bäume und Tiere, welche ja alle auf den übermittelten Bildern
des Chronovisors sichtbar waren. Müßte man daraus nicht ableiten, daß demzufolge sämtliche Tiere eine Seele besitzen? Und wie
verhält es sich dabei mit Bäumen und Häusern?« Professor Marasca zuckte ratlos mit den Achseln. »Nein, glauben Sie mir«,
setzte Pater Ernetti fort, »es gibt da ganz andere Argumente, die
die Existenz Gottes sowie das Weiterleben nach dem Tode wirklich schlüssig nachzuweisen vermögen …«
Der Mittelschulpädagoge war mit dieser Antwort nicht besonders glücklich. Er hätte gern mehr über die Forschungsarbeit
seines Ansprechpartners und die seiner an dem Projekt mitarbei-
tenden Physiker erfahren. So blieb ihm nichts anderes übrig, als
sich in mühsamer Recherche nach und nach selbst ein Bild über die
Tätigkeit und Planung des Benediktiners aus Venedig zu machen.
Er bekam heraus, daß es sich bei Ernettis Gerätschaften um mehrere ziemlich große und komplizierte Apparaturen handeln mußte,
und es wurde ihm auch klar, daß der »Chronovisor« und die an ihn
angeschlossenen Geräte eine ganz bestimmte Wirkung – um nicht
zu sagen: Ausstrahlung – auf die an den physikalischen Versuchen
beteiligten Personen nach sich zu ziehen schienen. Somit also in
ihrer Handhabung nicht ungefährlich sein mochten.
Eines Tages – die Kontakte zwischen den beiden Männern waren
inzwischen recht intensiv geworden – wurde Marasca von seinem
Partner mit der überraschenden Frage überrumpelt: »Entschuldigen Sie, lieber Freund; leiden Sie unter Herzbeschwerden?« Ver-

blüfft entgegnete der Professor: »Aber nein, natürlich nicht. Warum wollen Sie das von mir wissen?«

»Weil ich Ihnen doch versprochen habe, Ihnen zu einem mir geeignet erscheinenden Zeitpunkt meine Geräte zu zeigen.« Um nach einem kurzen Zögern hinzuzufügen: »Wenn es allerdings so weit sein sollte, werden Sie, so es dann zur eigentlichen Demonstration kommt, wahrscheinlich ziemlich erschrecken... o ja«, ließ Pater Ernetti keine Widerrede zu, »dann nämlich, wenn die Bilder und Töne aus dem Chronovisor kommen, ist es wirklich zum Zittern...«

Jetzt war Professor Marasca wirklich neugierig geworden, und er beschloß, die Probe aufs Exempel zu machen, lag doch bei ihm daheim ein Essay, den er vor einiger Zeit – noch bevor er Pellegrino Ernetti kennenlernte – ausgearbeitet hatte. Im Anhang hierzu schwebte ihm vor, die von den drei antiken Dichtern Cicero, Probius und Nonius in ihre Werke eingearbeiteten Fragmente aus der altrömischen Oper »Thyestes« von Quintus Ennius Calaber hinzuzufügen. Marasca hatte seine Arbeit auch bereits betitelt: »Fra Ginepro tra Fisica e Metafisica« (Im Gestrüpp zwischen Physik und Metaphysik) wollte er sie nennen. Doch bis auf den Essay lag noch nichts Ersprießliches vor, denn der Pädagoge kam damit nicht so recht voran. Deshalb wandte er sich an Ernetti und klagte dem Ordensbruder sein schriftstellerisches Problem.

Was Professor Marasca insgeheim erhofft hatte, trat tatsächlich ein: Der Benediktinerpater erklärte sich spontan bereit, ihm dabei zu helfen. »Bitten Sie mich ruhig, was immer Sie wollen«, beschied er dem Pädagogen. »Mit meinen Geräten ist es mir ja tatsächlich möglich, jeden beliebigen Text zu empfangen – egal ob in griechischer, ägyptischer oder in lateinischer Sprache.«

Marasca entschied sich für die lateinische Version und bat Ernetti um die komplette Wiedergabe der altrömischen Oper. Der Ordensmann sagte zu. »Ich werde Ihnen die erwünschte Tragödie des Quintus Ennius Calaber in Text und Musik rekonstruieren lassen«, versprach er dem Professor.

Und genauso geschah es auch.

Marasca war aus dem Häuschen. Das Ergebnis, das ihm dank des »Chronovisors« nunmehr vorlag, übertraf alle seine Erwartungen.

Aber er gebärdete sich danach leider auch als ausgesprochener Egoist. Eifersüchtig verwahrte er die ihm kostbare, von Pater Ernetti mit einer Notenschrift versehene sowie textierte Partitur des Dramas in einer speziellen Kassette. Er enthielt der Öffentlichkeit die Tatsache vor, im Besitz eines außerordentlichen Werkes zu sein, das als besondere Rarität auf dem Gebiet der Tonschöpfungen angesehen werden muß. Die Freude über die ihm überantwortete, prähistorische Oper nahm aber dann doch überhand, und so gelangten gewisse Gerüchte in die Redaktionsstuben der Boulevardpresse. *Anita Pensotti*, einer besonders hartnäckigen Reporterin der italienischen Illustrierten »Oggi«, glückte es schließlich, den Literaturexperten »aus der Reserve« zu locken. »Halb zog sie ihn, halb sank er hin, da war's um ihn gescheh'n«, könnte man frei nach Goethe zitieren – und schon war es mit der Geheimniskrämerei des Professor Marasca vorbei: Er verriet der Journalistin, welch wertvolles Kulturgut er in Verwahrung hatte.

Natürlich wollte die Journalistin nun noch mehr Einzelheiten über jenen mysteriösen »Chronovisor« erfahren. »Herr Professor«, bohrte sie weiter, »haben Sie denn noch nie versucht, von Ihrem venezianischen Kollegen zu erfahren, auf welche Weise es ihm seine Apparatur möglich machte, Musik und Texte dieser antiken Besonderheit zu empfangen?« Auf diese Suggestivfrage mußte Professor Marasca jedoch passen. Er leugnete zwar nicht, es auch selbst probiert zu haben, doch habe sich Pater Ernetti geweigert. »Ich glaube aber, daß bei der Wiedergabe der einzelnen Szenen alles ähnlich abgelaufen sein dürfte wie bei einer ganz normalen Fernsehaufzeichnung«, bemühte sich der Pädagoge um eine plausible Erklärung. »Dabei brachte Pater Ernetti Verse und Noten zu Papier, wobei er die Textpassagen in die uns heute verständliche Form der lateinischen Sprache übertrug.«

Was alles kann der »Chronovisor«?

Nicht erst seit dem PSI-Kongreß in Riva del Garda, anno 1986, munkelt man über diese Abart einer »Zeitmaschine«. Daß Pater Ernetti es hartnäckig vermied, umfangreichere Informationen über seine Forschungstätigkeit in Verbindung mit der darin involvierten Crew von Physikern bekannt zu geben, überrascht keineswegs. Zu diffizil war das, woran er arbeitete. Dennoch sickerte es durch, daß der »Chronovisor« nicht nur imstande war, Ereignisse auch dann wiederzugeben, selbst wenn diese in Epochen stattgefunden hatten, die in unseren Geschichtsbüchern nur andeutungsweise Erwähnung finden.

Aber nicht nur weit zurückliegende Abläufe gab der »Zeit-Seher« präzise wieder, ihm blieben auch Vorfälle nicht verborgen, die gerade erst wenige Minuten zuvor stattgefunden hatten. Noch vor seinem Tod nach schwerer Krankheit, im April 1994, verriet Pater Ernetti gegenüber Medienvertretern, daß es ihm und seinen Helfern gelungen war, der Polizei einen unschätzbaren Hilfsdienst zu leisten. Die Vergangenheitssicht des »Chronovisors« trug nämlich ganz wesentlich dazu bei, einen spektakulär geplanten Diebstahl schon im Ansatz zu vereiteln. Jedenfalls gelang es den am »Chronovisor« tätigen Wissenschaftlern, dank ihrer Apparatur Einsicht in die Pläne jener Verbrecher zu nehmen und ihr Vorhaben offenzulegen. Die Polizei wurde rechtzeitig informiert und machte mit der Festnahme der Gauner einen guten Fang.

Gerade dieser Coup bestätigte aber Pater Ernettis Auffassung, das ungewöhnliche Gerät unter keinen Umständen der Gefahr auszusetzen, es womöglich in die falschen Hände geraten zu lassen. Ein solches Vorkommnis hätte gefährliche Folgen nach sich gezogen. Einem nicht wieder gutzumachenden Mißbrauch wären Tür und Tor geöffnet worden. Jeder unserer Nachbarn wäre mit Hilfe eines »Chronovisors« in der Lage gewesen, in unseren Gedanken »zu lesen« und sich in unser Bewußtsein »einzuklinken«. Privateste und persönlichste Belange wären skrupellosesten Voyeuren ausgeliefert worden. Wer könnte von sich behaupten, bei einem Besitztum eines solchen »Chronovisors« nicht der Versuchung anheimzufallen, intimste Dinge anderer auszunützen? Wären wir Versuchungen dieser Art und noch so mancher anderen charakterlich tatsächlich gewachsen? Wären wir reif genug, mit einer solchen Erfindung (die es uns ermöglichte, die Zeit in beide Richtungen hin zu überblicken) klarzukommen? Ich hätte da so meine, wie ich glaube, berechtigten Zweifel.

Solche hatte offensichtlich auch der Benediktinerpater. Sicher sei es erstrebenswert, meinte er einmal, darauf zu hoffen, daß später einmal nach den humanen Lehren der Evangelien gelebt werden würde. Sicher sei es lobenswert, getreu der christlichen Lehre den Nächsten zu lieben wie sich selbst – aber die praktischen Erfahrungen des Exorzisten aus Venedig, der das Böse nicht bloß als symbolhafte Gefahr ansah, sondern von der Existenz Satans in *körperlicher* Gestalt überzeugt war, sahen offenbar ganz anders aus. Ernetti scheint zu Lebzeiten nur bedingt an das Gute im Menschen geglaubt zu haben. Was ihn letztlich dazu veranlaßte, die Identität seines die Zeit überbrückenden Multi-Gerätes sicherheitshalber für sich zu behalten.

Das Antlitz des Gekreuzigten

Ein paar Bemerkungen kritischer Art ließ sich der Gelehrte aber gelegentlich doch entlocken. Wahrscheinlich kamen sie ihm deshalb über die Lippen aus einer gewissen Verärgerung heraus über die manchmal recht naiven Fragen und Vermutungen oberflächlicher Journalisten, die – um ihre Zeitungsseiten irgendwie zu füllen – weiß Gott was für welchen Nonsens über die Beschaffenheit des geheimgehaltenen »Chronovisors« veröffentlicht hatten. Aber auch die Behauptungen verschiedener esoterischer Zirkel wurden von Pater Ernetti zurückgewiesen, wonach es ihm und seinen Mitarbeitern ausschließlich mit Hilfe *magischer* Praktiken gelungen sei, die Wiedergabe verschiedener Ereignisse aus unserer Vergangenheit in Szene zu setzen.

»Meine Forschungen haben mit Parapsychologie oder Metapsychologie, mit denen gewisse Kreise alles und jedes zu erklären versuchen, was mit Stimmen, Tönen und Wesenheiten aus dem Jenseits sicht- und hörbar gemacht werden kann, absolut nichts zu tun«, beharrte er stets hartnäckig. Auch im Rahmen seines mit großem Staunen aufgenommenen Referates bei dem inzwischen publik gewordenen PSI-Kongreß in Riva del Garda (vor elf Jahren) wiederholte der venezianische Musikwissenschaftler seine unbedingte Abgrenzung von derartigen Vermutungen. Es sei, ganz im Gegensatz dazu, die *Technik*, mit deren Hilfe es ihm und seinen ihn unterstützenden Physikern gelungen wäre, Vorgänge

aus einer längst vergangenen Zeit in Bildern und Tönen »zurückzuholen«. Derartiges könne nicht in oberflächlicher Art und
Weise als Hokuspokus oder als »Science-fiction« eingestuft werden.

»Uns ist es tatsächlich mit den Mitteln von Wissenschaft und
einer zeitgemäßen Technologie ermöglicht worden, das zu verwirklichen, was beispielsweise unsere griechischen Vorfahren vor
Jahrtausenden anstrebten, jedoch mangels der hierfür notwendigen Instrumente nicht zu realisieren vermochten.«

Ihm und seinen hochqualifizierten Helfern gelang hingegen unglaublich Anmutendes. Was Pater Ernetti 1986 erstmals öffentlich
preisgab, entfesselte in der Folge eine ebenso heftige wie manchmal auch polemische Diskussion, in deren Verlauf der italienische
Theologe mehr oder weniger deutlich von verschiedenen Seiten
sogar der Unwahrheit bezichtigt wurde. Was hatte die Kampagne
gegen den Ordensbruder ausgelöst? Nichts weiter als ein eher
beiläufig gegebener Hinweis, wonach er und sein Team es unter
anderem auch geschafft hätten, dem »Chronovisor« die Wiedergabe des Leidensweges Christi sowie jene des authentischen Antlitzes Jesu aus den Tagen seiner Kreuzigung auf Golgatha zu
entlocken und damit das wirkliche Geschehen jener Zeit für die
Nachwelt sichtbar zu machen.

Ohne als ein hier Außenstehender über Gebühr werten zu wollen, bleibt doch festzustellen, daß die von Pater Ernetti fotomäßig
vorgelegten Bilder jenen Gesichtszügen Christi auffallend ähneln,
die uns auf wunderbare Weise auf dem (allerdings ebenfalls nicht
unumstrittenen) *Grabtuch von Turin* erhalten geblieben sind.
Aber nicht allein diese historischen Geschehnisse um den jüdischen Wanderprediger konnten mit Hilfe des »Chronovisors« re-
produziert werden. Inzwischen wissen wir definitiv, daß es Pater
Ernetti sowie seinen Physikern auch glückte, das *gesamte Leben*
Jesu mit Hilfe des »Zeit-Sehers« einzufangen und in seinem genauen zeitlichen Ablauf wiederzugeben.

In jedem Fall aber scheint der »Chronovisor« es ermöglicht zu
haben, das eigentliche Antlitz des Heilands festzuhalten. Die
wirklichkeitsgetreue Darstellung des visuellen Aussehens Jesu
voraussetzend, würde das bedeuten, daß wir nunmehr – so sich
auch die Echtheit des Turiner Grabtuches endgültig bestätigen
sollte – das Gesicht des indirekten Begründers des Christentums

in zwei Phasen begutachten können: als Sterbenden (in der Wiedergabe von Ernettis Gerät) sowie als Verstorbenen (auf dem heiligen Sindone Turins).

Welche Bewandtnis hat es nun aber tatsächlich mit dieser sensationellen Eröffnung, die der Pater 1986 bei jenem bereits mehrfach erwähnten PSI-Kongreß am Ufer des Gardasees coram publico riskierte?

Einer, der darüber ein paar Details mehr als die Medien sowie ein interessierter Kreis von PSI-Forschern erfahren hat, ist der französische Père *François Brune,* ordentlicher Professor an der Pariser *Sorbonne.* Brune war ein enger Freund des verstorbenen Paters Pellegrino Ernetti. Seine Beziehung zu dem italienischen Benediktinermönch – auch Brune ist Theologe (*Père* ist gleichbedeutend mit »Pater«; P. K.) – führte dazu, daß er fast von Beginn an in die Forschungsarbeit des Italieners mit einbezogen war und von Ernetti (mit welchem er das Interesse an der Tonbandstimmenforschung teilte) immer über den neuesten Stand von dessen musikwissenschaftlichen Tätigkeit informiert wurde. Père Brune, dies sei hier ergänzend vermerkt, habe ich wesentliches Material über den »Chronovisor« zu verdanken.

In seinem vor vier Jahren in Frankreich erschienenen grenzwissenschaftlich orientierten Sachbuch »En direct de l'au-delà« (sinngemäß zu übersetzen mit: »Geradewegs von hier nach drüben«) erinnert sich Père Brune an jenes Gespräch, das er in Venedig mit seinem italienischen Geistesfreund zum Thema »Christus« führen konnte. Pater Ernetti hatte ihn zu sich ins Konservatorium eingeladen und empfing ihn dort in dem kleinen, ganz zu Anfang dieses Abschnitts erwähnten Raum hinter seinem monströsen Schreibtisch. Nachdem man die üblichen Höflich- und Freundlichkeiten ausgetauscht hatte, war Ernettis französischer Gast natürlich interessiert, einiges mehr über die Forschungsarbeit und vor allem über den »Chronovisor« des Benediktiners zu erfahren. Ziemlich bald brachte Père Brune deshalb das Gespräch auf das Leben Jesu – mit der unverfänglichen Frage: »Ist es Ihnen wirklich gelungen, mit Hilfe Ihres Gerätes bis in die Zeit von Jesus Christus zurückzugehen?«

»Ja, natürlich«, beeilte sich Ernetti zu antworten.

»Und …?«

Der Pater schien zu überlegen. Nur zögernd nahm er dann den

unterbrochenen Gesprächsfaden wieder auf: »In erster Linie wollten wir den Leidensweg des Heilands überprüfen. Ihn aber auch einzufangen und auf dem Bildschirm wiederzugeben, erwies sich plötzlich als ungemein schwierig. Wir mußten zunächst zur Kenntnis nehmen, daß es in jener Zeit, in welcher Jesus lebte, sehr häufig zu Kreuzigungen gekommen war. Es gab also viele Leidensgenossen, die das Schicksal Christi teilten. Und auch die Dornenkrone, die man nach der biblischen Überlieferung unserem Herrn auf das Haupt gedrückt hatte, war da kein Fingerzeig. Im Gegensatz zu der bei uns vorherrschenden üblichen Ansicht, wonach diese Folterung etwas absolut einmaliges gewesen sei, stellte sich heraus, daß auch andere Verurteilte auf diese Weise gedemütigt worden waren ...«

Wieder schien Pater Ernetti zu zögern, die erwartungsvolle Haltung seines Gegenübers, die unverkennbare Neugier, das nicht zu übersehende Interesse des französischen Ordensbruders ließen jedoch seinen Gastgeber die Hemmungen überwinden – und er fuhr fort: »Um also hier Aufklärung zu erhalten, gingen wir zeitlich noch weiter zurück. So gelang es uns, das ›Letzte Abendmahl‹ optisch und akustisch wiederzugeben. Von diesem Augenblick blieben wie dran, wichen nicht mehr von Jesu Seite. Nach unseren Ermittlungen schrieb man damals das Jahr 35 unserer Zeitrechnung, und die nachfolgenden Szenen konnten präzise zwischen 12. und 14. 1. 1956 eingefangen und auf dem Bildschirm des ›Chronovisors‹ von uns mitverfolgt werden. Wir wurden solcherart Zeugen von Jesu' Agonie im Olivenhain, dem Verrat des Judas, dem Prozeß gegen den Heiland sowie dessen Kreuzweg.«

Gebannt hing Père Brune an den Lippen des Erzählers.

»Jesus war im übrigen bereits sehr gezeichnet und entstellt, als man ihn vor seinen Richter Pontius Pilatus schleppte. Wir waren mit dabei, als man ihn nach seiner Verurteilung zwang, den Leidensweg zur Hinrichtungsstätte auf den Kalvarienberg zu gehen. Allerdings«, schränkte hier Pater Ernetti ein, »die uns überlieferte Version, wie sich dies damals abgespielt haben soll, ist stark verzeichnet, die vorliegenden Texte wurden durch die hier zum Ausdruck kommende mittelalterliche Frömmigkeit ein wenig umgeformt ...«

»Manipuliert?« wollte Brune wissen.

Sein Gastgeber nickte. »Man hat da später einige Episoden hinzugefügt – wahrscheinlich um die Leidensgeschichte unseres Herrn noch weiter zu dramatisieren. So entspricht es nicht den Tatsachen, daß Christus beim Tragen des Kreuzes zweimal gestürzt wäre. Er ist nie gefallen – und er trug auch nicht das ganze Kreuz. Es wäre auch viel zu schwer gewesen. Man hatte Jesus nur den horizontalen Querbalken an seinen Schultern befestigt (siehe Bildteil). Hingegen konnte er sich nur mühsam fortbewegen, weil man seine Füße mit denen der beiden anderen zum Kreuzestod verurteilten Männer zusammengebunden hatte.«

Pater Ernetti seufzte tief, als er sich die Szene noch einmal geistig vor Augen führte: »Ja, er war wirklich sehr entstellt und körperlich schwer gezeichnet. Die Geißelung hatte ihm tiefe Fleischwunden gerissen, man konnte da und dort sogar seine Knochen sehen. Weil aber nach römischem Recht vorgeschrieben war, daß jeder Verurteilte unbedingt *lebend* an dem Ort seiner Hinrichtung geführt werden mußte, griffen sich die Christus und die beiden anderen begleitenden Soldaten kurzerhand einen Mann aus der Menge. Biblische Überlieferungen nennen ihn beim Namen: Simon von Kyrene. Es war genauso, wie die Evangelien berichten – mit einer Einschränkung: Der Zwischenfall spielte sich etwas anders ab, als die uns vorliegende Texte die Sache beschönigen. Wie sehr haben wir, vor allem als Kinder, seinerzeit diesen Simon von Kyrene beneidet und hätten weiß Gott was gegeben, damals selber dabei sein zu können und uns anzubieten, Jesus beim Tragen seines Kreuzes zu helfen. Der ›Chronovisor‹ zeigte uns dann aber das tatsächliche Geschehen: Simon weigerte sich nämlich zunächst energisch, das Kreuz Christi mittragen zu müssen. Er mußte von den Soldaten dazu buchstäblich *gezwungen* werden.«

Hier unterbrach der französische Professor den Redefluß seines Gastgebers: »Konnten Sie auch die Szene nachvollziehen, worin die später heiliggesprochene Veronika dem von ihr verehrten Messias mit einem Tuch den Schweiß von der Stirne wischte?«

Ernetti schüttelte verneinend den Kopf: »Ein solcher Vorfall hat niemals stattgefunden. Er ist in den Evangelien auch nirgendwo erwähnt, wie Sie sicher wissen.« Dann berichtete er weiter: »Hingegen zeigte uns der ›Chronovisor‹ Vorfälle, die in der Bibel überhaupt nicht dokumentiert wurden. So etwa Jesu Reaktion, nachdem die drei Verurteilten und ihre Wachmannschaft die Hinrichtungsstätte auf Golgatha erreicht hatten. Dort harrte bereits eine Anzahl neugieriger Gaffer auf die bevorstehende Kreuzigung. Als Jesus die Menschenmenge sah, wandte er sich ihr zu und beschimpfte sie in der rüdesten Weise. Es wiederholte sich somit das gleiche Geschehen, wie es schon bei Christi Festnahme im Olivenhain verlaufen war. Auch auf dem Kalvarienberg zeigte sich wiederum die Macht seiner Worte. Sie war so überwältigend, daß die umstehenden Leute, wie von einem Blitz getroffen, fast augenblicklich zu Boden sanken. Juden waren von Jesu suggestiver Wirkung ebenso betroffen wie Griechen oder Römer, die sich zu der bevorstehenden Exekution eingefunden hatten. Nur Maria, Johannes sowie die beiden anderen Marien (eine von ihnen war die von Christus geläuterte *Maria Magdalena*; P. K.) wurden davon nicht berührt und blieben stehen.« Hier machte der Erzähler eine kurze Pause, um danach mit einer Eröffnung aufzuwarten, die sein Pariser Gast als geradezu sensationell empfand. Pater Ernetti korrigierte nämlich biblische Überlieferungen, wonach die Mutter Jesu sowie sein Lieblingsjünger beim Anblick des Gekreuzigten in Tränen ausgebrochen seien: »Dabei muß das sogenannte *Stabat Mater* leider berichtigt werden«, stellte der Benediktinermönch fest, »weder Maria noch Johannes weinten am Fuße des Kreuzes. Damit wissen wir jetzt, daß die Jungfrau nicht als die ›Lacrimosa‹ (die Weinende) angesehen werden kann.«

Aber Père Brune erfuhr noch weitere Einzelheiten, die bei der Wiedergabe der Kreuzigungsszenen durch den »Chronovisor« erstmals deutlich geworden waren. So zum Beispiel jene Worte, die Jesus vor seinem Hinscheiden gesprochen haben soll: »An einer Stelle ließ der Gekreuzigte die Umstehenden wissen: ›Diese Stunde ist die eure.‹ Sie wurden in den Evangelien ebensowenig wiedergegeben wie sein Ausspruch: ›Jetzt, da ich erhöht bin, werde ich alle zu mir emporziehen.‹ Die von den Evangelisten zitierten Sätze, welche Christus nach seiner Kreuzigung zugeschrieben werden, entsprechen hingegen den Tatsachen.«

Pater Ernettis Schilderungen faszinierten seinen Mitbruder. Das Gesicht des Heilands am Kreuze sei schmerzverzerrt gewesen, gab der Ordensmann seine Eindrücke preis, dennoch habe es den sehr edlen, priesterlich würdigen Ausdruck behalten. Immer, wenn Jesus zu sprechen begonnen hätte, habe er sich vom Kreuz herab umgesehen, worauf die Menschen um ihn her sofort in tiefes Schweigen verfallen seien. Dank des »Chronovisors« sei es nun auch möglich gewesen, einzelne Textpassagen in den Evangelien zu ergänzen, erfuhr Père Brune weiter, andererseits habe die auf dem Bildschirm sichtbare Haltung Christi dazu beigetragen, den *Sinn* seiner Worte besser zu verstehen. »Als Jesus beispielsweise klagte: »Mich dürstet«, sei er, so Ernetti, von den Juden falsch interpretiert worden. Er habe nämlich damit den *geistigen Durst* gemeint, wollte der Pater jedenfalls herausgefunden haben. An diese Worte habe sich jener Satz angeschlossen, der mit Christi Ankündigung geendet hätte: »... werde ich alle zu mir emporziehen.« Brunes Gastgeber: »Jesus sprach vom Durst nach unseren Seelen!« Auch als der Gekreuzigte zu einem der Schächer (bibl. Ausdruck für *Räuber* oder *Mörder*; P. K.) gesagt habe: »Du wirst noch heute mit mir ins Paradies eingehen«, habe er, Ernetti, diesen Satz in der Weise verstanden, daß sich Jesus damit selbst gemeint hätte, daß also *er* in Wahrheit dieses Paradies sei.

Und noch ein berühmter Satz des Gekreuzigten, wie er in den Evangelien wiedergegeben wird, erfuhr nach dem Bericht des Benediktiners eine korrigierende Ergänzung: »Als er die Worte ›Mutter, hier ist dein Sohn‹ und ›Sohn, hier ist deine Mutter‹ gesprochen hatte, fügte Christus, sich seinem Lieblingsjünger Johannes zuwendend, fragend hinzu: ›Und wo sind die anderen? Warum haben sie mich verlassen?‹« Ernetti zeigte sich, aufgrund der auf dem Bildschirm des »Chronovisors« gezeigten Kreuzigungsszenen überzeugt, daß der Heiland danach keineswegs den Erstickungstod erlitten habe, obwohl dies viele Mediziner heute annehmen: »Wir haben den Herrn jedenfalls immer in aufrechter Haltung am Kreuz gesehen, und das bis zum letzten Augenblick seines irdischen Daseins.«

Jetzt sei er es gewesen, der eine Zeitlang geschwiegen habe, so der Autor François Brune in seinem Buch »En direct de L'au-de-là«. Später hätte jedoch die Neugier gesiegt. »Und die *Auferstehung*, haben Sie die auch gesehen?« wollte er wissen. Pater Ernetti nickte: »Ja, so war es. Aber dieser Vorgang ist schwer zu beschreiben. Es war wie in Schatten, eine Gestalt durch eine hauchdünne Schicht erleuchteten Alabasters ... oder wie ein Kristall. Schritt für Schritt wurde uns schließlich alles offenbar: das gesamte Leben Christi sowie die Erscheinungen nach seiner Auferstehung ...«

»Welchen Eindruck hatten Sie von alldem? Wirkte alles wie ein Film?« Der Erzähler verneinte: »Nicht ganz. Alles erschien uns dreidimensional – wie Hologramme, aber mit Bewegung und dazugehörigem Ton.« Einschränkend: »Aber ohne Farbe. Heute könnte man dies sicher farbig nachvollziehen.«

»War es Ihnen sowie Ihren Physikern möglich, die Wiedergabe auf dem ›Chronovisor‹ zu speichern? Ist von alldem irgend etwas erhalten geblieben; irgendeine Spur, ein schlüssiger Beweis?«

Ernetti nickte zustimmend: »Ja. Wir haben die Szene auf dem Bildschirm selbstverständlich zusätzlich gefilmt. Allerdings ging dabei der dreidimensionale Eindruck verloren. Aber es war für uns die einzige Möglichkeit, zu einem Beweis zu kommen. Das vom ›Chronovisor‹ Abgefilmte konnten wir dann später vorführen. Der Papst selber, *Pius XII.*, sowie hochrangige geistliche und weltliche Vertreter des Vatikans und unserer Republik waren bei der filmischen Wiedergabe anwesend: so die Mitglieder der Päpstlichen Akademie, Italiens Staatspräsident und der Kultusminister ...«

»Und was geschah danach mit Ihrem zeitüberbrückenden Gerät?« wollte Père Brune von seinem Gastgeber wissen. Sein Mitbruder gab sich in dieser Frage zurückhaltend: »Es befindet sich an einem sicheren Ort und wurde, um es vor Mißbrauch zu bewahren, zerlegt.«

Auch die Gründe, weshalb eine derart epochale Erfindung der Öffentlichkeit vorenthalten geblieben ist, nannte der Pater seinem französischen Gast. Dessen Einwand, daß doch eine solche Apparatur »die Welt erschüttern und den Glauben neu entfachen« könnte, der doch überall allmählich verlorenzugehen drohe, entkräftete Ernetti mit drastischen Worten: »Mit diesem Gerät, mein Freund, kann die Vergangenheit eines jeden von uns vollständig und ausnahmslos nachgezeichnet werden. Nichts bliebe mehr geheim. Weder wichtige Angelegenheiten des Staates noch solche der Industrie. Vor allem aber wäre dadurch – bei einer Mißachtung moralischer Prinzipien beim Gebrauch dieser Zeitmaschine – unser aller Privatleben äußerst gefährdet. Intimes wäre nicht mehr geschützt und könnte durch skrupellose Benützer des ›Chronovisors‹ in die Öffentlichkeit getragen werden. Der Erpressung davon betroffener Personen wäre in der Folge Tür und Tor geöffnet.«

Père Brune vermochte sich Ernettis mit Leidenschaft vorgetragenem »Plädoyer« nicht ganz zu verschließen. Ob er es nun wollte oder nicht: Er mußte die berechtigten Einwände des Benediktinermönchs zwangsläufig akzeptieren. Dieser hatte dem Franzosen auch deutlich gemacht, daß eine in aller Öffentlichkeit vorgenommene Inbetriebnahme des Gerätes zum gegenwärtigen Zeitpunkt eine regelrechte »Erschütterung«, wenn nicht sogar »einen völligen Umsturz« auslösen könnte und bereits jetzt dazu geführt habe, »manchen Leuten Angst einzuflößen«. Die Gefahr war jedenfalls gegeben, daß es in der Folge »zu der schrecklichsten Diktatur, die die Welt je erlebt hätte« gekommen wäre. Man habe sich deshalb *intern* (also mit Zustimmung von Ernettis Mitarbeitern) geeinigt, »den ›Chronovisor‹ *zu zerlegen*«.

Ungeahnte Möglichkeiten

Père Brune dürfte (das läßt sich aus den vorsichtigen Formulierungen der Aufzeichnungen in seinem Buch vermuten) – im Wissen um die vielen Für und Wider beim Gebrauch des »Chronovisors« mit sich selbst uneins gewesen sein. Zwar war er sich bewußt, daß es hoher Moralwerte bedurfte, um das Gerät irgendwann einmal ernsthaft »volksnah« einzusetzen, andererseits erkannte der kluge Professor die unschätzbaren Vorteile, die sich dadurch der Wissenschaft eröffneten. Ein faszinierender Gedanke, den der an der Sorbonne Lehrende sogleich in Worte kleidete.

»Aber vielleicht könnte man den ›Chronovisor‹ dazu benutzen, um einige Aspekte in der Geschichte der Menschheit zu erforschen«, wendete Brune ein. Ausgrabungen, beispielsweise, würden dann wahrscheinlich zu effektiven Erkenntnissen führen. Es müßten ja deshalb nicht alle Einzelheiten der funktionellen Zusammensetzung des Gerätes aufgedeckt werden ...«

Pater Ernettis Antwort überraschte seinen Gast. »Solche Nachforschungen mit Hilfe unseres ›Chronovisors‹ sind von unserer Seite längst erfolgt. Und zwar im Zusammenhang mit den berühmten ›Schriftrollen vom Toten Meer‹. Wohl ist allgemein bekannt, daß seinerzeit ein Hirte auf der Suche nach einer verlorengegangenen Ziege aus seiner Herde in jene Grotte gelangte, in der er auf die ersten Schriftrollen stieß. Das aber war lediglich eine Zufallsentdeckung. Daß man dann später jedoch auch die anderen Höhlen fand, in denen weitere Manuskripte der Qumran-Sekte verborgen worden waren, war in Wahrheit der Vergangenheitssicht des ›Chronovisors‹ zuzuschreiben, die es etwa den amerikanischen Forschern ermöglichte, an diese Schriftrollen heranzukommen. Ich selbst konnte damals den US-Botschafter in Italien empfangen, und wir unterzeichneten gemeinsam ein Protokoll, in welchem sich die amerikanischen Wissenschaftler verpflichteten, sämtliche dieser Texte nach ihrer Auswertung – und selbstverständlich mit Nennung der Quelle – zu veröffentlichen. Man hat sich leider nicht an diese Vereinbarung gehalten. Nichts ist seither geschehen, man hat die Angelegenheit – obgleich von allgemeinem Interesse – einfach totgeschwiegen.«

Père Brune war jetzt ganz »Feuer und Flamme«. Und er versuchte, seine Begeisterung über die in dem Zeitgerät enthaltenen Möglichkeiten auch auf seinen italienischen Gesprächspartner zu übertragen. »Haben Sie und Ihre Leute die phantastische Chance ins Kalkül gezogen, dieses wunderbare Gerät etwa bei der Erforschung des Universums zum Einsatz zu bringen? Indem Sie Ihren ›Chronovisor‹ entfernte Welten oder eine weit zurückliegende Vergangenheit suchen lassen – oder sogar beides in einem? Eine Art SETI-Projekt, das aber weit weniger kostspielig wäre, hingegen aber wahrscheinlich um etliches effizienter?«

Das über das Gesicht des Paters gehende Leuchten verriet seinem französischen Mitbruder, daß die Funken der Begeisterung offensichtlich auf sein Vis-à-vis übergeschlagen waren und Brunes Gedankengang auch dem *Wissenschaftler* Ernetti zu gefallen begann. Nachdenklich geworden, gab er zu, an diese verlockende Alternative bislang nicht gedacht zu habe. »Ich bin aber sicher, daß ein paar Änderungen an dem Gerät es leicht möglich machen würden, es auch zu solchen Leistungen zu befähigen ...«

»Völlig benommen und tief beeindruckt verließ ich das Kloster«, erinnert sich Père Brune an dieses Gespräch zurück. Hatte er das alles nur geträumt? Oder war Pater Ernetti bloß einer Halluzination erlegen? Sein französischer Gesinnungsfreund hat sich diese Fragen des öfteren gestellt. Bei nachmaligen Besuchen des Konservatoriums auf der kleinen Insel San Giorgio im Golf von Venedig wurden ihm viele Einzelheiten über diese wahrscheinlich einmalige Erfindung des Physikerteams rund um Pater Ernetti von diesem mehrmals bestätigt. Gelegentlich wurde sogar das eine oder andere Detail noch hinzugefügt und manches präzisiert. Heute neigt der an der Sorbonne tätige Geisteswissenschaftler dazu, die Angaben seines verstorbenen Freundes absolut ernst zu nehmen. Wie beurteilt er ihn rückblickend? Was hält er, auch aus heutiger Sicht, von Ernettis Aussagen über den »Chronovisor«? Père Brune hat sich das oftmals selbst gefragt. Und wenn er sich darauf auch nur eine subjektiv gefärbte Antwort zu geben vermochte, so kam er dennoch inzwischen zu der grundlegenden Auffassung: »Ich glaube nicht, daß Pater Ernetti gelogen hat. Dazu war er viel zu sehr ein Mann des Glaubens. Darin bin ich mir sicher. So oft ich ihn in Venedig besuchte, diskutierten wir regelmäßig auch über etliche rein religiöse Themen. Und hierbei erkannte ich zweifelsfrei: Ernetti war ein Verfechter des Glaubens. Davon zeugt auch seine engagierte Tätigkeit als Exorzist. Er war von tiefer Religiosität erfüllt, und wenn man auf der Suche sein sollte nach einem wirklichen Mann Gottes – dann ist *er* es gewesen!«

Aber natürlich hat auch diese Medaille zwei Seiten. Denn der Benediktinerpater war nicht nur theologisch geschult, er war ebenso auch ein Mann der *Wissenschaft*. Könnte ihn seine forschende Tätigkeit als Lehrstuhlinhaber eines spezifizierten musikalischen Fachgebietes nicht dazu verleitet haben, sozusagen und im übertragenen Sinn »die Sterne vom Himmel« zu holen? Könnte er also nicht in Versuchung geraten sein, seine wissenschaftlichen Bemühungen auf diese Weise (durch kryptische Andeutungen über die Existenz eines wundersamen Gerätes) vor der Öffentlichkeit und in den Medien ins rechte Licht zu rücken? Auch darüber hat sich der Freund und Mitbruder des Verstorbenen ein Urteil gebildet. »Nein, ich glaube nicht, daß er diese ganze Geschichte bloß erfunden hat«, meint Père Brune aus heutiger Sicht. »Er hatte ja auch niemals behauptet, die Entwicklung und Konstruktion jener Gerätschaft im Alleingang vorangetrieben zu haben. Im Gegenteil: Er sprach stets davon, daß im Laufe der Jahre, als der ›Chronovisor‹ gedanklich, auf dem Reißbrett und schließlich de facto Gestalt annahm, ihn ein gutes Dutzend international angesehener Wissenschaftler in seinem Labor unterstützt habe. Dabei scheute Ernetti auch nicht davor zurück, gelegentlich

Namen solcher Mitarbeiter zu erwähnen: Beispielsweise, um nur zwei hervorzuheben, jene des italienischen Atomphysikers Enrico Fermi sowie des deutsch-amerikanischen Weltraumpioniers Wernher von Braun. Das hätte er sicherlich nicht getan, hätte er sich das alles nur aus den Fingern gesogen. Auch machte der Pater auf mich keineswegs den Eindruck eines Mythomanen, also eines krankhaft an erdichtete Legenden glaubenden Egozentrikers.«

Nach Meinung des französischen Professors, der sich – neben seiner Lehrtätigkeit in Paris – seit vielen Jahren angelegentlich mit der Erforschung des nicht unumstrittenen Tonbandstimmen-Phänomens beschäftigt (wie früher auch sein italienischer Ordensbruder), entsprang Ernettis Entdeckung des »Chronovisors« keineswegs irgendeiner »zufälligen« Inspiration, sondern kann in ihrer Konsequenz mühelos auf jene berühmt gewordenen Akasha-Chroniken aus dem orientalischen (vorwiegend *indischen*) Raum zurückgeführt werden. Als Beispiel verweist der Père auf Fälle von besonders begabten Medien, die in der Lage seien, die Herkunft gewisser Dinge allein bereits durch Berühren von Gegenständen wahrnehmen zu können. »›Psychometrie‹ wird diese Begabung der Hellsichtigkeit von Geisteswissenschaftlern genannt, ein weiteres Indiz, daß dies alles bestimmt nicht absurd ist.«

Allerdings gesteht François Brune offen ein, daß er die von seinem verstorbenen Freund geübte Zurückhaltung bezüglich der sich eröffnenden Möglichkeiten durch dessen »Chronovisor« nicht in allen Belangen teilt. »Er hat ›sein Kind‹ zwar nie verleugnet«, habe ich durch den Père (mit dem ich in telefonischem und schriftlichem Kontakt getreten war) erfahren, »aber er gab mir bei meinen mehrmaligen Besuchen in seiner venezianischen Klause wiederholt zu verstehen, daß seiner Auffassung nach die Menschheit insgesamt noch nicht jenen Entwicklungsstand erreicht habe, um eine derartige epochale Erschütterung ertragen zu können, wie sie durch eine öffentliche Benützung derartiger ›Chronovisoren‹ zweifellos ausgelöst werden würde.« Hier schlägt wohl der Theologe bei Père Brune durch, wenn er im gleichen Atemzug bedauert, daß andererseits die Aufdeckung von zumindest einem Teil all dessen – »insbesondere das Leben Christi« (*sic!*) – ein Weg wäre, mit den abwertenden Auslegungen biblischer Texte ein für allemal aufzuräumen. Der Sorbonne-Gelehrte im O-Ton: »Damit würde man vielen Scharlatanen, die behaupten, auf einer Astralreise das wahre Leben Christi gesehen oder durch automatisches Schreiben Offenbarungen empfangen zu haben, das Maul stopfen. Ich sage das, obwohl das zuvor Genannte durchaus Phänomene sind, an die ich glaube, über die man sich aber leicht Illusionen hingibt, oder die andererseits auch leicht vorgespiegelt werden können!«

Als Christus auf Erden weilte, habe es die Erfindung des *Lasers* noch nicht gegeben; also müssen diese Bilder und Töne damals durch ein anderes Mittel festgehalten worden sein, gibt der Père zu bedenken. »Wenn Jesus es hätte aber verhindern wollen, dann hätte er es sicher getan.« Die Schlußfolgerung des Franzosen klingt einleuchtend: »Er hat also erlaubt, daß diese Spuren seines Lebens und seines Leidens eines Tages empfangen werden. Deshalb glaube ich ernsthaft: Es ist an der Zeit, darüber zu sprechen, und ich hoffe, mein verstorbener Freund Pater Ernetti wird es mir verzeihen...«

Das Kreuz mit dem Kreuz

Zu jenen Behauptungen des italienischen Musikwissenschaftlers und Benediktinerpaters Alfredo Pellegrino Ernetti, die in den Medien beträchtlich Staub aufwirbelten und in der Folge zu teilweise recht polemisch gehaltenen Angriffen auf den Ordensmann in schriftlicher Form führen sollten, zählt dessen Hinweis auf ein Bildprodukt des »Chronovisors«. Es zeigt angeblich den sterbenden Christus. Laut Ernetti handelt es sich dabei um eines der vielen »aufgefangenen« Bilder des Gekreuzigten. Im Gegensatz zu jenem geheimnisvollen Antlitz auf dem Grabtuch von Turin, das scheinbar die Gesichtszüge des verstorbenen Heilands in seinem Felsengrab widerspiegelt, stelle die andere Abbildung den ans Kreuz geschlagenen, aber noch *lebenden* Gottessohn dar. Interessant an beiden Wiedergaben ist der Umstand, daß die darauf abgebildeten Personen – oder vielmehr deren Gesichter – einander auf verblüffende Weise gleichen. Wurde hier, von der visuellen Darstellung des auf dem »Heiligen Sindone« (dem Grabtuch) sichtbaren Unbekannten (die im übrigen ein überwiegender Prozentsatz der Gläubigen für ein Abbild des Antlitzes Christi hält; P. K.) ausgehend, eine bewußte Manipulation – um nicht zu sagen: Fälschung – in Umlauf gesetzt, an der Pater Ernetti gewollt oder ungewollt beteiligt war? Wurde hier (von wem auch immer) versucht, eine weitere christliche Reliquie zu schaffen – vor dem Hintergrund einer geheimnisvollen Apparatur, die auf irgendeine Weise befähigt war, Bilder aus den unterschiedlichsten Epochen der Menschheitsgeschichte zu produzieren? Und nach dem Dafürhalten der Schöpfer dieses Gerätes geeignet war, von einem angeblich die Erde umgebenden (unsichtbaren) »Magnetband« vergangene Ereignisse mit Hilfe paraphysikalischer Methoden »abzurufen«? Die Konstrukteure jener zeitüberschreitenden Maschine – »Chronovisor« genannt – versuchten sich allem Anschein nach auf jenen altindischen Mythos zu berufen, worin ein legendäres Gebilde, die sogenannte *Akasha-Chronik,* seine Spuren hinterlassen hat.

Daß ausgerechnet okkult orientierte Personen zu den unterschiedlichsten Zeiten schworen, jenes geheimnisvolle Etwas als das »Weltgedächtnis«, »Astrallicht« oder (in modernerem Terminus) gar als eine Art »kosmischen Computer« identifiziert zu haben, machte die Herkunft der Abbildung mit dem bärtigen Antlitz des ans Kreuz geschlagenen, angeblich dabei noch lebenden Christus deshalb nicht glaubwürdiger.

Weil auch er verständliche Zweifel hegte, brachte schließlich ein in Italien lebender jedoch gebürtiger Franzose die mysteriöse Angelegenheit »aufs Tapet«. Die Objektivität, die ich mich bemühe, auch in meinem Buch walten zu lassen, gebietet es mir, die Bedenken dieses Mannes – *Jean Sider* aus Florenz – aufzugreifen, wiederzugeben und, in Verbindung mit dem biographischen Bericht der »Chronovisor«-Story, hier zur Diskussion zu stellen. Es obliegt dem Leser, sich aus all dessen, was zu dieser Sache insgesamt vorzubringen ist, selbst ein Urteil zu bilden und die vorliegenden Indizienbeweise »cool« gegeneinander abzuwägen.

Jean Sider hatte von der Existenz des »Chronovisors« durch einen Artikel in dem Anhang »*Vues nouvelles*« (Nr. 2, Januar 1975) der ufologischen Monatszeitschrift »*Lumières dans la Nuit*« erstmals Ausführliches erfahren. Die inzwischen nur noch halbjährlich in Frankreich erscheinende Gazette hatte den Beitrag ihrerseits aus dem Bulletin »*L'heure d'être*« vom November 1972 (Verlagsort: Brion-sur-Ource) übernommen, doch seine Recherchen nach der Quelle dieser ungewöhnlichen Veröffentlichungen führten den neugierigen Journalisten wieder in seine Wahlheimat Italien zurück. Die Story war aus dem italienischen Wochenmagazin »*La Domenica del Corriere*« (Nr. 18 vom 2. Mai 1972) wiedergegeben worden und hatte schon dort ein gewaltiges Leserecho hervorgerufen.

Jetzt erst erinnerte sich Jean Sider daran, nicht zum erstenmal über jenen »Chronovisor« gelesen zu haben. Informationen darüber hatte »L'heure d'être« bereits 1965 und im März 1967 veröffentlicht.

Was Sider beim aufmerksamen Studium des Artikels von 1975 überraschte und hellhörig machte, war der darin enthaltene »enorme Widerspruch« in den inhaltlichen Angaben. Hatte es nämlich zunächst geheißen, ein gewisser Pater *Ernetti* arbeite mit einem Team von zwölf Physikern »unter größter Geheimhaltung« an dieser Erfindung, wurde danach der Leser darüber informiert, daß ein italienischer Journalist namens *Vincenzo Maddaloni* (der bereits in den »Vues nouvelles« genannt worden war) von sich behauptete, »ohne Probleme« eine Begegnung mit diesem Pater Ernetti gehabt zu haben. In dem eingehenden Interview, das der Reporter mit dem Ordensbruder führte, war der Medienvertreter von dem Mönch offensichtlich ausführlich über Einzelheiten zu diesem Gerät informiert worden. Das angebliche »Geheimnis«, von dem ursprünglich geschrieben worden war, wurde damit – so die nunmehrigen Informationen der Wahrheit entsprachen – zu einer Farce.

Was Jean Sider im Rahmen des Beitrags besonders irritierte, war die darin wiedergegebene Behauptung des Ordensgeistlichen, daß auf dem Bildschirm des »Chronovisors« auch das Antlitz Jesu, nachdem er ans Kreuz geschlagen worden war, sichtbar gewesen sei, er in diesem Augenblick noch gelebt habe und es ihm sogar gelungen wäre, hinterher ein Foto zu produzieren. Diese Angabe faszinierte den französischen Journalisten, reizte ihn aber gleichzeitig, gerade diese Aussage des Paters auf ihre Stichhaltigkeit genauestens zu überprüfen. Von der Minute an beschloß Sider, der Sache auf den Grund zu gehen.

Er beschaffte sich die bislang erschienenen Veröffentlichungen zu diesem Thema und stieß dabei erneut auf das UFO-Magazin »Lumières dans la Nuit«, das nach dem Abdruck des sensationellen Berichts über Pater Ernettis zeitüberbrückende Erfindung von Leserbriefen überschwemmt wurde. Eine der *späteren* Anfragen, was nun aus dem »Chronovisor« geworden sei (Nr. 253/254, Juli-August 1985), führte in der Folgeausgabe des Blattes (Nr. 255/256, September-Oktober 1985) zur Reaktion eines Schweizer Lesers, der sich zu diesem Bericht wie folgt äußerte: »Die ›Fotos der Vergangenheit‹ (oder ›Chronovision‹) von Pater Pellegrino Ernetti waren eine Mystifikation. Inzwischen ist die Geschichte in Vergessenheit geraten, selbst in Italien, und es ist daher sinnvoll, das Wesentliche noch einmal in Erinnerung zu rufen.

Am 2. Mai 1972 kam die Sache an den Tag aufgrund eines Artikels in einer Mailänder Zeitung ›La Domenica del Corriere‹, Nr. 18. Darin hieß es, Pater Ernetti, ein Benediktinermönch aus Venedig, habe eine Maschine erfunden, mit der man die Bilder und Töne der Vergangenheit wieder erschaffen könne. Die Forschungen hätten 1956 begonnen und seien in Zusammenarbeit mit zwölf eminenten Physikern vorangetrieben worden, deren Namen jedoch der Artikel verschweigt. Ein Beispiel eines ›Fotos der Vergangenheit‹ wurde abgebildet: Es handelte sich um ein Foto von Christus am Kreuz, dargestellt mit Bart, Schnurrbart, die Augen gen Himmel gerichtet. Dieses Foto wurde auch in einem Buch von *Robert Charroux* (›Le livre du passé mystérieux‹, Paris 1973) abgedruckt. Von einem Leser des ›Giornale dei Misteri‹, Herrn *Alfonso De Silva*, wurde das Foto jedoch erkannt *als das Holzkreuz im Sanctuaire de l'Amour Miséricordieux von Collevalenza* in der Nähe von Todi, in der Provinz Perusa! ›Il Giornale dei Misteri‹ hatte in den Nummern 107, 108 und 132 die beiden Fotos nebeneinander veröffentlicht, und es besteht kein Zweifel, daß es sich um das gleiche Kreuz handelt.

Auf diese Erklärung ist Pater Ernetti niemals eingegangen. 1979 wurde er zu einem Parapsychologie-Kongreß nach Fermo eingeladen. Er nahm die Einladung an und entschied sich für einen Vortrag unter dem Titel ›Eschatologie in der Bibel, in der Philosophie und in der Theologie‹, also einen Vortrag, der nichts mit der ›Chronovision‹ zu tun hatte! Die Veranstalter des Kongresses akzeptierten den Vortrag dennoch. Sie hofften wohl, von Ernettis

Gegenwart profitieren zu können, um ihm Fragen zu diesem
›Foto der Vergangenheit‹ zu stellen. Leider kam aber der Pater
nicht zu diesem Kongreß.

Schließlich, am 17. Februar 1980, habe Ernetti eine Konferenz gegeben unter dem Titel: ›Niemand stirbt‹ in der Aula der Universität San Tommaso in Rom. Anwesend waren Physiker und andere Wissenschaftler, darunter Prof. *Marasca*, und der Benediktiner habe das Funktionsprinzip seiner Chronovision ›klar aufgedeckt‹.

Das ist alles, was bis heute zu dieser Sache zu berichten ist. Das
einzige ›Foto der Vergangenheit‹, das je veröffentlicht wurde, hat
sich als nichts weiter als *eine grobe Fälschung* herausgestellt. Ansonsten gibt es nur ›Hörensagen‹. Mysteriös bleibt jedoch: Wozu
eine solche Ente? Vielleicht wollte der brave Pater mit diesem
Mittel Beweise für die Existenz Jesu Christi vorlegen und auf
diese Weise das Interesse an der christlichen Religion, das von
Tag zu Tag schwindet, neu beleben?«

Soweit jener Schweizer Leser, den Jean Sider auch namentlich erwähnte: *Bruno Mancusi*, aus dem Kanton Wallis.

Vom Märchen zum Alptraum?

S ider wollte es nicht allein mit diesem Bericht bewenden lassen.
Kurz danach ergab sich für ihn die Gelegenheit, Bruno Mancusi persönlich kennenzulernen. In seiner Gedächtnisskizze
beschrieb ihn Jean Sider als »sehr gesetzt, mit einer lebhaften Intelligenz« und ungefähr 30 Jahre alt. »Er machte einen ausge-
zeichneten Eindruck auf mich«, führte er weiter an, »auch seine
Ansichten über die UFO-Phänomene orientierten sich eher in
Richtung auf eine Lösung in Zusammenhang mit einem psycho-
sozialen Stimulus. Das war und ist, auch heute noch, unser gemeinsames Interesse ...«

Da sich Mancusi gegenüber dem Journalisten auf jene italienische
Quelle berief, aus der er seine kritischen Einwände zum Thema
»Chronovisor« entnommen hatte und der Medienmann gerade
dort – in der Fachzeitschrift »Il Giornale dei Misteri« – bereits
mehrere Artikel zur Ufologie veröffentlicht hatte, gewann Man-

9 Auch der offizielle Gesandte des Heiligen Stuhls in Österreich, der Päpstliche Nuntius Erzbischof
DDr. Donato Squicciarini, vermochte dem Autor, im Rahmen der ihm gewährten Audienz, inter-
ssante Aufschlüsse über die geisteswissenschaftlichen Interessen vatikanischer Kreise zu vermitteln.

20 Guglielmo Marconi, Nobelpreisträger der Physik, beschäftigte sich neben seiner wissenschaftlichen Arbeit auch angelegentlich mit dem Phänomen der Tonbandstimmenforschung.

21 Sein Genie wurde leider durchweg verkannt: Nikola Tesla hatte viele brillante Ideen seine eigenwillige Vorgehensweise machte ihm jedoch die meisten Wissenschaftler zu Feinden.

22 Auch der Dominikanermönch Albertu Magnus hatte ganz offensichtlich Zugang zur »Akasha-Chronik«. In der Abgeschiedenhei seiner geräumigen Klosterzelle verbarg der adelige Geistliche viele seiner wundersamer Erfindungen, die seiner Zeit weit voraus waren.

20

21

23 Dieses Foto »kratzte« gehörig an dem ansonsten untadeligen Ruf des Pater Ernetti. Seinen eigenen Angaben nach zeigt es das Antlitz des Gekreuzigten, so wie es der Bildschirm des »Chronovisors« wiedergegeben haben soll. Andere Aussagen bezeichneten dies jedoch als Schwindel. Angeblich handelt es sich hierbei lediglich um den reproduzierten Ausschnitt von einer Christus-Statue.

24 Der geheimnisvolle Graf von Saint-Germain. Er lebte im 18. Jahrhundert, war ein Universalgenie, aber seine wirkliche Identität, Herkunft und Abstammung, ja sogar sein eigentliches Todesjahr, liegen nach wie vor völlig im Dunkeln.

25 Man nannte ihn »schlafender Prophet«, denn nur im Trancezustand war der Amerikaner Edgar Cayce in der Lage, kranken Menschen medizinische Ratschläge zu erteilen. Er machte in dieser Verfassung auch Voraussagen über kommende Ereignisse. Cayce will alle seine Erkenntnisse nur aus der Akasha-Chronik haben.

23

25

26

26 Als anerkannter Physiker hat sich Professor Ernst Senkowski bleibende Verdienste erworben Aber auch auf paraphysikalischer Ebene verstand es dieser Wissenschaftler, sich einen Namen zu machen. Vor allem die Tonbandstimmen-Forschung hat es ihm angetan. Senkowski war auch mi. Pater Ernetti befreundet.

27 Eine enge Freundschaft verband den französischen Theologen Père Brune mit seinem italieni schen Glaubensbruder Ernetti. Ihm verriet der Benediktiner Wesentliches über den Chronovisor

28 Eine erst kürzlich entdeckte zeichnerische Darstellung des vielseitig begabten Genies Leonardo da Vinci. Dieser italienische Maler und Erfinder war seiner Zeit weit voraus. Doch sein Leben is ein einziges Geheimnis geblieben.

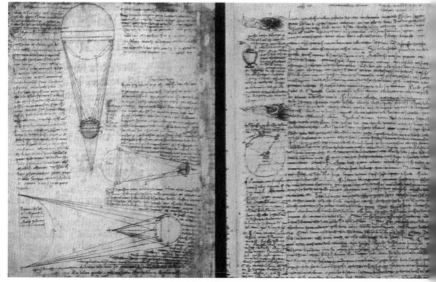

28

cusis skeptische Beurteilung jener Story für Jean Sider an Glaubwürdigkeit. Allerdings muß einschränkend vermerkt werden, daß hierbei bei dem Betreffenden eine gewisse Parteilichkeit zum Tragen kam. Zum einen publizierte er selbst darin, bezeichnete im Folgenden den dort verantwortlichen Redakteur *Roberto Pinotti*, Doktor der Soziologie, als einen in Italien als seriös geltenden Ufologen und wollte zu guter Letzt seit längerem erkannt haben, daß sich dieses Monatsmagazin doch »auf offene und ehrliche Weise mit den Geheimnissen des Paranormalen auseinandersetzt(e)«. Für ihn gewannen deshalb die im »Il Giornale dei Misteri« veröffentlichten Verlautbarungen an Glaubwürdigkeit. »Ich werde nun meine Leser sicher enttäuschen«, schrieb der Journalist Jean Sider, und es rollten dabei ein paar Krokodilstränen, als er resümierte: »... aber ich meine, daß sich die Erforschung des Paranormalen absolut freimachen muß von jeder folkloristischen Vorstellung aus betrügerischen Informationen, wodurch dieses Forschungsgebiet ein höchst negatives Image bekommt... Ich fürchte jedoch, daß diese Geschichte – zu schön, um wahr zu sein, nach meiner bescheidenen Meinung – in die Reihe der Mystifikationen oder Betrügereien einzuordnen ist. Ich beschuldige natürlich Pater Ernetti *nicht*, solche betrügerischen Behauptungen aufgestellt zu haben: Ich glaube vielmehr, daß er von einem geschickten Betrüger, der noch zu identifizieren wäre, *über den Tisch gezogen* wurde, aus Gründen, die völlig offen sind ...«

Sider glaubt, daß es noch lange dauern würde (»vielleicht sogar ewig«), bis man ein Gerät bauen wird können, das die Qualitäten jenes »Chronovisors« aufweisen dürfte, wie dieser durch Pater Ernetti beschrieben worden ist. »Ich habe zwar unerschütterliches Vertrauen in die Intelligenz des Menschen und seine Fähigkeiten, Wunder der Technologie hervorzubringen, *aber ich kann mir nicht vorstellen, daß er eines Tages erreicht, was mir nur wie ein Märchen erscheint, das sich leicht zum Alptraum auswachsen kann*. Denn die Auswirkungen einer solchen Erfindung beinhalten auch äußerst ernstzunehmende Nachteile, die unsere Gesellschaft zutiefst umkrempeln könnten. So können beispielsweise riesige politisch-finanzielle Betrügereien an den Tag kommen, Morde aus Gründen der Staatsräson und andere schreckliche Taten, die die Geschichte unserer Gesellschaft wie Meilensteine begrenzen und vor der Bevölkerung sorgfältig und gewissenhaft verborgen gehalten wurden. Auch viele geistige, ideologische, ja selbst wissenschaftliche Errungenschaften könnten in Frage gestellt werden, wenn sich beweisen ließe, daß manche bisher geleugnete Ereignisse tatsächlich stattgefunden haben oder daß andere bekannte Dinge überhaupt nie passiert sind. Eine hübsche Medaille mit einem schrecklichen Revers ...«

Ein zweifellos aufrüttelndes »Plädoyer«, das der in Italien lebende französische Journalist da von sich gab. Seine Warnungen haben einiges für sich – aber ähnliches veranlaßte ja auch den Benediktinerpater Pellegrino Ernetti dazu, Details über »seine« Zeitmaschine, den umstrittenen »Chronovisor«, zurückzuhalten, sie – trotz vager Angaben darüber – insgesamt zu verschweigen. Dem Mönch aus Venedig war als verantwortungsbewußtem Wissenschaftler im Laufe der Jahre die Sache ebenfalls »zu heiß« geworden. Seine ursprüngliche Redseligkeit über den Stand seiner Forschungen ebbte immer mehr ab und ließ den Ordensmann schließlich völlig verstummen. Die kurz vor seinem Ableben von ihm verfügte Weisung, das von verschiedenen Geheimdiensten heißbegehrte Gerät zu »entschärfen«, indem er es von den noch lebenden Mitarbeitern in seine Bestandteile zerlegen ließ, zeugt von Pater Ernettis Verantwortungsgefühl gegenüber der Menschheit, sie nicht einer drohenden Gefahr des Mißbrauchs auszusetzen. Dieser wäre sicher gegeben gewesen, wäre der »Chronovisor« in seiner ursprünglichen Verfassung – als funktionierender Apparat – unqualifizierten Mächten in die Hände gefallen.

Wie verhält es sich aber trotz allem mit jenem heißdiskutierten Foto, das angeblich (jedenfalls laut Aussage Ernettis) direkt vom Bildschirm des »Chronovisors« abgelichtet worden war?

Alles nur Trug? Hochstapelei? Ähnlicher Unsinn, wie das vor einiger Zeit in England gezeigte »Dokumentarfilmchen«, in welchem die Autopsie eines »Außerirdischen« demonstriert wurde, der angeblich beim Absturz einer »Fliegenden Untertasse«, im Juli 1947, nahe der Stadt *Roswell* im US-Bundesstaat New Mexico ums Leben gekommen war?

Gewiß nicht, wage ich hier einzuwenden. Sicher ebenso subjektiv, wie zuvor der Journalist Jean Sider geurteilt hatte. Aber: »Was ist Wahrheit?« So fragte bereits der römische Statthalter *Pontius Pilatus* den ihm vorgeführten, angeklagten Wanderprediger *Jesus*. Wer vermag dies widerspruchslos zu beantworten?

Einer, der zumindest versuchte, den Vorwurf zu entkräften oder wenigstens zu relativieren, Pater Ernettis Christusbild habe sich als Fälschung demaskiert, war einmal mehr der enge Freund des italienischen Benediktinermönchs, Père *François Brune*. Der Theologieprofessor an der Pariser Sorbonne ließ nichts unversucht, Klarheit über diese höchst diffuse Angelegenheit zu erlangen. Seine Recherchen führten ihn nach Italien, wo er alles vorliegende Material einer genauen Analyse unterzog. Anläßlich einer Reise nach Bologna stellte ihm ein befreundeter Priester die gesamte Dokumentation von allen in Italien erschienenen Veröffentlichungen über den »Chronovisor« zusammen, deren wichtigste der Franzose fotokopierte. Ganz besonders die Vergleichsfotos – jene Aufnahme, die von der Bildschirmwiedergabe des »Chronovisors« gemacht worden war sowie die Ablichtung des für das Kloster der »Amour Miséricordieux« in Collevalenza bei Todi geschnitzten Christus – hatten es Père Brune angetan. Dabei stellte er zweifelsfrei fest, daß es sich hier tatsächlich um das *gleiche* Bild handelte. Der einzige Unterschied zwischen den beiden Fotos bestand darin, daß sich eines davon dem Betrachter *seitenverkehrt* präsentierte. Ansonsten stimmte alles bis ins kleinste Detail überein. Es handelte sich in beiden Fällen *um dasselbe Modell*!

In seinen Aufzeichnungen macht Brune deutlich, darüber sehr wohl mit Pater Ernetti gesprochen zu haben – wenn auch erst in dessen letzten Lebensjahren. Ernetti habe ihn daraufhin erklärt, dieses Bild natürlich zu kennen, und er wisse auch, daß es sich dabei um ein Werk des spanischen Bildhauers *Callot Valera* handle. Der Künstler habe jenen Christus am Kreuz nach den Angaben einer spanischen, mystischen und stigmatisierten Ordensschwester angefertigt, welche behauptet hatte, Visionen des Leidensweges Christi empfangen zu haben. Diese Nonne sei später nach Italien gekommen, wo er, Ernetti, die Gelegenheit wahrgenommen habe, die Mystikerin auch persönlich kennenzulernen. Dennoch beeilte sich der Pater zu betonen, daß die Aufnahmen des Gekreuzigten, wie er sie mit Hilfe des »Chronovisors« erhalten habe, sich schon deshalb von dem der (inzwischen verstorbenen) Ordensschwester unterschieden hätten, weil diese Fotos von beweglichen Bildern, wie sie auf dem »Chronovisor« zu sehen gewesen seien, abgelichtet worden wären. Er stünde jedoch nicht an, gab der Benediktiner ohne Umschweife zu, über die mimische Übereinstimmung wirklich erstaunt zu sein. Für Pater Ernetti, so der französische Chronist, habe sich aber nie die Frage nach dem Original bei diesen beiden Bildern gestellt. Schließlich seien die über den »Chronovisor« erhaltenen Fotos *lange vor der angefertigten Skulptur* des spanischen Bildhauers entstanden.

Eine gewisse Ratlosigkeit schwingt in den Zeilen Père Brunes mit, und lapidar läßt er die Nachwelt wissen: »Mehr kann ich zu diesem Problem nicht sagen.« Wozu sich noch ein weiteres hinzugesellte: das hartnäckige Schweigen seines Mitbruders, das sich nicht allein auf die seltsame Fotogleichheit erstreckte, sondern nunmehr auch Einzelheiten um die Zusammensetzung des »Chronovisors« selbst mit einbezog.

Warum schwieg Pater Ernetti?

François Brune, der Theologieprofessor an der Sorbonne in Paris, versuchte in seinen Veröffentlichungen auch der Frage auf den Grund zu gehen, weswegen der venezianische Geisteswissenschaftler am Ende seines Daseins sich in völliges Stillschweigen gehüllt habe. Er meint: »Es sind hier zwei Zeiträume zu unterscheiden. In der ersten Periode spricht Pater Ernetti begeistert von dieser phantastischen Erfindung. Das gilt wohl auch noch für die Zeit des von der italienischen Zeitschrift ›Astra‹ veranstalteten Kongresses in Riva del Garda im Jahre 1986. Ernetti erhielt damals noch einmal die Erlaubnis des Vatikans, über den ›Chronovisor‹ zu referieren. Aber danach zeigten sich die vorgesetzten Instanzen immer zögerlicher, dem Pater Sprecherlaubnis zu gewähren. Jedenfalls habe *ich* diesen Schluß ziehen müssen. Selbstverständlich: Als Benediktinermönch benötigte er jedesmal für seine Ausführungen nicht nur die Genehmigung vom Abt seines Klosters, sondern zusätzlich auch die vom Superior seines Ordens. Häufig mußte Pater Ernetti auch erst im Vatikan nachfragen, ob er über seine außergewöhnliche Forschungsarbeit sprechen dürfe. Daraus erklärt sich mit hoher Wahrscheinlichkeit, daß ihm, wie ansatzweise auch schon bei früheren Kongreßauftritten, zuletzt immer häufiger Redeverbot auferlegt wurde.«

Für François Brune steht fest, daß es einen bestimmten Zeitpunkt gegeben haben müsse, ab welchem es dem Benediktinermönch »im Namen der Gehorsamkeit« absolut untersagt war, noch irgend etwas über seinen inzwischen berühmt gewordenen »Chronovisor« weiterzugeben. Für Pater Ernetti sei das ein Dilemma gewesen, denn nunmehr sei er ohne jede Deckung dagestanden: »Er konnte ja nicht leugnen, was er bereits von sich gegeben hatte, sonst hätte er sowohl sich als auch diejenigen, die ihm bis dato die Erlaubnis erteilt hatten, bloßgestellt. Andererseits durfte mein Mitbruder aber auch das ihm bekanntgemachte Verbot nicht als Ausrede gebrauchen, weil sonst der Druck der Medien auf seine Vorgesetzten im Kloster, im Orden und im Vatikan zu groß geworden wäre. Sicher war das für meinen venezianischen Freund mit ein Grund, mir aus Vorsicht deshalb immer nur jene Namen der mit ihm arbeitenden Wissenschaftler zu nennen, die bereits verstorben waren. So kam es wohl, daß Pater Ernetti auf keine der Verdächtigungen und Anschuldigungen eingehen konnte, die inzwischen gegen ihn laut geworden waren. Jede, auch noch so vorsichtige Antwort hätte nämlich dann unweigerlich zu weiteren Fragen geführt. Also blieb ihm nichts anderes übrig, als die gegen ihn gerichteten Angriffe so ausweichend wie möglich zu beantworten. Dies führte dann dazu, daß seine Auskünfte die Medienvertreter nicht mehr befriedigten und ihre berufsbedingte Neugier sich schließlich erschöpfte.«

Daß dies zu einem großen Imageverlust des theologisch tätigen Musikwissenschaftlers führen mußte, war allen Beteiligten von Anfang an klar. Aber genau das war es, was Ernettis unmittelbare Vorgesetzte beabsichtigt hatten. Der Pater wurde solcherart »aus dem Verkehr« gezogen und blieb in der Folge von Reportern relativ unbehelligt. Er lebte nun wieder ein normales Leben. Auch weit weniger angenehme Zeitgenossen – Agenten des amerikanischen und russischen Geheimdienstes – verloren nach und nach das Interesse. Solange dieses angedauert hatte, war Pellegrino Ernetti gezwungen gewesen, das Kloster, in dem er lebte und arbeitete, stets in Begleitung zweier Leibwächter zu verlassen. An die einneinhalb Jahre habe »diese Prüfung« gedauert, erfuhr Père Brune später von seinem Mitbruder. Der war im übrigen ganz und gar nicht einverstanden, mit einem Redeverbot belegt worden zu sein. Er fühlte dadurch hilflos den mitunter polemischen Unterstellungen mißgünstiger Klatschmagazine ausgesetzt und litt sichtlich unter dieser Bürde. Seinem französischen Freund klagte er einmal, daß er jene absolute Schweigepflicht nicht billige. Unter anderen Umständen, erfuhr Père Brune von Ernetti, hätte er sicher dafür plädiert, die Geheimhaltung seiner Erfindung wenigstens teilweise aufzuheben.

Daß man in den höchsten Kreisen im Vatikan über den venezianischen Ordensmann ganz anders dachte und seiner Arbeit mit Respekt begegnete, erwies sich am 30. September 1993.

Der Vatikan weiß alles

Vielleicht ahnte Pater Pellegrino Ernetti, daß ihm nicht mehr allzuviel Zeit zur Verfügung stand, sein Lebenswerk zu einem vollständigen Abschluß zu bringen. Schon vermochte er seine vielfachen Exorzismen – trotz der zahlreichen Anfragen aus dem einfachen Volk – nur noch vereinzelt auszuführen, da ihn eine schwere Krankheit immer häufiger zwang, tagelang im Krankenhaus zu verweilen.

Darunter litt in der Folge auch seine wissenschaftliche Tätigkeit. Zudem befürchtete der Venezianer zu Recht, daß sein »Chronovisor« Gefahr lief, so er sich damit nicht mehr beschäftigen konnte, in die falschen Hände zu geraten. Von jenem runden Dutzend ihm in den vergangenen Jahrzehnten zur Seite gestandenen Wissenschaftlern lebte kaum noch eine Handvoll – und die Mehrzahl von ihnen stammte nicht aus seiner Heimat Italien. Es mußte also Entscheidendes geschehen, um das ungemein wertvolle Gerät vor etwaigem Mißbrauch zu bewahren. Und Ernetti wußte auch schon *wie*.

Zunächst aber flatterte ihm eine offizielle Einladung von hoher vatikanischer Stelle ins Haus, vor einer international besetzten Kommission katholischer Wissenschaftler sowie vier ranghohen Kardinälen Auskunft über den Stand der Arbeit an seinem »Chronovisor« zu geben.

Ort der Zusammenkunft, an welcher auch zwei der noch lebenden

Physiker aus Ernettis Mitarbeiterstab teilnehmen sollten, war die Pontefikalische Akademie in Rom.

Obwohl schon ein wenig gebrechlich, ließ sich Pater Ernetti diese Gelegenheit nicht entgehen, vor dieser erlesenen Abordnung geistlicher und weltlicher Kapazitäten die Qualitäten seiner »Zeitmaschine« (als die man den »Chronovisor« ja durchaus bezeichnen konnte) ausführlich darzustellen. Schriftlich informierte der Mönch zwei von ihm ausgewählte Fachleute über die ehrenvolle Einladung aus dem Vatikan und erhielt auch prompt deren Zusage.

30. September 1993. Der große Tag war da. Zu dritt machten sich Pater Pellegrino Ernetti und seine beiden Gefolgsleute auf den Weg zur Pontefikalischen Akademie.

Man hatte vereinbart, sich tags zuvor in einem dafür vorgesehenen Hotel einzufinden und von dort aus zur festgesetzten Zeit den dafür bestimmten Treffpunkt aufzusuchen.

Père François Brune, der Gelegenheit hatte, seinem Freund und Mitbruder am 1. November 1993 noch einmal zu begegnen, wurde von diesem in einem (wie sich herausstellen sollte) letzten Gespräch eingehend über die Zusammenkunft auf akademischem Boden informiert.

»Ich hatte mir ein nicht zu langes, aber um so faktenreicheres Referat erarbeitet und zusätzlich ausreichende Unterlagen vorbereitet, um für alles, was die Herren aus der Kurie sowie des Beirates über Zusammensetzung und Funktion des ›Chronovisors‹ zu erfahren wünschten, gewappnet zu sein. Und ich hatte gut daran getan, dieses Material mitgebracht zu haben, denn die anwesenden Mitglieder der wissenschaftlichen Kommission, vor allem aber die vier von höchster Stelle in die Akademie delegierten Kardinäle, zeigten sich an meinem ›Zeit-Seher‹ überaus interessiert. Vor diesem Gremium international angesehener Experten und hochrangiger geistlicher Würdenträger bestand für mich und meine beiden Begleiter nunmehr kein Grund mehr, irgend etwas über die jahrzehntelange Arbeit an unserem zeitüberbrückenden Gerät zu verschweigen.«

»War die Neugier bei den Betreffenden sehr groß?« wollte der Gast aus Frankreich wissen.

Ernetti lächelte verschmitzt: »Wir haben ihnen alles gesagt!«

Zerlegt und versteckt

Ich habe es schon kurz erwähnt: Der venezianische Theologe hatte, nach seinem Auftritt vor jenem Kuratorium und seiner Zusammenkunft mit Père Brune, keine sehr lange Lebenszeit mehr vor sich. Die schwere Krankheit zehrte an seinen Kräften, und Pater Ernetti war zuletzt nur noch bettlägrig. An einem Freitag, dem 8. April 1994, wurde der Benediktinermönch, der sich zeitlebens auch auf dem Gebiet der wissenschaftlichen Forschung einen Namen gemacht hatte, von allen Leiden erlöst. Er starb, 68jährig, an Krebs.

Was geschah mit seinem Lebenswerk? In den letzten Jahren seiner Tätigkeit war Pellegrino Ernettis »Chronovisor« einer strengen Bewachung unterzogen worden. Gerüchte (Genaueres weigerte sich der Ordensbruder bekanntzugeben) wollen wissen, daß das heikle Gerät – solange daran keine experimentellen Versuche vorgenommen wurden – in einem Panzergewölbe des Vatikanischen Archivs aufbewahrt worden sei und angeblich Tag und Nacht unter strenger Bewachung gestanden habe. Sicher jedoch ist, daß der Pater zuletzt (bereits todkrank) verfügte, den »Chronovisor« in seine verschiedenen Bestandteile zu zerlegen und den noch lebenden Physikern seiner Crew auszuhändigen.

Diese Vorsichtsmaßnahme hatte ihre guten Gründe. Witterten doch skrupellose Geschäftemacher (die vermutlich auch mit den unterschiedlichsten Geheimdiensten aus den exotischesten Ländern in dauernder Verbindung standen) jetzt – wo es sich herumgesprochen hatte, daß der moralische Eigentümer des »Chronovisors«, Pater Ernetti, im Sterben lag – ihre große Chance, doch noch auf irgendeine Weise an das wundersame Gerät heranzukommen, um es in der Folge an den Meistbietenden verkaufen zu können.

Dem schob der gewitzte Benediktinermönch einen Riegel vor.

Heute existiert die moderne Zeitmaschine in ihrer Gesamtheit nur noch auf angeblich in Archiven des Vatikans verborgen gehaltenen Konstruktionsplänen; das Gerät selbst – beziehungsweise die einzelnen Materialien, aus denen es ursprünglich zusammengesetzt war – befindet sich in der Obhut jener noch lebenden Handvoll Physiker, über den Erdball verstreut. Genauso hatte es der venezianische Pater gewollt, seit er – nach anfänglichem Enthusiasmus – mit erschreckender Deutlichkeit erkannt hatte, daß der Mensch mit all seinen Licht- und Schattenseiten doch noch nicht die Reife besaß, mit dem von ihm und seinen Mitarbeitern entwickelten, hochsensiblen Instrument verantwortungsbewußt umzugehen. Pellegrino Ernetti hielt es da doch lieber mit Jesus Christus, dessen Prophezeiung überliefert wurde und uns (soll man sagen: hoffnungsvoll?), in den Ohren klingt: »Am Ende der Zeiten wird alles Verhüllte offenbar werden.«

Wer mit wem?

Ein weiteres Geheimnis, das von Außenstehenden bisher nicht entschleiert werden konnte, betrifft die Namen jener Wissenschaftler, die Pater Ernetti für sein Projekt zu begeistern vermochte und von denen im Laufe mehrerer Jahrzehnte ein gutes Dutzend an der Herstellung des »Chronovisors« mitgewirkt hatten. Aus wohlüberlegtem Grund hütete sich der Ordensmann aus Venedig davor, vor Medienvertretern oder Zuhörern bei PSI-Kongressen irgendwelche Namen laut werden zu lassen. Erst später, nachdem der eine oder andere Physiker nicht mehr unter den Lebenden weilte, rückte er dann und wann mit den Namen von prominenten Verstorbenen heraus. Auch Père François Brune richtete Fragen an seinen geistlichen Freund und Mitbruder:
»Wem ist eigentlich die Entdeckung des Prinzips zuzuschreiben, das Ihrem ›Chronovisor‹ vorausgegangen ist?«
Ernetti mochte den Lorbeer nicht für sich allein beanspruchen.
»Ach, da waren mehrere von uns beteiligt. Enrico Fermi zum Beispiel, der berühmte Atomphysiker, sowie einer seiner Schüler. Mit ihnen ein japanischer Nobelpreisträger, ein portugiesischer Forscher – und nicht zuletzt der deutsch-amerikanische Raumfahrtspezialist Wernher von Braun. Sie alle beschäftigten sich sehr intensiv mit dieser Frage.«
»Und wie ist es zur Entdeckung einer so erstaunlichen Sache überhaupt gekommen?« bohrte der französische Theologieprofessor weiter.
»Eigentlich durch einen glücklichen Zufall, wenn man es so nennen will. Alles beruhte nämlich auf einer sehr einfachen Idee. Sie

führte uns zu einer ähnlichen Erkenntnis wie seinerzeit ›das Ei des Kolumbus‹. Man hatte nichts weiter zu tun, als im entscheidenden Augenblick einfach daran zu denken.«

»Dann besteht wohl auch für andere Forscher die Chance, einen Weg zu dieser Entdeckung zu finden?« wollte François Brune wissen. Pater Ernetti schüttelte den Kopf: »Nein, das ist praktisch unmöglich. Und wenn ja, wäre das wirklich ein unglaublicher Glücksfall.«

Mit dieser Annahme könnte der Italiener einem Trugschluß unterlegen sein. Jedenfalls besitzt Père Brune andere Informationen. Er verweist auf Forschungen seines Landsmannes *Georges Charpak*, dem französischen Nobelpreisträger für Physik, die, nach dessen eigenen Aussagen, ähnlich gelagert sein dürften wie jene Ernettis. Mit Hilfe von Laserstrahlen versucht Charpak angeblich, Echos von Geräuschen der Vergangenheit auf Tongefäßen der griechischen Antike aufzufangen und wiederzugeben. Ob er damit Erfolg hatte, ist nicht bekannt.

Ein Gegenstück zum »Chronovisor«?

E r verfaßte einige Bücher über das angebliche Wissen fernöstlicher *Meister*. Und er soll auch während dieser Zeit eine sehr wichtige Rolle bei der Übermittlung dieser Kenntnisse an die westliche Welt gespielt haben. In seinen Schriften vertrat er die Ansicht, daß es viele solcher Meister – die er auch »Ältere Brüder« nannte – gebe. Deren alleinige Aufgabe sei es, das Geschick der Menschheit sowie jenes der Welt helfend zu leiten.

Gemeint ist hier der Geisteswissenschaftler *Baird T. Spalding*, ein in den Vereinigten Staaten bekannter und wirkender Esoteriker, der vor allem mit seinem fünfbändigen Werk »Leben und Lehren der Meister im Fernen Osten« (dt. Ausgabe erschien in München, o. J.) von sich Reden machte. Sein Image ist jedoch nicht fleckenlos und sein Ruf »angekratzt«. Jedenfalls wird Spalding verschiedentlich unterstellt, ein Betrüger gewesen zu sein, bei dessen Veröffentlichungen es sich samt und sonders um Fälschungen gehandelt habe.

Einer, der besonders engagiert gegen den Amerikaner zu Felde zog, war der Gründer und Großmeister der sexual-magischen Geheimloge *Fraternitas Saturni* in Berlin, »Gregor A. Gregorius« (1888–1964), welcher selbst nicht ganz unumstritten war und mit seinem bürgerlichen Namen eigentlich *Eugen Grosche* hieß. Für sich selbst reklamierte er das Prädikat, einer der wenigen noch lebenden »Wissenden« zu sein. Ohne von dieser Stelle aus nun gewichten zu wollen, *wer* von diesen beiden Männern letztlich die Wahrheit für sich gepachtet hatte, scheint mir hier doch ein Fall von Eifersüchtelei vorzuliegen (zumindest was diesen Herrn Grosche alias Gregorius anlangt), weswegen ich es tunlichst vermeiden möchte, Baird T. Spalding vorweg der Scharlatanerie zu bezichtigen.

Nach den mir vorliegenden Unterlagen sollen etwa die fünf Bände von »Leben und Lehren der Meister im Fernen Osten« von zahlreichen Vortragenden und »Lehrern der Wahrheit« in den vergangenen Jahrzehnten benutzt und auch weitergegeben worden sein. Spaldings Publikationen seien gewissermaßen »Kanäle«, wird behauptet, die von den »Älteren Brüdern« herangezogen würden, um auf diese Weise »die Menschheit zu unterrichten«, ihr solcherart »das Bewußtsein zu erweitern« und ihre Aufmerksamkeit »auf die großen Gesetze des Lebens zu richten«. Esoterische Lehren also, wie wir sie ja auch von ähnlich Orientierten wie Helena Petrowna Blavatsky oder Rudolf Steiner im Ohr haben.

Aber das ist es nicht, was uns auf diesen Seiten so sehr zu interessieren vermag. Vielmehr sind es die Hinweise, die Baird T. Spalding gibt bzw. gab (denn der 1858 Geborene starb hochbetagt im Jahre 1953) und die sich allesamt auf angebliche »Erfahrungen, Entdeckungen und Enthüllungen unserer Forschungsarbeit« beziehen.

Worin aber bestanden die Aktivitäten dieses selbsternannten Übermittlers fernöstlicher Weisheiten? Überlassen wir ein paar Zeilen lang Mr. Spalding das Wort, um mehr über jene Forschungen zu erfahren:

»Wir haben sie über 40 Jahre lang durchgeführt. Zuerst übersetzten wir die Berichte, die wir in der Gobi, in Tibet und in Indien vorfanden. Diese Tätigkeit hat sich zu einer Organisation von etwa 26 Leuten entwickelt, die an der Arbeit interessiert sind und sie tun.

Die Wissenschaftler beginnen, uns einen großen Teil Glaubwürdigkeit zu geben. Tatsächlich glaubten sie ..., daß wir mit unserer neuen Kamera und mit dem, was wir das Aufnehmen von Bildern vergangener Ereignisse nennen, imstande sein werden, mindestens eine Million Jahre zurückzugehen und die Zivilisationen zu zeigen, die zu jener Zeit existierten.

Es mag bemerkenswert erscheinen, daß wir zurückgehen und korrekte Bilder von dem aufnehmen können, was sich Jahrtausende zuvor ereignet hat. Es wird viel in dieser Richtung getan. Wir haben die Auszeichnung, damit aufgrund der Hilfe von Dr. Steinmetz zu beginnen. Ich selbst habe mit ihm gearbeitet. Während der ganzen Zeit, in der ich bei ihm war, wiederholte er: ›Wir werden eine Kamera bauen, die in die Vergangenheit zurückgeht und jedes vergangene Ereignis aufnimmt, wenn man es wünscht.‹ Er schritt voran und gab die Richtlinien. Nicht nur das, er zeichnete Pläne für diese Kamera und wir folgten ihnen. Heute können wir definitiv sagen, daß wir in die Vergangenheit zurückgehen und jedes vergangene Ereignis aufnehmen können ...

Unsere anfängliche Erfahrung mit der ersten Kamera wurde durch Dr. Steinmetz motiviert. Ich arbeitete neun Jahre bei ihm, und er behauptete immerfort, wir würden am Ende in die Vergangenheit zurückgehen und alles erhalten, was sich ereignet hat, z. B. was die Zivilisationen taten, wie sie arbeiteten und so fort, und das ist Wirklichkeit geworden.«

Ob eine derartige »Kamera«, wie von Spalding behauptet, tatsächlich gebaut werden konnte und dann auch funktionierte, entzieht sich meiner Kenntnis. Immerhin war dieser, in dem Bericht mehrfach erwähnte, Dr. *Steinmetz* keine Phantasiefigur. Steinmetz gilt als der Erfinder des sogenannten »Silikonkautschuks« und er war – unabhängig von seinen esoterischen Neigungen – seinerzeit Abteilungsleiter bei *General Electric*, bekanntlich ein weltweit verbreiteter Konzern.

»Unsere erste Erfahrung betraf George Washingtons Einführungsansprache«, berichtet Spalding weiter. »Das geschah in New York in der jetzt so genannten Federal Hall. Auf diesen Bildern kann man leicht jeden Würdenträger erkennen, der auf dem Podium mit ihm stand, und George Washington geht vor der Gruppe vor und zurück und hält seine Einführungsrede. Zu jener Zeit – vor der Erfindung der Daguerreotypie – wurde selbstverständlich nicht einmal ein Standfoto von seiner Rede oder von jener Gruppe aufgenommen. Gemälde waren angefertigt worden, aber keine aktuellen Fotografien. Jetzt besitzen wir das reale Bild zusammen mit George Washingtons Stimme auf der Tonspur. Jeder sagte eine Zeitlang, es sei eine Fälschung, die wir in Form eines Films hergestellt hätten. Aber es kann jetzt mit einem gewöhnlichen Filmmechanismus gezeigt werden.«

In seinem mit Informationsmaterial geradezu überquellenden Buch »Instrumentelle Transkommunikation« aus dem Jahr 1995, worin ebenfalls über diese »Kamera vergangener Ereignisse« berichtet wird, erwähnt dessen Autor, der deutsche Physiker und Elektrotechniker Professor Dr. *Ernst Senkowski* zusätzlich noch die angebliche Existenz eines »Cosmic Mirror« – eines »kosmischen Spiegels« –, welcher sich in den Wyoming Rockies (USA) befinden soll. Senkowski bezieht diese Mitteilung aus einer Veröffentlichung von *C. A. Fraude*, »Supraphysik und PSI-Fotografie der Akasha-Chronik«, die 1979 in Zürich erschien. Mir selbst war darüber bislang nichts bekannt, und ich weiß leider auch nichts über das weitere Schicksal dieses wundersam anmutenden Gerätes zu vermelden.

Selbstverständlich bin ich mir bei der Wiedergabe derartiger Mitteilungen durchaus bewußt, daß die Quellen, aus denen sie stammen, mit der notwendigen Vorsicht zur Kenntnis zu nehmen sind. Zu nebulos stehen sie oft genug im Raum. Die Ursache hierfür läßt sich problemlos finden: Viele dieser Informationen stammen leider nur aus »zweiter«, wenn nicht sogar aus »dritter Hand«. Sie sind aus meiner Sicht heraus kaum verifizierbar. Insgesamt mag es reizvoll erscheinen, dem Gedankenspiel zu huldigen, im Bereich parapsychologischer oder paraphysikalischer Möglichkeiten ein »Fenster in die Vergangenheit« (vielleicht auch eines in die *Zukunft*?) aufzustoßen, doch sollte der Wunsch allein nicht überborden und ein informatorisches Chaos verursachen. Ob gezielt oder unbeabsichtigt: *Desinformation* ist für die Sache in jedem Falle schädlich!

Ich vermag an dieser Stelle auch nicht zu sagen, inwieweit die Wiedergaben von Mr. Spalding als hieb- und stichfest anzusehen sind, allerdings scheint hier manches – so man auch Pater Ernettis Bericht über seinen »Chronovisor« als *wahrheitsgemäß* qualifiziert – auf authentischem Quellenmaterial zu beruhen.

So wie der italienische Ordensmann aus Venedig, aus einer verständlichen Motivation heraus, es nicht lassen konnte, über seine Zeitmaschine das Geschehen der Leidensgeschichte Christi via Bildschirm und Tonspur nachzuvollziehen, wollte wohl auch Baird T. Spalding Genaueres über die Persönlichkeit und Person des Erlösers erfahren. Man tauchte also mit Hilfe der von Dr. Steinmetz und seinen Leuten entwickelten »Rückschau-Kamera« tief in die Vergangenheit ein und fixierte sie u. a. auf ein reizvolles Unternehmen – die in allen Evangelien ausdrücklich erwähnte *Bergpredigt*. Spalding berichtet:

»Wir wissen jetzt, daß Jesus, der Mensch, nicht verschieden von uns war. Wir besitzen eine vollständige Geschichte jener Familie über 20 000 Jahre, und wir wissen, daß es eine gutsituierte Familie war, daß er (*Jesus*; sic!) ein Mann mit großem Einfluß war, ein sehr bestimmender Charakter. Er war ein Mann, sechs Fuß zwei Zoll groß (ca. 1,96 Meter), und wenn er in einer Menschenmenge stand, würde man ihn sofort herausfinden und sagen: Dieses ist ein Mensch, der Erfüllung finden wird – und er fand sie. Die Geschichte ist heute dabei, diese Dinge herauszufinden, und wir gehen zurück zu diesem Drama und erhalten die genauen Worte.

Wir sind sehr interessiert an seinem gesamten Leben, und wir verfolgten es ausführlich. Nicht nur das, sondern wir kennen den Mann seit einer Anzahl von Jahren, und wir wissen heute, daß er niemals durch den Tod hindurchging … Nicht nur das. Er sagte uns, daß der Tod überwunden sei.«

Spirituelles Meisterstück

*B*aird T. Spalding, der Augen- und Ohrenzeuge einer visuellen Reproduktion Jesu Christi, wie sie (seinen Angaben nach) mit Hilfe jener von ihm genannten »Rückschau-Kamera« möglich gewesen war, sah in der berühmten »Bergpredigt« des Messias in jedem Fall ein *spirituelles Meisterstück*. Die Worte des Heilands, befand der Amerikaner, hätten auf wunderbare Weise die Zeiten überdauert, damals getätigte Aussagen wären auch von späteren Generationen verstanden und gläubig aufgenommen worden. Und letztendlich hätten Jesu Worte bei vielen den Anstoß gegeben, ihr Leben in dem von IHM gewollten Sinn *positiv* zu verändern.

Ähnlich ungewöhnlich, so Spalding, sei auch die in den Evangelien wiedergegebene »wunderbare Brotvermehrung« verlaufen. Abermals habe man dabei mit der »Rückschau-Kamera« erstmals unumstößliche Fakten einfangen und festhalten können. »Wir sind heute in der Lage, dank unserer Aufnahmen zu beweisen, daß damals keiner der vielen Teilnehmer jener Demonstration Speisen irgendwelcher Art zu Jesus brachte außer diesem kleinen Jungen mit den fünf Broten und Fischen«, ließ Spalding die Öffentlichkeit wissen. »Hier handelte es sich keineswegs um eine Allegorie. Wäre es nämlich eine gewesen, dann hätten wir den kleinen Jungen mit seinen Broten und Fischen nicht bildlich festhalten können. Tatsächlich geschah damals nichts weiter, als daß Jesus die Worte sprach: ›Setzt euch nieder und bereitet euch zum Fest!‹ Und dann gab es plötzlich Überfluß von allem.«

Besaß dieser Jesus die einzigartige Fähigkeit, Menschenmassen *suggestiv* zu beeinflussen? War er auf diese Weise imstande, die Teilnehmer an seiner Kundgebung glauben zu machen, sie seien allesamt *satt* geworden? Und das bloß von ein paar Broten und Fischen? Ähnlich auch ein weiteres von Spalding wiedergegebenes Beispiel: »Da sprach ein Jünger zu Jesus: ›Meister, wir brauchen Brot, aber es sind noch vier Monate bis zur Ernte.‹ Der Heiland antwortete ihm: ›Schaut doch auf die Felder, sie sind zur Ernte bereit!‹ Und die Jünger sahen, daß es so war.« Auf welche Weise wurden solche Wunder möglich? Unkritische Gläubige werden entgegnen, für Gott sei eben alles möglich. Aber eine solche Deutung ist mir zu naiv. Denn Jesus mit dem Schöpfer gleichzusetzen, führt an seinen Aussagen vorbei. Er sprach von sich immer nur als »der Sohn Gottes«. Und er redete mit seinen relativ ungebildeten Jüngern zumeist in *Gleichnissen*. Söhne und Töchter des Höchsten sind wir, bildlich gesprochen, ja alle, und auch der Messias meinte es stets nur *symbolisch*, wenn er von »seinem Vater im Himmel« erzählte.

In Baird T. Spaldings Niederschriften ist übrigens ebenfalls davon die Rede, daß er sowie Steinmetz und noch ein weiteres Mitglied des Forschungsteams eines Tages – ähnlich wie Pater Ernetti – in den Vatikan eingeladen wurde. Sie sollten dort (so Spalding) »einem hochbetagten Kardinal« über die Ergebnisse ihrer Arbeit mit der »Rückschau-Kamera« berichten. Daß sich in diesem Zusammenhang jener hohe geistliche Würdenträger ganz besonders an den übermittelten Aufnahmen von der Bergpredigt Jesu interessiert zeigte, wird kaum überraschen. Am Ende der Audienz bot der Kardinal, laut Spalding, ihm und seinen Mitarbeitern an, ihnen behilflich sein zu wollen. Er überreichte eine auf seinen Namen ausgewiesene Visitenkarte und empfahl, den Louvre in Paris aufzusuchen und sich damit bei einem bestimmten Herrn auszuweisen. Der Betreffende würde ihnen dann in allem, was die weiteren Forschungen betraf, sicher weiterhelfen ...

Wenden wir uns aber jetzt wieder dem eigentlichen Fixpunkt dieses Buchabschnittes zu, den neben dem italienischen Pater Ernetti und seinen Physikern noch eine Reihe von anderen angesehenen und hochqualifizierten Wissenschaftlern in ihre Überlegungen mit einbezogen haben: dem ominösen »Chronovisor«.

Ist die tatsächliche Existenz eines derartigen Gerätes für wahrscheinlich zu erachten? Welche effektiven Chancen werden, ganz allgemein, wissenschaftlich zugestanden, eine solche De-facto-Zeitmaschine herzustellen?

Experten aus den unterschiedlichsten Bereichen kommen nachfolgend zu Wort. Da sind solche darunter, die den umtriebigen Ordensbruder aus Venedig noch persönlich gekannt haben. Die also in der Lage sind, ihn und das, was er da und dort behauptete, richtig einzuschätzen. Andere Fachleute wiederum werden darüber befinden, wie realistisch es ist, beim heutigen Stand physikalischer Erkenntnisse Zeitreisen ernsthaft in Erwägung zu ziehen. Lohnt es überhaupt, sich darüber jetzt schon Gedanken zu machen? Bestehen Aussichten, eröffnen sich Möglichkeiten, in absehbarer Zeit nach der Eroberung des Weltraums auch die Zeitbarriere zu überwinden?

»Es gibt keinen Unterschied zwischen der Zeit und einer der drei Dimensionen des Raumes, abgesehen davon, daß unser Bewußtsein sich entlang der Zeitlinie bewegt«, behauptete der utopische Schriftsteller *H. G. Wells* an einer Stelle seines Zukunftsromans »Die Zeitmaschine«. Und wer weiß: Vielleicht wird uns irgendwann eine »Bewußtseinserweiterung« über jene, heute noch imaginäre, Zeit-Grenze hinausführen? Oder ist das längst passiert?

6 Die Aufgeklärten:
Sind Zeitreisen möglich?

Nicht länger Utopie?

Im vorangegangenen Buchabschnitt habe ich mich bemüht, den Leser sehr inhaltsreich über jene in Italien entwickelte Erfindung zu informieren, die von ihren Konstrukteuren »Chronovisor« genannt wurde. Es versteht sich von selbst, daß ein solches Gerät und der daraus im Laufe der Jahre erfolgte Medienrummel nicht ohne Reaktionen von seiten der Öffentlichkeit, noch mehr aber durch die in dieser Richtung hin kompetenten Fachleute geblieben ist. Zweifel am Wahrheitsgehalt dieser ganzen Geschichte und an den Aussagen jener Person wurden laut, die die Existenz der außergewöhnlichen Apparatur überhaupt erst bekanntgemacht hatte.

Für mich, als Autor des auf diesen Seiten wiedergegebenen Berichtes über die Tätigkeit der an der Fertigstellung des »Chronovisors« beteiligten Personen (von denen allerdings die meisten aus bestimmten Gründen anonym geblieben sind), ergab sich deshalb die zwingende Verpflichtung, mit der Materie einigermaßen vertraute Experten über Sein oder Nichtsein einer derartigen Gerätschaft zu befragen. Stünde doch jener »Chronovisor« – so er tatsächlich gebaut werden konnte – als eine Art *Zeitmaschine* am Beginn einer technologischen Evolution, auf deren Höhepunkt nicht weniger möglich sein würde, als auch *körperlich* eine Barriere zu überwinden, die sich bislang allen Versuchen in dieser Richtung konstant widersetzt hatte.

Zeitreisen wären dann nicht länger phantasievolle Utopie!

Schon haben sich Wissenschaftler zu Wort gemeldet, die derartige »Dimensionssprünge« nicht mehr für unmöglich erachten. Der Engländer *Stephen W. Hawking* ist in diesem Chor nicht der Unbekanntesten einer ...

Aber auch andere sich mit dem Phänomen Zeit beschäftigende Gelehrte – nicht zuletzt eine Reihe bedeutender Physiker – legen seit neuestem einen bemerkenswerten Optimismus an den Tag, wenn man sie nach den objektiven Chancen befragt, diese für unnehmbar gehaltene Hürde zu überspringen. Die »Pferde« hierfür seien bereits gesattelt, läßt man uns wissen.

Wurde in Italien mit dem Bau und der anscheinend erfolgreichen Betätigung des »Chronovisors« ein beispielgebender Markstein gesetzt? Wird es Wissenschaftlern künftig möglich sein, wenn auch noch nicht körperlich, so doch wenigstens *visuell* und *akustisch* Vergangenheit und Zukunft zu überlisten?

Die Ansichten darüber sind verständlicherweise geteilt. Aber dies ist ganz logisch. Vor allem dann, wenn es für die Entwicklung eines solch hypothetischen Gedankenspiels verschiedenster Fachgebiete bedarf. Nicht bei jedem sind die vorderhand gleichen Voraussetzungen jetzt schon gegeben! Und auch die persönliche Skepsis einzelner muß hier ins Kalkül gezogen werden.

Um so bunter, lebhafter und zukunftsweisender sind daher die Meinungen jener Experten, die ich für dieses Buch zu dem Diskussionsgegenstand »Chronovisor« und darüber hinaus zum Thema »Zeitreisen« befragt habe. Ich habe dabei wirklich »ins Volle« gegriffen und Fachleute der unterschiedlichsten Disziplinen angesprochen. Wenn ich die Vielfältigkeit der Berufe jener Personen herausstreiche, dann hat dies besondere Gründe: Denn nicht nur im weltlichen Bereich forschend Tätige habe ich angesprochen, auch ein hoher geistlicher Herr – Würdenträger der katholischen Kirche – kommt auf den folgenden Seiten zu Wort. Und nicht zuletzt bin ich glücklich darüber, auch eine kurze Stellungnahme des »Chronovisor«-Erfinders erhalten zu haben: von dem Benediktinerpater *Alfredo Pellegrino Ernetti*. Inwieweit sich sein Ableben auf die weitere Betätigung seines »Zeitsehers« auswirken wird, ist noch nicht abzusehen. Doch ist zu befürchten, daß die Apparatur, die ja – auf Ernettis Intervention – noch vor seinem Tod in ihre Einzelteile zerlegt und danach auf die noch lebenden ehemaligen Mitarbeiter des Geistlichen aufgeteilt werden mußte, nicht mehr so schnell zu ihrem vormaligen Aussehen zusammengesetzt werden und wieder in Betrieb gehen wird.

Auch wenn diese Maßnahme zum Schutz des »Chronovisors« offensichtlich unumgänglich notwendig gewesen ist – sie in ihrem nunmehrigen Zustand zu belassen, stellt einen epochalen Verlust für die wissenschaftliche Forschung (auch auf dem paranormalen Sektor) dar.

Aber kommen wir zur Sache: Wie verhält sich das Meinungsspektrum jener Fachleute, die bereit waren, das Thema »Chronovisor« zu erörtern? Wie stehen diese Experten überhaupt zu der hier behandelten Problematik »Zeitreisen«? Werden solche für möglich gehalten? Was spricht dafür – und was dagegen?

Lassen wir fürs erste einmal Pater Ernetti das Wort, um danach auch jene zu hören, die sich – vor allem aus wissenschaftlicher Kenntnis – dazu äußerten.

Vier Schlüsselfragen

Am Anfang standen zwei Briefe von mir, die ich an den mir vordem unbekannten italienischen Benediktinerpater Ernetti gerichtet hatte. Die Anschrift hatte ich aus Deutschland erhalten, von einem Mann, der noch das Glück gehabt hatte, den Theologen und Paradefachmann in archaischer Musik persönlich kennengelernt zu haben und den er während eines parapsychologischen Kongresses, Oktober 1986, in der Stadt Riva del Garda zu dessen ungewöhnlichem Zeitsichtgerät befragen konnte: der international tätig gewesene Physiker, Professor Dr. *Ernst Senkowski*. Das erste Schreiben blieb leider unbeantwortet, das ich Ende 1993 Pater Ernetti zugesandt hatte; erst ein weiterer Brief, Anfang des Folgejahres an ihn in Venedig adressiert, zeitigte ein Ergebnis. Er enthielt die Antworten auf vier Schlüsselfragen, die alle indirekt das Thema »Chronovisor« zum Inhalt hatten.

Wohlweislich hatte ich mich davor gehütet, Pater Ernetti auf direktem Weg über seine Apparatur zu befragen. War ich mir doch bewußt, daß ich *darauf* keine Auskunft erhalten würde. Also machte ich es wie die sprichwörtliche Katze und schlich mich als Fragesteller »um den heißen Brei«. Zunächst wollte ich von dem Musikwissenschaftler wissen, was ihn dazu gebracht habe, experimentell den Kontakt mit der ominösen »Akasha-Chronik« herzustellen? Ernetti blieb die Antwort nicht schuldig. Er sei im Jahre 1957 von der Gründung *Cini* berufen worden, ein liturgisches Musikzentrum für Spezialisation und Perfektion der präpolyphonischen Musik zu organisieren: »Während diesen Kursen lernte ich Professor *De Matos*, einen Portugiesen, kennen, der gerade Studien zu Texten von Aristoteles über die Auflösung von Lauten angestellt hatte. Es war der erste Schritt zur Entdeckung!« Inzwischen, so Ernetti weiter, sei vom Ministerium für

Unterricht der Lehrstuhl für Präpolyphonie eingerichtet und ihm anvertraut worden: »Auf diese Weise hatte ich die Möglichkeit, mit Spezialisten der ganzen Welt in Verbindung zu treten und Kurse über verschiedene Gebiete der Materie zu besuchen. Mit diesen Spezialisten begann ich dann das ganze System, das uns zu dieser sensationellen Entdeckung führen sollte, auszuarbeiten.« Natürlich interessierte mich, auf welchem Weg es Pater Ernetti erreicht hatte, außerhalb medialer Usancen (so wie vor ihm Madame Blavatsky, Rudolf Steiner oder Eliphas Lévi) eine Verbindung mit der »Akasha-Chronik« herzustellen? Der Theologe reagierte auf diese Frage sehr vorsichtig. Ihm komme vielleicht das Verdienst zu, seiner Arbeit ein Prinzip gegeben zu haben, das sich auf ein physikalisches – allgemein anerkanntes – Gesetz stützen könne: »Das wiederum stellt klar, daß klingende, unsichtbare Wellen, einmal ausgesendet, nicht mehr auslöschen, sondern sich umwandeln und ewig und allgegenwärtig bleiben. So wie jede Energie, können auch diese Wellen rekonstruiert werden, denn auch sie bestehen ja aus Energie.« Natürlich benötige man für ein solches Experiment die entsprechenden Apparate, doch sei dies ein völlig anderes Problem: »Es ist das bleibende Prinzip, daß keine Energieform zerstört werden könne, sondern sich höchstens einem Umformungsprozeß unterzieht.« Die von Außenstehenden und Uninformierten gerne geäußerte Ansicht, dies oder jenes »nicht zu hören« oder »nicht zu sehen«, deshalb folglich auch nicht daran »zu glauben«, sei falsch und unhaltbar. »Den Ultraschall beispielsweise können wir mit unserem begrenztem Gehör nie vernehmen. Wir hören nur jene Klänge, die uns unsere Ohren erlauben, frequenzmäßig zu hören, aber wir wissen andererseits, daß es verschiedene Tierarten gibt, denen es sehr wohl gegeben ist, den Ultraschall zu vernehmen. Das Faktum, daß wir so manche Dinge weder hören noch sehen, bedeutet keineswegs, daß nichts dergleichen existiert, sondern bloß, daß wir die entsprechenden Apparate benötigen, die es uns ermöglichen, jene Dinge optisch und akustisch wahrzunehmen.«
Irgendwann wird es wohl jeder Katze einmal zu dumm und sie ist bemüht, die von ihr umschlichene »Maus« zu fangen. Ähnlich erging es auch mir. So ganz ohne direkten Bezug zum »Chronovisor« wollte ich mein »Katz-und-Maus-Spiel« denn doch nicht weiter betreiben, also riskierte ich es in meiner dritten Frage,

Pater Ernetti bestimmte Einzelheiten zu entlocken: Welche in der »Akasha-Chronik« enthaltenen visuellen und akustischen Ereignisse seines Interesses habe er über das Gerät sichtbar machen können, kam ich direkt auf den Punkt. Die Antwort des Benediktiners entsprach meinen Befürchtungen: Ich solle ihn nicht etwas fragen, worauf er vorläufig nicht antworten dürfe: »Unser ›Chronovisor‹ würde nämlich sonst Gefahr laufen, eine Welttragödie auszulösen. Bei einer mißbräuchlichen Verwendung des Gerätes käme es dazu, die Menschen insgesamt um die Freiheit des Wortes, des Handelns und sogar des Denkens zu bringen!« Das sei einer der Gründe, weshalb der »Zeitseher« nicht allgemein zugänglich gemacht werden dürfe und in jedem Fall unter der unmittelbaren Kontrolle der Verantwortlichen verbleiben müsse.

Eine Sache brannte mir von Anfang an unter den Nägeln, und so entschloß ich mich, sie zu meiner vierten und letzten Frage zu gestalten. Ich bat den Pater, mir aus seiner persönlichen Sicht zu erklären, worauf *er* die Existenz der »Akasha-Chronik« zurückführe und welche Vorteile die tatsächliche Kenntnis ihres Inhalts der globalen Forschung bringen könnte, sollte man die Absicht haben, das darin Erfahrene den Menschen nutzbar zu machen? Wieder gab sich Pater Ernetti »bedeckt«. Zum »geeigneten Zeitpunkt«, meinte er, würden er und seine Mitarbeiter ihr Wissen der Öffentlichkeit »enthüllen«. Dann aber ließ er mich doch noch durch ein Schlüsselloch schauen: »Vorerst nur dieses: Es gelangen uns Experimente mit den Gedanken und Stimmen von Papst Pius XII., Benito Mussolini und anderen. Zunächst müssen aber Entdeckungen und Erfindungen dieser Art geheim bleiben. Jetzt bereits ein solches Wissen der Menschheit anzuvertrauen, wäre bei ihrem derzeitigen Entwicklungsstand heller Wahnsinn!«

»Ich bin kein Akasha-Spezialist!«

Jener Gelehrte, der sicherlich besonders prädestiniert erscheint, sich zu Pater Ernettis Erfindung zu äußern, und der sich natürlich Gedanken machte, welche wissenschaftliche Bewandtnis es mit dem ominösen »Chronovisor« hatte, lebt heute in

Mainz. Er genießt zwar, wie ich annehmen darf, seine Pension – untätig aber ist er keineswegs. Professor Dr. *Ernst Senkowski* war mein zweiter Briefpartner, dem ich einen Katalog von Fragen vorlegte, die er mir alle geduldig beantwortete. Dabei zeigte es sich, daß der in Hamburg geborene, aber später am Physikalischen Institut der Universität Mainz tätige Wissenschaftler, der während seiner aktiven Laufbahn auch von der UNESCO nach Ägypten berufen worden war, wo er im »National Research Center Kairo« arbeitete, sich viele Gedanken über die Wesensart des »Chronovisors« gemacht hat. Senkowski, der bis zum Ruhestand im Jahre 1988 siebenundzwanzig Jahre zuerst Dozent an der Ingenieurschule Bingen und des weiteren Professor an der FH Rheinland-Pfalz, Abteilung Bingen, gewesen war, wo er sich dem Fachbereich »Elektrotechnik« gewidmet hatte, führt nunmehr (und das seit 1974) unabhängige Untersuchungen auf dem Gebiet der Transkommunikation durch.

Unter dem Begriff »Transkommunikation« versteht man die Beschreibung einer Vielfalt sinnvoller Anomalien auf parapsychologischer Ebene. Wobei Prof. Senkowski sich elektronischer Geräte bedient, um seine Forschungsarbeit auch wissenschaftlich haltbar zu machen. Insbesondere die Tonbandstimmenforschung – eine nicht ganz unumstrittene Disziplin auf dem Gebiet der sogenannten »Grenzwissenschaften« – hat es dem Gelehrten angetan. Außergewöhnliche Artikulierungen auf Magnetbändern, aus Lautsprechern sowie via Telefonen und Computertexten, aber auch Bilder auf Videobändern, Fernsehschirmen und Monitoren, deuten für Senkowski darauf hin, daß es in irgendeiner Weise ein Fortleben nach dem Tode gibt. So vermag es auch nicht zu überraschen, daß der vormalige Physiker und Elektrotechniker dem Zeitsichtgerät des italienischen Paters und Musikwissenschaftlers Pellegrino Ernetti einiges abzugewinnen vermochte. Und sich spontan bereit erklärte, meine verschiedenen Fragen zu den Themen »Chronovisor« und »Akasha-Chronik« zu beantworten.

Wie schon bei Pater Ernetti wollte ich auch von Prof. Senkowski wissen, was es, seiner Meinung nach, dem Italiener und seinen ihn unterstützenden Physikern möglich gemacht haben könnte, den experimentellen Kontakt mit der »Akasha-Chronik« herzustellen, der letztlich erst die Konstruktion des »Chronovisors« ermöglichte. Natürlich sei hierfür zunächst einmal eine Zielvorstellung erforderlich, ließ mich mein Mainzer Briefpartner wissen. Man müsse eine hypothetische oder wenigstens theoretische Grundlage vorweisen können, aus welcher sich zumindest Hinweise für die tatsächliche technische Realisierung ableiten ließen: »Ich würde beispielsweise von der Beobachtung ausgehen, daß Medien gelegentlich imstande sind, retrokognitiv Daten vergangener Ereignisse aufzunehmen und zu veräußerlichen. Nun kann man – jedenfalls nach üblicher Logik – nicht irgend etwas erfahren oder aufnehmen, was nicht irgendwo und irgendwie vorhanden ist ... Ich halte die Vorstellung für abwegig, die Daten könnten in dem Objekt selbst gespeichert sein. Viel wahrscheinlicher ist es, daß die Information ›Objekt‹ mit der Information ›Geschichte‹ außerraumzeitlich verknüpft ist und psychisch abgerufen werden kann.« Die in diesem Zusammenhang von Pater Ernetti gegebenen Erläuterungen, wonach alles in einer »Schall- und Lichtwellen-Doppelspur« um die Erde herum gespeichert wäre, hält Prof. Senkowski für »wenig plausibel«. Allerdings sieht er hierfür eine Alternative: »Es gäbe eventuell noch eine weitere Möglichkeit, spezielle Apparaturen zur Realisierung der Retrokognition, also der Rückwahrnehmung, zu entwickeln. Man müßte davon ausgehen, daß die Funktion der Geräte bewußt mental (gedanklich) manipulierbar oder programmierbar sei. Eine solche Programmierung erscheint beispielsweise den Forschern des Engineering Anomalies Laboratory der Princeton University unter Professor *Robert Jahn* und *Brenda Dunne* denkbar, die zur Beschreibung psycho-physikalischer Wechselwirkungen erweiterte quantentheoretische Vorstellungen benutzen. Danach wären (neu konzipierte) Bewußtseinswellenfunktionen nicht nur zur passiven Ankoppelung an die physikalischen Materiewellenfunktionen imstande, sondern sie könnten auch die Materiewellenfunktionen gezielt abwandeln, das heißt, den materiellen Geräten neue Eigenschaften zuschreiben.«

In diesem Zusammenhang scheinen mir Versuche dieser beiden amerikanischen Forscher erwähnenswert, die mehrfach den inzwischen berühmt gewordenen Test des »leeren Stuhls« an der Princeton University durchzuführen vermochten. Der ging so vor sich, wonach ein medial Veranlagter eine Person beschreiben sollte, die einen bestimmten Platz, den man ihm auf dem Sitzplan des Raumes gezeigt hatte, einnehmen würde. Selbst jene Personen, die den Test ausführten, besaßen nicht die geringste Vorstellung über die Räumlichkeit, in welcher der Test stattfinden sollte. Zudem waren sie völlig uninformiert ob der Identität der Person, die auf dem »leeren Stuhl« Platz nehmen würde.

Die von Professor Jahn und seiner Assistentin in diesem Zusammenhang erzielten Ergebnisse waren jedoch sehr beeindruckend.

Für Professor Senkowski wiederum ist es, nach eigener Aussage, bezüglich der von ihm zuvor angesprochenen Programmierbarkeit von Geräten zwecks der Realisierung von sogenannten Rückwahrnehmungen relativ gleichgültig, ob diese Programmierung sich auf eine leere Konservendose bezieht oder ob sie über den Glauben an die Wirksamkeit bestimmter physikalischer Strukturen bzw. Bauelemente erfolgt. Für ihn wichtig ist dabei allein die erfolgreiche Abwicklung des Versuches. Letztlich handle es sich um dynamische Bewußtseinsstrukturen, welche sich in Wahrscheinlichkeitsfeldern entwickelten und die durch das Bewußtsein manipuliert werden könnten: »Ich gebe gerne zu, daß das alles etwas abenteuerlich klingt, aber alle sogenannten paranormalen Phänomene deuten in letzter Konsequenz auf eine Überlegenheit des Geistes über die Materie hin.«

Aus dieser Sicht heraus, so Senkowski weiter, gebe es auch keinerlei Objekte unserer Umwelt, sondern nur mehr oder weniger definierte Bewußtseinsprozesse in der jeweiligen aktuellen Gegenwart: »Alles andere ›existiert‹ nur scheinbar oder möglicherweise. Es wäre nicht auszudenken, wenn wir ohne Widerstand und Trägheit der Materie oder ohne jeden Aufwand von physischer Kraft und physikalischer Energie immer imstande wären, derartige – zur Zeit noch als ›magisch‹ erscheinende – Wechselwirkungen zu realisieren, gleichgültig ob mit oder ohne physikalische Hilfsmittel.«

Der Leser wird mir zustimmen: Professor Senkowski scheint es sich schon mit der Beantwortung meiner ersten Frage nicht gerade leicht gemacht zu haben. Seine Beurteilung erster, wenn auch nur ziemlich vager Hinweise bezüglich Funktion und Zusammensetzung von Pater Ernettis »Chronovisor«, die er 1986 in Italien während eines PSI-Kongresses in Riva del Garda am Ufer des Gardasees vernommen hatte, zeugt von einer gewissen Skepsis. Es sind die Bedenken eines Wissenschaftlers, der als Diplom-Physiker genügend Erfahrung besitzt, die Für und Wider bestimmter Möglichkeiten gegeneinander abzuwägen, inwieweit es ihm wahrscheinlich erscheint, mit Hilfe jenes Zeitsichtgerätes den von Pater Ernetti behaupteten Kontakt zur »Akasha-Chronik« tatsächlich herzustellen.

Dementsprechend formulierte ich meine zweite Frage. Es ging mir darum zu erfahren, was Ernetti und sein Team dazu geführt haben könnte, physikalische Voraussetzungen für eine Kontaktnahme mit dem unsichtbaren Gebilde »Akasha-Chronik« in die Wege zu leiten.

Er sei sich nicht sicher, entgegnete mir der Professor aus Mainz, ob Ernettis »Chronovisor« überhaupt und ausschließlich auf physikalischen Grundsätzen basiere: »Die bisherigen Beobachtungen und Erfahrungen auf dem Gebiet der instrumentellen Transkommunikation deuten nämlich eher auf psychophysikalische Wechselwirkungen unter Einschluß des Experimentators hin, der über unbewußte ›Kanäle‹ sozusagen ›psychokinetisch‹ (also mittels *Gedankenkraft*; P. K.) in die Funktion der physikalischen Geräte ›eingebunden‹ ist. Ohne diese psychischen Komponenten würden jene Gerätschaften unwirksam bleiben.«

Andererseits sei es auch denkbar, meint Senkowski, daß bestimmte physikalische Voraussetzungen – also beispielsweise spezielle Materialien oder Materialkombinationen sowie speziell kombinierte (elektromagnetische bzw. akustische) Schwingungen – die Ankoppelung an die »Akasha-Chronik« erleichtern, ja sogar garantieren könnten. Als Beispiel nannte mir der Wissenschaftler den Astrophysiker *Illobrand von Ludwiger*, der auf der Basis der von dem genialen deutschen Physiktheoretiker *Burkhard Heim* entwickelten Theorie die Möglichkeit zur Diskussion stellte, wonach spezielle Bauelemente verwendet werden könnten, die in der Lage wären, die sogenannten steigenden und fallenden Aktivitäten bzw. informativen Gravitonenströme zu »senden« und zu »empfangen«. Es könne somit nicht ausgeschlossen werden, räumt Prof. Senkowski ein, »daß es der Ernetti-Crew gelungen ist, derartige Bauelemente zu realisieren«. Allerdings müßte hierfür aber entweder eine hinreichend relevante Theorie vorgelegen haben oder zumindest medial empfangene Daten, deren Korrektheit sich in der Realisierung gleichsam bestätigt hätten: »Eine der Ausgangspositionen ergibt sich aus den auch Ihnen vorliegenden Veröffentlichungen, wonach es sich primär

um den Versuch Ernettis gehandelt haben soll, auf der Basis harmonischer Schwingungen antike Musik aus der ›Akasha-Chronik‹ zu rekonstruieren.«

Wer schuf die »Akasha-Chronik«?

E ine der Fragen, die mich von Anfang an beschäftigten, war
jene nach der Herkunft der »Akasha-Chronik«. Wie und von
wem wurde sie geschaffen? Handelte es sich dabei um eine *über-*
oder *außer*irdische Intelligenz? Oder existierte in der frühesten
Vergangenheit des Planeten Erde bereits eine hochentwickelte
(später untergegangene) Kultur, die dieses phänomenale Gebilde
(so man die »Speicherbanken« des »Weltgedächtnisses« auf diese
Weise *umschreiben* will) zustande brachte? Beispielsweise im
alten Indien?

Mit meinen Überlegungen eilte ich einer Beantwortung durch
meinen Briefpartner faktisch voraus, doch steht es dafür, Professor Senkowskis Meinung hierzu zu erfahren: »Ich bin kein
Akasha-Spezialist, und ich bin auch nicht sicher, ob nicht ein
Dutzend Interpretationen für diesen Begriff existieren, die mehr
oder weniger voneinander abweichen. Wissenschaftlich gesprochen, handelt es sich bestenfalls um eine Vermutung oder Hypothese, und anders als in dieser Weise wage ich nicht, die Identität
der ›Akasha-Chronik‹ zu bestimmen.«

Wie es ihm schiene, so der Mainzer Physiker, habe der Begriff –
in ursprünglich anderer Bedeutung aus dem indischen Raum zu
uns gelangt – danach einige Wandlungen erfahren. Diese heute
nachzuvollziehen, sei er außerstande. Erst über *Helena Petrowna
Blavatsky* und *Rudolf Steiner* sei die »Akasha-Chronik« unter
der Bezeichnung »Buch des Lebens« oder »Kosmisches Gedächtnis« bekanntgeworden. Für Senkowski hängt die »Akasha-Chronik« unmittelbar mit sogenannten Retrokognitivphänomenen zusammen. Nur auf dieser Basis ließe sie sich einigermaßen plausibel machen. Dann nämlich, wenn man davon ausginge, wonach
alle vergangenen und zukünftigen Ereignisse bzw. Erlebnisse
irgendwo »gespeichert« und prinzipiell zugänglich sein sollten:
»Das Problem des ›Wo‹ und ›Wie‹ dieser Speicherung ist meines

Erachtens in unserem vierdimensionalen Raumzeit-Materie-Energie-System nicht lösbar.« Es würde, laut Senkowski, auch nicht verständlicher, wenn man einen »Äther« als »Datenträger« oder »Speichermedium« (natürlich nur hypothetisch) einführen sollte: »Die ›einfachste‹ Deutung in moderner Sprechweise wäre eine Art höherdimensionaler ›Informationsraum‹ jenseits der Raumzeit, wie er etwa von Burkhard Heim oder *Walter Dröscher* im Rahmen der sechs- bis zwölfdimensionalen Allgemeinen Feldtheorie konzipiert worden ist. Dieser Informationsraum als Oberbegriff wäre etwas durchaus ›Geistiges‹ und käme den Vorstellungen der modernen Bewußtseins-Physik entgegen.«

Professor Senkowski könnte sich in diesem Zusammenhang einen alles umfassenden metaphorischen Informationsraum vorstellen, der jenseits der Raumzeit unseres Wachbewußtseinszustandes alles überhaupt Mögliche potentiell »enthalte«. Fachmännisch geht er ins Detail: »Unsere Erlebnisse sind für uns – von uns – durch uns verwirklichte Projektionen von Teilstrukturen dieses (psychischen/geistigen/seelischen) Informationsraumes. Alles leider undefinierbare Begriffe! Die zuvor genannten Projektionen erhalten durch ihre Realisierung einen ›Sonderstatus‹ innerhalb des Informationsraumes bzw. stellen eine Teilmenge dar. Sie können letztlich als ›Akasha-Chronik‹ bezeichnet werden.«

Diese Teilmenge, so der Wissenschaftler, wäre von der Menge der weiterhin offenen Möglichkeiten unterscheidbar, indem sie aus esoterisch-theoretischer Sicht medial exakt zugänglich wäre. Im Gegensatz zu den prinzipiell nur als Wahrscheinlichkeiten erfaßbaren »zukünftigen« Ereignissen, deren spätere Realisierungen (sollten sie nicht im engsten Sinne »frei« sein) jedenfalls unbekannten Bedingungen unterliegen würden. Senkowski: »Es ist mir absolut unmöglich, die etwaige Existenz der ›Akasha-Chronik‹ – oder überhaupt die Existenz von irgend etwas – auf irgend jemanden oder irgend etwas zurückzuführen. Vermutlich versagt bei derartigen Fragen sowohl unsere zweiwertige Logik als auch unsere Kausalitätsvorstellung. Bestenfalls könnte man eine übergeordnete ›Intelligenz‹ vermuten, die – uns jedoch völlig unzugänglich – nicht mit unseren beschränkten menschlichen Begriffen erfaßbar und beschreibbar wäre.«

Soweit der deutsche Diplom-Physiker und Elektroexperte, Professor Dr. Ernst Senkowski, der (wie erwähnt) den vor drei Jahren verstorbenen »Chronovisor«-Konstrukteur und Musikwissenschaftler, Pater Alfredo Pellegrino Ernetti, persönlich kannte. Aber auch ihm blieben leider – trotz intensiver Gespräche, die er mit dem Benediktiner aus Venedig während des PSI-Kongresses am Gardasee, im Jahre 1986, führen konnte – detailliertere Auskünfte über die vollständige Beschaffenheit dieser in Italien hergestellten »Zeitmaschine« versagt.

Zeitreisen sind möglich!

Zwar ging diese Meldung bereits vor fast zwei Jahren erstmals um die Welt – an brennender Aktualität hat sie aber deswegen keinesfalls verloren: Die Aussage nämlich, wonach es durchaus möglich wäre, *Zeitreisen* unter Umständen auch schon *jetzt* zu absolvieren!

Und es ist nicht irgendwer, der solches von sich gab. Denn *Stephen W. Hawking*, der englische Physiker und Mathematiker, gilt heute als das größte lebende Genie unserer Zeit, forscht und lehrt an der Universität Cambridge und wurde dort 1979 mit dem Ehrentitel »Lucasian Professorship« ausgezeichnet. Ein weltweit angesehenes Lehramt, das vor ihm nur so große Gelehrte wie Sir *Isaac Newton* und der Nobelpreisträger *Paul Dirac* bekleideten. Der nunmehr 55jährige Hawking, infolge einer ungemein schweren Krankheit an den Rollstuhl gefesselt, vermag sich deshalb nur mittels Computer seiner Umwelt verständlich zu machen. Und ausgerechnet dieser stets in kosmischen Dimensionen forschende Professor Hawking hat sich inzwischen davon überzeugt, daß Zeitreisen tatsächlich machbar sind. Allerdings nur dann, wenn es der unermüdliche menschliche Forschungsgeist zuwege bringen sollte, eine Spezial-Maschine zu konstruieren. Sie müßte sich – um einem hochkomplizierten physikalischen Gesetz zu entsprechen – *schneller* fortbewegen als mit Lichtgeschwindigkeit! Nur so, sagt Hawking, sei es uns möglich, die Zeit »zu überlisten« und sie in jeder Richtung zu überholen: vorwärts ebenso wie rückwärts.

Woraus gefolgert werden kann, daß künftige Zeitreisende durchaus in der Lage sein werden (nach Hawkings Vision), bei ihrer eigenen Geburt zuzusehen oder ihre Urahnen zu besuchen. Selbst Korrekturen fehlgegangener Handlungen in der Vergangenheit oder ein rechtzeitiges Eingreifen, um ein den Zeitreisenden später bekanntgewordenes Unglück zu verhindern, wären nachvollziehbar.

Und auch ein Blick in die Zukunft wäre dann keine Hexerei. Zeitreisende hätten auf diese Weise die einzigartige Chance, nachzuprüfen, ob ihnen ein eventueller Reichtum ins Haus stehen könnte, ob sie beruflich Karriere machen – und wann sie mit ihrem Ableben rechnen müßten.

Hawking steht mit seiner Auffassung, die Zeitbarriere überwinden zu können, keineswegs allein da. Auch sein japanischer Kollege an der Universität New York, *Michio Kaku*, teilt diese Ansicht, schränkt lediglich ein: »Das einzig wirkliche Problem für eine solche Maschine ist die gewaltige Energie, die sie verschlingt. Die müssen wir aus den Tiefen des Weltraums holen, so etwa aus den Energiefeldern der Schwarzen Löcher.«

Die beiden Wissenschaftler haben seit langem einen Mitstreiter. Er lebt in Hanau, einer Stadt in Hessen, die nicht zuletzt als Geburtsort der Gebrüder Grimm zu Ansehen gelangt ist. *Ernst Meckelburg*, Jahrgang 1927, hat sich als Wissenschaftsjournalist, Bewußtseinsforscher und Buchautor einen Namen gemacht. Acht Sachbücher liegen inzwischen vor, in denen er sich mit sämtlichen Aspekten der Parapsychologie und Paraphysik befaßte. Zuletzt vertrat er vehement und engagiert die Ansicht: »Wir alle sind unsterblich« (so der Titel seines jüngsten Werkes) – und war stets der Auffassung, wonach Zeitreisen prinzipiell möglich seien. Wie kaum ein anderer Fachschriftsteller auf diesem Gebiet, scheint mir der Deutsche prädestiniert, sich auch zum Thema »Chronovisor« zu äußern. Ich stellte ihm einige Fragen – Ernst Meckelburg hat sie mir alle freimütig beantwortet. Wobei ich gleich »zur Sache« kam.

Was habe ihn dazu gebracht, die Möglichkeit von Zeitreisen grundsätzlich zu bejahen, wollte ich zunächst erfahren, und welche Indizien er anzubieten habe, die seine Meinung stützten.

Die Gründe hierfür seien vielseitig, ließ er mich wissen, und nannte mir zunächst einmal »das merkwürdige Erscheinungsbild der UFOs«. Folge man nämlich historisch belegten Sichtungsberichten, dann seien diese schon seit der Antike präsent: »Da ist das seltsame, konventionell-physikalisch nicht erklärbare ›Flug‹-Verhalten dieser Objekte, die sich dabei offenbar einer späteren Zeitreise-Projektionstechnik bedienen. So müßten zukünftige Raumzeit-Projektoren aussehen, so müßten sich ›Zeitmaschinen‹ (Meckelburg nennt solche Geräte auch ›Dimensionsspringer‹; P. K.) verhalten. Und genau so verhalten sich auch die UFOs: Sie materialisieren und dematerialisieren sich, stoppen ihre Bewegungen auf der Stelle, vollführen spontan unglaubliche 90-Grad-Wendungen, können ihre Gestalt und Konsistenz verändern, rufen in ihrem Umfeld Zeitanomalien und PSI-Phänomene hervor. Sie beherrschen offenbar die ganze Skala paraphysikalischer Bewirkungen. Ich spreche von einem zukünftigen Bewußtseins-Engineering, dessen Anfänge wir bereits mit Supercomputern, Cyberspace-Techniken und einschlägigen Untersuchungen an amerikanischen, englischen und japanischen Universitäten erleben.«

Meckelburg hat diese Entwicklung der Menschheit – hin zum zeit-, dimensions- und körperfreien, daher auch unsterblichen Bewußtseinswesen längst aufgezeigt. Zuletzt in seinem neuesten, von mir bereits erwähnten Buch. Sie schreite unaufhaltsam voran, legt er sich fest: »Und natürlich sind da auch die sich in jüngster Zeit häufenden Theorien und Modellvorschläge renommierter Physiktheoretiker über reale Möglichkeiten zukünftiger Zeitreisen, die in wissenschaftlichen Zeitschriften seriös diskutiert werden…« Auf wen da Meckelburg insbesondere anspielt, ist offenkundig: Stephen W. Hawking, den mein Gesprächspartner – durchaus zu Recht – als einen würdigen Nachfolger von *Albert Einstein* ansieht, obwohl gerade Hawking die grundsätzliche Möglichkeit, Zeitreisen durchzuführen »vier Jahre zuvor noch vehement bestritten hatte«.

Nun, schon der deutsche Langzeit-Bundeskanzler *Konrad Adenauer* äußerte einmal ganz ungeniert die Ansicht, daß es niemandem verwehrt sein dürfe, über Nacht klüger zu werden…

Natürlich wollte ich in der Erörterung zum Thema Zeitreisen nicht allzuweit von meinen eigenen Vorstellungen abweichen. Also interessierte es mich, was Meckelburg eher für wahrscheinlicher erachtet: Zeitreisen *körperlich* – oder aber mehr auf *medialer* Ebene? Oder gar in *beiden* Variationen?

Der Wissenschaftsjournalist war um eine Antwort nicht verlegen:

Zeitreisen – oder besser gesagt: »Realitätsverschiebungen« – seien natürlich auch medial und sogar im Traum (dann nämlich, wenn das irritierende Tagesbewußtsein abgeschaltet sei) möglich, und ob es einmal auch zu vollkörperlichen Zeitversetzungen kommen würde, bleibe vorderhand dahingestellt: »Ich denke hier mehr an ›Projektionen‹ wie bei einem Dia oder Videofilm: Der sich Projizierende sitzt zu seiner Realzeit in seiner UFO-Zeitmaschine und ›beamt‹ sich als Double in eine andere, parallele Zeit. Er kann zu der von ihm gewählten Fiktiv-Zeit in der Vergangenheit (vielleicht auch in irgendeiner der möglichen Zukünfte) unterschiedliche Dichtheitsgrade annehmen: immateriell/unsichtbar, durchsichtig, verschwommen/halbmateriell oder scheinbar vollmateriell (fest), Spuren hinterlassend.«

Der jeweilige Materialitätsgrad könne sich dann vielleicht energetisch einstellen lassen, wagt Meckelburg anzunehmen – denn: »Selbst wenn wir ein solches Projektions-Zeitreisevehikel quasi-materiell vor uns hätten, wäre es dennoch nicht zur Ist-Zeit real vorhanden; es wäre nur in unsere Realität hineingespiegelt (und es könnte dennoch hier Spuren hinterlassen, die dann aus der Zukunft stammen würden).« Paranormale Erscheinungen, sagt Meckelburg (sogenannte »Ghosts«), verhielten sich ähnlich. Er verweist auf unser Unterbewußtsein: »In manchen Klarträumen haben wir oft auch das Gefühl, alles völlig real zu erleben.«

Was zahlreiche Science-fiction-Autoren immer wieder gerne aufgreifen – nämlich jene, die sich in ihren Romanen mit Zeitphänomenen beschäftigen –, das Paradoxon, bereits abgelaufene Geschehnisse durch ein womöglich persönliches Einwirken des Romanhelden zu »korrigieren«, vielleicht sogar ungeschehen zu machen, war Inhalt meiner nächsten Frage. Würde denn nicht durch ein solches Vorgehen (so es nachvollziehbar wäre) der Ablauf der Weltgeschichte eine entscheidende Veränderung erfahren?

Meckelburg war um eine Antwort nicht verlegen: »Der berühmte englische Physiktheoretiker Professor Stephen Hawking, der ja vor zwei Jahren erstmals die Möglichkeit der paradoxafreien Zeitreise einräumte, glaubt, wie so viele amerikanische und russische Astrophysiker, daß es bei Zeitreisen erst gar nicht zu Paradoxa und sogenannten Anachronismen – also zu einem Chaos im normalen Ablauf der Ereignisse – kommen wird.« Man könne also nicht in die Vergangenheit reisen und sich selbst

in seiner Wiege umbringen, versuchte mir mein Gesprächspartner zu erläutern. Er habe die Gründe hierfür in zwei seiner
Zeitreise-Bücher (»Zeittunnel«, »Zeitschock«; P. K.) einleuchtend dargelegt. Ein ganz natürlicher Mechanismus würde eine
solche Situation verhindern, ist sich Meckelburg seiner Sache sicher: »Beim Zurück-›beamen‹ käme man nämlich in einer *Paral-
lelrealität* heraus, in der dieser Selbstmord gar nicht geschehen
wäre.«

Besucher aus der Zukunft?

Natürlich reizten mich Ernst Meckelburgs provokante Überlegungen erst recht dazu, den Bewußtseinsforscher meinerseits zu provozieren. Also wollte ich von ihm wissen, ob er es
sich vorstellen könne, daß derartige von uns Menschen angestrebte Dimensionssprünge außerirdischen Experimentatoren
oder vielleicht unseren Urur-Enkeln in einer fernen Zukunft
längst schon geglückt sind – und es auch Indizien hierfür gebe,
die ihn vermuten ließen, daß es solche »Zeitkorrekturen« in Gegenwart und Vergangenheit bereits gegeben haben könnte; er
vielleicht sogar »verdächtige« Beispiele zu nennen wüßte.
Meckelburg war nicht zu erschüttern: Er habe zwar nicht gerade
Indizien vorrätig, meinte er lächelnd, aber sei doch von gewissen
Ahnungen bewegt. Konkrete Beispiele? Aber ja: »So erscheint
mir in diesem Zusammenhang der abrupte Zusammenbruch der
früheren Sowjetunion, die friedliche Liquidation der DDR und
die totalen Veränderungen im gesamten Ostblock äußerst merkwürdig. Ganz logische Erklärungen hierfür hat niemand parat.
Denken Sie bitte auch an die sprunghaften, fast an Science-fiction
heranreichenden Entwicklungen im High-Tech- und Computer-
bereich, an die bevorstehende Einbeziehung der geistigen Entität
›Bewußtsein‹ in physikalische Gesetzmäßigkeiten und Prozesse.
Gerade an der Princeton University (hier vor allem Prof. *Robert
Jahn*) sowie an der Universität von Nevada (dort wiederum Dr.
Dean Radin), aber auch in Japan befassen sich Wissenschaftler
mit ganz realen Auswirkungen des immateriellen menschlichen
Bewußtseins auf Materie und Objekte – sogenannte ›man/ma-

chine interactions‹. Dies auch deshalb, um beispielsweise Flugzeuge künftig absturzsicher zu machen.«

Eine faszinierende Aussage. Aber der Wissenschaftsjournalist hatte noch mehr Besonderheiten »in petto«: Manchmal käme es ihm so vor, argwöhnte Meckelburg, »als ob hier irgend jemand oder irgend etwas von der Zukunft her in unsere Vorvergangenheit eingreift, um über -zig ›Ecken‹ herum alle diese merkwürdigunheimlichen Veränderungen herbeizuführen. Ich vermeide hier bewußt Begriffe wie ›Schicksal‹ oder ›Gottes Fügung‹, da diese auch nur wieder Verlegenheitsbegriffe sind.«

Vielleicht, um keinen falschen Verdacht aufkommen zu lassen, fügte Meckelburg sofort hinzu: »Natürlich gibt es eine höhere Instanz, aber die sollten wir nicht gleich wegen einiger für uns unverständlicher Vorgänge bemühen. Vielleicht existieren tatsächlich ›in der Zeit operierende‹ Korrektoren, die, wie beim Schachspiel, in der Lage sind, zahllose ›Züge‹ im voraus zu kalkulieren, um entsprechende Ereigniseintritte womöglich Jahrzehnte oder Jahrhunderte zuvor ›rechtzeitig‹ einzuleiten. Über solche Supercomputer – sogenannten ›Himmelsmaschinen‹, machen sich amerikanische Computerspezialisten bereits ernsthaft Gedanken.«

Ohne es vorgehabt zu haben, brachte mich hier mein Gesprächspartner auf einen naheliegenden Gedanken. Wäre es nicht interessant, von einem solchen Experten in Erfahrung zu bringen, welchen Realitätswert er der in okkulten Kreisen besonders beachteten »Akasha-Chronik« zubilligt? Es reizte mich, von einem von einer wissenschaftlich fundierten Basis her operierenden Forscher etwas über ein Phänomen zu erfahren, das keine reale Grundlage zu haben scheint. Wenn es ein solches aber geben sollte, wollte ich ferner wissen, wodurch könnte es entstanden sein; welche Mächte oder Kräfte über- oder außerirdischer Herkunft wären für die (zumindest hypothetisch angenommene) Existenz der »Akasha-Chronik« verantwortlich zu machen?

Ernst Meckelburg zeigte sich auch auf diesem nicht unsensiblen Gebiet beschlagen: »Das Sanskritwort ›Akasha-Chronik‹ bedeutet meines Wissens soviel wie ›Raumäther‹ oder (freier übersetzt) ›Weltgedächtnis‹. Zur Zeit der Entstehung dieses Begriffes wußte man natürlich noch nichts von miteinander verschachtelten höherdimensionalen Universen – von ›Hyperwelten‹, wie sie der geniale deutsche Physiker *Burkhard Heim* mit seinem zwölfdimensionalen Weltbild postuliert. Man mußte sich zeitgemäß mit Allegorien behelfen. Prinzipiell dürfte es aber so sein, daß, von einer übergeordneten Welt aus betrachtet, alles Geschehen in unserem materiellen Universum, von dessen Anfang bis zum Ende – alles, was jemals geschah oder was in Zukunft noch geschehen wird – statisch festliegt. Von solch höheren Betrachtungsebenen aus herrscht bei uns *Zeitlosigkeit*, ist etwas noch nicht geschehen und doch schon passiert. Es ist gewissermaßen eine bewegte Starre, wie in einem Film. Und so ließe sich auch physikalisch korrekt sagen, daß in der ›Akasha-Chronik‹, dem höherdimensionalen Super-Universum, alles ›verzeichnet‹ ist – von Ewigkeit zu Ewigkeit.« Zeit sei dort zur Bedeutungslosigkeit »geschrumpft«. Wodurch aber die »Akasha-Chronik« entstanden sein könnte, wer oder was sie womöglich kontrolliert, entziehe sich letztlich unserem schwachen Verstand: »Das, lieber Herr Krassa, weiß Gott allein – und dies meine ich sogar *wortwörtlich*!«

Wie sich, auch im Gespräch mit weltgewandten Fachleuten, immer wieder beweist: Ein allerletztes Fragezeichen zu den Dingen im Kosmos bleibt bestehen. Kann wahrscheinlich selbst durch Geistesgrößen wie Hawking & Co. nicht wegretuschiert werden. Und das scheint mir so auch richtig zu sein, denn ohne solche »Fragezeichen« gäbe es ja kein Animo, weiterzuforschen um den letzten Geheimnissen der Welt und des Universums auf die Spur zu kommen …

Ein Astrophysiker am Wort

Er gehört zu jenen Wissenschaftlern, die sich nicht in einem Elfenbeinturm verbergen und die sich auch nicht zu minder sind, über ihr Wissensgebiet hinaus, im Bedarfsfall phantasievolle Überlegungen anzustellen – auch zu Themen, denen sich wohl die meisten seiner Berufskollegen vermutlich verweigern würden. Aber Dr. *Karl Grün*, Astrophysiker und nebenher auch noch Diplom-Ingenieur, besitzt genügend fachliche Kenntnisse, die es ihm erlauben, gelegentliche »Ausritte« zu riskieren. Selbst solche, welche ihn manchmal in Randgebiete der etablierten Wissenschaft führen.

Der 32jährige Österreicher, in Wien zu Hause, interessierte sich bereits in jungen Jahren sehr eingehend für Fragen unserer Zukunft. Ebenso für die Technik von morgen und ganz besonders für alles, was in irgendeiner Weise Möglichkeiten und Perspektiven betraf, die mit der interstellaren Raumfahrt zusammenhingen. Eine ähnliche Richtung nahm dann auch Grüns Studienweg: Er widmete sich in seiner Diplomarbeit der theoretischen Kernphysik, als deren Schwerpunkt er sich die Kernfusion wählte. Karl Grün promovierte zum Doktor der technischen Naturwissenschaften – und er beließ es nicht allein bei der Theorie. Im US-Forschungslabor *Los Alamos* erhielt der frischgebackene Akademiker Gelegenheit, sich auch aus eigener Anschauung über die dort betriebenen wissenschaftlichen Versuche zu informieren.

Seinen mehrwöchigen Aufenthalt in den Vereinigten Staaten nützte Dr. Grün aber auch für einen Trip an jene Stätten, die in unmittelbaren Zusammenhang mit den zuvor erwähnten Randgebieten der Wissenschaft gebracht werden: Er besuchte den Bereich, wo einst die auf rätselhafte Weise untergegangene Kultur der *Anasazi*-Indianer existiert hatte. Heute künden nur noch Ruinen von dem früheren Zuhause dieses Volkes. Aber auch die inzwischen weltweit berühmt gewordenen Ortschaften *Roswell* und *Socorro* in New Mexico waren Ziel von Karl Grüns privaten Exkursionen. Ihn interessierten die Fundplätze jener angeblichen und hartnäckig behaupteten UFO-Abstürze, die sich in den späten vierziger Jahren dort ereignet haben sollen und bei denen es amerikanischen Militäreinheiten anscheinend sogar möglich gewesen war, noch lebende *außerirdische* Piloten der mehrheitlich getöteten Besatzung der zerschellten Flugkörper in Gewahrsam zu nehmen.

Den Wiener Astrophysiker ausgerechnet mit so heiklen Themen wie »Zeitreisen« oder »Zeitmaschinen« zu konfrontieren, erschien mir deshalb sehr reizvoll. Nicht jeder Berufskollege dieses Wissenschaftlers hätte sich wahrscheinlich auf so ein Frage- und Antwortspiel eingelassen. Viel zu sehr fürchten ja manche von ihnen um ihre gesellschaftliche Reputation. Nicht so Dr. Grün. Er reagierte da ganz anders, und spontan erklärte er sich bereit, mir für ein Interview zur Verfügung zu stehen.

Gleich bei meiner ersten Frage wollte ich es genauer wissen. Seien Zeitreisen eigentlich wissenschaftlich haltbar, ging ich »in medias res«, und bestünden annähernd realistische Aussichten, derartige Unternehmen in absehbarer Zeit zu verwirklichen?

Die Antwort des Astrophysikers verblüffte mich: »Natürlich gibt es Zeitreisen! Wer von uns hat noch nicht daran gedacht, diese oder jene Entscheidung, die er in der Vergangenheit getroffen hatte, zu revidieren? ›Hätte ich das nette Mädchen doch angesprochen‹, ›Wäre ich doch bei diesen Witterungsverhältnissen langsamer gefahren.‹ In seinen Gedanken durchlebt man die vergangenen Ereignisse, greift in den wesentlichen Augenblicken ein und verändert das spätere Geschehen. Je nach Phantasie kann ein ganzes Universum entstehen. Ein Universum, wo man – wäre man langsamer gefahren – nicht ein Menschenleben auf dem Gewissen hätte, eine Familie in tiefste Trauer und sich selbst ins Gefängnis geschickt hätte. Womöglich hätte man die Verlobte geheiratet, zusammen Kinder gehabt und der Sohn ein Allheilmittel gegen Aids entdeckt.

Diese Gedankenexperimente sind eine der Möglichkeiten von Zeitreisen – und wahrscheinlich die am weitesten verbreitete!«

Was aber hält die renommierte Wissenschaft davon? Für Dr. Grün war alles offenbar sonnenklar: »Reisen in die Zukunft sind kein Problem. Man nehme ein entsprechendes Gefährt, beispielsweise ein Raumschiff, welches man gleich im Eisenwarenhandel um die Ecke kaufen kann, beschleunige es auf eine Geschwindigkeit von etwa einem Viertel der Lichtgeschwindigkeit (letztere beträgt bekanntlich 300 000 km/s; P. K.) und verzögere dann wieder. Siehe da, man befindet sich nach der an Bord verstrichenen Zeit nur wenige Monate oder gar Jahrhunderte in der Zukunft. – Die theoretische Grundlage für diese Zukunftsreise ist die spezielle bzw. allgemeine Relativitätstheorie von Albert Einstein. Demnach vergeht die Zeit in zwei verschiedenen Systemen, wobei ein System, welches vorher gegenüber dem anderen beschleunigt wurde, sich relativ unterschiedlich schnell zum anderen bewegt. Populär wurde dieses Phänomen unter der Bezeichnung ›Zwillingsparadoxon‹.«

Der Astrophysiker erläuterte mir das dann etwas verständlicher: »Nehmen wir einmal an, zwei Astronauten sind Zwillinge. Einer von ihnen besteigt ein Raumschiff und startet damit in den Erdorbit. Dort fliegt er – sagen wir mit halber Lichtgeschwindigkeit – sieben Tage lang umher und landet anschließend wieder auf der Erde. Hier trifft er seinen Zwillingsbruder, der ihm offenbart, daß er nicht sieben, sondern *acht* Tage unterwegs gewesen sei. Das klingt phantastisch, ist aber in der Zwischenzeit durch einen praktischen Versuch eindeutig bestätigt worden: durch den Flug einer Atomuhr an Bord eines Space-Shuttles. Der Zeitunterschied zwischen den beiden Chronometern (dem auf der Erde und dem im Weltall) betrug zwar natürlich nicht einen vollen Tag, sondern weniger als das Milliardstel einer Sekunde – genügte jedoch für eine Bestätigung der Relativitätstheorie.«

Mich interessierte jetzt um so mehr, wie sich Dr. Grün zur Ansicht des englischen Physikers Steven Hawking stellen würde, der ja seit neuestem Zeitreisen prinzipiell für möglich hält. Die Antwort des Wiener Astrophysikers verdient es, wie ich meine, in voller Ausführlichkeit wiedergegeben zu werden. Dies deswegen, weil es sich beim Thema Zeitreisen um eine Problematik von besonderer Tragweite handelt.

Es sei verständlich, daß sich der Inhaber des Lucesischen Lehrstuhls (in Cambridge) auch mit Zeitreisen beschäftige, erfuhr ich aus berufenem Munde: »In seinem kosmologischen Weltbild, das Hawking in seinem berühmten Buch ›Eine kurze Geschichte der Zeit‹ der Öffentlichkeit recht populär nähergebracht hat, widmet er sich vorrangig der Schwierigkeit der Orientierung des sogenannten Zeitpfeils während der Geschichte des Universums. Dabei unterscheidet er *drei* Zeitpfeile ...«

Da gebe es den »psychologischen Pfeil«, welcher dafür sorge, uns Menschen den Unterschied zwischen den Begriffen »Gestern«, »Heute« bzw. »Jetzt« und »Morgen« deutlich zu machen. Neben diesem Zeitpfeil gebe es auch den »thermodynamischen«. Seine Richtung würde durch den zweiten Hauptsatz der Thermodynamik festgelegt. Dieser zweite Hauptsatz besage, daß in einem abgeschlossenen System die Unordnung mit der Zeit zunehme. Physiker nennen dieses Maß an Unordnung *Entropie*. Zum Glück versuchte mir Dr. Grün die komplizierte Materie auch anhand eines einfacheren Beispiels näherzubringen: »Nehmen wir ein nettes kleines Familienhaus und ein paar Kilogramm Sprengstoff. Das Ergebnis ist klar – lauter nette kleine Ziegelsteine, die in der Gegend herumliegen. Sie können nun wieder ein paar Ki-

logramm Sprengstoff nehmen und versuchen, aus diesen Ziegelsteinen das Einfamilienhaus zu sprengen. Unmöglich!«
Der zweite Hauptsatz der Thermodynamik lasse es jedoch zu, daß in einem Teil des abgeschlossenen Systems die Unordnung mit der Zeit auf Kosten des restlichen Teiles wieder abnehme, schränkte hier Dr. Grün ein. Bestes Beispiel dafür sei die biologische Evolution: »Wir Menschen schaffen Ordnung auf der Erde und scheinen damit den zweiten Hauptsatz der Thermodynamik zu verletzen. Tatsächlich aber setzen wir für den Prozeß, welche sich in dem Bau von Häusern oder Feldern für die Landwirtschaft etc. manifestiert, *Wärme* frei. Diese Wärme ist direkt mit der Entropie, dem Maß für die Unordnung, verbunden!«
Dann verwies der Astrophysiker auf Hawkings dritten, von dem englischen Wissenschaftler postulierten »Zeitpfeil«. Damit sei der kosmologische gemeint. Seine Richtung werde durch jene bestimmt, in der sich das Universum ausdehne und nicht zusammenziehe. Gemäß dem allgemein akzeptierten gängigen Modell des Universums, dehne sich dieses bis in alle Unendlichkeit, wenn auch mit abnehmender Geschwindigkeit aus, doch sei in dieser Sache das letzte Wort noch nicht gesprochen.
Nach dieser ausführlicheren Einleitung, zwecks einer Verständlichmachung dieser heiklen Materie, wandte sich Dr. Grün den Problemen der Zeitreise zu. Reisen in die Zukunft, machte er mir klar, seien, wie er ja bereits anhand des Zwillingsparadoxons aufgezeigt habe, kein Problem. Sie würden auch keine Gesetze der Physik verletzen. Wie aber sehe die Situation aus, sollte man vorhaben, in die *Vergangenheit* zu reisen? Wieder ein Beispiel: »Nehmen wir einen Literaturkritiker, der Ihr Buch, an dem Sie schreiben, in einem Jahr liest. Dieser Kritiker ist im Besitz einer Zeitmaschine und besucht Sie in der Vergangenheit, um Sie daran zu hindern, Ihr Buch zu schreiben. Es klopft also an Ihrer Wohnungstür, und als Sie öffnen, steht da vor Ihnen der Besucher aus der Zukunft. Der Kritiker sagt Ihnen gründlich die Meinung über Ihr Buch und verläßt Sie dann wieder. Sie aber sind aufgrund jener kritischen Einwände dermaßen frustriert, daß Sie Ihr Manuskript kurzerhand in den Altpapiercontainer werfen. Somit wird das Buch nie geschrieben, nie in Buchhandlungen aufgelegt und nie gelesen werden.«
Jetzt wurde es komplizierter: »Wenn aber Ihr Buch nie existieren

würde, wie konnte es danach von dem Literaturkritiker gelesen werden und weshalb sollte dann der Betreffende in die Vergangenheit (in Ihre Gegenwart) reisen? Fährt aber der Kritiker *nicht* in die Vergangenheit, dann wiederum bleiben Sie dermaßen hochmotiviert, daß Sie Ihr Buch selbstverständlich fertigstellen. Ist es erst abgeschlossen, dann vermag es der Kritiker in Ihrer Zukunft (seiner Gegenwart) zu lesen, um danach – zwecks seiner Einwände gegenüber Ihnen als Autor – in die Vergangenheit zu reisen.«

Eine verwirrende Sache. Das zeigte sich augenscheinlich an meiner ratlosen Miene. Dr. Grün mußte lachen: »Sie merken es also: Wir haben uns hier in einem Gordischen Knoten verfangen. Denn dieses dabei zutage getretene Paradoxon ist auch der Grund, weshalb sich viele Wissenschaftler weigern, Reisen in die Vergangenheit überhaupt für möglich zu halten. Andere Kollegen haben hingegen Überlegungen angestellt, welcher Ausweg aus diesem Paradoxon gefunden werden könnte.« Gibt's einen solchen? Astrophysiker Karl Grün nannte mir hierzu das Autonomieprinzip und das Konsistenzprinzip: »Das Autonomieprinzip ist eine logische Konsequenz aus den Gesetzen der Physik und macht Experimente überhaupt erst möglich. Vereinfacht gesagt, bewirkt es, daß solche Tests durchgeführt werden können, ohne daß deswegen gleich das gesamte Universum in anderer Weise darauf Einfluß zu nehmen vermag. Wäre dem nicht so, würde es unmöglich sein, irgendeine Größe zu messen.« Das Prinzip der Konsistenz hingegen, das *John L. Friedman* von der Universität in Wisconsin und andere Fachkollegen formulierten, besage, daß nur jene Ereignisse lokal (zeitlich und örtlich begrenzt) eintreten könnten, die global (zeitlich und örtlich unbegrenzt – somit jederzeit und überall) in sich widerspruchsfrei seien.

Danach wäre es der Außenwelt möglich, ein Ereignis – beispielsweise jenes einer Messung – dann sogar physikalisch einzuschränken, sollte dieses Ereignis lokal den Gesetzen der Physik nicht widersprechen. Von solcher Einschränkung, so der Astrophysiker, würden wir im Alltagsgeschehen nichts bemerken, weil Autonomie- und Konsistenzprinzip miteinander nie in Konflikt gerieten – vorausgesetzt es gebe keine Zeitreisen: »Gemäß dem Konsistenzprinzip kann unser Literaturkritiker Sie vielleicht besuchen, aber nicht daran hindern, Ihr Buch fertigzuschreiben. Denn entweder versagen ihm im entscheidenden Augenblick die

Stimmbänder oder aber Sie zweifeln an seinem Geisteszustand und werden von ihm dadurch nur um so mehr motiviert. So oder so: Das Resultat bleibt dasselbe. Sie schreiben Ihr Buch, worauf der Literaturkritiker – allerdings erfolglos – in Ihre Zeit zurückreist, um Sie daran zu hindern. Dadurch wiederum wird aber das Autonomieprinzip verletzt – ein Prinzip, dem die gesamte Naturwissenschaft und überhaupt jeder Mensch vertraut. Somit bleibt dem Kritiker nichts anderes übrig, als sich allein auf das Beobachten zu beschränken – es ist ihm unmöglich, in den Ablauf der Ereignisse einzugreifen.«

Es gebe aber einen Silberstreif am Horizont, ließ mich Dr. Grün wissen: »Bislang bewegten wir uns ja bloß innerhalb der sogenannten ›klassischen‹ Physik. Dieser Bestandteil der Naturwissenschaft hat sich zwar in unserem normalen Alltagsdasein gut bewährt, ist aber nur mit Abstrichen allgemein gültig.«

Mein Gesicht war in diesem Moment wohl nur einziges, großes Fragezeichen, deshalb beeilte sich mein Gesprächspartner, meiner Ratlosigkeit zu begegnen: »Wissen Sie, bei hohen Geschwindigkeiten – etwa im Bereich der Lichtgeschwindigkeit – versagen die Gesetze der klassischen Physik. Sie versagen dort ebenso wie bei kleinsten Abständen (etwa im subatomaren Bereich) und sind solcherart nur speziell vereinfachte Lösungen von höhergeordneten Gesetzen!«

Ich bin mir durchaus bewußt, daß es »starker Tobak« ist, welcher auf diesen Seiten dem Leser verabreicht wird – aber dies alles ist nun einmal ein schwieriger Grat, auf dem wir hier gemeinsam wandern. Um die heikle Materie »Zeitreisen« mit allen ihren Facetten zu verstehen und die damit einhergehende Problematik auch zu begreifen, ist es notwendig, sich auf streng wissenschaftliches Terrain zu begeben.

Die größte Aufgabe, die sich die moderne Physik zur Zeit stelle, sei sicherlich die große Vereinheitlichung der Gesetze der Quantenphysik (sprich: Elektrodynamik sowie schwache und starke Kernkraft) und der Gravitation, klärte mich der Astrophysiker weiter auf. Obwohl ein zufriedenstellendes Modell derzeit noch nicht vorliege, gebe es bereits Aussagen, welche möglichen Konsequenzen aus der vorliegenden Theorie gezogen werden könnten. Denn: die dabei voraussehbaren Effekte würden Zeitreisen geradezu *erleichtern*!

Die Wirklichkeit: ein Multiversum!

Inwiefern könnte uns die moderne Physik bei dem Zeitreise-Paradoxon nützlich sein? Dr. Karl Grün versuchte, mir diese Frage verständlich zu beantworten: »Die Interpretation der Quantentheorie bzw. deren Wesen beschäftigt Physiker schon seit langem. Als bekannteste und bislang auch etablierteste Auslegung gilt die auf *Niels Bohr* zurückgehende sogenannte ›Kopenhagener Interpretation‹. Die Quantenmechanik trifft keine punktuellen Aussagen über die Zukunft; vielmehr nennt sie Wahrscheinlichkeiten, durch die gewisse Ereignisse eintreten werden. So zerfällt ein Neutron nach etwa 20 Minuten in ein Proton, Elektron und Anti-Elektronneutrino. Der Zerfall kann aber auch früher oder später als in zwanzig Minuten einsetzen. Sicher ist nur, daß zum Beispiel von 100 000 Neutronen nach 20 Minuten 50 000 Neutronen zerfallen sind, nach weiteren 20 Minuten von den 50 000 weitere 25 000 – und so weiter, und so fort.«

Was läßt ein Neutron nach 20 Minuten und ein weiteres, sagen wir, in 25 Minuten zerfallen?

»Das geht auf *Hugh Everett III* zurück«, entgegnete mir der Astrophysiker. »Dieser hatte im Jahre 1957 seine, keineswegs unumstrittene ›Vielwelten-Theorie‹ vorgeschlagen. Demnach würden alle physikalisch möglichen Ereignisse auch wirklich eintreten – jedoch in *verschiedenen* Universen! Was bedeuten würde: Unsere Wirklichkeit ereignet sich nicht in einem uns geläufigen Universum sondern in einem *Multi-versum*. Jedes einzelne Universum hat ein Neutron, das wir beobachten müssen. Für jeden Zeitpunkt, zu dem dieses Neutron zerfallen könnte, existiert ein eigenes Universum, in dem es tatsächlich zerfällt. Was für das Neutron Gültigkeit besitzt, gilt selbstverständlich auch für jedes andere Teilchen – und da wir Menschen aus diesen Teilchen bestehen, existieren wir ebenso in *Billiarden Universen!*«

Natürlich bemerkte Dr. Grün meine Verwirrung, deshalb beeilte er sich, mich auf ein übersichtlicheres Feld zurückzuführen: »Reden wir wieder über unseren Literaturkritiker. Er liest also in seinem Universum *A* Ihr Buch und beschließt, in seine Vergangenheit zurückzukehren, um Ihnen seine Meinung zu sagen. Ab jenem Augenblick, wo er in der Vergangenheit auftaucht, befindet er sich in einem Universum *B*. Das unterscheidet sich vom

Universum *A* in keiner Weise – aber nur bis zu dem Zeitpunkt der Ankunft des zeitreisenden Literaturkritikers. Der besucht Sie nunmehr und überredet Sie, Ihr Buch *nicht* zu schreiben – was Sie dann auch tun. Somit wird das Buch nie geschrieben und die Version des Kritikers im Universum *A* sieht sich nun nicht mehr veranlaßt, in die Vergangenheit zu reisen. Dafür hat diese Version *B* ein anderes Problem: nämlich seinen ›Zwillingsbruder‹ aus dem Universum *A*! Ein Rücktransport in das Universum *A* ist für den Literaturkritiker ab sofort unmöglich geworden, denn für ihn existiert dieser Kosmos nicht mehr – und wenn, dann nur noch in seiner Erinnerung an das ›Morgen‹!«

Des Astrophysikers (vorläufiges) Resümee zum Thema Zeitreisen: »Eine Reise in die Zeit muß auch eine Reise im Raum sein, um erfolgreich operieren zu können. Stellen wir uns vor, daß der mehrfach genannte Literaturkritiker ein halbes Jahr in die Vergangenheit reist. Sobald er materialisiert, findet er nicht die Erde unter seinen Füßen vor, sondern den Weltraum! Und warum? Weil sich unser Planet während dieses halben Jahres um die Sonne *zurückgedreht* hat.«

Nachdem wir jetzt soviel über hypothetische Zeitreisen erfahren durften, erschien es mir angebracht, meinen Gesprächspartner auch über das eigentliche »Corpus delicti« zu befragen. Welche Art von Gerät könnte am ehesten geeignet sein, die zuvor angesprochenen Zeitexperimente praktisch durchzuführen? Und auf welcher Basis könnte eine solche »Zeitmaschine« funktionieren?

Hatte ich vielleicht erwartet, jetzt die eine oder andere Beschreibung einer Apparatur zu erhalten, wie sie mir aus diversen utopischen Romanen in Erinnerung geblieben war, so kombinierte ich ins Leere. Modelle der Quantengravitation ließen im subnuklearen Bereich Zeitschleifen zu, erläuterte mir Dr. Grün, welche – wenn auch nur geringfügig – in die Vergangenheit reichen würden: »Durch das Anlegen eines äußeren magnetischen Feldes lassen sich manche Metalle magnetisieren. Wird das Hilfsfeld abgeschaltet, bleibt die Magnetisierung des Metalles aufrecht.« Was aber würde passieren, würden durch ein Feld von unbekannter Natur die Zeitschleifen auf submikroskopischer Ebene sich ausrichten und verstärken lassen? Der Astrophysiker hielte es dann nicht für unwahrscheinlich, daß hier eine Art »Zeittor« in der Raum-Zeit entstehen könnte.

Eine andere Art von »Zeitmaschine«

Wie sich nun zeigte, hatte ich vom Aussehen solcher phantastischer Gerätschaften eine völlig falsche, vor allem naive Vorstellung gehabt. Das machte mir Dr. Grün sehr schnell klar. Jedenfalls nannte er mir eine ganz andere Art von »Zeitmaschine« – ein sogenanntes *Wurmloch*. Und er erläuterte mir dann auch gleich dessen damit einhergehende Funktion: »Ein Wurmloch ist ein Objekt mit ungeheurer Dichte, ähnlich einem ›Black Hole‹ – einem ›Schwarzen Loch‹. Beide Objekte, Wurmloch wie Black Hole, besitzen die Eigenschaft, die Raum-Zeit so zu verzerren, daß zwei weit entfernte Regionen des Universums miteinander verbunden werden. Zur Anschauung eines solchen Phänomens kann man eine Bettdecke nehmen, zwei etwa einen Meter voneinander entfernte Löcher in den Überzug schneiden und die Löcher an den Enden eines, sagen wir fünf Zentimeter langen, Rohres annähen. Statt nun mit dem Finger einen Meter zwischen den Löchern zurücklegen zu müssen, kann man damit einfach durch die Löcher auf kürzestem Weg hindurchstoßen. Ähnlich funktioniert das auch in der kosmischen Praxis. Wissenschaftler denken jedenfalls daran, derartige Wurmlöcher zur Überwindung interstellarer Distanzen im Universum bei künftigen Raumfahrtunternehmen heranzuziehen.«

Ein weiteres, lebensrettendes Argument spricht dafür, sich solcher Wurmlöcher und in keinem Fall der Schwarzen Löcher zu bedienen: »Eine Passage durch ein Wurmloch«, machte mich der Astrophysiker aufmerksam, »wäre zum Unterschied bei einem gleichen Vorgang durch ein Black Hole für die Raumfahrer *nicht tödlich*!«

Welche Bewandtnis aber haben Wurmlöcher im Hinblick auf in Betracht gezogene Zeitreisen? Dr. Grün erläuterte mir auch dies: »Erste Ansätze hierfür lassen sich auf die beiden amerikanischen Physiker *Morris* und *Thorne* von CalTech Kalifornien zurückführen. Beide haben bereits mit *Ulvi Yurtsever* das erste funktionierende Modell eines Wurmlochs entworfen. Die von mir apostrophierte ›andere Art von Zeitmaschine‹ besteht demnach aus zwei Wurmlöchern, wobei sich das eine relativ zum anderen mit hoher Geschwindigkeit bewegt. Der Physiker *Paul Halpern* hat sich in seinem Buch ›Wurmlöcher im Kosmos – Modelle für Reisen durch Zeit und Raum‹ ausführlich mit dieser Problemstellung auseinandergesetzt.«

Aber nicht nur Wurmlöcher könnten in künftigen Zeiten einem Zeitreise-Programm irdischer »Chrononauten« nützlich sein – Dr. Karl Grün machte mich in diesem Zusammenhang auch auf einen Gedankengang des US-Physikers *J. Richard Gott* (nomen est omen?) aufmerksam, der an der Universität Princeton tätig ist. Seiner Auffassung nach wären neben Wurmlöchern auch sogenannte *kosmische Strings* für spätere Zeitreisen geeignet. Kosmische Strings, was ist darunter zu verstehen? »Diese Gebilde sind filamentartige (*staubfäden*artige) Überreste des ursprünglichen Universums, gewissermaßen Sprünge im Gefüge der Raum-Zeit«, erfuhr ich von dem Astrophysiker. Durch ihn bin ich nunmehr auch darüber informiert, daß sich noch andere Physiker inzwischen Konzepte für eventuelle Zeitreiseunternehmen ausgedacht haben. Manche davon hätten realistische Aussichten, auch tatsächlich verwirklicht zu werden, ließ mich Dr. Grün wissen, andere Entwürfe dürften hingegen aufgrund ihrer zu weitgesteckten Annahmen wohl für alle Zeiten in den diversen Schubläden weiter dahinschlummern.

Man unterliege jedoch einem Trugschluß, würde man nunmehr vermuten, unter der Ankündigung »Realistische Aussichten« müsse gefolgert werden, Wissenschaftler und Techniker bräuchten dann »nur« noch in ihre Laboratorien zu gehen, um nach ein paar Monaten oder Jahren eine funktionierende Zeitmaschine als ihr geglücktes Arbeitsergebnis zu präsentieren, beendete mein Gesprächspartner etwaige übertrieben optimistische Gedankenflüge meinerseits. Tatsächlich sei damit gemeint, so Dr. Grün, daß lediglich Gedankenmodelle entwickelt würden, die den Vorteil in sich trügen, die uns bekannten kosmischen Gesetze *nicht* zu verletzen.

Aber wie verhält sich dies nun mit der Wahrscheinlichkeit einer Existenz des von dem italienischen Pater Ernetti behaupteten »Chronovisors« – einem Zeitsichtgerät, das er gemeinsam mit einem Dutzend Physikern gebaut und auch in Tätigkeit gesetzt haben will?

Astrophysiker Grün mahnte mich zur Vorsicht: »Im Umfeld so mancher bekannter Wissenschaftler entstanden und entstehen oft seltsam anmutende Mythen und Legenden. Überlegen Sie doch einmal: War beispielsweise *Albert Einstein* in irgendeiner Weise am sogenannten *Philadelphia-Experiment* beteiligt? Was geschah seinerzeit mit *Ettore Majorana*? Inwieweit waren Physiker aus Los Alamos an den Untersuchungen des *Roswell-Absturzes* eines angeblichen UFOs verwickelt? Irgendwie ist es schwer zu glauben, daß es einem italienischen Benediktinerpater am Höhepunkt des Kalten Krieges zwischen den Großmächten gelungen sein könnte, zwölf renommierte, internationale Physiker zu einer Teilnahme an seinem ›Geheimprojekt‹ zu überreden. In den fünfziger Jahren begann in den USA die Forschung und Entwicklung der Wasserstoffbombe. Auch dieses Projekt blockierte viele Wissenschaftler für eventuelle andere Vorhaben. Und auch aufgrund der damals herrschenden Sicherheitsbestimmungen scheint es mir höchst unwahrscheinlich, daß bestimmte Personen die Erlaubnis erhalten haben könnten, nach Italien zu reisen.«

Dr. Grüns Einwände waren für mich wie eine kalte Dusche. Sollte ich »in Sachen ›Chronovisor‹« einer Mystifikation zum Opfer gefallen sein? Basierte alles bloß auf einer »Zeitungsente«?

Der Vatikan als Hoffnungsträger?

Anscheinend doch nicht so ganz. Jedenfalls ließ sich auch »mein« Astrophysiker in seiner Beurteilung der Ernetti-Story das berühmte »Hintertürchen« offen. Andererseits sei die Macht des Vatikans nicht abzuschätzen, meinte er beschwichtigend, als er meine Leichenbittermiene gewahrte: »Die diversen Aktionen des ›Kirchenstaates‹ während der Kriegszeit sind heute ja noch genauso unbekannt wie die Verstrickung so mancher Kirchenmänner von höchstem Rang in die Machenschaften einer gewissen, sogenannten ›ehrenwerten‹ Gesellschaft …«

Dennoch blieb Dr. Grün im Hinblick auf Pater Ernettis angebliche Errungenschaft leider weiterhin skeptisch: »Unabhängig von der personenbezogenen Wahrscheinlichkeit ist auch die Chance der Existenz eines ›Chronovisors‹ als sehr gering anzusetzen. In den fünfziger, sechziger und siebziger Jahren war die damalige Physik gerade erst den Kinderschuhen entwachsen, und man hatte eben erst begonnen, die Struktur der Materie sowie die fundamentalen Gesetze der Physik zu erkennen. Grundlagen für eventuelle Zeitreisen – die von mir genannten Multiversen, Wurmlöcher und Zeitschleifen – wurden erst viel später entwickelt. Deshalb ist es nur sehr schwer zu glauben, daß so ganz plötzlich ein Wissen über Zeitmanipulationen entstanden sein könnte, und alle diese Kenntnisse dazu noch völlig unbeachtet von der wissenschaftlichen Gemeinschaft. Hätte es damals wirklich ein solches Wissen gegeben, dann wäre es nicht von dieser Welt!«

Ist das »Atout« der *Akasha-Chronik* dabei unbeachtet geblieben? Möglicherweise hatten Pater Ernetti und seine Mitarbeiter gerade dieses, von der etablierten Wissenschaft nicht beachtete *As* »im Ärmel« und waren so in der Lage, damit einen triumphalen »Stich« zu landen. Eine Trumpfkarte, die tatsächlich »nicht von dieser Welt« zu sein scheint …

Ungeachtet der pessimistischen Vermutungen meines Gesprächspartners, verlangte es mich doch danach zu erfahren, inwieweit sich der Astrophysiker eine ungefähre Rekonstruktion des von ihm nicht ernstgenommenen »Chronovisors« anhand der vorliegenden Beschreibungen vorzustellen vermochte. »Versuchen Sie einmal einem Ureinwohner in Afrika, der von der Wissenschaft der Kategorie ›Steinzeitmensch‹ zugerechnet wird, die Technik eines simplen Fernsehgerätes zu erklären«, lautete Dr. Grüns lakonische Antwort. Hier bin ich allerdings völlig anderer Ansicht. Und schon gar nicht bin ich mit dieser mir etwas überheblich scheinenden Einstufung einverstanden. Wäre sie nämlich zutreffend, dann befände ich mich – meine Allgemeinbildung betreffend – ungefähr auf demselben Wissensstand: Jedenfalls sehe auch ich mich außerstande (konform mit Grüns hypothetischem »Steinzeitmenschen«) die funktionelle Zusammensetzung jenes als »simpel« bezeichneten TV-Apparates zu begreifen, geschweige zu erklären. Es hinge vom Unterschied im Wissensniveau ab, versuchte der Wissenschaftler das Gleichgewicht intellektueller Art von uns beiden wieder herzustellen: »Selbst eine ungefähre Rekonstruktion muß nämlich nicht sicherstellen, daß das Ergebnis letztlich auch stimmt und das Gerät dann funktioniert. Nur ein kleiner Fehler in den Schaltelementen reicht da schon völlig aus, und vorbei wäre der Traum, eventuell Kleopatra während eines Bades in Ziegenmilch (wie Überlieferungen

behaupten) zu beobachten. Dennoch vermögen auch vagere Beschreibungen manchmal Denkanstöße zu liefern, und solche Anstöße können durchaus auch die Grundlagen für Forschungsansätze sein, welche es jedoch danach zu konkretisieren gilt.«
Und welche Wahrscheinlichkeit ist der Aussage des Benediktinerpaters zuzumessen, wonach mit Hilfe des »Chronovisors« vergangene Begebenheiten über einen Monitor tatsächlich optisch und akustisch wiedergegeben werden konnten – ja sogar es für möglich erachtet wurde, Geschehnisse aus der Zukunft sicht- und hörbar zu machen?
Astrophysiker Dr. Karl Grün hält die (laut Aussage Ernettis) reine Beobachtung der Vergangenheit in jedem Fall für die schwächste Form einer Zeitreise. Lediglich dazu geeignet, quasi wie durch ein »Schlüsselloch« in der Raum-Zeit längst abgelaufene Ereignisse zu verfolgen: »Bei der Beobachtung von erst künftig stattfindenden Dingen sollte man jedoch bedenken, daß dabei nur eine *mögliche* Zukunft sichtbar gemacht werden würde. Sieht man beispielsweise einen in zwei Jahren stattfindenden Mord an einem Staatsoberhaupt, dann könnte man dieses Verbrechen durchaus verhindern. Gemäß *Everetts* ›Vielwelten-Theorie‹ würde dadurch lediglich ein *zweites Universum* geschaffen werden, in welchem das betreffende Staatsoberhaupt in zwei Jahren eben *nicht* umgebracht werden wird ...«

Eine Stimme aus dem Vatikan

Ich leugne nicht, daß ich mit einer gewissen Ehrfurcht jenes Gebäude betrat, das mit den Insignien des Vatikan über dem Hauseingang versehen, dem offiziellen Bevollmächtigten des römischen Kirchenstaates als dienstlicher und privater Aufenthaltsort dient. Seine Exzellenz, Erzbischof DDr. *Donato Squicciarini*, ist – mit weltlichen Maßstäben gemessen – sozusagen der päpstliche Botschafter in Österreich. Er vertritt den »Hl. Stuhl« bei hohen Anlässen, ist Ansprechperson des Bundespräsidenten ebenso wie die von Regierung und sonstigen wichtigen Amtsinhabern. Ihn hatte ich am 5. Juli 1996 angeschrieben und um eine Audienz ersucht. Sie wurde mir tatsächlich gewährt.

Am 13. November desselben Jahres, um 11 Uhr vormittags – so wurde ich telefonisch informiert – würde mich Seine Exzellenz in seinen Amtsräumen empfangen und sich bemühen, meine ihm brieflich angekündigten Fragen zu beantworten. Sieben insgesamt hatte ich vorbereitet und war mir natürlich durchaus im klaren, daß ich nicht sicher sein konnte, ob ich vom Apostolischen Nuntius (so der Titel, den Erzbischof DDr. Squicciarini offiziell führt) erschöpfende Auskunft über all das, was mich bewegte, erhalten würde.

Ein jüngerer Mann, vermutlich der oder ein Sekretär Seiner Exzellenz, öffnete, nachdem ich am Eingang geläutet hatte, das Tor und geleitete mich in einen Empfangsraum. Dort ließ er mich allein zurück. Ich nützte die Gelegenheit, die reich bebilderten Wände des Zimmers zu fotografieren, ehe der junge Mann abermals erschien und mich bat, ihm in das erste Stockwerk des Gebäudes zu folgen. Wieder betrat ich eine mit eindrucksvollen Bildern der letzten Päpste ausgestattete Räumlichkeit, wo ich meinem Gastgeber, Erzbischof DDr. Squicciarini, begegnen sollte.

Was ich sofort und mit einem gewissen Erstaunen registrierte: Zwar hingen an den Wänden des Zimmers Porträts der Päpste Pius XII., Johannes XXIII., Paul VI. und selbstverständlich von Johannes Paul II., jedoch vermißte ich ein Bildnis jenes Heiligen Vaters, der als »lächelnder Papst« in die Kirchengeschichte eingegangen ist und infolge seines höchst mysteriösen Hinscheidens nur 33 Tage im Amt verbleiben konnte:
Johannes Paul I.

Sein Tod (angeblich Herzschlag) ist bis zum heutigen Tag nicht befriedigend aufgeklärt worden. Nach wie vor ist das Gerücht nicht gänzlich verstummt, wonach dieser Papst angeblich einem Mordanschlag der Mafia zum Opfer gefallen sein soll. Ich habe darüber in einem meiner früheren Bücher (»Phantome des Schreckens«) berichtet ...

Mein Sinnieren wurde unterbrochen. Durch die hohe Eingangstür trat mir nunmehr mein Gastgeber entgegen. Seine Exzellenz bedeutete mir mit einer Handbewegung, Platz zu nehmen und setzte sich mir gegenüber. Nach einer kurzen, höflichen Begrüßung meinerseits, die der Erzbischof freundlich erwiderte, studierte der Apostolische Nuntius mit etwas gerunzelter Stirn meine ihm vorgelegten Fragen.

»Leider muß ich Ihnen mitteilen, daß ich Pater Ernetti nie kennenlernen konnte«, verneinte der geistliche Herr gleich meine erste Frage. Fast wie entschuldigend meinte er dann: »Wissen Sie, ich bin in meiner Funktion als Apostolischer Nuntius in den vergangenen Jahrzehnten zumeist außerhalb des Vatikans und der italienischen Grenzen unterwegs gewesen, so daß mir manches im vatikanischen Bereich entgangen sein dürfte.«

Wenn dem Erzbischof also auch die Existenz des Benediktiners und damit ebenso jene von dessen »Chronovisor« nicht geläufig war, so wurde ich doch hellhörig, als sich mein Gastgeber an seine Studentenzeit erinnerte und daran, daß damals manchmal darüber spekuliert und diskutiert worden wäre, ein Gerät zu entwickeln, mit dessen Hilfe es möglich sein müßte, die Stimmen prominenter Verstorbener, wie etwa jene des Dichters Cicero, über eine bestimmte, noch zu entdeckende Wellenlänge wieder hörbar zu machen. Ein Vorgang, der eklatant an Tätigkeiten von Pater Ernetti erinnerte, der sich ja – über die Herstellung seines »Chronovisors« hinaus – schon seit Anfang der fünfziger Jahre angelegentlich auf dem Gebiet der Tonbandstimmenforschung betätigt hatte. Später erzählte er gerne (u. a. auch seinem französischen Geistesfreund, Père *Brune*, dem Theologieprofessor an der Pariser Sorbonne), daß es eigentlich nicht der Schwede *Friedrich Jürgenson* gewesen sei, dem es 1959 als erstem Tonbandstimmenforscher gelungen wäre, die Stimme seiner Mutter aus dem Jenseits zu vernehmen, sondern daß schon Jahre davor – und zwar am 17. September 1952 – der von ihm hochgeschätzte Pater *Agostino Gemelli* (nach welchem dann sogar ein Krankenhaus benannt worden ist) in seinem Beisein (im Physiklabor der Katholischen Universität Mailand) die Stimme des Vaters, wenn auch unabsichtlich, aufzeichnen hatte können.

Auch im Vatikan begann man sich bereits frühzeitig für die Vorteile der drahtlosen Kommunikation zu interessieren. Wie mir Seine Exzellenz erzählte, sei dies vor allem durch die Forschungstätigkeit des italienischen Physikers *Guglielmo Marconi* (1874–1937) ausgelöst worden, dem es im Jahre 1896 gelungen war, den ersten Funktelegraphen zu entwickeln, wofür er (und für seine sonstige Tätigkeit) 1909 verdientermaßen mit dem Nobelpreis ausgezeichnet wurde. »Marconi erhielt damals von höchster Stelle im Vatikan den Auftrag, in unserem Kirchenstaat den allerersten Radiosender zu installieren«, erfuhr ich von meinem Gastgeber. Papst *Pius XI.*, so der Apostolische Nuntius, habe es sich in jenen Tagen nicht nehmen lassen, dieses neue Kommunikationsmittel entsprechend auszunützen: Er richtete über Marconis Radiosender seine erste Botschaft direkt an die argentinische Bevölkerung.

Daß auch die Tonbandstimmenforschung – und der mit ihr einhergehende Versuch, auf diese Weise Funkkontakt mit den Verstorbenen im Jenseits aufzunehmen – bei führenden Köpfen im Vatikan auf ein breites Verständnis stieß, war angesichts des spirituellen Hintergrundes, der diesem Forschungszweig anhaftet, nicht weiter verwunderlich. Auch Erzbischof Squicciarini bestätigte mir im Gespräch, daß selbst Guglielmo Marconi, ungeachtet seiner wissenschaftlichen Reputation, sich angelegentlich damit beschäftigte, mit Hilfe von Elektronik und drahtloser Kommunikation jene geheimnisvollen Stimmen aus dem Totenreich einzufangen und hörbar zu machen.

Er war nicht der einzige. Auch andere Pioniere der drahtlosen Verständigung, so etwa *Thomas Alva Edison* (1847–1931), bemühten sich zeitlebens um einen Kontakt mit den Verstorbenen. 1920 entwickelte der Nordamerikaner eine elektronische Vorrichtung, in der Hoffnung, im Bereich zwischen Lang- und Kurzwellen eine Frequenz zu entdecken, die ihm eine telepathische Verbindung zwischen der dies- und der jenseitigen Welt ermöglichen würde. Und der Apostolische Nuntius bestätigte mir gleichsam am Beispiel des Physikers Marconi und seinen spirituellen Versuchen einer drahtlosen Jenseitsfühlungnahme, daß die vatikanische Hierarchie auch Pater Ernetti und seinen Experimenten mit dem zeitüberbrückenden »Chronovisor« ungeteiltes Wohlwollen entgegenbrachte.

Was dem Benediktiner und seinen Physikern im Verlauf von etwa vierzig Jahren geglückt zu sein scheint, daran versuchten sich zuvor Männer wie Edison und Marconi vergebens. Auch diese beiden großen Erfinder waren von der Idee fasziniert gewesen, mit einem derartigen Empfänger Stimmen aus der Vergangenheit einzufangen. Edison träumte sogar davon, mit Hilfe eines solchen Apparates die letzten Worte Jesu am Kreuz aufzeichnen zu können.

Obwohl mein freundlicher Gastgeber sich nicht in der Lage sah, mir erschöpfende Auskunft über Person und Tätigkeit seines venezianischen Glaubensbruders Ernetti zu erteilen, erhielt ich anhand seiner Ausführungen über die seinerzeitigen Aktivitäten eines bedeutenden Landsmannes von ihm, Guglielmo Marconi und dessen Tonbandstimmen-Experimente (welche innerhalb der vatikanischen Mauern nicht nur gebilligt, sondern offensichtlich auch gefördert worden waren), die Gewißheit, daß an den Berichten über die als »Chronovisor« bezeichnete Zeitmaschine doch etwas dran sein mußte.

»Wie zwei Strahlen aus derselben Quelle«, begeisterte sich einst Papst Pius XI., so mein hochrangiger kirchlicher Gastgeber, über die Erfindung und die sich daraus ergebenden Möglichkeiten der drahtlosen Kommunikation. Wie hätte der Nachfolger Petris erst geschwärmt, wäre ihm die Nutzung von Pater Ernettis Zeitsichtgerät gegönnt gewesen.

Aber weder seine Epoche noch die, in der wir heute leben, hatte (und hat) die erforderliche Reife, damit würdig umzugehen ...

7 Die Eingeweihten:
Zeitspione aus der Zukunft?

Bewundert, verkannt, vergessen

Auf den vorangegangenen Buchseiten konnten wir so manches über jene geheimnisvolle, unsichtbare Region in Erfahrung bringen, die angeblich unseren Globus umspannen soll. Sie ist unter den verschiedensten Bezeichnungen vor allem in die okkulte Literatur eingegangen. Ihre eigentliche Bedeutung hat sie in Indien erhalten, denn ihre behauptete Existenz beruht dort auf einer mythologischen Tradition. Wir kennen dieses Phänomen unter der Bezeichnung »Akasha-Chronik«, und seit zwei der bedeutensten Theosophen des 19. und 20. Jahrhunderts – *Helena Petrowna Blavatsky* und *Rudolf Steiner* – sich damit intensiv beschäftigten, wurde der Begriff auch in Europa bekannt.

Andere Okkultisten, wie der Franzose *Eliphas Lévi*, nannten dieses undefinierbare Gebilde abwechselnd »Große Schlange« oder »Astrallicht«. *Paracelsus* erkannte darin das »Siderische Licht«. Doch wie immer man derlei, sich angeblich nur medial bzw. hellsichtig veranlagten Menschen Zeigendes, auch nennen mag, wesentlich daran bleibt der behauptete Umstand, daß es in esoterischen Kreisen als das sogenannte »Weltgedächtnis« angesehen wird. In ihm sollen alle Ereignisse »gespeichert« sein, die jemals auf unserem Planeten stattfanden oder in Zukunft noch stattfinden werden. Darin inkludiert sind selbstverständlich auch sämtliche menschlichen Schicksale aus Vergangenheit, Gegenwart und Zukunft.

Schon immer war es für wißbegierige Okkultisten daher reizvolle Herausforderung, sich die Fähigkeit anzueignen, zur »Akasha-Chronik«, jener subtilen Essenz im »unbegrenzten Raum« (wie es die Buddhisten bezeichnen), Zugang zu erhalten.

Vorerst aber ist es erforderlich, sich in diese »Akasha-Chronik« auf medialem Wege gewissermaßen »einzuklinken«. Zeit spielt in ihr keine Rolle. Vergangenes, Gegenwärtiges und Zukünftiges ereignen sich dort stets *synchron*. Nur Lebensformen auf der Erde in ihrer gesamten Bandbreite sind an Zeitabschnitte gebunden: Vom Augenblick unserer Geburt bis hin zu unserer letzten Stunde rechnen wir in Zeitbegriffen. Was gestern geschah, gilt uns als *ver-*

gangen, das Jetzt ist die *Gegenwart*, was morgen passieren sollte, ist einer uns noch unbekannten *Zukunft* vorbehalten. Derlei ist auf der unendlichen Ebene der »Akasha-Chronik« ohne Belang: Hier ereignet sich alles *gleichzeitig*!

Am wahrscheinlich verständlichsten läßt sich das alles anhand eines einfachen Beispiels darstellen: Versetzen Sie sich im Gedanken an ein V-förmig gewinkeltes Flußufer. Die Strömung treibt zunächst auf Sie zu, um dann ab jenem Knick bei der Uferböschung sich wieder von Ihrem Standort zu entfernen. Jetzt nähert sich Ihnen, auf der Wasseroberfläche schwimmend, irgendein Gegenstand. Er folgt dem Verlauf des Flusses. Von Ihrem Platz am Ufer vermögen Sie das Ding im Wasser zwar zu erkennen, sind aber außerstande festzustellen, *woher* es gekommen ist und *wohin* es treiben wird.

Anders würde sich die Situation verhalten, wenn Sie die Gelegenheit hätten, ihren Beobachtungsposten zu wechseln. Nehmen wir also an, daß sich in ihrem Rücken ein hoher Baum befindet. Sie klettern an seinem Stamm kurzerhand empor, bis hinauf zum Wipfel und haben nunmehr das Flußbett *unter* sich. Es ist Ihnen jetzt möglich, den Verlauf des Flusses weit ins Land hinein zu verfolgen. Sie erkennen, von wo er herkommt, und Sie sehen ebenso deutlich, wo er hinfließt. Erst jetzt haben Sie den wirklichen *Überblick*! Ihr Horizont hat sich somit gewaltig *vergrößert*. Sie wissen plötzlich, welchen Weg Ihr schwimmender Gegenstand, als er Ihrem Standort zutrieb, vom Horizont seines Erscheinens an genommen hat, und es bereitet Ihnen keine Mühe mehr, seiner weiteren Flußroute mit den Blicken zu folgen, bis er wieder am Horizont verschwinden würde.

So (oder so ähnlich) mag eine mediale »Schauung« verlaufen, die die »Akasha-Chronik« für ihre Eingeweihten zu bieten hat. *Überblick total* könnte man es auch nennen.

Aber es scheint so zu sein, daß nicht nur Okkultisten wie Madame Blavatsky, Steiner oder Lévi (um drei der bekanntesten herauszugreifen) die Gabe besaßen, sich Einblick in das »Weltgedächtnis« zu verschaffen. Vielmehr keimt in mir der Verdacht, daß es bis in die jüngere Vergangenheit Personen gegeben hat, die ebenfalls solcher Leistungen fähig waren. Fünf solcher Genies (denn anders kann man sie wohl nicht bezeichnen) wird hier nun auf den folgenden Seiten Raum gegeben. In geraffter Form werde ich Ihnen die außergewöhnliche Veranlagung dieser Persönlichkeiten vor Augen führen und versuchen, Hinweise zu finden, indirekt deren Kenntnis der »Akasha-Chronik« zu verdeutlichen.

Fünf Namen, von denen jeder ein Stück Weltgeschichte beeinflußt hat; Menschen, die noch zu Lebzeiten Ruhm ernteten, aber auch solche, denen eine verdiente Anerkennung versagt geblieben ist, sowie andere, deren Können von ihrer Umwelt ignoriert wurde. Sie werden hier in der Reihenfolge ihres Daseins vorgestellt: *Albertus Magnus* (um 1200–1280), *Leonardo Da Vinci* (1452–1519), der Graf von *Saint-Germain* (1660?–1784?), *Nikola Tesla* (1856–1943) und *Edgar Cayce* (1877–1945). Jeder von ihnen war auf seinem Gebiet ein beispielloser Individualist und *einmalig*!

Dreißig Jahre seines Lebens?

Er erreichte das hohe Alter von mehr als 80 Jahren, doch soll er davon allein dreißig damit zugebracht haben, ein Geschöpf zustande zu bringen, das in seiner Epoche von christlichen Denkern wohl als ein Teufelswerk angesehen worden wäre – hätte man von der Existenz eines solchen Wesens etwas geahnt.

Aber *Albertus Magnus*, der Konstrukteur dieses Automaten, den man heute unzweifelhaft als *Roboter* bezeichnen würde, war selbst ein frommer Mann der Kirche. Seiner Herkunft nach war er aristokratischen Geblüts, und er hieß eigentlich Albert der Große. Sein Adelstitel lautete »Graf von Bollenstädt«.

Zunächst hatte der junge Mann in Padua studiert, und das mit so großem Erfolg, daß er schließlich zu einem Gelehrten avancierte und ehrenvolle Lehraufträge an Universitäten in Köln, Hildesheim, Freiburg, Regensburg und Straßburg erhielt.

Ab 1223 oder 1229 begab sich der Adelige in den Schoß der Kirche und wurde Dominikanermönch. Nun holte man Albertus Magnus, wie er sich von da an nannte, auch an so manche Klosterschule, wo der Ordensmann u. a. auch *Thomas von Aquino*, den später so berühmt gewordenen Kirchenlehrer, unter seinen Schülern hatte.

Albertus Magnus war unermüdlich bemüht, sich ein umfangreiches Wissen anzueignen. Er war der erste, der in größerem Maße die seit Beginn des 13. Jahrhunderts bekannt werdenden Original-werke des *Aristoteles* benützte und sich offen als Anhänger dieses griechischen Philosophen deklarierte. Darüber hinaus studierte Albertus Magnus die byzantinischen, arabischen und jüdischen Kommentare ebenso wie die Kabbala. Damit nicht genug: Dieser außergewöhnliche Mönch interessierte sich ungehemmt ebenso auch für Okkultismus, Astrologie und Alchimie. Gerüchte besagen, daß er im Beisein des deutschen Kaisers *Friedrich II.* (1194–1250) sogar *Tote* beschworen haben soll.

Aber wie auch immer: Seine für die damalige Zeit ungewöhnlichen Kenntnisse auf den Gebieten der Physik, Chemie und *Mechanik* brachten Albertus Magnus – ungeachtet seines großen Ansehens in den kirchlichen Kreisen – schließlich in den Verdacht, ein Magier und Hexenmeister zu sein. Daß er diese gefährlichen inquisitorischen Strömungen zu umschiffen vermochte, dazu verhalf dem Dominikaner die ehrenvolle Berufung zum Bischof von Regensburg, 1260. Der Gelehrte bekleidete dieses Amt volle zwei Jahre, und es schützte und bewahrte den Kirchenfürsten vor unliebsamen Überraschungen.

Es versteht sich von selbst, daß Albertus Magnus seine Forschungen und alchimistischen Experimente nicht öffentlich kundtat und für sich behielt. Ihn in diesem Zusammenhang zu »verdächtigen«, sich dabei auch Einblicke in die legendäre »Akasha-Chronik« verschafft zu haben, ist angesichts des von ihm nachweislich konstruierten »Astralautomaten« (wie das Geschöpf des Albertus Magnus in okkulten Zirkeln vorwiegend bezeichnet wird) nicht ganz von der Hand zu weisen.

Andererseits muß man sich fragen, auf welche Weise es dieser Mönch verstanden hat, sich »Metallen und unbekannter Substanzen« zu bedienen, die er für die Herstellung seines »Roboters« verwendete und die der Gelehrte (nach Angaben aus Albertus Magnus' Autobiographie) »gemäß den Sternen ausgewählt« haben wollte. Jedenfalls soll das künstliche Geschöpf »die Gestalt eines Menschen« gehabt haben. Ob Albertus Magnus aber tatsächlich dreißig Jahre seines an kreativen Ideen reichen Lebens damit zubrachte, in seiner Klause im Kölner Dominikanerkloster an seiner Schöpfung zu arbeiten, muß mit Fug und Recht bezweifelt werden. *Axel Ertelt*, der sich angelegentlich mit dem Leben und dem Werk des Regensburger Kirchenfürsten befaßte, gab in seinem vor elf Jahren veröffentlichten Buch »Die interplanetaren Kontakte des Albertus Magnus« zu bedenken, daß der Mönch »als bedeutender Theologe und Lehrer an den verschiedensten Konventen und der Pariser Universität genausowenig an der Konstruktion des Roboters gearbeitet haben dürfte, wie in seiner Eigenschaft als Bischof von Regensburg«.

Somit scheint also die tatsächliche Bauzeit, die der Dominikaner für die Fertigstellung seines Automaten (der der Fama nach imstande gewesen sein soll, durch Zeichen und sogar Worte auf Fragen seines Meisters zu antworten) benötigte, enorm eingeschränkt gewesen zu sein. Ertelt läßt hierfür im besten Fall zwei bis drei Jahre gelten.

Nach den überlieferten Angaben, die uns über Albertus Magnus' Wunderwesen zugänglich wurden, vermochte dieser mechanische Mensch zu gehen, zu sprechen und sich im Haushalt nützlich zu machen. Da heißt es beispielsweise sehr offenherzig: »Albertus Magnus und sein Schüler Thomas von Aquino lebten zusammen, und das Geschöpf sorgte für sie…« An anderer Stelle läßt sich entnehmen, daß beiden, insbesondere aber Thomas von Aquino, die Tätigkeit des »Androiden« ziemlich auf die Nerven gegangen sein dürfte. »… sein Geschwätz und seine Klatschgeschichten…«, erfahren wir weiter, und wieder an anderer Stelle des überlieferten Textes läßt sich entnehmen, daß Albertus Magnus seinem »Frankenstein« offenbar die Fähigkeit verliehen hatte, sich aus eigenem Antrieb an Gesprächen der beiden Gelehrten zu beteiligen. Nicht immer zur Freude der Betreffenden – denn: »… er konnte sprechen, und zwar soviel, daß sein Wortschwall den fleißigen Thomas von Aquino störte…«

Wenn es dieses robotartige Geschöpf aus der Werkstatt des Albertus Magnus wirklich gegeben hat, dann müßte davon ausgegangen werden, daß dieser menschenähnliche Automat in der Lage war, *selbständig zu denken* und ebenso aus eigener Verantwortung *zu handeln*! »Eine solche Maschine aber können nicht einmal die Menschen des 20. Jahrhunderts, des Zeitalters der Weltraumfahrt und des Atoms, herstellen«, befand Axel Ertelt in seinem zuvor erwähnten Buch. Für ihn »… zeugt (dies) von einer unvorstellbar hoch entwickelten Technik im Mittelalter«. Ob seine Annahme aber zutrifft, wonach irgendwelche »Sternengötter«, also *außerirdische* Besucher, dafür verantwortlich gemacht werden müßten, muß (ohne deren mögliche Existenz primär in Abrede stellen zu wollen) in diesem Zusammenhang bezweifelt werden. Achten wir deshalb um so aufmerksamer auf jenes Zitat, das Albertus Magnus zugeschrieben wird und zu dessen 700jährigem Todestag auf die Rückseite einer in verschiedenen Größen hergestellten Goldmedaille geprägt worden war: »*Der Mensch steht in der Mitte der Schöpfung, zwischen Stoff und Geist, zwischen Zeit und Ewigkeit.*« Auch *Meinolf Lohrum*, ein Novizenmeister des Dominikanerordens, hob Albertus Magnus' umfangreiches Wissen in einer seiner Niederschriften gebührend hervor und meinte, sich offenbar auf die Quelle dieser Kenntnisse beziehend, kryptisch: »In all seinem Forschen begegnete ihm Gott.«

Das Synonym »Gott« mit der Ewigkeit gleichzusetzen – dazu bedarf es keiner allzugroßen Phantasie. Aber welcher andere kausale Zusammenhang ließe sich hier sonst noch herstellen?

Ein Chronovisor der Antike?

Die wissenschaftliche Arbeit des Albertus Magnus beschränkte sich nicht nur darauf, ein roboterähnliches Automatenwesen von nahezu vollendeter Perfektion herzustellen, in seiner abgelegenen Klosterzelle taten sich noch andere merkwürdige Dinge. Der Dominikanermönch, inzwischen zum Bischof von Regensburg erhoben, war nicht bloß ein mehr oder weniger tüchtiger Alchimist. Vielmehr verstand es dieser gelehrte Theologe, seine okkulten Kenntnisse geschickt mit jenen aus Physik und Chemie in Einklang zu bringen, und so überrascht es eigentlich keineswegs, daß ihm in jener Klause (die wohl eher einem kleinen Labor geähnelt haben dürfte) noch einige weitere bemerkenswerte und brillante Errungenschaften glückten. Eine davon verdient unsere besondere Aufmerksamkeit, scheint sie doch im ursächlichen Sinn den Kontakt zu jener Substanz hergestellt zu haben, die uns inzwischen als Begriff des in ihr enthaltenen Gedächtnisses der Welt vertraut geworden ist: die »*Akasha-Chronik*«.

Axel Ertelt war es, dem vor einiger Zeit ein sehr altes Buch in die Hände fiel, das im Jahre 1880 in einem Kölner Verlag veröffentlicht wurde. Es erschien damals anläßlich des 600jährigen Todestages von Albertus Magnus unter dem Titel »Albertus Magnus in Geschichte und Sage«. Der Autor des Werkes blieb leider ungenannt, dennoch lohnt es sich, in dieser bibliophilen Publikation zu blättern. Im 16. Kapitel erfahren wir Näheres über jenes Produkt, das eine seltsame Beziehung zu der modernen Abart einer solchen Schöpfung zu haben scheint. In dem betreffenden Buch aus dem 19. Jahrhundert erfahren wir jedenfalls einiges über »Albertus' redende Bildsäule«:

»Tagtäglich zog sich Albertus in eine im äußersten Winkel des Klosters gelegene Zelle zurück und brachte hier oft ganze Tage zu, wenn ihn sein Amt nicht auf den Lehrstuhl oder in die Kirche rief. Mancher Mönch sah mit ängstlicher Scheu nach dieser heimlichen Werkstätte hin, und nicht wenige bekreuzigten sich, wenn sie an diesem verdächtigen Laboratorium vorbeigehen mußten. Es schien, als ob viele sich des Glaubens nicht erwehren könnten, daß Albertus, wenn er hier zimmerte, hämmerte, feilte und drechselte, den leibhaftigen Gottseibeiuns zum Gehülfen habe. Thomas (von Aquino; P. K.), der lange Zeit mit gespannter Neugier das geheimnisvolle Wesen seines Meisters beobachtet hatte und eines Tages zufälligerweise in die Nähe der gescheuten Zelle gekommen war, freute sich, die Abwesenheit des Albertus benutzen zu können, um sich in dem geheimnisvollen Gemach etwas näher umzusehen. Mit ängstlicher Beklommenheit betrat er das Laboratorium seines Meisters, die Werkstatt, wo Albertus die geheimen Kräfte der Natur prüfte und zu enträtseln suchte; wo er, wie die alte Volkssage berichtet, schon das Schießpulver, das kleinere Feuergewehr, den Zeitmesser und ähnliche Dinge, die erst in viel späterer Zeit bekannt wurden, erfunden haben soll. Um die Decke schwebten wunderbar gestaltete Seethiere und Schlangen, wie sie Thomas nie gesehen, und allerlei künstlich gearbeitete Instrumente, Gefäße, und geheimnisvolle Apparate, deren Gebrauch und Zweck Thomas sich nicht erklären konnte, waren ringsumher aufgestellt. Mit sichtlicher Angst und Beklommenheit betrachtete Thomas all' die Wunderdinge und all' die seltsamen Erscheinungen, die ihn umgaben. Das seltsame Gethier schien ihm lebendig zu werden; von den Wänden grinsten ihn aus großen Phiolen allerlei Larven und Gestalten an, und die Räder und Ringe der Instrumente schienen sich zu drehen und zu bewegen, und zu flammen die wunderlichen Schriftzeichen, mit denen vier Himmelsgegenden auf den Wänden gezeichnet waren.«

Die recht präzise Beschreibung der Örtlichkeit, die dem Dominikaner und Bischof Albertus Magnus als Forschungsstätte diente, macht deutlich, daß dieser Gelehrte ganz gewiß kein plumper Scharlatan gewesen war. Auch wenn Thomas von Aquino (dem im übrigen die gewollte Zerstörung von Magnus' Automatengeschöpf angelastet werden muß, da ihm angeblich die Funktionstüchtigkeit des Roboter-Wesens unheimlich geworden war) natürlich keine Ahnung hatte, um welche Apparaturen es sich da handelte, die in der Klause seines Lehrmeisters herumstanden, so wird uns aus seiner laienhaften Schilderung doch bewußt, daß wir es bei Albertus mit einem überaus gelehrten und offenbar auch vielseitigen Forscher zu tun haben. Axel Ertelt, der sich natürlich ebenfalls so seine Gedanken machte, worum es sich bei den einzelnen, von Thomas von Aquino beschriebenen Gegenständen in Wirklichkeit gehandelt haben könnte, deutet die Räder und Ringe, die sich offenbar in ständiger Bewegung befanden, sowie die flammenden und in ihrer Bedeutung unidentifizierbaren Schriftzeichen an den Wänden kühn als »vielleicht große Bildschirme, auf denen eine Art künstlich erstelltes Planetarium sichtbar war«. Mag sein, daß er mit dieser Vermutung einer Lösung nahegekommen sein könnte – weit spannender aber liest sich das nun folgende, dessen Inhalt offenkundig ebenfalls auf den Erlebnisbericht des Magnus-Schülers Thomas zurückgeführt werden muß. Als nämlich dieser die Klosterzelle des Meisters fluchtartig verlassen wollte, wurde er (nach eigener Aussage) daran von einer »unwiderstehlichen Gewalt« gehindert. Sie »fesselte ihn an das geheimnisvolle Gemach, und unwillkürlich streckte er seine Rechte aus nach einem feuerroten Vorhange, der in einer Ecke in dicken Falten von des Gemaches Decke herabwallte. Er schob den Vorhang zurück, und bebend vor Angst und Verzweiflung stand er plötzlich vor einem wunderbaren Zaubergebilde, das verführerisch seine Sinne zu umnebeln drohte. Er wollte zurück aus der gefährlichen, unheimlichen Umgebung fliehen, aber mit magischer Gewalt fühlte er sich zurückgehalten, und wider Willen mußte er unverrückt seinen Blick auf der Zaubergestalt haften lassen. Je länger er hinblickte, desto mehr drängten sich die Gedanken in seinem Kopfe. Als nun gar eine menschliche Stimme sich aus der rätselhaften Gestalt vernehmen ließ und Thomas sich mit dem dreifachen Gruße: salve, salve, salve! angeredet hörte, schwand ihm vollends das Bewußtsein, und er glaubte, daß der Fürst der Unterwelt durch diese zauberische Erscheinung sein böses Spiel mit ihm treiben wolle.«

Man vermag sich gut vorzustellen, welchen Gefühlen und Emotionen der junge Mann ausgesetzt war, als sich dieses unheimliche Ding plötzlich in Tätigkeit setzte. Und als ihn dann auch noch eine menschliche Stimme scheinbar anzusprechen schien, war es um die Selbstsicherheit des Thomas von Aquino geschehen.

Zweifellos handelte es sich bei diesem »Zaubergebilde« um ein Gerät, das eine gewisse Ähnlichkeit mit einem uns heute natürlich vertrauten Fernsehempfänger aufgewiesen haben dürfte. Möglicherweise aber ging die Leistungskraft der Apparatur doch über die von »gewöhnlichen« TV-Gerätschaften weit hinaus. Denn woher hätten denn in jener Zeit – irgendwann Mitte des 13. Jahrhunderts – die Bilder kommen sollen, die Thomas von Aquino auf dem Fernsehschirm erblickte? TV-Kameras, um derartige Szenen aufzuzeichnen, gab es damals selbstverständlich nicht – aber von irgendwoher mußte das Geschaute ja kommen. Sollte der Schüler des Albertus Magnus unfreiwilliger Zeuge einer Wiedergabe geworden sein, die ihm aus einer früheren Epoche über den Bildschirm zugespielt wurde? War sein Meister womöglich im Besitz eines antiken Chronovisors? Gewisse Indizien lassen diese Überlegung zu – leider aber werden wir die Wahrheit nie mehr erfahren. Und ich frage mich, ob Albertus Magnus seinen Weggefährten nach dem folgenden Vorfall nicht sehr bald in Unehren entließ, hatte doch Thomas von Aquino hier abermals die Nerven verloren. Da heißt es weiter: »In seiner namenlosen Angst und Verwirrung suchte er (Thomas) sich gegen den Versucher zu helfen wie er konnte, ergriff einen neben ihm stehenden Stab und schlug unter dem Ausrufe: apage satanas! (*Weiche Satan!*) in kräftigen Streichen auf den vermeintlichen Bösen los, bis die Gestalt unter seltsamem Getön und Geklirre zusammenbrach.«

Danach wollte der Junge panikartig aus der Zelle seines Lehrmeisters fliehen, wurde jedoch daran durch den gerade den Raum betretenden Albertus Magnus gehindert. Der Sagentext schildert auch dies: »Kaum hatte dieser wahrgenommen, was während seiner kurzen Abwesenheit vorgegangen war, so fuhr er in gerechtem

Zorne und in tiefem Schmerz über die Vernichtung der Frucht eines dreißigjährigen Fleißes den bestürzten Schüler mit dem Ausrufe an: ›Thomas, Thomas, was hast du getan? Deine Unwissenheit hat mit frevelnder Hand ein Werk zerstört, auf dessen Vollendung ich den schönsten Teil meines Lebens verwendete.‹«
Die Verbitterung des gelehrten Mönchs ist gut zu verstehen. Schon zum zweitenmal hatte sein ahnungsloser und unwissender Schüler Thomas Unwiederbringliches für immer vernichtet.

Von Neugier getrieben

Ich persönlich halte es für dringend notwendig, mit neuen Sichtweisen diesem größten ›Universalgenie‹ der Menschheit forschungsmäßig auf den Grund zu gehen ... So oder so: Wir sollten uns auf Überraschungen einstellen, wenn es um *Leonardo Da Vinci* geht.«
Diese verblüffende Aussage traf kürzlich der 39jährige Sprachwissenschaftler und diplomierte Handelspädagoge *Peter Fiebag* in einem Gespräch mit dem Wiener Publizisten *Reinhard Habeck*. Dieser hatte den auch als Reiseschriftsteller tätigen Deutschen aus Northeim u. a. über dessen Einschätzung des Genies Da Vinci befragt – und Fiebag riskierte es, ungeachtet aller beruflicher Rücksichtnahmen, sogar noch ein Schäufelchen nachzulegen. Verstieg sich doch der Autor zu folgender Überlegung: »Auf die Gefahr hin, ein wissenschaftliches Sakrileg zu begehen, wage ich folgende *Arbeitshypothese*: Leonardo Da Vinci erhielt möglicherweise durch *außerirdische* Besucher oder *Zeitreisende* einen Teil seines Wissens ...«
Und auch *Ernst Meckelburg*, der in diesem Buch bereits zu Wort gekommene, aus Hanau gebürtige, deutsche Wissenschaftsjournalist, fragte sich in seinem Buch »Zeittunnel«, das vor sechs Jahren erschienen ist, erstaunt, »auf welche Weise Da Vinci ... zu solch genialen, für die damalige Zeit wohl als phantastisch geltenden Erkenntnissen gelangte, was ihn in die Lage versetzte, Jahrhunderte mühsamen Lernens, Simulierens und Praktizierens innerhalb weniger Monate und Jahre zu überspringen. War dieser Da Vinci ein Sensitiver, ein mit außergewöhnlichen präkognitiven Fähigkeiten

ausgestatteter Mensch, der hervorragendes Beobachtungsvermö-
gen mit einem hohen Maß an Intuition und Vorauswissen geschickt oder auch unbewußt zu kombinieren vermochte? Zapften
er und die vielen anderen Erfinder vor und nach ihm womöglich
einen aus der Zukunft in die Vergangenheit, also akausal gerichteten Informationsfluß an? ...«

Drei »Verdächtigungen«, die da ausgesprochen wurden – und eine
davon, die letztere, scheint geradewegs auf jener »Schiene« zu verlaufen, die hier in diesem Buch gelegt worden ist und direkt zur
»Akasha-Chronik«, dem vergangenheits- und zukunftsorientier-
ten *Weltgedächtnis*, führen könnte. Bergen solche Mutmaßungen
das berühmte »Körnchen Wahrheit«? Führen sie uns auf die richtige Spur?

Wer war dieser Leonardo Da Vinci? Was ist über ihn bekanntgeworden? Bleiben wir zunächst einmal bei seinen Personalia. Nach
offiziellen Angaben (die allerdings nicht immer durch hieb- und
stichfeste Unterlagen gestützt sind) wurde Leonardo am 15. April
1452 in Anchiano, einem Dorf in der Nähe der kleinen Stadt
Vinci, geboren. Über Leonardos Kindheit ist nur sehr wenig bekannt, doch läßt sich vermuten, daß der Knabe in der Nähe seines
Geburtsortes, in der ländlichen Toskana, aufgewachsen sein
dürfte. Mit 17 Jahren erfuhr sein Leben eine gewisse Veränderung,
denn gemeinsam mit seinem Vater *Ser Piero*, welcher später zu
einem erfolgreichen Notar avancieren sollte, übersiedelte Leonardo um das Jahr 1469 nach Florenz.

Über die Mutter Da Vincis ist wenig bekannt, wie sich überhaupt
um seine Geburt verschiedene Unklarheiten ergeben haben. Angeblich entsproß der Knabe aus einer Verbindung seines Vaters
mit einer damals erst sechzehnjährigen Bauerntochter namens Ca-
tarina. Deren Verhältnis war natürlich illegitim, und erst in Florenz, als Ser Piero seine Notariatskanzlei eröffnet hatte, heiratete
der Anwalt auf redliche Weise und nahm nunmehr Leonardo als
legitimen Sohn zu sich.

Verschiedene Autoren, die sich Leonardo Da Vincis Leben
und Laufbahn verschrieben hatten, wissen übereinstimmend zu
berichten, daß der inzwischen zum jungen Mann gewordene
Da Vinci von außerordentlicher *Schönheit* gewesen sein soll.
»Er war schön, stark, anmutig in allen seinen Bewegungen
und so bezaubernd in der Unterhaltung, daß er alle Welt für

29 Das berühmt gewordene Selbstporträt des Leonardo da Vinci. Auch dieser geniale Erfinder und Maler scheint es verstanden zu haben, sich Einblick in die »Akasha-Chronik« zu verschaffen.

30 Der junge Astrophysiker Dr. Karl Grün informierte den Autor umfassend über die reell gegebenen Möglichkeiten, auf wissenschaftlicher Basis die Zeitbarriere zu überwinden.

31 Zeitreisen sowie Zeitphänomene an sich sind die Domäne des deutschen Wissenschaftsjournalisten und Bestsellerautors Ernst Meckelburg. Seine Thesen über die mögliche Herkunft der UFOs haben überall größte Beachtung gefunden.

32 Die »morphogenetischen Felder« des englischen Biochemikers Rupert Sheldrake (Universität Cambridge) haben inzwischen die tatsächliche Existenz der legendären, prä-indischen »Akasha-Chronik« längst zwingend bestätigt.

30

31

33

33 In diesem Kloster auf der der Lagunenstadt Venedig vorgelagerten Insel San Giorgio war der Benediktinerpater Ernetti zu Hause. Hier ging er seinen vielfältigen Verpflichtungen sowohl als Exorzist als auch als Betreiber der von ihm initiierten Zeitmaschine – des »Chronovisors« – nach.

34 Der italienische Atomwissenschaftler Enrico Fermi gehörte, nach Aussage von Pater Ernetti, ebenfalls zu den Mitkonstrukteuren des außergewöhnlichen zeitüberbrückenden »Chronovisors«.

35 Der nach dem Zweiten Weltkrieg eilig nach Amerika geholte deutsche Raumfahrtexperte Werner von Braun soll zeitweise ebenfalls an dem Chronovisor Pater Ernettis mitgearbeitet haben.

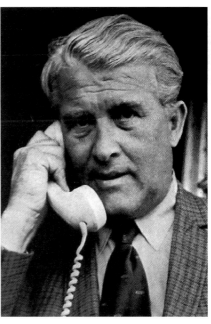

35

36

36 Zeichnerische Darstellung legendärer Überlieferungen aus dem indischen Raum: Eine in vielen Sagen dieses Landes erwähnte »Wolkenstadt«, bei der es sich vermutlich um die Raumstation außerirdischer »Götter« gehandelt haben dürfte. Auch die Flugwagen sind nur symbolhaft dargestellt.

37 Sogenannte Götter in ihren symbolhaft dargestellten Himmelsfahrzeugen, bei welchen es sich mit größter Wahrscheinlichkeit um die mythologisch erwähnten »Vimanas« handelte.

37

sich einnahm«, berichtet beispielsweise einer dieser Biographen, *Giorgio Vasari*, im Band IV seines 1550 erstmals erschienenen Werkes: »Le vite de più eccelenti Pittori, Scultori e Architettori«.

Leonardos Vater schickte seinen Sohn in die Lehre des Malers, Bildhauers und Holzschnitzers *Andrea del Verrocchio* (1436–1488). Dort eignete sich der junge Mann nicht nur die notwendigen handwerklichen Kenntnisse an, sondern erhielt durch seinen Maestro auch ein solides naturkundliches Basiswissen.

1472, also mit zwanzig Jahren, wurde Leonardo in die Liste der Lukas-Gilde als Maler eingeschrieben, wo dann zu lesen war: »Leonardo di Ser Piero da Vinci dipintore«. Jetzt erst begann Da Vincis eigentliche Karriere.

Noch im selben Jahr entstanden seine ersten Werke. Er malte die Bilder »Die Verkündigung«, »Ginevra Benci«, »Madonna mit Blumenvase« und etwas später die »Felsgrottenmadonna«. Einige Biographen des Künstlers vermuteten aber (wahrscheinlich nicht zu Unrecht), daß der junge Leonardo auch schon *vor* dem Jahr 1472 seine »Handschrift« an so manchen Gemälden seines Maestros Verrocchio hinterlassen haben dürfte. Vasari jedenfalls stützte sich in seinen biographischen Wiedergaben auf frühe Quellen, wo davon die Rede war, daß Verrocchio beim Malen des Bildnisses der »Taufe« aufgebracht ausgerufen haben soll, nie wieder Farbe anfassen zu wollen, weil sein Lehrjunge anscheinend mehr von der Malkunst zu verstehen schien als er selbst. Tatsächlich war dem Maestro von Leonardo in das eigene Werk »hineingepfuscht« worden, als ihm dieser einen Engel in das »Taufe«-Bildnis hineingemalt hatte.

Mit dreißig Jahren verließ Da Vinci Florenz und das Heim seines Vaters. Er übersiedelte nach Mailand, arbeitete nunmehr bei *Lodovico Sforza* – allerdings nicht mehr als Maler. Vielmehr betätigte sich Leonardo als Ingenieur sowie als Waffen- und Bautechniker. Um 1482 begann der vielseitige Künstler mit der Arbeit an einem gewaltigen Reiterstandbild des *Francesco Sforza*, und 1496/97 entstand auch sein bekanntes »Heiliges Abendmahl«. Das Reiterstandbild brachte Leonardo allerdings nie zur Vollendung, und im Jahre 1499, nunmehr 47jährig, war er dann gezwungen, Mailand fluchtartig zu verlassen. Wieder zurückgekehrt nach Florenz, wurde Leonardo Da Vinci *General-Ingenieur* des *Cesare Borgia*, welcher es sich in den Kopf gesetzt hatte, das völlig zerstrittene Italien wieder zu einigen. Da Vinci war Feuer und Flamme für diese Idee und baute für seinen Gönner mit großem Geschick Festungsanlagen und Kanäle. Fast parallel hierzu malte er aber auch seine berühmte »Mona Lisa«. Damit nicht genug: 1502 bewies Leonardo seine nicht minder vorhandene Befähigung als *Kartograph*. Er begann Landkarten zu zeichnen, und 1506 widmete sich das Allroundgenie intensiv *abatimischen* Studien, was er sieben Jahre später wiederholte. 1516, inzwischen 64 Jahre alt, wurde Da Vinci *Hofmaler* bei König Franz I. in Frankreich. Es war die letzte Station seiner vielschichtigen Laufbahn. Am 2. Mai 1519 schloß der nunmehr 67jährige Künstler im Schloß Amboise im Département Indre-et-Loire für immer die Augen.

Ein Leben voller Rätsel

Wollte man versuchen, Leonardo in ein uns vertrautes Menschenbild einzupassen, wäre dies ein hoffnungsloses Unterfangen«, urteilte der Linguist Peter Fiebag in einem Versuch, »das größte Genie der Weltgeschichte« (als das er Da Vinci bezeichnete) zu charakterisieren. Tatsächlich hat dieser Mann – ein Künstler auf vielen Gebieten, der aber bei den meisten Menschen merkwürdigerweise nur als *Maler* bleibenden Eindruck zu machen verstand – ein Leben gelebt, das von Anfang bis zum Ende äußerst rätselhaft geblieben ist. Zwar sind uns durch Da Vinci selbst reichhaltige Aufzeichnungen erhalten geblieben, doch mußten sie erst gesucht und systematisch zusammengestellt werden. Sie waren nämlich ursprünglich über den ganzen Erdball verstreut gewesen. Und obgleich man nunmehr einen gewissen Überblick über das enorme Schaffen des Italieners besitzt, muß man dennoch zur Kenntnis nehmen, daß die Sammlung dieses einzigartigen Künstlers leider unvollständig geblieben ist. Viele kostbare Handschriften Leonardos sind verlorengegangen, vor allem aber verschwanden Manuskripte von der Bildfläche, in denen Da Vinci seine Fähigkeiten als Erfinder unter Beweis gestellt hatte. Jedenfalls vermißte man nach seinem Ableben diverse Niederschriften über Maschinenelemente sowie ein von dem Verfasser selbst mehrfach angeführt gewesenes, titelmäßig zitiertes »Buch von der Bewegung«. Wer sich diese Schätze auf illegitime Weise angeeignet haben könnte, ist bis zum heutigen Tag nie geklärt worden.

Ohne Leonardo Da Vincis geniale Begabung als Maler auch nur im geringsten anzweifeln zu wollen, interessiert uns eigentlich seine Tätigkeit sowie sein Wirken als Ingenieur, Erfinder und Techniker weit mehr, und auch als Geologe und Kartograph verdient es dieser Mann, entsprechend ins Rampenlicht gestellt zu werden.

Da Vinci erweckte seinerzeit Beachtung als Architekt und Ingenieur. Er brillierte auf diesem Gebiet in besonderem Maße und übertraf damit alles vergleichbar Geschaffene. Vor allem die Gesetze der *Mechanik* dürften es Leonardo besonders angetan haben. Erst 38 Jahre alt, entwarf er 1490 ein Rad, das auf der einen Hälfte seines Außenrades gezahnt war und auf diese Weise ein Zwei-Stock-Getriebe bewegen konnte. Das betreffende Getriebe war an den beiden äußeren Enden des Raddurchmessers angebracht worden. Dadurch waren beide Stockgetriebe in der Lage, sich abwechselnd in beide Richtungen hin zu drehen. Da Vinci hatte es solcherart zustande gebracht, erstmals eine dauernde Drehbewegung in eine hin- und hergehende Bewegung umzuwandeln. Seine Maschine wurde zu guter Letzt durch eine Zahnstange vervollständigt, mit deren Hilfe es möglich wurde, in das Stockgetriebe einzugreifen. Damit nicht genug. Leonardos Werk erfuhr durch seinen Erfinder noch zusätzliche Perfektion, indem er Gelenkketten installierte, die die Übertragung der Bewegung des Modells ermöglichten. Diese Gelenkketten ähneln auf verblüffende Weise den Motorradketten der heutigen Zeit...

Hier nun sämtliche mechanisch betriebenen Gegenstände nennen zu wollen, würde den Rahmen dieser Da-Vinci-Retrospektive sprengen. Ich will mich deshalb damit begnügen, blitzlichtartig die eine oder andere Erfindung dieses Multigenies zu erhellen. Beispielsweise Leonardos fahrbaren Untersatz, über dessen Aussehen und Funktion sich der Künstler bereits vor rund *vierhundert* Jahren so seine Gedanken machte.

Gemeint ist das uns allen fast unentbehrlich gewordene – *Auto*.

So wie wir es heute kennen und schätzen, existiert dieses Fahrzeug erst seit etwa einhundert Jahren. Aber schon im 16. Jahrhundert konstruierte der italienische Erfinder einen Wagen, dessen Antrieb aus zwei Gruppen gebogener Federn bestand. Arbeitete die eine Federgruppe, so hatte sich Da Vinci sein »Ur-Automobil« ausgedacht, zog sich die andere währenddessen auf. Auf diese Weise gaben beide abwechselnd und fortlaufend Kraft, und das Fahrzeug wurde in Bewegung gehalten.

Daß Leonardos Konstruktion Hand und Fuß hatte, konnte inzwischen einwandfrei bestätigt werden. Techniker von heute, die den Bewegungsablauf des Da-Vinci-Automodells eingehend studierten, waren schon kurz danach imstande, ein derartiges Modell anhand der vorliegenden Aufzeichnungen und darauf übermittelten Anweisungen anzufertigen und dieses mit der sich daraus ergebenden gleichmäßigen Bewegung ins Rollen zu bringen.

Leonardo war also alles andere als ein irgendwelchen Phantastereien verfallener Spinner. Im Gegenteil: Wie erwähnt, war er mit dreißig Jahren von Florenz nach Mailand übersiedelt, wo er in die Dienste des dort regierenden Herzog Lodovico il Moro Sforza trat. Italien zerfiel damals, in den Jahren am Ende des 15. Jahrhunderts, in mehrere Kleinstaaten. Deren aristokratische Herrscher, denen nach mehr Macht gelüstete, führten deshalb in wenig schöner Regelmäßigkeit immer wieder Kriege gegen vermeintlich schwächere Rivalen. Also sah auch Da Vinci seine Chance, hierorts seine Begabungen zur Geltung zu bringen. Da er die unzureichenden Versuche jener Leute bald erkannte, die sich bemühten, dem Herzog irgendwelches Kriegsspielzeug einzureden, wandte sich der junge Mann kurzentschlossen nunmehr selbst an Lodovico. Mut hatte ihm eine Entdeckung gemacht, die ihn befähigte, das Modell einer Apparatur zu entwickeln, die späteren Konstruktionen der *Dampfmaschine* bereits auffallend nahekam. Jedenfalls liegt uns aus jenen Tagen die zeichnerische Darstellung eines Kolbens vor, welcher sich, durch Dampf angetrieben, in einem Zylinder bewegte. Das alles rund dreihundert Jahre vor *James Watt*!

Offensichtlich erkannte Leonardo Da Vinci damals die verlockende Möglichkeit, die Eigenschaften des Dampfantriebes auch militärischen Vorhaben nutzbar zu machen. Also schrieb er an Herzog Lodovico il Moro Sforza folgenden Brief:

»Allerdurchlauchtester Herr! Nachdem ich bis jetzt die Versuche aller derer genügend beobachtet und geprüft habe, die sich Meister und Erfinder von Kriegsmaschinen nennen und festgestellt habe, daß ihre Maschinen in nichts von denen abweichen, die allgemein in Gebrauch sind, erkühne ich mich, ohne jemand Unrecht tun zu wollen, mich an Eure Exzellenz zu wenden, um Euch meine Geheimnisse zu verraten und Euch anzubieten, Euch alle die hier aufgezählten Dinge vorzuführen, wann immer es Euch gefällt.«

Schon beim Lesen der allerersten Sätze dürfte der Herzog neugierig geworden sein, und der folgende durch Da Vinci vermittelte Überblick scheint den Herrscher dann vollends überzeugt, in jedem Fall aber beeindruckt zu haben. Leonardo war auch gar nicht gewillt, sein Licht unter den Scheffel zu stellen, und führte in seinem umfangreichen Schreiben wörtlich aus:

»1. Kenne ich das Verfahren, sehr leichte, robuste und leicht transportierbare Brücken zu bauen, um den Feind zu verfolgen und nötigenfalls in die Flucht zu schlagen ...

2. Um einen befestigten Platz einzunehmen, verstehe ich, das Wasser aus den Gräben abzuleiten und eine Unmenge von Brücken, Mauerbrechern und Sturmleitern und andere Geräte für diese Art von Unternehmen zu bauen.

3. Eine Methode, auch Festungen zu zerstören, die auf einem Felsen gebaut sind und die nicht durch Bombarden genommen werden können ...

Ebenso kenne ich das Verfahren, durch unterirdische Gänge und geheime und gewundene Stollen, die ohne jedes Geräusch angelegt werden, an einen gewünschten Ort zu gelangen. Item werde ich sichere und unangreifbare gedeckte Kampfwagen bauen, die mit ihren Geschützen in die feindlichen Reihen einfallen, und keine Ansammlung von Bewaffneten, ist sie auch noch so stark, könnte nicht von dem Wagen zersprengt werden ... Ebenso werde ich bei Bedarf Bomben, Mörser und Pasvolanten von sehr schönen und zweckmäßigen Formen herstellen, die völlig von denen abweichen, die gewöhnlich verwendet werden ...«

Leonardo Da Vinci bewies bei diesem Brief an Herzog Lodovico Sforza beachtliches diplomatisches Geschick. Er versprach seinem Befehlshaber nicht nur Waffenhilfe für Kriegszwecke – auch für die Zeit danach, wenn der Kampfeslärm verstummt sein würde, hatte er einiges anzubieten:

»... In Friedenszeiten glaube ich mit jedem anderen im Entwurf öffentlicher oder privater Gebäude und im Verlegen von Wasserleitungen von einem Ort zum anderen wetteifern zu können. Item: Ich kann Skulpturen in Marmor, Bronze oder Ton ausführen. Ebenfalls könnte ich an dem Bronzepferd arbeiten, das ein Denkmal sein soll ... zur ewigen Ehre Eures fürstlichen Vaters und des berühmten Hauses Sforza ...«

Vor allem letzteres Angebot Leonardos, für Herzog Lodovicos Vater, Francesco Sforza, ein Reiterdenkmal errichten zu wollen, dürfte dem adeligen Stadtherrn geschmeichelt haben, und so überrascht es nicht, daß er Da Vinci in seine Dienste nahm, der nunmehr in Mailand als Ingenieur sowie als Waffen- und Bautechniker sein Können unter Beweis stellte.

In jenem von Leonardo verfaßten Empfehlungsbrief, der hier nur auszugsweise wiedergegeben werden konnte, finden sich noch weit mehr Erfindungen dieses Allroundgenies. Beispielsweise erwähnte Da Vinci unter Punkt 7 »einen unangreifbaren Kampfwagen, der mit seinen Geschützen in die feindlichen Reihen einfällt«. War damit die Urform eines *Panzers* gemeint?

Es sieht so aus, denn der einfallsreiche Erfinder konstruierte im Jahre 1485 tatsächlich ein geschlossenes Gefährt, das durch Kurbeln angetrieben werden sollte und drei Reihen mit Hinterladern besaß, mit denen man fast ununterbrochen feuern konnte. Waren das etwa Vorgänger der viel späteren »Stalinorgeln«?

Durch Raum und Zeit?

Es ist auch aus heutiger Sicht fast unfaßbar, auf wie vielen Gebieten sich vor gut fünfhundert Jahren dieser Leonardo Da Vinci betätigte und was an epochalen Erfindungen er seiner Nachwelt hinterlassen hat. Ich sagte es bereits: Es würde den Rahmen dieses Buches sprengen, hier nun sämtliche seiner Genieblitze aufzuzählen, sie summa summarum zu nennen. Der Vollständigkeit halber sei aber erwähnt, daß sich der große Italiener auch sehr erfolgreich als Anatom bewährte, dabei tief in die zentralen Probleme der Biologie einzudringen vermochte und einen umfangreichen Katalog von Skizzen hinterließ.

Da Vincis Erkenntnisse aus seiner Erforschung der Embryologie waren über Jahrhunderte hinweg maßgebend für die Medizin, und auch seine Untersuchungsergebnisse, Herz und Arterien betreffend, sind heute noch Inhalt so mancher Lehrbücher. Hervorzuheben ist in diesem Zusammenhang, daß Leonardo schon zu seiner Zeit u. a. die Funktion der Bänder der *rechten* Herzkammer festzustellen vermochte.

Einmal mehr waren es die dem wissenschaftlichen Fortschritt so oft hinterherhinkenden Ansichten der katholischen Kirche, die auch Da Vinci vor Probleme stellten. Jedenfalls wurden die von ihm vorgelegten Forschungsergebnisse auf dem Gebiet der Anatomie vom Papst in Rom aus nicht einsehbaren Beweggründen für einige Zeit verboten und durften damals nicht verbreitet werden. Aller Einfluß des Vatikans vermochte aber auf Dauer die angemessene Beachtung der Leistung Leonardos in den Kreisen der Wissenschaft – und hier vor allem im 19. Jahrhundert – nicht zu verhindern.

Auch als Physiker stellte dieses Universalgenie seinen Mann. Aufgrund seiner eingehenden Studien und damit einhergehenden Experimenten mit Wasser, kam Da Vinci zur Auffassung, daß dem allen wesentliche physikalische Gesetze zugrunde liegen mußten. Das bezog sich auch auf die Unterscheidung von potentieller und kinetischer Energie. In seinen »Naturwissenschaftlichen Studien« kommentierte dies *Carlo Zammattio* entsprechend enthusiastisch: »Leonardos Forschungen über die Kraft fallenden Wassers waren so weitblickend, daß er nahe an Theorien gelangte, die viel später von drei berühmten Gelehrten formuliert wurden. Mit äußerst ungenauer Terminologie war er zu dem grundlegenden Lehrsatz der Hydrodynamik vorgestoßen, den Daniel Bernoulli, Mitglied einer hervorragenden Schweizer Mathematikerfamilie, 1738 entwickelt hatte.«

Lange vor dem englischen Naturforscher Sir *Isaac Newton* (1643–1727) erkannte Leonardo Da Vinci: »Jeder ungestörte Massenpunkt bewegt sich gradlinig und gleichförmig!« Seine Studien, die er den Stoß- und Zugkräften widmete, eröffneten ihm Erkenntnisse, die jenen von Newtons Bewegungsgesetzen bereits sehr ähnlich waren. Etwa dann, wenn der Toskaner fest darauf bestand, daß ein Körper immer an derselben Stelle in Ruhe verharre, solange keine äußere Kraft auf ihn einwirke. Oder wenn er postulierte: »Nichts kann von sich selbst bewegt werden, sondern die Bewegung wird durch etwas anderes verursacht. Und dieses andere ist die *Kraft*.« Damit war Da Vinci das Verhältnis über das Gesetz der Trägheit bereits zu einer Zeit geläufig, als Newton noch nicht einmal geboren war.

»Bei allem sollten wir auch immer bedenken, was Leonardo eigentlich für eine Ausbildung bekommen hat«, meint dazu der deutsche Schriftsteller und Linguist *Peter Fiebag*. Der in der Toskana im ländlichen Bereich aufgewachsene Italiener besuchte in jenen Jahren, seiner finanziellen Notlage entsprechend, natürlich nie eine höhere Schule, von einem Universitätsstudium ganz zu schweigen. Und auch als er mit seinem Vater nach Florenz übersiedelte, änderten sich die sozialen Verhältnisse vorerst in keiner Weise. Und *Kenneth Clark*, einer der Biographen Da Vincis, dessen Arbeit sich mit den Lebenserinnerungen dieses großen Mannes eingehend befaßte (wurde 1978 veröffentlicht), weiß nur von der Leonardo zuteil gewordenen »üblichen Ausbildung eines armen Jungen in Florenz, die praktisch auf Lesen, Schreiben und das Rechenbrett beschränkt war«.

Wer oder was vermittelte Da Vinci letztlich sein geradezu universelles Wissen, seine umfassenden Kenntnisse in den verschiedensten wissenschaftlichen Disziplinen?

Verschiedene Autoren machten sich darüber so ihre Gedanken. *Gerhard R. Steinhäuser* zum Beispiel, oder *Ernst Meckelburg* – und auch *Peter Fiebag*. »Selbst wenn wir in Rechnung stellen, daß er in der Lehre des Verrocchio noch einige Kenntnisse vermittelt bekam«, gibt der Mitverfasser der 1993 in Essen erschienenen Publikation »Gesandte des Alls« (Co-Autoren: Dr. Johannes Fiebag und Hans-Werner Sachmann) in seinem spannenden Beitrag über das »Phänomen Leonardo Da Vinci« (das er »Der Zukunftsdenker« betitelte) zu bedenken, »so scheint bei seinem Wissen noch eine andere, bisher nicht greifbare ›Quelle‹ vorhanden gewesen zu sein…« Und noch einer Frage geht Fiebag nach, nämlich jener, »wer dieser Leonardo Da Vinci wirklich war. War er ›nur‹ ein überragender Zeitgeist, oder war er mehr, weit mehr?« Nicht nur ihm will es nicht so ohne weiteres einleuchten, daß ein einzelner Mensch ein derart umfangreiches Wissen besessen haben soll. Ohne besondere Vorbildung, wie man weiß. Die phänomenalen Kenntnisse und Erkenntnisse dieses Mannes, meint Peter Fiebag, würden auch dann nicht verständlicher, so er möglicherweise Zugang zu älterem, vielleicht kaum bekanntem Schriftgut gehabt haben sollte. Und so stellt sich die nicht ganz von der Hand zu weisende Frage, welche Zugänge Da Vinci offenstanden. War er nicht nur ein überragender »*Zukunfts*denker« gewesen, sondern womöglich aus dieser, *seiner Zukunft*, gekommen? Oder aber hatte er den »Schlüssel« besessen, das Rätselschloß der »*Akasha-Chronik*« zu öffnen? Gibt es vielleicht *Indizien* dafür, daß Leonardo einer jener »Eingeweihten« gewesen sein könnte, die – wie *Albertus Magnus, Nikola Tesla, Edgar Cayce* oder der geheimnisvolle *Graf von Saint-Germain* – das sogenannte »Weltgedächtnis« für sich nutzten? War es ihm sogar möglich gewesen, mit Hilfe eines von ihm in aller Heimlichkeit entwickelten Gerätes, Dimensionsbarrieren zu überbrücken? Verstand es Da Vinci, *durch Raum und Zeit* zu reisen?

Natürlich wird es gegen eine solche Annahme jede Menge Einwände geben, da ja tatsächlich nichts bekanntgeworden ist, das imstande wäre, eine solche Vermutung zu bestätigen? Wirklich nicht? Hat der geniale Toskaner überhaupt nichts hinterlassen? Irgendwelche Pläne, Zeichnungen oder Schriftstücke?

Nun, so ganz vergebens scheint unsere Suche nach weiterführenden Indizien nicht zu sein. Da gibt es beispielsweise in dem von Leonardo verfaßten *Codex Madrid I.* eine Notiz des Meisters, die möglicherweise von größerer Bedeutung sein könnte, als vordem angenommen – die aber in jedem Fall unsere besondere Beachtung verdient. »Lies mich Leser, wenn ich Dir Freude mache. Denn nur selten kehre ich zu dieser Welt zurück«, verhieß Da Vinci in kryptischem Ton. Eine zufällige, nichtssagende Formulierung? Ein lieber, alter Freund von mir, der leider bereits verstorbene Schriftsteller *Gerhard R. Steinhäuser*, der sich zeitlebens mit unerklärlichen Phänomenen auseinandersetzte, kommentierte diese schriftliche Botschaft Leonardos mit einer spekulativen Überlegung seinerseits: »Was müßte geschehen, wenn ein Mensch – bewußt und gewollt, in irgendeinen Abschnitt unserer Vergangenheit zurückkehren möchte (oder sollte) und das *ohne* die Verwendung technischer Hilfsmittel? Nun, im Sinne unserer Annahme, daß Zeit-Wirbel Dinge und Menschen ›unfreiwillig‹ aus unserer Welt und Gegenwart entführen können, wäre es – wenn auch rein spekulativ – denkbar, daß jemand mit Ziel und Absicht eine Zeit-Anomalie benützt, um sich zu entfernen, unter Umständen sogar, daß er mit seinen persönlichen (und nicht technisch verstärkten) PSI-

Kräften bei günstiger Gelegenheit die Zeitmauer durchbricht und in der Zeit ›auf Reisen‹ geht.« (Aus: *Die Zukunft, die gestern war*; Herbig, München 1977)

Leonardo ein Zeitreisender? So fragt auch Peter Fiebag in seinem Da-Vinci-Beitrag »Der Zukunftsdenker«. Aber er vermag sich dann doch nicht mit derlei Gedanken anzufreunden. Verschiedenes daran erscheint ihm einfach »nicht stimmig« genug. Zwar ließe sich auf diese Weise das enorme Wissen dieses genialen Italieners verhältnismäßig einfach erklären, andererseits aber »hätte ihm die Sinnlosigkeit seiner Handlung, die Zeit beeinflussen zu wollen, klar sein müssen«. Auch das Problem von Zeitparadoxien »müßte einem hypothetischen Zeitreisenden glasklar vor Augen stehen«, verwirft Fiebag jedwede Annahme in dieser Richtung. Denkmöglicher erscheint ihm da schon die Idee des Zeitphänomene-Spezialisten *Ernst Meckelburg*, Leonardo Da Vinci könnte vielleicht imstande gewesen sein, bloß *seinen Geist* auf eine Zeitreise zu schicken; »mit dem heutigen Vokabular gesagt, ›brüchige‹ Trennwände quasi wie einen ›Wormhole‹-Tunnel zu benutzen«.

Aber wie immer wir uns auch dazu stellen mögen, Da Vinci könnte am Ende sogar bereits das Zeitproblem gelöst haben – letztlich entwarf und zeichnete er schon in *seinem* Jahrhundert Gegenstände, die erst lange nach ihm tatsächlich entwickelt und praktisch eingesetzt werden konnten. Daß sich darunter oft genug Kriegsgeräte befanden, mag manchem Leser einen Wermutstropfen im Freudenbecher bedeuten, ändert jedoch nichts daran, daß Leonardo über Sinn und Anwendung derselben bestens Bescheid wußte. *Woher* war ihm hierfür die »Bedienungsanleitung« in die Hände gespielt worden? Was ermunterte ihn dazu, einen flugfähigen Helikopter mit einer spiralförmigen Luftschraube, der zudem sogar sein Antriebssystem an Bord trug, zu konstruieren? Was brachte Da Vinci auf den Gedanken, stromlinienförmige Flugkörper anzufertigen, die alle Ingredienzen aufwiesen, auf diese Weise den von Leonardo erkannten Luftwiderstand zu vermindern?

Daß sich der Toskaner ernsthaft mit dem Problem auseinandergesetzt haben dürfte, einen entsprechenden Flugapparat zu bauen und ihn sodann selbst zu erproben, dafür spricht jene geheimnisvolle Notiz, die Da Vinci auf den Umschlag mit seinen gesammelten Flugstudien kritzelte: »Es wird zum Fluge aufsteigen der große Vogel, vom Rücken des gewaltigen Schwanes, das Weltall mit Staunen, alle Schriften mit Ruhm erfüllen, ewiger Glanz dem Orte, der ihn gebar!«

Kryptische Worte? Dürftige Angaben? Keineswegs! »Dem Sachkundigen wird klar, was Leonardo Da Vinci meinte«, enträtselt Peter Fiebag dieses vermeintliche Geheimnis: »In der Nähe des Toskanastädtchens Riesole liegt ein über 400 Meter hoher, kahler Hügelrücken. Sein Name ›Monte Cecero‹ – ›der Rücken des gewaltigen Schwanes‹. Hat von hier aus der große Leonardo Da Vinci seinen Flug unternommen? ...« Wir wissen es nicht mit Bestimmtheit zu sagen. In seinem 1957 erschienenen Werk »Geschichte der Technik« machte sich der Verfasser, *Carl Graf von Klinckowstroem*, darüber ebenfalls Gedanken, als er über eine derartige Möglichkeit philosophierte: »Seine Tagebücher, in denen er sonst auch die nebensächlichste Beobachtung notiert, schweigen, und nie wieder findet man in den Aufzeichnungen auch nur ein Wort vom Fliegen. – Ist er abgestürzt? Ist der Flug doch nicht zustande gekommen? Oder ist es ihm geglückt, und hat er von nun an eifersüchtig das größte Abenteuer seines Lebens, die grundlegendste Erkenntnis, den herrlichsten Glücksrausch als tiefstes Geheimnis gehütet?«

Peter Fiebag vermag diesen Gedankengängen des Grafen noch eine überraschende Pointe hinzuzusetzen, wenn er auf eine *Sage* verweist, die in unmittelbarem Zusammenhang mit jenem von Da Vinci andeutungsweise erwähnten »Rücken des Schwanes« zu stehen scheint. Sie berichtet, daß von dort aus, vor vielen, vielen Jahren, ein riesiger Vogel in die Lüfte gestiegen sei, höher und immer höher, bis er schließlich im ewig blauen Himmel der Toskana verschwunden wäre, so als habe ihn dieser buchstäblich »verschluckt« ...

Es dürfte gute Gründe gegeben haben, weshalb Leonardo manches von ihm Entwickelte gegenüber der Öffentlichkeit hartnäckig verschwieg. Die Inquisition der »heiligen, römischen Kirche« war auch zu Zeiten Da Vincis höchst aktiv und immer bemüht, jegliches, von ihr behauptete »Teufelswerk« zu konfiszieren und alles, was verdächtig schien, sich als Magier oder sonst diesen Leuten unverständlicher Außenseiter zu betätigen, der Folter sowie dem Scheiterhaufen auszusetzen. Ein Grund mehr für den vorsichtigen Leonardo Da Vinci, seine Aufzeichnungen in einer den damaligen Zeitgenossen unverständlichen *Spiegelschrift* niederzuschreiben.

Ob der geniale Toskaner – der sich in seinen Notizen auch mit *Raketen* beschäftigte, sie skizzenartig zeichnete, funktionell beschrieb und auf ihre Einsatzfähigkeit »testete« – tatsächlich mit seinem *großen Vogel* in den Himmelsraum aufgestiegen ist, bleibt zwar offen, aber seine Beschreibung des Planeten Erde in absolut realistischer Weise verblüfft dennoch gehörig. Sah sie Leonardo Da Vinci aus dem *Weltall*? »Die entfernten Sterne erscheinen zwar klein«, notierte der Italiener, »sind aber doch größer (*sic!*) als unsere Erde. – Denke daran, wie ein Stern von der Größe unserer Welt in weiter Entfernung erscheinen würde, und dann mache dir klar, welche Fülle von Sternen in dem dunklen Raum sich nach allen Richtungen hin ausbreiten!« Um hinzuzufügen: »Die Erde ist ein Stern, so ähnlich wie der Mond. *Dem Entfernten leuchtet sie als Stern.*«

Sollte Da Vinci seinen Traum vom Flug zu den Sternen verwirklicht haben? War er in der Lage, *körperlich* unseren »blauen Planeten« zu verlassen? Oder gewann er seine universellen Erkenntnisse aufgrund seiner Fähigkeit, die zeitlose Astralebene der »Akasha-Chronik« zu betreten?

Noch ein kryptischer Satz aus Leonardos Notizen. Vielleicht ist er die Antwort auf unsere zuvor gestellten Fragen: »Wer an einen Stern *gebunden* ist, kann nicht *umkehren.*«

Rätselhafter Da Vinci …

Der Zeitlose

Für den französischen Philosophen, Historiker und Dichter François Marie Arouet, berühmt geworden unter seinem Künstlernamen *Voltaire* (1694–1778), war er schlicht »ein Mann, der alles weiß und niemals stirbt«, und tatsächlich hat es den Anschein, als ob jene rätselhafte Persönlichkeit aus dem 18. Jahrhundert, die sich selbstsicher als *Graf von Saint-Germain* ausgab, vom »Zahn der Zeit« unbeeinflußt geblieben ist und scheinbar alterslos durch die Jahrhunderte zu wandern vermochte.

Er verkehrte vorzugsweise in den höchsten Kreisen, war gern gesehener Gast an den Kaiser- und Fürstenhöfen Europas und ganz offensichtlich ungemein gebildet. Der vermeintliche Aristokrat, damals eine auffallende Erscheinung, wurde allgemein »Sphinx des 18. Jahrhunderts« genannt, und wie sich zeigte, beherrschte der Graf eine Unmenge Sprachen: Englisch war ihm ebensowenig fremd wie Spanisch, Portugiesisch, Deutsch oder Italienisch, und Französisch schien ohnedies seine Muttersprache zu sein. Wie ja überhaupt die höfische Elite sich vorzugsweise dieser Hochsprache bediente. Saint-Germain zeigte sich ebenso polyglott in mehreren Sprachen des klassischen Altertums, und wenn man seinen gern gehörten anekdotischen Erzählungen Glauben schenken will, dann scheint der weitgereiste Mann die berühmtesten historischen Persönlichkeiten gekannt zu haben. Jedenfalls verstand es der Graf, seine Erlebnisse mit vielen, seinen Zeitgenossen unbekannten Details aus dem Leben Kleopatras, des Pontius Pilatus oder Heinrich des Achten auszuschmücken. Zudem schien Saint-Germain über ein beträchtliches Vermögen zu verfügen. Auf welche Weise ihm dieses zugefallen war, wußte man zwar nicht, munkelte aber, daß sich der als Diplomat und Kurier betätigende Adelige auch alchimistische Fähigkeiten angeeignet habe und imstande wäre, die verschiedensten Metalle in Gold zu verwandeln.

In der Öffentlichkeit, vor allem in jener, die sich aristokratischer Herkunft rühmte, war die Meinung über den Grafen, wie das fast immer bei unkonventionellen Persönlichkeiten der Fall zu sein scheint, ziemlich geteilt. Begeisterte sich zum Beispiel der dänische Diplomat Baron *Charles Henry de Gleichen* in seinen 1813 in Paris veröffentlichten Memoiren über all die »Wunderdinge«, die ihm Saint-Germain angeblich gezeigt hatte – »eine große Anzahl farbiger Diamanten und andere Edelsteine von außergewöhnlicher Größe und Vollkommenheit« sowie sogar »die Schätze der Wunderlampe Aladins«, und räumte der englische Horrorschriftsteller *Horace Walpole* immerhin ein: »Der Graf singt sehr wohltönend und spielt auch wunderbar Geige, er komponiert zudem, ist aber dennoch verrückt und nicht sehr vernünftig«, so besaß dieser anscheinend vielseitige Weltbürger bei der französischen Polizei keinen Stein im Brett: Seiner hervorragenden Deutschkenntnisse wegen (Saint-Germain verkehrte u. a. auch an den Höfen *Friedrich des Großen* und *Maria Theresias*) hielten ihn die Beamten für einen preußischen Spion, und auch andere europäische Geheimdienste glaubten, den Grafen als einen russischen Agenten beziehungsweise als einen englischen Jakobiten enttarnt zu haben.

Was deutlich macht, daß es sich bei Saint-Germain, wie immer man bereit war, ihn gesellschaftlich einzustufen, um einen ziemlich schillernden Charakter zu handeln schien. Und ganz gleich, ob er nun das alles tatsächlich gewesen ist, was man ihm da und dort unterstellte, sicher scheint, daß Saint-Germain in den Jahren seiner grenzüberschreitenden Aktivitäten nichts unversucht gelassen hatte, seine eigentliche Identität zu verdecken. Es bereitete ihm offensichtlich diebisches Vergnügen, sich mit einer Aura des Geheimnisvollen zu umgeben – und was er damals auch damit bezweckt haben sollte, es dürfte ihm weitgehend gelungen sein.

Dazu verhalf dem Grafen vor allem seine hohe Intelligenz, seine umfassende Allgemeinbildung sowie die Kenntnis verschiedener Dinge, wie uns aus jener Zeit bekanntgeworden ist. So konstatierte die *Gräfin de Genlis* in ihren 1825 in Paris erschienenen Memoiren, daß Saint-Germain nicht nur auf physikalischem Gebiet »gut Bescheid wußte«, sondern auch »ein sehr großer Chemiker« gewesen sein soll. Und ein anderer Adeliger, Prinz *Karl von Hessen-Kassel*, nannte in seinen »Memoires de Mon Temps« den »Sphinx« seines Jahrhunderts, als dessen gelehrigen Schüler er sich sah, einen der größten Philosophen, die jemals gelebt hätten.

Besondere und allerhöchste Protektion genoß der Graf von Saint-Germain aber am französischen Königshof. *Ludwig XV.* war von ihm buchstäblich fasziniert. Sein Ehrengast war ihm vordem vom Kriegsminister Marschall *de Belle-Isle*, im Beisein von Ludwigs Mätresse Madame *de Pompadour*, vorgestellt worden. Und der Graf ließ die sich ihm bietende Gelegenheit nicht aus, seinen königlichen Gastgeber samt hochherrschaftlichen Anhang mit ein paar Kunststückchen aus der eigenen alchimistischen Hexenküche zu verblüffen. Als ihm Ludwig daraufhin spontan das Angebot machte, ein eigenes Schloß und entsprechenden Sold zur Verfügung zu stellen, so der Graf bereit sein würde, vor und für ihn jenes Tränklein herzustellen, das dem König als sogenanntes Lebenselexier aus Saint-Germains Besitztum angepriesen worden war, wurde dies von dem Betreffenden mit den Worten abgelehnt: »Majestät, ich benötige weder ein Schloß noch Sold. Ich bringe alles, was ich brauche, mit – eine Schar Dienstboten und Geld, um ein Haus zu mieten.« Und wie zur Bestätigung, auf Ludwigs

Gaben nicht angewiesen zu sein, griff der Graf in seine kunstvoll bestickte große Tasche und warf eine Anzahl ungefaßter Brillanten auf den kostbaren Tisch in dem luxuriösen Saal in Versailles, wo ihn der französische Herrscher empfangen hatte. »Hier, Eure Majestät«, warf der Gast wie beiläufig hin, »sind einige Diamanten, die ich dank meiner Kunst habe herstellen können.« Ludwig XV. war von dem Glanz der Steine geradezu geblendet und dazu noch geschmeichelt, als ihm Saint-Germain eröffnete: »Und wenn Eure Majestät geruhen wollen, so mögen Sie diese als eine armselige Gabe annehmen.« Der König »geruhte« natürlich und ließ sich in der Folge, weil er sonst nichts zu tun hatte, von seinem Ehrengast in der Kunstfertigkeit, Farbstoffe herzustellen, unterweisen. Wahrscheinlich war dies für Ludwig XV. die produktivste Phase in der Schaffensperiode seines Lebens, sicher aber seiner Regierungszeit.

Hohen Stellenwert besaß der vielseitige Aristokrat bei dem österreichischen Gesandten in Brüssel, Graf *Johann Karl Philip Cobenzl* (1712–1770). Dieser diplomatische Vorvorgänger heutiger EU-Botschaftertätigkeit hielt viel von Saint-Germain und bewunderte diesen Mann vor allem wegen dessen Aufrichtigkeit und seelischen Güte. Der wiederum wußte dies zu schätzen und bot dem Österreicher die Gelegenheit, ihn sowie Ludwig XV. bei deren Experimenten alchimistischer Art zu beobachten. Das Ergebnis muß für Graf Cobenzl recht beeindruckend gewesen sein, denn in einem Schreiben an den österreichischen Staatskanzler Fürst *Wenzel Anton Kaunitz* (1711–1794) lobte der Diplomat in respektvollem Ton das enorme Wissen Saint-Germains und hob hervor, daß das Färben von Seiden- und Wollstoffen durch den Grafen in einem ihm, Cobenzl, unbekannten Grad vervollkommnet worden sei. Was deutlich macht, daß es sich bei Saint-Germain nicht nur um einen befähigten Alchimisten gehandelt haben dürfte, sondern dieser sich auch auf dem Textilsektor äußerst bewandert zeigte.

Nicht überall genoß der vorsichtige Adelige gleich hohe Sympathien. In England beispielsweise, wo der Graf gelegentlich ebenfalls in Erscheinung trat, wurde sein Tun und Treiben meist mißtrauisch beobachtet. Und Horace Walpole, jener Horrorautor, von dem ich bereits einen Ausspruch zitierte, informierte brieflich einen Bekannten in Italien: »Neulich hat man hier einen sonderbaren Mann unter dem Namen eines Grafen von Saint-Germain verhaftet, der hier seit zwei Jahren ansässig ist. Er weigert sich allerdings zu sagen, woher er kommt und wer er ist, gibt aber unumwunden zu, daß er unter einem angenommenen Namen lebt.« War also Saint-Germain gar nicht adeligen Geblüts? War sein aristokratischer Titel lediglich Tarnung? Welcher Identität war dieser polyglotte Reisende wirklich? Welchem Zweck diente seine diplomatische Tätigkeit? Welcher Nationalität und Herkunft könnte der sprachgewandte und welterfahrene Allroundkönner tatsächlich gewesen sein? Wann wurde er geboren? Und wo? Und letztlich: Ist sein in den Annalen verzeichnetes Todesjahr überhaupt authentisch? Viele Fragen, die sich um die Person des angeblichen Grafen von Saint-Germain angehäuft haben. Es scheint sich zu lohnen, ihnen schon deshalb auf den Grund zu gehen, um die eigentlichen Absichten dieser mysteriösen Persönlichkeit zu erhellen. Handelte es sich hierbei um einen *Zeitreisenden*? Und wenn ja: Aus welchem Zeitabschnitt war er gekommen? Oder stammte Saint-Germain durchaus aus dem 18. Jahrhundert, besaß aber die Gabe, sich medial oder sonstwie der prophetischen Schätze des »Weltgedächtnisses« – der Akasha-Chronik – zu bedienen? Lassen wir es darauf ankommen …

Für immer jung?

Als ein besonderes Geheimnis scheint der Graf von Saint-Germain seine offenbar nie endende Jugendlichkeit bewahrt zu haben. Aus den verschiedensten Jahren des 18. Jahrhunderts sind uns Aussagen von damals bedeutenden Zeitgenossen überliefert, die die Bekanntschaft dieses Aristokraten machten. Und in jedem einzelnen Fall wurde der Betreffende altersmäßig gleich alt eingeschätzt. Madame de Pompadour, die Geliebte des französischen Königs Ludwig XV., beschrieb Saint-Germain als einen etwa fünfzigjährigen Mann, von intellektuellem Gehabe und mit einer hinreißenden Erzählergabe ausgestattet. Seine Kleidung sei schlicht, aber mit vorzüglichem Geschmack ausgewählt gewesen, und mehrere außergewöhnliche Brillantringe hätten seine Finger geziert. Ähnliche Erfahrungen machte offensichtlich auch eine Gräfin *de Gergy*. Sie hatte den vermeintlichen Grafen im Jahre 1710 in Venedig kennengelernt. Ihr Mann bekleidete dort damals den Posten eines französischen Gesandten. Wie die Pompadour hielt auch die Gräfin ihr Vis-à-vis, das sie als überaus charmant empfand, für allerhöchstens fünfzig Jahre alt.

Der dänische Baron de Gleichen wiederum (jener Aristokrat, den Saint-Germains Edelsteine in Begeisterung versetzt hatten), zitierte in seinen von mir erwähnten Memoiren andere Zeugen, denen – ebenfalls 1710 – der rätselhafte Graf begegnet sein soll. »Ich habe gehört«, ließ der Diplomat (er lebte von 1735 bis 1807) die Nachwelt wissen, »daß der berühmte Opernkomponist *Jean Philippe Rameau* gemeinsam mit einem Bekannten eines französischen Gesandten in Venedig erklärt haben soll, sie hätten Monsieur de Saint-Germain 1710 kennengelernt, und er wäre damals etwa fünfzig Jahre alt gewesen«. Jean Philippe Rameau (1683–1764), das sei der Vollständigkeit halber erwähnt, war während der Ära seines Wirkens ein überaus erfolgreicher Musiker gewesen. Er komponierte zahlreiche Opern und Ballette.

Auch die Mätresse Ludwig XV., Madame de Pompadour, interessierte sich in der Zeit, als Saint-Germain die Gastfreundschaft des französischen Königs genoß, sehr intensiv für das eigentliche Alter des Grafen. Natürlich war dies nicht das primäre Anliegen dieser Dame, vielmehr gelüstete es sie, an das ihrem Gast zugeschriebene Elixier heranzukommen, das, wie man sich am Hofe zuraunte, angeblich ewige Jugend garantierte. Also kam es an einem Tage des Jahres 1749 zu einer von der Pompadour gewünschten Audienz des Grafen in ihren Gemächern. Ludwigs Vertraute redete nicht lange um den heißen Brei herum und wollte von Saint-Germain ohne Umschweife wissen, ob dieser im der Lage wäre, das von ihr ersehnte Präparat für ihren Gebrauch herzustellen. Der Betreffende zeigte sich wenig begeistert. Ausweichend meinte er lediglich, es sei doch allgemein bekannt, daß sich Frauen das Elixier, Männer hingegen den Stein der Weisen herbeiwünschten. Den einen verlangte es nach ewiger Schönheit, den anderen nach ewigem Reichtum. Nichtssagende Antworten, die Madame keineswegs zufriedenstellten.

Zwei enge Vertraute des königlichen Hofes in Versailles, deren Neugier mit ihrer Indiskretion Hand in Hand einherging, wurden damals Zeugen jenes Gesprächs und haben uns, dankenswerter Weise möchte man da sagen, den nachfolgenden Dialog zwischen der Pompadour und Saint-Germain überliefert. Bei den beiden Lauschern handelte es sich um niemand Geringere als um Ludwigs Kriegsminister Marschall de Belle-Isle sowie um die erste Hofdame des Königs, Madame *du Hausset*. Sollte der überlieferte Wortlaut den Tatsachen entsprechen, dann würde dies die Person des Grafen noch um einen Hauch mysteriöser erscheinen lassen, als sie das bisher ohnehin bereits gewesen war.

Unverblümt fragte Madame de Pompadour ihren Gast nach dessen Alter: »Wie alt sind Sie?«

»Fünfundachtzig Jahre – vielleicht.«

»Mir machen Sie nichts vor, Monsieur de Saint-Germain. Ich werde Ihren Behauptungen schon auf den Grund kommen. Und glauben Sie mir: Ich habe bereits mehr Quacksalber und Scharlatane entlarvt, als Sie denken.«

»Der, der vor Ihnen steht, Madame, kann es durchaus mit Ihnen aufnehmen«, entgegnete der Attackierte scheinbar ungerührt. »Und wenn Sie es mir gestatten, werde ich mich jetzt verabschieden ...«

Was ihm die Gastgeberin jedoch nicht erlaubte. »Sie sagen mir einesteils nicht, wie alt Sie sind, tun aber dennoch so, als wären Sie bereits sehr alt«, ließ die Pompadour nicht locker. »Die Gräfin de Gergy lernte Sie vor ungefähr fünfzig Jahren in Venedig kennen, aber schon damals schienen Sie nicht jünger zu sein als heute ...«

»Es trifft zu, Madame, daß ich Madame de Gergy vor langer Zeit gekannt habe«, gab der Graf diplomatisch zu.

»Aber dann müßten Sie ja jetzt schon über hundert sein ...«

Saint-Germain mußte über diesen komisch-verzweifelten Gefühlsausbruch lachen. »Es ist nicht unmöglich, aber ich halte es noch immer für eine größere Möglichkeit, daß die Dame, vor der ich im übrigen große Hochachtung habe, Unsinn redete«, entzog sich Madame de Pompadours aristokratischer Besucher geschickt diesem peinlichen »Verhör«.

Aber Ludwigs Mätresse wollte es genauer wissen. »Sie sagte, Sie hätten ihr ein Elixier gegeben, das wunderbare Wirkungen hatte, und sie behauptete, daß sie lange Zeit so aussah, als sei sie erst vierundzwanzig Jahre alt. Warum sollten Sie nicht auch dem König ein solches Mittel verehren?«

Die Antwort Saint-Germains war einmal mehr von äußerster Zurückhaltung geprägt. »Ach, Madame«, meinte er nur, »sich vorzustellen, daß ich dem König ein unbekanntes Mittel verabreichen könnte – da wäre ich ja verrückt!«

Auch wenn dieses Gespräch ganz und gar nicht nach den Vorstellungen der Pompadour verlaufen war, der gewandte Graf verstand es letztlich doch noch, seine Gastgeberin zu versöhnen. Er vertröstete die Marquise mit der Zusicherung, ihr bald ein paar wirksame Tinkturen zubereiten zu wollen.

War der Graf von Saint-Germain lediglich ein Blender und Bluffer gewesen? Hatte er sich wohlweislich gescheut, König Ludwig XV. und seiner Herzensdame, Madame de Pompadour, mit irgendwelchen harmlosen Wässerchen, die nicht im mindesten etwas mit einem Lebenselixier zu tun hatten, die Laune zu verderben und gegen sich einzunehmen? Oder gab es für ihn gute Gründe, seinen möglichen »Jungbrunnen« als nur ihm nützliches Produkt vor der Umwelt zu verbergen?

Dunkle Geheimnisse

Um das Leben des Grafen von Saint-Germain ranken sich viele Geheimnisse. Denn bis zum heutigen Tag konnte nicht restlos Klarheit darüber geschaffen werden, wann und wo dieser Mann eigentlich geboren wurde. Und ebenso unsicher scheint auch das Datum seines behaupteten Todestages zu sein. Verschiedene Biographen waren bemüht, dieses Dunkel zu erhellen. Jedoch, wie es scheint, vergeblich. Natürlich denkt niemand daran, die Behauptungen Saint-Germains ernst zu nehmen, er habe Christus persönlich gekannt und wäre im übrigen schon viertausend Jahre alt. Da scheint eher eine Aussage des Grafen die Dinge auf das richtige Maß zu reduzieren, die uns durch einen seiner Bewunderer, den Baron de Gleichen, überliefert worden ist. Ihm nämlich gestand Saint-Germain einmal offen ein: »Die Pariser Schafköpfe glauben, ich sei bereits fünfhundert Jahre alt. Ich bestärke sie in dieser Meinung, weil ich sehe, daß sie ihnen so viel Vergnügen macht. Nicht, daß ich nicht wirklich viel älter sei, als man nach meinem Aussehen denken sollte ...«

Wie man sieht, sicherte sich der Graf auf raffinierte Weise in beiderlei Richtungen ab. Einerseits widersprach er bestimmten Auffassungen nach dem Ausmaß seines Alters keineswegs, um aber im gleichen Atemzug anzudeuten, daß er »wirklich viel älter« wäre, als gemeinhin angenommen werden durfte.

Französische Biographen veröffentlichten seinerzeit einen »Steckbrief« dieses Weltbürgers, von dem sie anzunehmen glaubten, daß er Saint-Germains Lebensverlauf zu entsprechen schien. Darin wurde Saint-Germains Geburtsjahr mit 1660 angegeben, was jedoch lediglich aus jener Begegnung geschlossen werden konnte (und gerade deswegen fragwürdig bleiben muß), die die Gräfin de Gergy, wie erwähnt, im Jahre 1710 mit dem Grafen in Venedig hatte. Damals schätzte sie ihn – wie übrigens der bereits genannte Opernkomponist Rameau – auf höchstens fünfzig Jahre, was von dem Betreffenden (vielleicht aus wohlüberlegter Diplomatie) nicht bestritten wurde.

Von 1737 bis 1742 war der Graf (nach eigenen Angaben) Gast am Hofe des Schahs von Persien. 1743 kam er nach London, wo er sich zwei Jahre lang aufhielt. 1745 verhafteten ihn die englischen Behörden unter dem Verdacht, Jakobiter zu sein, doch mußte Saint-Germain, mangels an Beweisen, wieder auf freien Fuß gesetzt werden.

Von 1745 bis 1746 lebte der reisefreudige Aristokrat in Wien, und zwar als Gast des Prinzen *Ferdinand von Lobkowitz*, in dessen Palais er wohnte. 1749 lernte der Weltbürger den französischen König Ludwig XV. und dessen einflußreiche Freundin, Madame de Pompadour, in Versailles persönlich kennen.

Ein interessanter Lebensabschnitt für den Grafen folgte im Jahre 1756. Damals machte er die Bekanntschaft mit dem englischen General *Robert Clive*, dem Begründer der britischen Herrschaft in *Indien*. Zwei Jahre verbrachte Saint-Germain in diesem oft rätselhaften Ritualen huldigenden Land. Er selbst äußerte sich später nur recht wortkarg über die Erfahrungen und Erkenntnisse, die er dort gewonnen hatte. Es scheint, als ob der dem Okkulten stets aufgeschlossene Alchimist in jener Zeit mit Hingabe manche mythischen Geheimnisse erkundet haben könnte. Er dürfte dabei einiges über die aus dem indischen Raum abgeleitete »Akasha-Chronik« und auf welche Weise man sich Zugang zu ihrem »Weltgedächtnis« verschaffen konnte, erkundet haben.

Nicht unerwähnt soll in diesem Zusammenhang bleiben, daß auch die Theosophin Dr. *Annie Besant* (bekanntlich die rechtmäßige

Nachfolgerin der Madame Blavatsky in der Leitung der Theosophischen Gesellschaft in London) dem Grafen im Jahre *1896* begegnet sein will. Ein Ding der Unmöglichkeit, sollte Saint-Germain – wie von seinen Biographen vermerkt – tatsächlich auf dem Gut seines Freundes, Schülers und Gönners, des Landgrafen von Hessen-Kassel, in Deutschland verschieden sein. Jedenfalls kann noch heute im Kirchenregister von *Eckernförde* nachgelesen werden:

»Gestorben am 27. Februar, begraben am 2. März *1784*, der sogenannte Graf von Saint-Germain und Weldon. Weitere Angaben unbekannt. In aller Stille in dieser Kirche beigesetzt.«

Doch bleiben wir chronologisch. Nach seinem Indien-Aufenthalt kehrte der Graf von Saint-Germain 1758 erneut an den Hof Ludwig XV. zurück, wo ihn übrigens die erste Hofdame des Königs und seiner Mätresse, die von mir zuvor erwähnte indiskrete Lauscherin eines Gesprächs zwischen dem indischen Heimkehrer und der Marquise de Pompadour, Madame de Hausset, erneut auf höchstens fünfzigjährig schätzte.

Intrigen am französischen Hof zwangen den Grafen im Jahre 1760 nach England zu flüchten, dem er zwei Jahre später jedoch wieder den Rücken kehrte. Das Nächste, was man von Saint-Germain vernahm, war sein angebliches Mitwirken am Thronsturz des Zaren *Peter III.* in Rußland. Der Graf soll daran maßgeblich beteiligt gewesen sein und demnach *Katharina die Große* zur Herrschaft über das Zarenreich verholfen haben.

Nach diesem Abenteuer kehrte Saint-Germain überraschend wieder nach Frankreich zurück, ohne dort aber die nächsten fünf Jahre öffentlich in Erscheinung zu treten. Der Adelige frönte im Labor seines ihm von Ludwig XV. zuvor zur Verfügung gestellten Schlosses Chambord seinen alchimistischen und sonstigen experimentellen Neigungen.

Erst 1768 packte ihn anscheinend abermals das Reisefieber. Saint-Germain ging nach Berlin, danach nach Italien. Dort betätigte er sich sowohl als Unternehmer als auch als Künstler. In Venedig errichtete der Graf eine Fabrik, in welcher er Flachs zu einem seidenartigen Gewebe verarbeiten ließ. Aber auch als Bildhauer machte sich der Graf einen Namen, wie Niederschriften aus diesen Tagen ausdrücklich vermerken. Zwischenzeitlich besuchte der ruhelose Reisende auch Korsika und Tunis. 1770, offenbar in Anerkennung über sein erfolgreiches Mitwirken an der Inthronisierung der Zarin Katharina, war Saint-Germain Gast des Fürsten *Alexej Orlow*, dessen russische Flotte in jenem Jahr vor Livorno ankerte. Wie hoch der Graf an Bord angesehen war, zeigte sich in seiner Adjustierung: Standesgemäß präsentierte er sich nämlich in der Uniform eines russischen *Generals*!

In den folgenden Jahren wechselte Saint-Germain mehrmals das Domizil. Zuerst lebte er in Deutschland, wo er sich intensiv mit Angelegenheiten der *Freimaurer* und jener der *Rosenkreuzer* befaßte, war 1774 Gast des Markgrafen *Karl Alexander von Ansbach* in dessen Schloß Triersberg, wo er sich nun Graf *Weldon* nannte. 1776 war Hamburg, ein Jahr danach Leipzig Saint-Germains Reiseziel. 1779 protegierte ihn *Amalie von Preußen*, die Schwester *Friedrich des Großen*. Verschiedene Gerüchte besagen, daß der Graf damals in der Zeit zwischen 1776 und 1779 dem Preußenkönig mehrere Erfindungen angeboten habe. Hätte Friedrich sie angenommen, wäre Preußen vermutlich wegweisend für die industrielle Revolution geworden. Und noch im selben Jahr behauptete der Wiener Arzt *Franz Mesmer*, bekanntlich der Begründer der Lehre vom tierischen Heilmagnetismus, allen Ernstes, der Graf von Saint-Germain habe ihn über das Unterbewußtsein aufgeklärt und auf diese Weise den Weg zur modernen Psychologie und Psychiatrie geebnet.

Es muß heute ja wirklich verwundern, wie gut beschlagen doch dieser »Sphinx« aus dem 18. Jahrhundert auf den verschiedensten Gebieten gewesen sein dürfte. Seine anscheinend umfassenden Kenntnisse zeigten sich nämlich ebenso auf dem künstlerischen Sektor: 1780 wurde in London Saint-Germains musikalisches Werk für Violine veröffentlicht. Es bestätigte somit auch seine Begabung als *Komponist*.

War der Graf tatsächlich tot?

Eigentlich hätte ja »die Akte Saint-Germain« mit seinem Ableben am 27. Februar 1784 geschlossen werden können – wären da nicht einige Vorkommnisse gewesen, die am Tod des Grafen Zweifel aufkommen ließen.

Am 15. Februar 1785, also fast ein Jahr, nachdem man den Verstorbenen in Eckernförde zu Grabe getragen hatte, wurde in Paris ein spektakulärer Freimaurer-Kongreß abgehalten. Fast alles, was in der okkulten Szene Rang und Namen besaß, war bei diesem Treffen mit dabei. Da waren Mitglieder der Rosenkreuzer, der Kabbalisten, der Illuminaten sowie solche von anderen Geheimorden. Mitten unter ihnen eine uns inzwischen bereits vertraute Persönlichkeit. Daß sie offenbar wirklich anwesend gewesen sein muß, beweist jener Vermerk, welcher im Band II, Seite 9, der französischen Freimaurer-Bruderschaft angebracht worden war: »Unter den Freimaurern, die zu der großen Sitzung in Wilhelmsbad am 15. Februar 1785 eingeladen wurden, finden wir – zusammen mit Saint-Martin und vielen anderen – auch *Saint-Germain*.« Und wie um die Angelegenheit noch auf die Spitze zu treiben, ist sogar davon die Rede, wonach der angeblich verstorbene Graf bei diesem Kongreß ebenso als *Redner* in Erscheinung getreten sein soll. Ferner verlautete gerüchteweise, daß Saint-Germain noch im selben Jahr (also 1785) auch der russischen Zarin Katharina der Großen begegnet wäre. Wie reimt sich das alles zusammen? War der Tod dieses undurchschaubaren Mannes lediglich *vorgetäuscht* worden?

Fast scheint es so zu sein. Jedenfalls ist überliefert, daß sich um diesen wirklichen oder auch nur scheinbaren Adeligen allerlei Wunderliches ereignet haben soll. Im Jahr 1793 beispielsweise, als die andere Geliebte von Ludwig XV., Madame *Marie Jeanne Dubarry*, auf dem Schafott hingerichtet werden sollte, soll sich, noch vor ihrem Tod, der Graf von Saint-Germain der Verurteilten gezeigt haben, und auch *Marie Antoinette* besuchte er angeblich in ihrer Gefängniszelle, um sie auf ihren genauen Todestag und ihre Todesstunde vorzubereiten. Gesetzt den Fall, alles habe sich genauso zugetragen wie hier geschildert, dann stellt sich doch zwangsläufig die Frage, wieso der Graf Datum und Stunde der Hinrichtung wissen konnte, die zum Zeitpunkt seines Gefängnisbesuchs bei Marie Antoinette noch gar nicht festgestanden waren? Besaß Saint-Germain die Möglichkeit, in die *Zukunft* zu schauen? Bediente er sich einmal mehr der »Akasha-Chronik«? Oder vermochte er gar *durch die Zeit* zu reisen? Indizien für diese oder auch jene Befähigung liegen vor!

Da wäre aber auch die sonderbare Manie des Grafen, bei fast allen großen gesellschaftlichen Ereignissen zwar an der Tafel zu sitzen, es jedoch geradezu zwanghaft zu vermeiden, auch nur einen Bissen der dort aufgetischten Köstlichkeiten zu sich zu nehmen. Der venezianische Abenteurer *Giacomo Casanova de Seingalt*, der mehrmals bei derartigen Tafelfreuden mit Saint-Germain zusammentraf, erinnerte sich daran in seinen Memoiren. Obgleich er keine besonderen Sympathien für den charmanten Erzähler zu empfinden vermochte, konnte Casanova in manchen seiner Schilderungen eine gewisse Bewunderung für seinen gesellschaftlichen Widerpart (der ihm des öfteren »die Show stahl«) nicht ganz verbergen. »Trotz seiner Prahlereien, seinen offenbaren Lügen und seinen übertriebenen Behauptungen, hatte ich doch nicht die Kraft, ihn unverschämt zu finden«, bekannte er ein. »Ebensowenig aber fand ich ihn beachtenswert, aber wider meinen Willen erschien er mir merkwürdig, denn er setzte mich wirklich in Erstaunen.«

Und an anderer Stelle seiner Lebenserinnerungen lesen wir: »Dieser sonderbare Mensch wohnte oft den Diners der besten Häuser der Hauptstadt bei, allein er berührte nie etwas, da er sagte, sein Leben hinge von der Nahrung ab, die er genieße, und die niemand außer ihm kenne. Man fügte sich in seine Eigentümlichkeit, denn man war nur auf seine Schwatzhaftigkeit neugierig, welche in der Tat die Seele aller Gesellschaften wurde, die er besuchte ...«

Es überrascht nicht, zu erfahren, daß Giacomo Casanova de Seingalt bestrebt war, das Geheimnis um Saint-Germains seltsame Eßgewohnheiten zu lüften. Nachdem er den Grafen ersucht hatte, ihn ausgerechnet um die Mittagsstunde zu empfangen, erhielt er von diesem ein Schreiben, in welchem es, in italienischer Sprache abgefaßt, kurz und bündig hieß: »Meine Beschäftigungen machen es mir zur Notwendigkeit, jede Art von Besuch zurückzuweisen. Sie aber machen eine Ausnahme von der Regel. Kommen Sie morgen, Sie sollen auf der Stelle vorgelassen werden. Aber nennen Sie meinen Leuten Ihren Namen nicht. *Ich lade Sie nicht zum Essen ein, denn es würde Ihnen nicht zusagen, besonders wenn Sie Ihren früheren guten Appetit bewahrt haben.*«

Das klingt schon eigenartig. Um welche Speiseart könnte es sich wohl gehandelt haben, von der Saint-Germain mit gutem Grund annehmen mußte, daß sie dem Feinschmecker Casanova nicht munden würde? Unwillkürlich ist man versucht, an eine Kost zu denken, die vielleicht völlig andersartig zubereitet war als jene, zumeist üppigen Speisen, die man zu Casanovas Zeiten zu essen pflegte. Die Bemerkung des Grafen im Hinblick auf die ihm bekannte Freßlust seines Gastes, »…besonders wenn Sie Ihren früheren guten Appetit bewahrt haben«, läßt zudem auf eine nur geringe Nahrungsmenge schließen.

Ernährte sich der Graf von Saint-Germain von speziellen Präparaten? Handelte es sich bei seinem Nahrungsvorrat um eine bestimmte Zubereitung, die er seinem Gast nicht zumuten wollte? War Casanovas Gastgeber womöglich – ein Vegetarier? Oder vermied es der Betreffende deswegen anderwärtig zu speisen, weil er dort bestimmte Krankheitserreger in jenen Nahrungsmitteln vermutete? Wären diese ihm womöglich gefährlich geworden? War Saint-Germain ein *Zeitreisender*? Kam er aus irgendeinem Zeitabschnitt unserer *Zukunft*?

Zugegeben, diese Vermutungen klingen ungewöhnlich, deshalb dürfen sie aber in unseren Überlegungen – auch in Verbindung mit dem Phänomen der »Akasha-Chronik« – nicht ganz ausgeklammert werden. Es gibt zudem ein Indiz, das unbedingt ernstgenommen werden sollte: In dem einzigen Schriftstück, als dessen Verfasser der Graf von Saint-Germain ausgewiesen werden konnte und das sich heute im Besitz der Bibliothek der französischen Stadt *Troyes* befindet – »*La très Sainte Trinosophie*« nennt sich das merkwürdige Dokument –, lesen wir im 5. Abschnitt folgenden ungewöhnlichen, höchst seltsam klingenden Erlebnisbericht:

»Die Geschwindigkeit, mit der wir durch den Raum jagten, läßt sich mit nichts anderem als sich selber vergleichen. In einem Augenblick hatte ich die Sicht auf die unten liegenden Ebenen vollkommen verloren. Die Erde erschien mir nur noch wie eine verschwommene Wolke. Man hatte mich zu riesiger Höhe emporgehoben. – Eine ganze Weile zog ich durch den Weltraum dahin. Ich sah Himmelskörper um mich herum sich drehen und Erdkugeln zu meinen Füßen versinken.«

Solche »Reports« hätten auch unsere Astronauten nicht besser formulieren können. Sollte demzufolge der Verfasser dieses als »sehr heilig« ausgewiesenen Textes ebenfalls einen Raumflug absolviert haben? *Wann* könnte das gewesen sein? In einer Zeit *nach* unserer Zeit? Und welche Bedeutung hatte dabei das Gedächtnis

der Welt – die geheimnisvolle »Akasha-Chronik«? Sind Ihnen, lieber Leser, derartige Gedankengänge zu *phantastisch*? Der weit vorausblickende Theologe *Teilhard de Chardin* war da anscheinend anderer Ansicht. »Im kosmischen Maßstab«, offenbarte er, »so lehrt die moderne Physik, hat nur das Phantastische eine Chance, *wahr* zu sein.«
Wir sollten solche Worte nicht ignorieren ...

Das verkannte Genie

Vielleicht wäre es ihm vorbehalten gewesen, der bedeutendste Erfinder des 19. und 20. Jahrhunderts zu werden, hätte er es nur vermocht, über seinen Schatten zu springen und die ihm anhaftende Kontaktarmut gegenüber seiner Umwelt abzulegen.
Und auch sein Entdeckerstolz, den er oftmals das ihn mit scheelen Augen beobachtende Wissenschaftler-Establishment spüren ließ, trug wesentlich dazu bei, ihn von dieser Seite her in ein Ghetto zu verbannen, aus dem er ein Leben lang nicht mehr herausfinden sollte.
Nikola Tesla, ein gebürtiger Kroate, ertrug jedoch Neid, Mißgunst und Ignoranz der ihn oft malträtierenden Behörden mit unglaublicher Gelassenheit. »Der Große Tesla hat mehr Feinde als sonst jemand auf der Welt«, brüstete sich der kreative Erfinder einmal einem Reporter gegenüber, um dann im arroganten Ton hinzuzufügen: »Mit ihrem armselig kleinen Verstand können sie doch mein großes Werk überhaupt nicht begreifen ...«
Mit »sie« waren natürlich Teslas Konkurrenten gemeint – jene Lehrstuhlinhaber an den Universitäten, die ihn ihrerseits seiner exzentrischen Manieren wegen schmähten und als »paranoide Persönlichkeit« öffentlich brandmarkten. In gewisser Hinsicht war die auf Tesla hinzielende Kritik nicht so ganz unberechtigt, denn dieser nahm zeitlebens kaum Rücksicht auf jene Kreise, die die Fäden eines machtvollen Apparates in Händen hielten und diesen Vorteil auch auszuspielen wußten. Hämisch wurde auf Teslas scheinbaren Wahn hingewiesen, sich von irgendwelchen Dunkelmännern ständig verfolgt zu fühlen, mit dem erklärten Ziel, ihm seine wertvollen Erfindungen zu stehlen. Tatsächlich aber gab

es von bestimmten Seiten intensive Bestrebungen, Nikola Tesla in ein wissenschaftliches Abseits abzudrängen. Mehrere seiner Erfindungen verschwanden spurlos aus seinem Privatbesitz. Gewissenlose Assistenten, die sich ihm mit honigsüßen Treuebekenntnissen angedient hatten und denen Tesla zunächst arglos vertraute, stahlen ihm Pläne und Skizzen aus dem Tresor, um die darauf verzeichneten schöpferischen Einfälle ihres Auftraggebers ohne sein Wissen und hinter seinem Rücken auf ihren Namen zum Patent anzumelden.

So verwundert es also keineswegs, daß Nikola Teslas Beziehungen zur Umwelt mehr und mehr von Mißtrauen geprägt wurden und ihn nach und nach vereinsamen ließen.

Nikola wurde am 10. Juli 1856 in Smiljan, einem Dorf im kroatischen Lika, geboren. Teslas Vater *Milutin* kam aus einer alten und traditionsverhafteten Offiziers- und Priesterfamilie und war dann auch selbst als orthodoxer Geistlicher in Nikolas Heimatort tätig. Der Junge schätzte und verehrte seinen Erzeuger in rührender Weise und meinte einmal, als man ihn auch auf Charaktereigenschaften des Vaters ansprach: »Er war ein sehr gelehrter Mann, ein wirklicher Naturphilosoph, Dichter und Schreiber… Sein Stil wurde allgemein sehr bewundert. Er verfaßte seine Reden kurz und bündig und war zusätzlich voller Humor und Geist.«

Auch Teslas Mutter *Djouka* war etwas Besonderes. In gewisser Hinsicht übertraf sie sogar noch ihren gelehrten Ehemann. Obwohl sie weder lesen noch schreiben konnte, beherrschte sie neben ihrer Muttersprache noch zusätzlich drei weitere Sprachen. Diese Fähigkeit war ihr deshalb gegeben, weil Djouka über ein phänomenales Gedächtnis verfügte: Was sie einmal gehört hatte, blieb auch haften und in ihrem Erinnerungsvermögen »gespeichert«. Auf diese Weise war die Frau in der Lage, ganze Bände der heimischen, deutschen, italienischen und französischen Dichtkunst *fehlerfrei* zu rezitieren.

Aber das war noch längst nicht alles, was an Begabungen in Nikola Teslas Mutter schlummerte. »Sie war eine Erfinderin ersten Grades und würde, so glaube ich, große Dinge erreicht haben, wenn sie dem modernen Leben und seinen vielfältigen Möglichkeiten nicht so fern gewesen wäre«, meinte ihr Sohn in ehrlicher Bewunderung, als man ihn später auf die Qualitäten Djouka Teslas ansprach. Und was Nikola hier bloß angedeutet hatte, entsprach durchaus der Wahrheit. Seine Mutter war zweifellos ein brachliegendes Genie gewesen. Sie war befähigt, alle Arten von Werkzeugen und Geräten zu erfinden und zu konstruieren und kreativ genug, aus Garn, welches sie auch selbst gesponnen hatte, die feinsten Muster zu weben.

Dankbar erinnerte sich Nikola an diese ungewöhnliche Frau: »Sie arbeitete unermüdlich, von Tagesanbruch bis spät in die Nacht, und die meisten Kleidungsstücke und Einrichtungsgegenstände des Hauses waren das Produkt ihrer Hände. Selbst als sie bereits über sechzig Jahre alt war, vermochten ihre Finger noch überaus geschickt drei Knoten in eine Augenwimper zu binden ...«

Mannigfache Begabung scheint überhaupt eine Stärke der Familie Tesla gewesen zu sein. So hatte Nikola, neben drei weiteren Geschwistern, auch einen um sieben Jahre älteren Bruder, den er aber auf tragische Weise sehr früh verlor. David, so hieß der Knabe, war ebenfalls außerordentlich talentiert und zudem der Liebling von Nikolas Eltern. Er kam mit erst zwölf Jahren bei einem Unfall auf tragische Weise ums Leben: Ein Pferd hatte David eine tödliche Kopfverletzung zugefügt.

Den Verlust seines geliebten Bruders versuchte Nikola nunmehr durch eigene Aktivitäten wettzumachen. Er begann experimentelle Versuche durchzuführen und kleinere Geräte zu bauen. Schon mit fünf Jahren sprang er mit einem alten Schirm, den er in seiner Phantasie zu einem Fallschirm umfunktioniert hatte, vom Dach der Scheune in die Tiefe. Dabei zog sich Nikola schwere Prellungen zu und mußte mehrere Wochen im Krankenbett zubringen. Fasziniert war der Junge von den Wasserrädern in der Umgebung seines Heimatdorfes. Er zögerte nicht, sich daheim ein eigenes Modell anzufertigen. Mühevoll schnitt Nikola aus einem Baumstumpf eine Scheibe heraus, durchbohrte sie und steckte einen Baumzweig in das Loch. Das Zweigende befestigte er am Ufer eines nahen Bergbaches. Zur Freude Nikolas gestaltete sich sein Unternehmen zu einem vollen Erfolg. Obwohl das Wasserrad ohne die sonst üblichen Schaufeln angefertigt worden war, drehte es sich ebenfalls von selbst.

Als Neunjähriger baute Nikola einen kleinen Motor, der nach dem Prinzip von Windmühlen funktionierte. Mit dem einen kleinen, feinen Unterschied, daß die Antriebskraft nicht vom Wind geliefert wurde, sondern von sechzehn *Maikäfern*, die Tesla an den Enden der Windmühlenflügel, die aus dünnen Holzsplittern gefertigt worden waren, mit Leim befestigte. Mit Hilfe einer Fadenübertragung war Nikola imstande, eine erstaunliche Drehkraft zu erzeugen.

1862 übersiedelte die ganze Familie nach Gospic, wo Vater Milutin nunmehr eine größere Pfarre betreute. Nach dem Besuch der Grundschule setzte Nikola seine schulische Laufbahn 1866 am Realgymnasium fort. Von da an befiel den lerneifrigen Studiosus ein wahrer Lesehunger. Dabei kam ihm die reichhaltige Bibliothek seines Vaters gerade recht. Oft las er bis spät in die Nacht hinein, und als ihm die Mutter die Kerzen konfiszierte, um zu verhindern, daß sich ihr Kind das Augenlicht verdarb, sammelte Nikola einfach alte Kerzen- und Wachsreste und bastelte sich daraus eigene Kerzen. Jetzt vermochte ihn nichts mehr davon abzuhalten, sich seinem Hobby die ganze Nacht lang hinzugeben und erst mit dem Lesen aufzuhören, wenn er am Morgen die herannahenden Schritte seiner Mutter vernahm.

Teslas medialer »Kontakt«

Im Alter von sieben oder acht Jahren (so ganz genau konnte sich später Nikola Tesla auch selbst nicht mehr daran erinnern) wurde dem Knaben möglicherweise ein Buch zum »Raketensprengsatz« seiner nachfolgenden beruflichen Entwicklung. Irgendwie war er an eine Novelle eines berühmten ungarischen Dichters herangekommen. Sie hieß »Abafi – Der Sohn von Aba«. In seinen biographischen Aufzeichnungen urteilte Nikola über das Buch engagiert: »Die Lektion, die es lehrt, gleicht der von ›Ben Hur‹, und in dieser Hinsicht kann man es als Vorwegnahme des Werkes von Wallace ansehen. Die Möglichkeiten der Willenskraft und der Selbstkontrolle sprachen meine lebhafte Phantasie gewaltig an, und ich begann mich zur Selbstdisziplin zu erziehen ... Wenn ich eine schwierige Aufgabe vor mir hatte, die sehr mühevoll war, nahm ich sie immer wieder in Angriff, bis ich sie vollendet hatte. So übte ich Tag für Tag von morgens bis abends. Am Anfang erforderte es enorme geistige Anstrengung, die gegen meine Veranlagung und Wünsche gerichtet war, aber mit der Zeit verringerte sich der Gegensatz, und schließlich wurden mein Wille und mein Wunsch eins. Sie sind es heute noch, und darin liegt das Geheimnis all meines Erfolges.« Aber das war es nicht allein gewesen, was Nikola Tesla in Erstaunen zu versetzen wußte. Weit mehr beunruhigten diesen geistig regen und ungemein kreativen Menschen bestimmte »Bilder« und »Visionen«, denen er sich oft unvorbereitet ausgesetzt sah. Sie verursachten ihm, der er solche spontan auftretenden Kontaktnahmen nicht zu verhindern imstande war, große Angst und Unbehagen.

Derartige »Erscheinungen« (wie Tesla es nannte) waren erstmals bereits in seiner Kindheit aufgetreten. Nikola »litt« unter diesem Phänomen und an der »seltsamen Neigung, aufgrund der Erscheinung von Bildern, die – *oft begleitet von starken Lichtblitzen* – das Aussehen von *wirklichen Gegenständen* annahmen und sich mit meinen Gedanken und Taten vermischten«.

Eine ungewöhnliche, anscheinend *mediale* Verbindung, der sich Tesla schon frühzeitig ausgesetzt sah. In seiner Biographie scheute er nicht davor zurück, diese, ihn auch selber irritierenden, realen Eindrücke wiederzugeben und zu beschreiben:

»Es waren Bilder von Dingen und Schauplätzen, die ich wirklich gesehen hatte, nie solche, die ich mir eingebildet hatte. Wenn ein Wort zu mir gesprochen wurde, erschien das Bild des Gegenstandes, das dieses Wort darstellte, lebhaft vor meinen Augen, und manchmal war es mir völlig unmöglich zu unterscheiden, ob das, was ich sah, greifbar war oder nicht.«

Auf Dauer begnügte sich Nikola Tesla keineswegs damit, solche, ihm erscheinenden, »Visionen« einfach zu verdrängen – im Gegenteil: Er entschloß sich, diese eindrucksvolle Fähigkeit für seine Zwecke heranzuziehen und auszuwerten. Vor allem, als er, gerade siebzehnjährig, sich intensiver als zuvor mit diversen Erfindungen zu beschäftigen begann. Erstaunt stellte er plötzlich fest, »daß ich mit Leichtigkeit geistige Bilder erzeugen konnte. Ich benötigte keine Modelle, Zeichnungen oder Experimente ... Ich ändere die Konstruktion, mache Verbesserungen und lasse das Gerät in meinem Geist laufen. Es ist völlig ohne Bedeutung für mich, ob ich meine Turbine in meinem Geist oder in meinem Labor betreibe ... Mein Gerät arbeitet so, wie ich es mir vorgestellt habe, und die Experimente ergeben genau das, was ich geplant habe. In zwanzig Jahren gab es davon keine einzige Ausnahme.«

Auf irgendeine Weise veränderten sich für Tesla im Laufe der Zeit die auftretenden Symptome. Jene »schrecklichen Erscheinungen seiner Kindheit« hörten auf, hingegen begleiteten ihn die damit einhergegangenen, unerklärlichen Lichtblitze das ganze Leben. Als Nikola 25 Jahre alt geworden war, erreichte dieses Phänomen seinen Höhepunkt. Tesla hat es beschrieben:

»Die Leuchterscheinungen zeigen sich noch von Zeit zu Zeit, zum Beispiel wenn mir eine Idee, die mir neue Möglichkeiten eröffnet, in den Kopf schießt, aber sie sind nicht mehr so erregend, da sie von relativ geringer Intensität sind. Wenn ich meine Augen schließe, beobachte ich in gleichbleibender Weise zuerst einen sehr dunklen Hintergrund von gleichförmigem Blau, der dem Himmel in einer klaren aber sternlosen Nacht ähnelt. In ein paar Sekunden wird das Gesichtsfeld von unzähligen, grünfunkelnden Schichten bedeckt, die in mehreren Lagen angeordnet sind und sich auf mich zubewegen. Dann erscheint auf der rechten Seite ein herrliches Muster, das aus zwei, im rechten Winkel zueinander stehenden Systemen von parallelen und nah beieinanderliegenden Linien besteht und in allen möglichen Farben schillert, wobei gelbgrün und gold dominiert. Sofort danach werden die Linien glänzender, und das Ganze ist über und über mit Pünktchen von leuchtendem Licht besprenkelt. Dieses Bild bewegt sich langsam über das Gesichtsfeld und verschwindet nach ungefähr zehn Sekunden auf der linken Seite, zurück bleibt ein unangenehmes und träges Grau, das schnell den Weg für ein wogendes Wolkenmeer freigibt, das scheinbar versucht, lebendige Gestalt anzunehmen. Es ist merkwürdig, daß ich keine Form in das Grau bringen kann, bevor nicht die zweite Phase erreicht ist. Jedesmal, bevor ich einschlafe, huschen Bilder von Personen oder Gegenständen über mein geistiges Auge. Wenn ich sie sehe, weiß ich, daß ich das Bewußtsein verliere. Wenn sie fehlen und nicht erscheinen wollen, bedeutet das eine schlaflose Nacht.«

Was hier Nikola Tesla in sehr plastischer Form beschrieben hat, ist nicht weniger, als eine sehr eindrucksvolle Wiedergabe einer medialen Fühlungnahme mit jenem apostrophierten »Weltgedächtnis«, das unter der Bezeichnung *Akasha-Chronik* vor allem esoterisch angehauchten Zeitgenossen zum Begriff geworden ist. Besser haben wir den Vorgang der geistigen Empfindung eines bestimmten Mediums (im gegenständlichen Fall: N. Tesla), sobald es sich in den Zeitstrom dieser uranfänglichen, übersinnlichen Struktur einzubinden vermochte, noch kaum übermittelt bekommen. Und so kann es letzthin auch nicht überraschen, wenn wir erfahren, daß Nikola bereits von Kindheit an von seinem Vater täglich angehalten wurde, geistige Übungen zu absolvieren, was einem intensiven Gedächtnistraining gleichkam.

Der junge Mann entwickelte sich ständig weiter, studierte ab 1877 an der Technischen Hochschule in Graz und übersiedelte 1880 – ein Jahr nach dem Tod seines Vaters – nach Prag, wo er an der hiesigen Universität ein Selbst-Studium betrieb. 1881 erhielt Tesla eine Anstellung bei der Budapester Telefongesellschaft. Bereits im Jahr darauf machte Nikola im Budapester Stadtpark die Entdeckung des *Drehfeldes*. Gleich danach konzipierte der kreative Erfinder den ersten Wechselstrommotor. Es hielt Tesla aber nicht lange in Budapest. Noch im selben Jahr ging er nach Paris und erhielt einen Job bei der dortigen »Continental Edison Company«. Außendienstarbeiten im Jahr 1883 verschlugen ihn nach Straßburg, wo Nikola das erste Modell eines Wechselstrommotors herzustellen vermochte; Versuche aber, seine Pläne für ein Wechselstromsystem einer praktischen Verwirklichung zuzuführen, schlugen fehl. Es gelang Tesla trotz aller Anstrengungen nicht, Geldgeber für sein Vorhaben aufzutreiben.

»Der völlige Mißerfolg dieser Bemühungen ... war eine weitere Enttäuschung ... (und so) beschloß ich, mein Glück im Land der unbegrenzten Möglichkeiten zu versuchen«, vertraute Nikola Tesla seinen autobiographischen Unterlagen an und hoffte, in Amerika mehr Glück zu haben als in der »Alten Welt« Europa.

Enttäuschung in den USA

Am 6. Juni 1884, an einem düsteren, nebeligen Morgen, traf ein hoffnungsvoller, junger Mann via Schiff auf der Einwandererinsel Ellis Island im New Yorker Hafen ein. Nikola Tesla, noch nicht 28jährig, groß gewachsen und von hagerer Statur, hatte es sich in den Kopf gesetzt, nunmehr in den Vereinigten Staaten seine wissenschaftliche Laufbahn fortzusetzen. Was ihm jedoch fehlte, war ein gewisses diplomatisches Gespür, das notwendig gewesen wäre, um sich jene Kapazitäten, auf deren Fürsprache es ja ankam, wohlgesonnen zu machen. Damit aber hatte der zielstrebige Physiker nichts im Sinn. Im Gegenteil. Schon bald löste das charakterlich schwierige Genie Unruhe bei der einheimischen Wissenschaftlerzunft aus. Teslas Fähigkeit, viele, als vorderhand für undeutbar geltende physikalische Geheimnisse zu entschleiern, machte die gesamte Schreibtischwissenschaft Amerikas sowie auch ihre akademischen Verfechter rebellisch. Man stellte sich geschlossen gegen ihn. Und das nur deswegen, weil dieser kroatische Einwanderer es unterlassen hatte, mit dem Establishment sowie den tonangebenden Lehrstuhlinhabern des Landes zu kooperieren.

Aber Nikola Tesla war nun einmal ein Einzelgänger. Ohne sich um seine Umwelt zu kümmern, entwarf er das elektrische Kraftübertragungssystem für die Kraftwerke am Niagarafall. Er entdeckte die sogenannten »Tesla-Ströme«, und erfand, um sie auch nutzen zu können, dafür eine neue Art von Transformator. Auch der *Skin-Effekt*, der es bewirkt, daß Wechselstrom von hoher Frequenz nur auf der Oberfläche eines Leiters strömt, ging auf sein Konto. Es scheint mir nicht übertrieben zu behaupten, daß es auch heute in den Patentämtern der Welt noch Zehntausende von Patenten geben dürfte, die alle auf irgendwelche Grundideen von Nikola Tesla zurückgeführt werden müssen.

Gewollt oder ungewollt (wer konnte das schon sagen?) tat der Neo-Amerikaner scheinbar alles, um sich durch seine Egozentrik zahllose Gegner, ja Feinde in den wissenschaftlichen Kreisen zu schaffen. Die wiederum sorgten dafür, daß Teslas Ruf unter den getätigten Falschaussagen und Verleumdungen andauernd unterminiert wurde – was den Angegriffenen aber nicht sehr »kratzte«. »Das sind doch keine Wissenschaftler«, provozierte er einmal bei einer Pressekonferenz die konkurrierenden Widersacher. »Die machen keine Entdeckungen wie Tesla. Die hocken in den Universitäten herum um zu büffeln, was ohnehin nicht realisierbar ist. Dann machen sie ihren Doktor und verbringen den Rest des Lebens damit, das nicht Realisierbare auch nicht zu tun.«

Das war natürlich starker Tobak und trug dazu bei, die so Attackierten aus Forschung und Technik rot sehen zu lassen. Tesla war das egal. Seine ausgefallenen Ideen trieben die Aktionäre von Elektrokraftwerken in die Verzweiflung. Ohne jede Vorwarnung verkündete er eines Tages seinen Plan, die gesamte Erde elektrifizieren zu wollen. »Ich bin der einzige Mensch auf diesem Planeten, der die wirkliche Natur der Elektrizität versteht«, posaunte er vor Pressevertretern in bombastischem Tonfall aus. »Ich werde den gesamten Globus elektrisch aufladen. Und wenn das einmal geschehen ist, brauchen jene, die Strom benötigen, nichts weiter zu tun, als einfach einen Metallstab in die Erde zu stecken, um damit jede gewünschte Menge elektrische Energie zu entnehmen. Elektrizitätswerke werden dann ebenso überflüssig sein wie Überland-Hochspannungskabel!«

Was das für die Verantwortlichen in den Elektrizitätsgesellschaften bedeutete, kann man sich gut vorstellen. Kaum einer von ihnen begrüßte ernsthaft den Gedanken, künftig zur Kenntnis nehmen zu müssen, daß sich jeder Staatsbürger von nun an selbst mit Strom versorgen könnte. Zeitungsreportern erläuterte der etwas exaltierte Erfinder geduldig, daß sich seine Strom-Theorie auf etwas gründe, das man als »vibratorische elektromagnetische Transmissionskräfte« bezeichnen könne. Und die Verwirrung unter den Journalisten war groß, als Tesla ihnen auseinandersetzte, wie er es sich vorstellte, elektrische Energiewellen durch den Erdball zu leiten.

Ihn kostete der Bau eines »Elektrifizierungswerkes« an einem Berghang in Colorado Hunderttausende Dollars. Und dann kam der Augenblick – die »Stunde der Wahrheit« –, als das exzentrische Genie den Schalter umlegte, um sein Versprechen, die gesamte Erde zu elektrifizieren, einzulösen.

Es wurde die größte Enttäuschung in Nikola Teslas Leben.

Statt einer globalen Stromversorgung verursachte er lediglich den größten Kurzschluß der Geschichte. Ganz Colorado war mit einem Schlag stromlos und augenblicklich in Dunkelheit getaucht. In den übrigen westlichen Staaten der USA hingegen gab es einen »Kollaps« bei den Elektrizitätszählern. Die spektakulär aufgezogene Demonstration war Tesla restlos mißglückt. Dieser aber wollte (sich) seine Niederlage nicht eingestehen. »Sabotage!« knirschte er wutentbrannt und beschuldigte pauschal sämtliche Elektrizitätsgesellschaften Amerikas, Saboteure in sein Mitarbeiterteam eingeschleust zu haben.

Für seine vielen Gegner war das alles Wasser auf ihre Mühlen, denn ab sofort sah sich der blamierte Physiker mit Dutzenden

Schadenersatzklagen konfrontiert, die er, mangels finanzieller Mittel, natürlich nicht befriedigen konnte. Damit war seinen Forschungen der Boden entzogen, und da Tesla keine Möglichkeit mehr sah, seine Arbeiten in gewohntem Rahmen fortzusetzen, zog er sich beleidigt und schmollend in sein Hotelzimmer in New York zurück. Verbittert begnügte er sich hinkünftig damit, nahe der »Public Library« die Tauben zu füttern.

FBI-Agenten im Hotelzimmer

Nur noch einmal machte der inzwischen 78jährige Neo-Amerikaner von sich reden, als er 1934 überraschend eine Pressekonferenz einberief und dort vor verdutzten Journalisten seine neueste Erfindung propagierte. Ihm sei die Entwicklung von »Todesstrahlen« gelungen, ließ Nikola Tesla die Reportermeute wissen. Es handle sich dabei um unsichtbare Strahlen, verkündete der Physiker, die ähnlich wie Schallwellen funktionierten. »Mit Hilfe dieser neuen Waffe kann jedes feindliche Flugzeug in dreihundert Meilen Entfernung vernichtet werden«, behauptete er weiter, um dann in besonderem Maße aufzutrumpfen: »Wenn man meine Todesstrahlen beispielsweise auf eine Armee von einer Million Soldaten richtet, wären alle Militaristen auf der Stelle tot!«
Kaum einer der anwesenden Zeitungsleute nahm jedoch Teslas Ankündigungen ernst, und nur wenige Blätter räumten seinen »Todesstrahlen« Platz auf ihren Seiten ein.
Und doch muß an den Plänen und Erfindungen des Exilkroaten etwas dran gewesen sein, denn warum sonst hätte es dann zu jener Aktion kommen können, die augenblicklich einsetzte, als Nikola Tesla am 7. Januar 1943, nunmehr 87jährig, für immer die Augen schloß?
Beamte des »Federal Bureau of Investigation«, kurz auch FBI genannt, stürmten kurz danach das Hotelzimmer des Verstorbenen und beschlagnahmten sämtliche wissenschaftlichen Unterlagen. Geduldig sammelten die FBI-Agenten jedes noch so kleine Stückchen Papier ein, auf dem sich irgendwelche Notizen oder Formeln Teslas feststellen ließen. Koffer und Kartons mit Konstruktionsplänen des exzentrischen Erfinders wurden wegge-

schleppt und von bereits ungeduldig darauf wartenden Wissenschaftlern aus diversen nationalen Forschungslaboratorien begierig in Empfang genommen. Auf Anfragen von überraschten und konsternierten Journalisten, welche Bewandtnis es mit diesem rigorosen Vorgehen des US-Bundeskriminalamtes eigentlich habe, erklärte ein offizieller Sprecher der Behörde in Washington, daß man sichergehen wollte, die paar brauchbaren Ideen des alten Herrn, die sich womöglich unter den sonstigen Verrücktheiten seines brachliegenden Materials befinden könnten, vor einem fremden Zugriff zu schützen. »Das FBI und verschiedene andere Organisationen haben Nikola Tesla in den vergangenen Jahren überwacht«, wurde eingestanden. Nicht so sehr aus Sorge, der Betreffende würde vielleicht zum Feind überlaufen, hieß es weiter, »aber wir wollten nur einfach verhindern, daß deutsche oder japanische Spione mit Tesla Kontakt aufnahmen, um ihm ein paar von seinen Geheimnissen herauszulocken«.

Was erst viel später publik werden sollte: Nikola Tesla, das verkannte Genie, stand bei den Geheimdiensten innerhalb und außerhalb der Vereinigten Staaten viel höher im Kurs, als man in der Öffentlichkeit ahnte.

Er war der bestbewachte Mann der Geschichte!

Von dieser »Anerkennung« seiner wissenschaftlichen Arbeit hat Tesla zeitlebens nie etwas erfahren. Sein Wissen um Dinge, die er ganz offensichtlich via medialer Kontakte durch die »Akasha-Chronik« erfahren hat, hätte ihn zweifellos befähigt, zu einer der wirklich großen »Eingeweihten« dieses Planeten zu werden.

Aber sein Schicksalsbuch hatte es anders bestimmt...

In des Bewußtseins Tiefen

Geboren wurde er im Jahre 1877 auf einer kleinen Farm in der Nähe von Hopkinsville im US-Bundesstaat Kentucky. Doch in den achtundsechzig Jahren seines Lebens wurde dieser Mann zu einer weltweit bekannten Persönlichkeit. Heute gilt *Edgar Cayce* als Amerikas größter Hellseher und Geistheiler. Er besaß nämlich die ungewöhnliche Fähigkeit, sich *medial* in sein Unterbewußtsein versetzen zu können. In dieser »Innenwelt« empfing Cayce jene

Botschaften, die es ihm ermöglichten, u. a. seltene, von den Ärzten nicht zu diagnostizierende Krankheitsbilder jener Menschen zu erkennen, die bei ihm Hilfe und Rat gesucht hatten.

Die Gabe, erst im Trancezustand sein offensichtlich enormes Wissen zur Entfaltung bringen zu können, verhalf Edgar Cayce zu einem »Etikett«, das ihn fürderhin die volksnahe Bezeichnung »Schlafender Prophet« einbringen sollte.

Nichts hatte zunächst darauf hingedeutet, welch andersartigen Lebensweg der kleine Edgar einschlagen würde. Weil seine Eltern ziemlich mittellos waren, genoß der Knabe nur eine unzureichende Ausbildung. Bereits mit sechzehn Jahren mußte er die Schule verlassen. Doch schon zuvor war ihm an seinem siebenten Geburtstag ein seltsames Erlebnis zuteil geworden. Eines Tages (und daran erinnerte er sich sein Leben lang) will Edgar ein blendend helles Licht gesehen haben. Mit dieser Leuchterscheinung empfing er aber auch eine Botschaft, in der er gefragt wurde, was er am liebsten mit seinem Leben anfangen wolle. Da der Junge schon von klein auf die Ambition hatte, kranken Kindern zu helfen, nannte er dies als sein Lebensziel. Darauf wurde Edgar aufgetragen, sich schlafen zu legen, man würde ihm in jeder nur erdenklichen Weise behilflich sein.

Welcher Art und Identität jene »Stimmen« waren, die der Siebenjährige vernommen haben wollte, ist ungeklärt. Edgars Kinderwunsch hingegen erfüllte sich tatsächlich und versetzte ihn in die Lage, als Medium zu wirken und auf diesem Weg psychische Botschaften zu empfangen. Was Cayce durch diese Manifestationen erfuhr, wurde von dem »Schlafenden Propheten« – während er sich in Trance befand – zum Wohle kranker Menschen weitergegeben.

Als junger Mann verdiente er sich seinen Lebensunterhalt als Fotograf in Virginia Beach. Daneben aber führte er Gesundheitsberatungen durch, sogenannte »Readings«, wie er es nannte. An die dreißigtausend Hilfesuchende, die sich von Cayce Heilung von ihren Leiden versprachen, nahmen an solchen *Lesungen* insgesamt teil.

Der Ablauf dieses Vorgangs erfolgte immer in der gleichen Weise. Zunächst machte es sich der medial veranlagte Geistheiler auf einer Couch bequem, lockerte dabei seine Kleidung und wartete dann auf das »innere Licht«. Dieses signalisierte Cayce (nach dessen eigenen Aussagen) die Verbindung zu »seinem Kanal« und erwirkte solcherart die Kontaktnahme mit jenen Mächten, die sich ihm in Kindheitstagen geoffenbart hatten.

Während des Dämmerzustandes vermochte der »Schlafende Prophet« sämtliche Krankheiten jener Leute zu diagnostizieren, die ihn jeweils aufgesucht hatten. Zu ihrer Heilung empfahl er ihnen auch bestimmte Medikamente – manche davon mußten erst speziell gesucht und herbeigeschafft werden. Verblüffend war für die Anwesenden auch, daß Edgar Cayce im Verlauf dieser selbsthypnotischen Phase Krankheitszustände, Behandlungsarten und die dafür erforderlichen Arzneien mit Begriffen bezeichnete, die sonst nur Fachärzten bekannt waren.

Dieses Wissen war ihm aber nur in seinen Trancen gegeben. Kaum daraus erwacht, vermochte sich der Hellseher an nichts mehr zu erinnern.

Dabei schien es das Schicksal mit Edgar Cayce zuerst nicht gut zu meinen. Noch in jungen Jahren, während er in einem Buchladen arbeitete, verlor er plötzlich seine Stimme. Keiner der in Virginia Beach ansässigen Ärzte war in der Lage, ihm zu helfen. In seiner Verzweiflung wandte sich der junge Mann an einen ihm empfohlenen Hypnotiseur mit der Bitte, es doch mit einer entsprechenden Behandlung zu versuchen. Dieser sagte zu und ermunterte Cayce, sich in einen schlafähnlichen Zustand zu versetzen. Kaum in Trance, ließ der Hypnotiseur seinen Patienten die ihn belastende Situation beschreiben und schlug ihm zudem vor, dann selbst ein Heilmittel gegen die Sprachlosigkeit zu finden. Und tatsächlich: Die von Cayce im Dämmerzustand genannte Medizin verhalf ihm wieder zu seiner Stimme.

An jener Heilhypnose hatte, mit Cayces Zustimmung, auch ein interessierter Ortsarzt teilgenommen. Das Ergebnis überzeugte den Mediziner, und er vertrat danach die Ansicht, daß es offensichtlich nur ein kleiner Schritt sei, von der Selbstdiagnose zur Diagnose von Krankheitzuständen anderer Menschen zu gelangen. Anschließend führte der Arzt selbst einige Experimente auf diesem Gebiet durch, die überaus erfolgreich verliefen. Naturgemäß sprach sich das bald herum, und sowohl Edgar Cayce als auch der mutige Arzt gelangten solcherart zu Berühmtheit und in die Schlagzeilen der Presse.

Nicht alle medizinisch tätigen Fachleute waren jedoch der gleichen

Meinung. Man verstieg sich vielmehr zu der Behauptung, daß dieses scheinbare Phänomen nur dadurch zustande gekommen sei, weil Cayce sich das Wissen der Ärzte telepathisch angeeignet habe. Eine Behauptung, die aber wohl mehr auf einen gewissen »Futterneid« der Betreffenden zurückgeführt werden muß.

Edgar Cayce vermochte nämlich durchaus unter Beweis zu stellen, welch enorme Kenntnisse ihm (sobald er sich in jenem selbsthypnotischen Dämmerzustand befand) zu eigen waren. Oft beschrieb er dann besonders belastende Zustände bei bestimmten Patienten, die für ihn auf Vererbung oder aber auch auf Reinkarnationseinflüsse hindeuteten. Cayce war auch imstande, Ferndiagnosen zu erstellen. Für ihn war es dabei völlig unerheblich, in welcher Entfernung sich diese Patienten aufhielten, er mußte nur wissen, *wo*, also an welcher Örtlichkeit, sie sich befanden. Manchmal kam es sogar vor, daß der »Schlafende Prophet« Medikamente und Rezepte für Leute zu nennen wußte, die erst viel später mit ihm in Kontakt treten sollten.

Wissen und Fähigkeiten steigerten sich bei Cayce zusehends. Bald entdeckte er an sich auch die Gabe der Zukunftsdeutung. Auf diese Weise gelang es ihm, den Ersten Weltkrieg vorauszusagen. Diese Prophezeiung erfolgte, nachdem sich der Hellseher hypnotisch in seine Kindheit zurückversetzt hatte. In diesem Zustand beschrieb er vor Zeugen brennende Wagen, die er hinter dem Garten seines Elternhauses vorbeifahren sah. Er setzte diese Vision mit dem Ausbruch eines schrecklichen Krieges gleich. Man schrieb damals das Jahr 1914 – und unmittelbar nach dieser Präkognition Cayces brach der Weltkrieg aus.

Aber nicht nur medizinische Ratschläge und Zukunftsprognosen ließ Edgar Cayce von sich hören, ebenso gefragt waren auch geschäftliche Hinweise des Mediums. Und wie sich zeigte, erwiesen sich diese in überwiegendem Maße als Volltreffer. Viele Menschen, die sich von ihm dahingehend beraten ließen, wurden reich. Kurz vor seinem Tod (im Jahre 1945) sagte Cayce für seinen Wohnort Virginia Beach noch einen Grundstücks-Boom voraus. Was zunächst eher unwahrscheinlich schien, traf nach dem Ableben des »Schlafenden Propheten« dann tatsächlich ein: Die Bevölkerung der Stadt wuchs schon sehr bald um das Fünfzigfache an. Cayces Prognose, wonach der bislang bedeutungslose Ort mit damals knapp fünftausend Einwohnern später zur wichtigsten Hafenstadt an der Ostküste werden würde, erfüllte sich vollinhaltlich. Und Virginia Beach ist das bis heute geblieben.

Auch den Börsenkrach an der Wall Street sagte Edgar Cayce im Trancezustand voraus. Und das mehrere Monate, bevor es dann tatsächlich dazu kam.

Atlantis und Akasha-Chronik

Der »Schlafende Prophet« hat im Verlaufe seines Lebens eine Reihe von erstaunlichen Voraussagen getroffen. Die Entdeckung der Schriftrollen von Qumran am Toten Meer gehörte da ebenso dazu wie die furchtbaren Stürme, Erdbeben und Sturmfluten, die im Jahre 1926 dann tatsächlich über Japan, Kalifornien und die Philippinen hereinbrachen und zu katastrophalen Verwüstungen führten.

Besondere Aufmerksamkeit aber erregte Cayces Prophezeiung, *Atlantis*, dessen einstige Existenz der Hellseher bestätigte, würde teilweise wieder aus dem Atlantik auftauchen. In seinen »Readings« behauptete der Hellseher, daß Atlantis in insgesamt drei Gebieten im Atlantik existiert habe. Cayce bezog sich hierbei auf jene drei Hauptgegenden, in die sich der Atlantische Ozean quasi teilt. Jede davon gehört einem unterschiedlichen geologischen Typus an. Gemeint ist damit: der Atlantische Rücken, die Ozeanbecken sowie die Kontinentalufer. Jede dieser drei Formationen beansprucht etwa ein Drittel von der Breite des Ozeans. Die größte geologische Formation ist eindeutig der Atlantische Rücken – eine Gebirgskette unter Wasser, die sich wie ein langes Rückgrat an der Achse des Ozeans ausdehnt. Bei der Kontinentaldrift spielt dieser Rücken eine herausragende Rolle. Obwohl in den Cayce-»Readings« angeführt worden war, daß Atlantis, wie erwähnt, in allen drei Gegenden des Atlantik anzutreffen wäre, nannten diese Lesungen aber nur die *Bahama Bank* in der Nähe des Kontinentalufers von Nordamerika als geographische Örtlichkeit, wo man später wirklich brauchbare Beweise finden würde.

In den späten siebziger Jahren verkündeten russische Tiefseeforscher, daß sie die Ruinen von Atlantis gefunden hätten. In einem Artikel aus der Feder von *Oleg Sulkin*, welcher in der Zeitschrift

»Sowjetisches Leben« im September 1980 veröffentlicht wurde, hieß es, daß das sowjetische Forschungsschiff *Moskovskij Universitet* Unterwasserfotografien von Formationen aufgenommen hätte, die riesigen Treppen ähnelten. Der Meinungsstreit ob der Authentizität dieser Gebilde wogte in den folgenden Jahren fort, und schließlich ließ bald danach der Vizedirektor des Zirsov-Institutes für Ozeanographie, Dr. *Andrej Aksjonov*, Presseleute wissen, daß man zur Ansicht gekommen sei, bei den angeblichen »Treppen« handele es sich wahrscheinlich eher um eine natürliche Formation.

Andererseits ist es aber einigen Meeresforschern offensichtlich doch gelungen, im Bereich der Bahama Bank *künstliche* Bauten und Mauern zu entdecken. Ob sie mit Atlantis in Zusammenhang stehen, ist noch unklar. Andererseits haben sich seit dem Ableben des »Schlafenden Propheten« so viele seiner Voraussagen bereits bewahrheitet, daß auch im »Fall Atlantis« und dem von Cayce prognostizierten Wiedererscheinen einzelner Teile des versunkenen Kontinents mit Überraschungen gerechnet werden muß.

Jenes geheimnisvolle »Licht«, das dem damals siebenjährigen Edgar erschien, und auch die unidentifizierbaren »Stimmen«, die er dabei zu hören meinte, mit der »Akasha-Chronik« in direkte oder indirekte Verbindung zu bringen, scheint mir realistisch. Der »Schlafende Prophet« selbst war davon überzeugt, daß er ein »Kanal« für Informationen gewesen sei, die ihm aus dem »kollektiven Unbewußten« zugeleitet worden wären. Diese Quelle seines ihm in Trance vermittelten Wissens bezeichnete er als »Akasha-Chronik« bzw. als das »Buch des Lebens«. Es seien dies Berichte, die das einzelne Wesen selber auf das Band von Zeit und Raum aufschreibe. Sie würden dann auch anderen Menschen zugänglich, wenn das Ich – durch Geduld – zum Einklang mit dem Unendlichen gekommen sei. Jene Informationen aus der »Akasha-Chronik« könnten dann »gelesen« (bzw. empfangen) werden, wenn sich der oder die Betreffenden auf dieses Bewußtsein »eingestimmt« hätten. Cayce führte das ihm Zugeleitete auf den »Universellen Geist« zurück, wobei es ihm bestimmt gewesen sei, diesen Energien als »Kanal« und Mittler zu dienen. *Edgar Cayce Evans*, einer der beiden Söhne des »Schlafenden Propheten«, veröffentlichte 1988 ein Buch über seinen Vater, das er »Mysteries of Atlantis Revisited« betitelte und das zwei Jahre später auch in unserem Sprachgebiet erschienen ist (»Das Atlantis-Geheimnis«). Darin beschäftigte sich Evans sehr freimütig mit vielen der Prophezeiungen Cayces – vor allem in Hinblick auf Atlantis –, und ging zum Ende des Buches der Frage nach, wieviel Glaubwürdigkeit, aus heutiger Sicht, den »Readings« seines Vaters zugestanden werden könne. In seinem Resümee nennt Evans *vier* mögliche »Informanten«, auf die er die umfassenden Kenntnisse des Vaters während seiner Trancen zurückführt:

– *Unbewußte Erinnerungen* an Material, von dem Cayce gelesen oder gehört hatte. Dazu Evans: »Viele von Vaters Bibelzitaten kamen mit Sicherheit aus dieser Quelle.«

– *Hellseherische* Beobachtungen von Menschen und Ereignissen.

– *Telepathische Kommunikation* zwischen Cayces Bewußtsein und dem anderer Individuen. Die Qualität dieser Information hängt natürlich von dem Wissen der betreffenden Individuen ab, ob sie nun am Leben oder schon tot sind.

– Die »Akasha-Chronik«, von der Cayce sagte, daß es einer besonderen *Einstimmung* bedürfe, um sie zu »lesen«. Evans ergänzend: »Man kann es auch anders sehen: Meines Vaters unbewußte Wahrnehmung konnte sich *in der Zeit* bewegen und vergangene Ereignisse ebenso wie zukünftige Wahrscheinlichkeiten sehen.«

Wer oder was diesen Edgar Cayce letztlich dazu auserwählte, zu jenen »Eingeweihten« zu gehören, denen es bestimmt war, über den Tellerrand des Weltgeschicks hinwegblicken zu dürfen, und welch tieferer Sinn dem allen zugrunde lag, bleibt ungewiß. Mögen wir es *Gott* nennen, *Schicksal* oder *Schöpfergeist* – es ändert nichts an der gegebenen Situation. Und wahrscheinlich ist es gut so, lediglich rätseln zu dürfen, aber in Wirklichkeit ohne Durchblick zu sein – denn, wer weiß, welche Überraschungen uns sonst bevorstehen könnten. Solche – oder auch solche …

8 Das große Geheimnis:
Ist unser Schicksal unausweichlich?

Was ist »Zufall«?

D as Wort spricht sich so beiläufig aus, und kaum jemand denkt sich etwas dabei: »Aber das alles war ja nur ein *Zufall*.« Wer macht sich schon Gedanken, ob die in diesem Augenblick abgegebene »Erklärung« für ein scheinbar unbegreifliches Ereignis tatsächlich ausreichend ist, sich über ein Problem hinwegzuschwindeln? Wer hat sich in stiller Stunde ernsthaft bemüht, der eigentlichen *Bedeutung* des Wörtchens »Zufall« nachzuspüren? Welcher tieferer *Sinn* ist in dem Begriff »Zufall« enthalten?

Eine ehrliche Gewissenserforschung würde bei den meisten darauf Angesprochenen ergeben, daß sie es noch nie auf den Versuch hatten ankommen lassen, dieses Alibiwort auf seine wirkliche Aussage hin zu *analysieren*. Dabei scheint doch gerade *das* sehr einfach zu sein. *Zu-fall*: das sind zwei Silben, geben aber kund, was damit gesagt werden soll: Irgend etwas »fällt uns zu«. Was zwangsläufig die Frage nach sich zieht: *Wer* oder *was* es bewirkt haben könnte, daß es dazu gekommen ist?

Je nach Weltanschauung und religiöser Bindung dürfte dann wohl bei den meisten die Antwort ausfallen: *Gott*, möglicherweise – oder schlicht: das *Schicksal*.

So oder so, beides bleibt uns eine Erklärung schuldig. In ersterem Fall wird sich der Tiefgläubige damit vermutlich zufriedengeben, denn Gottes Wege und Pläne erahnen zu wollen, scheint ein Ding der Unmöglichkeit. Etwas anders verhält es sich bei jener Bürde, die jeder von uns Menschen zu tragen hat und gemeinhin »Schicksal« genannt wird. Wie aber kann dieser unbestimmbar scheinende Begriff definiert werden? Ist er männlich, weiblich oder sächlich geartet? Und inwiefern sind wir gezwungen, uns mit unserem Los abzufinden? Muß es als eine unabänderbare Bestimmung angesehen werden?

Ist dieses Schicksal, in seiner uns oft erdrückenden Konsequenz, *unausweichlich*?

Oder eröffnet sich für jeden von uns die (zumindest minimale) Chance, seinen Verlauf im Sinne jedes einzelnen zu verändern – einer *Korrektur* zuzuführen?

»Der Mensch ist manchmal seines Schicksals Meister«, läßt *William Shakespeare* seinen Cassius zu Brutus in dem Schauspiel »Julius Caesar« sagen.
Doch sind wir das wirklich? Oder ist alles, was wir tun, festgelegt und vorherbestimmt? Diese elementaren Fragen stellte kein Geringerer als der geniale englische Physiker und Mathematiker Prof. Dr. *Stephen W. Hawking* bei einem Vortrag, den er im Rahmen eines Seminars des Sigma Clubs an der Universität Cambridge im April 1990 gehalten hatte. Und er zeigte dabei auch gleich deutlich auf, welche Widersprüche in derartigen Fragestellungen enthalten seien. Die Prädestination, die Vorherbestimmtheit, wurde früher damit erklärt, daß Gott allmächtig und außerhalb der Zeit sei, so daß er wisse, was geschehen werde, meinte der Wissenschaftler – um aber diesbezügliche Annahmen mit seinen nachfolgenden Überlegungen sofort wieder in Frage zu stellen: Wie könne es dann in diesem Zusammenhang einen freien Willen geben? Und sollten wir keinen freien Willen besitzen, wie könnten wir dann für unsere Handlungen überhaupt verantwortlich sein? Wobei Prof. Hawking ein an und für sich hanebüchenes Beispiel für diesen Widersinn gerade recht kam: »Ist es einem Menschen vorherbestimmt, eine Bank auszurauben, so kann es doch kaum seine Schuld sein. Warum also sollte man ihn dafür bestrafen?«
Die Vorstellung, daß es eine große vereinheitlichte Theorie geben könnte, deren Gesetze allem Geschehen im Weltall zugrunde lägen, werfe viele Schwierigkeiten auf, gab der Vortragende seinen Zuhörern in der Aula zu bedenken. Zunächst einmal sei eine solch große, vereinheitlichte Theorie – mathematisch gesehen – wahrscheinlich durchaus kompakt und elegant. Andererseits jedoch: Wie könne eine bestimmte Anzahl von Gleichungen die vielfältigen und trivialen Details ausreichend erklären, die wir um uns her zu erblicken vermögen? Sei es denn wirklich vorstellbar, ließ Hawking ein weiteres, abstrakt anmutendes, Beispiel folgen, daß die große vereinheitlichte Theorie vorherbestimmt habe, daß Sinead O'Connor in dieser Woche auf dem ersten Platz der Hitparade landen müsse oder daß Madonna unbedingt auf der nächsten Titelseite des »Cosmopolitan« erscheinen würde?
Überhaupt stelle die Vorstellung, alles sei von einer großen vereinheitlichten Theorie ausgehend vorherbestimmt, ein weiteres

Problem dar: Wäre dann nicht alles, was immer wir auch sagen sollten, durch die nämliche Theorie festgelegt? Warum sollte denn eigentlich vorherbestimmt sein, daß unsere Äußerungen richtig seien? Spräche nicht weit mehr für die Wahrscheinlichkeit, daß sie falsch sind, weil es doch zu jeder einzelnen wahren Aussage viele mögliche *falsche* geben könnte?

Auch der 1989 verstorbene Schriftsteller und Spezialist für Zeitphänomene, *Gerhard R. Steinhäuser*, dem ich über viele Jahre freundschaftlich verbunden war, fuhr auf dem gleichen Dampfer wie Stephen W. Hawking. Auch er weigerte sich, den Verlauf unseres Geschicks als unabänderlich hinzunehmen. »Die Schicksalsspuren scheinen festgelegt zu sein«, räumte er in seinem jüngst veröffentlichten, von mir herausgegebenen Werk »Heimkehr zu den Göttern« (Berlin 1997) offenherzig ein, um dann sofort ein »aber« hinzuzufügen: »Ihre Wahl jedoch ist, zumindest von unserem zeitlichen Standpunkt aus, frei.«

Steinhäuser erläuterte die subtile Situation anhand eines einleuchtenden Beispiels: Es sei alles ähnlich wie beim *Schach*, meinte er. Das »Königliche Spiel« stelle nämlich, so besagt es eine altindische Überlieferung, ein legendäres Gleichnis zum Thema Schicksal dar. Am Anfang sei auch hier die Partie noch völlig offen. Mit jedem neuen Zug lege sich der Spieler in eine bestimmte Richtung fest. »Dennoch hat er immer die Wahl zwischen mehreren Möglichkeiten – bis zum ›Matt‹…«

Erst dann, so Steinhäuser, sei keine andere Entscheidung mehr zulässig.

Ähnlich beurteilt dies auch der Fachbuchautor und Fernsehjournalist *Wulfing von Rohr*.

In seinem Sachbuch »Es steht geschrieben…«, in welchem er sich mit der Frage auseinandersetzt, ob unser Leben Schicksal oder bloß Zufall sei, führte er u. a. aus: »Schicksal kann ohne den freien Willen nicht entstehen. Der in der Vergangenheit ausgeübte freie Wille ist Ursprung und Ursache der vermeintlich schicksalhaften Bestimmung unserer Gegenwart und formt unser Leben… Der freie Wille und das eigene Schicksal bedingen einander. In begrenztem Umfang kann das Schicksal durch die Kraft des freien Willens *geändert* werden.«

Weltuntergang in drei Jahren?

Nur noch drei Jahre trennen uns von der Jahrtausendwende. Dann werden wir vielleicht eine neue Ära einläuten: Das Jahr 2000. Obwohl sich die meisten Menschen nach außen hin gegenüber diesem Zeitabschnitt scheinbar gleichmütig verhalten, so als wäre es ein Ereignis ohne besondere Bedeutung, hat manche unter ihnen innerlich große Nervosität erfaßt. In jenem Maße nämlich, da der Glaube an Gott und die religiöse Zuständigkeit der Kirchen ständig im Abnehmen begriffen ist, hat die Attraktivität vieler Sekten und die Hingabe an abergläubische Gewohnheiten stark zugenommen. Nicht wenige Menschen fürchten das heraufdämmernde dritte Jahrtausend. Und ganz besonders labile Charaktere unter ihnen haben sich sogar damit abgefunden, was ihnen seit Jahrhunderten – aber auch zum gegenwärtigen Zeitpunkt – von dubiosen Sekten-Gurus und selbsternannten Propheten in steigendem Maße angekündigt wird:
Der bevorstehende Weltuntergang!
Gerade erst schien Johann Nestroys pessimistisches Couplet aus »Lumpazivagabundus« erschreckende Aktualität angenommen zu haben, war doch im vergangenen April der helle Schweif eines *Kometen* sichtbar gewesen – nämlich der des »Hale-Bopp«. Was da oder dort so manche Unbelehrbare befürchten ließ, daß die Welt, getreu von Schuster Knieriems Lied, »auf kan Fall mehr lang« bestehen würde. Doch auch sonst scheint es keinerlei Anlaß zu geben, optimistisch in die Zukunft zu schauen: Katastrophen überall in der Welt, Wirtschaftsflaute, Arbeitslosigkeit, Frustration, wohin man sieht; nichts ist dazu angetan, hoffnungsvoll jenem Tag entgegenzublicken, der auf dem Kalenderblatt den 1. Januar 2000 anzeigen wird.
Steht es um uns und unseren Planeten wirklich so schlimm? Bedeutet das Auftauchen von »Hale-Bopp«, des größten Kometen in diesem Jahrhundert, das herannahende Ende der Erde, die damit einhergehende Vernichtung der Menschheit?
Wer in den Chroniken der irdischen Geschichte blättert, wird feststellen, daß solche »Weltuntergänge« nicht zum erstenmal angekündigt wurden. Ohne hier jetzt eine statistische Auflistung vornehmen zu wollen, in welcher sämtliche Daten behaupteter Menschheitsdebakel nachgelesen werden könnten, sei doch dar-

auf hingewiesen, daß beispielsweise 1818 der Amerikaner *William Miller* das Ende der Welt für das Jahr 1844 prophezeite. Was damals dazu führte, daß die Menschen den Herrgott »einen guten Mann« sein ließen und ihr gesamtes Hab und Gut verschleuderten.

Auch die »Zeugen Jehovas« waren auf diesem Feld nicht untätig: Schon zweimal, 1914 sowie 1975, sahen sie den »Jüngsten Tag« heraufdämmern – als dann aber das erwartete himmlische Strafgericht beide Male ausblieb, nahm man seither von ähnlichen Ankündigungen Abstand.

Große Enttäuschung gab es 1969 unter den Mitgliedern der Sekte von »Bruder Emman«. Am Fuße des Montblanc hatten sie den prognostizierten Weltuntergang erwartet – aber er wollte einfach nicht kommen. Böser endete eine solche Erwartungshaltung für die Anhänger des Südkoreaners *Lee Jang Rim*: Der hatte sich mit seinen Getreuen auf den 28. Oktober 1992 eingeschworen. Hunderte Sektenmitglieder verließen daraufhin ihre Arbeitsplätze, vier besonders fanatische begingen Selbstmord. Lee kam vor Gericht, wurde wegen »Betrugs« verurteilt und mit einem Jahr Gefängnis bestraft. Außerdem zu einer Geldbuße von rund 45 000 DM, was ihn vermutlich am meisten schmerzte.

Was so viele Untergangspropheten veranlaßt hat, das Ende der Welt ausgerechnet für das Jahr 2000 anzukündigen, läßt sich aus heutiger Sicht schwer nachvollziehen. Möglicherweise beunruhigte sie das bevorstehende neue Jahrtausend, das diese Pessimisten anscheinend mit einer unweigerlichen Veränderung der Lebensumstände infolge von Naturkatastrophen und sonstigen unheilvollen (durch Menschenhand herbeigeführten) Ereignissen in Zusammenhang brachten.

Pessimistische Voraussagen, auch wenn sie in einzelnen Fällen zu persönlichen und familiären Tragödien geführt haben mögen, waren aber vergleichsweise harmlos gegenüber jenem Wahn, von dem einzelne Sekten erfaßt worden sind. Noch stehen wir alle unter dem Einfluß des grauenhaften Massenselbstmordes in Rancho Santa Fe, einem noblen Vorort der kalifornischen Stadt San Diego. Dort, in einer von der Sekte »Heavensgate« gemieteten Villa, waren 39 Jünger des selbsternannten »Gurus« Marschall *Herff Applewhite*, 21 Frauen und 18 Männer, im Alter zwischen 26 und 72 Jahren, freiwillig in den Tod gegangen.

Es ist nicht allein die unfaßbare Handlung, die dabei schockiert – es sind mehr noch die Ursachen, die zu jenem wohl *organisierten* Freitod geführt haben. Waren doch diese unglückseligen Menschen anscheinend davon überzeugt gewesen – und dabei den Versprechungen ihres 65jährigen Führers Applewhite völlig erlegen –, daß sie mit einem UFO im Schlepptau des Jahrhundertkometen »Hale-Bopp« die Erde verlassen könnten, um rein geistig (den eigenen Körper betrachteten sie bloß als »nutzloses Vehikel«) ins Jenseits einzugehen.

Blinder Fanatismus gegenüber einem Wirrkopf, der seine Sektenjünger glauben ließ, er sei bereits eine Million Jahre alt und ein Raumschiff würde sie in das ersehnte »Kingdom of Heaven« – ins Himmelreich – bringen, der den von ihm herbeigeführten Massenselbstmord sogar am weltumspannenden Computernetz »Internet« angekündigt hatte, führte zu dieser entsetzlichen Bluttat.

Wer zieht an unsichtbaren Fäden?

Einmal mehr zeigte es sich, wohin blinde Gläubigkeit zu führen vermag – egal, ob sie politischer oder religiöser Motivation entsprungen sein sollte. Hier wurde (und damit kehren wir wieder zum Ausgangspunkt unserer Betrachtungen in diesem Buchabschnitt zurück) gewaltsam – und nur scheinbar »freiwillig« – in die Schicksalsbahn von Menschen eingegriffen, deren Lebensweg unter normalen Umständen einen völlig anderen Verlauf genommen hätte!

Oder sollte auch diesen verirrten Geistern der Lebensweg vorgegeben gewesen sein? Müssen wir wirklich annehmen, daß jene Kräfte oder Mächte, die *hinter* alldem, was unser Dasein bestimmt, vielleicht an irgendwelchen unsichtbaren Fäden ziehen, dermaßen *grausame* Handlungen setzen?

Ich weigere mich, dies auch nur zu vermuten.

Andererseits, wenn Wulfing von Rohr recht haben sollte, der ja annimmt, Schicksal könne ohne freien Willen nicht entstehen, dann wären wir Menschen tatsächlich auf uns allein gestellt, wären in jedem Falle, im Guten wie im Bösen, »unseres Glückes Schmied«.

Ich sehe das anders. Das Beispiel der »Akasha-Chronik«, in welcher – uralten Erinnerungen nach – unser aller Schicksal »aufgezeichnet«, »gespeichert«, somit enthalten ist, zeigt an, daß es eine Vorherbestimmung geben *muß*! Bedeutet das, von der einmal eingeschlagenen Bahn nicht mehr abweichen zu können? Sind wir dazu verurteilt (Sie, lieber Leser, ebenso wie ich) von der Wiege bis zur Bahre ein uns aufgezwungenes Geschick ertragen zu müssen? Ohne jede Aussicht, ohne Hoffnung, negative Tendenzen zum Besseren zu wenden? Ist unser aller Leben – so wie es noch im Mittelalter christliche, insbesondere katholische Vordenker unablässig behaupteten – lediglich ein »Jammertal«, aus dem uns erst durch den Tod die Erlösung winkt, sollten wir für tauglich befunden werden, ins Himmelreich einzugehen? Nein, so kann es einfach nicht sein! Gerade aus solchen wirklichkeitsfremden Aussagen droht doch labilen Gemütern jenes katastrophale Fehlverhalten, das zu Auswüchsen führen kann und sich am Beispiel des Suizid der amerikanischen UFO-Sekte so verheerend manifestierte.

Da muß noch irgendwo ein Ausweg sein…

Dem Schicksal eine Chance!

Dieser Ausweg, die Möglichkeit, unaufhaltsam Scheinendem eine andere Richtung zu geben, existiert tatsächlich. Läßt sich in gewisser Hinsicht sogar belegen. Wer hat nicht schon davon gehört oder gelesen? Ein Mensch, unterwegs zum Flughafen, ist im Begriff, flugplangemäß die nächste Maschine in eine bestimmte Stadt zu besteigen. Das Ticket ist gelöst, der Platz im Flugzeug reserviert. Einer plötzlichen Eingebung zufolge, entschließt sich der Fluggast umzudisponieren. Er läßt Ticket und Reservation verfallen, oder bucht vielleicht auf eine andere Maschine um… und erfährt des Abends schreckensbleich aus den Fernsehnachrichten, daß sein Flugzeug, mit dem er ursprünglich fliegen wollte, auf dem Weg zum vorgegebenen Ziel abgestürzt sei. War das spontane Intuition, die das Leben des betreffenden Passagiers rettete? War es dessen freier Wille? Oder eine unbewußte Vorahnung? Was von dem auch immer zutreffen sollte,

Tatsache bleibt es jedenfalls, einem scheinbar unabänderlichen Schicksal ein Schnippchen geschlagen zu haben. Was vielleicht hier vorherbestimmt gewesen sein mochte (vielleicht auch der Tod) – es wurde umgangen, überlistet.

Bietet sich somit für jeden von uns *die* Chance, dem Geschick eine Wendung zu geben? Oder besteht eine solche Alternative sogar in *mehrfacher* Hinsicht?

Ich denke schon.

Um eine derartige Annahme allgemein verständlich zu machen, sei mir an dieser Stelle ein bildhafter Vergleich erlaubt: Es ist wie in einem größeren Kopfbahnhof der Eisenbahn. Darin führen mehrere Gleise ins Freie. Aber nur eines davon können wir mit unserem »Lebens-Zug« benützen. Dieses Gleis stellt symbolisch unsere Schicksalsbahn dar. Solange wir uns auf ihm bewegen, gibt es kein Ab- oder Ausweichen. Wir sind gezwungen, jener Route zu folgen, ob wir nun wollen oder nicht. Was immer uns auf diesem Gleis auch begegnen sollte, was uns womöglich darauf zustoßen könnte – es scheint uns gewissermaßen *vorbestimmt*.

Aber es gibt auch dabei eine Alternative. Jeder Bahnkörper besitzt zumindest eine Vorrichtung, die es gestattet, im Bedarfsfall die Gleise zu wechseln. Jedem von uns ist es gegeben, so wir es für erforderlich halten, eine Weichenstellung vorzunehmen und auf ein anderes Gleis auszuweichen. Das ist dann gleichbedeutend mit einem sich verändernden *persönlichen* Geschick. Wie oft es uns möglich gemacht wird, das Schicksal in der beschriebenen Weise zu beeinflussen, läßt sich vorweg nicht bestimmen. Und ebensowenig scheint die Gewähr gegeben, daß es auf einem anderen Gleise vorteilhafter verlaufen muß.

Aber das Schicksal bietet jedem von uns zumindest die *Chance*, es mit einem alternativen Schienenstrang zu versuchen. *Verlassen* sollte man sich darauf aber lieber nicht. Schon *Friedrich Schiller* scheint dies erkannt zu haben. In warnendem Ton reimte er in seiner berühmten »Glocke«:

»... doch mit des Geschickes Mächten,
ist kein ew'ger Bund zu flechten...«

Anhang

Danksagung

Es ist eine Binsenweisheit: Ein Buch schreibt sich nie von allein. Der Verfasser benötigt hierfür oft umfangreiches Quellenmaterial. Nur selten genügen ihm dazu Recherchen in Nachschlagewerken. Deshalb ist er darauf angewiesen, ergänzende Informationen anderwärtig zu besorgen. So verhielt es sich auch bei den Arbeiten zu diesem Sachbuch. Daher ist es mir ein dringendes Anliegen, mich hier bei jenen zu bedanken, die sich bemühten, mir in selbstloser Weise zur Hand zu gehen. Ihre Namen nenne ich in zwangloser Reihenfolge, ohne jemanden über Gebühr hervorzuheben oder ungerechtfertigt hintanzusetzen.

Anstand und Respekt gebieten es mir, vorrangig jenem hohen geistlichen Würdenträger meinen Dank abzustatten, der es auf sich nahm, ungeachtet seiner vielen beruflichen Verpflichtungen, mich in Audienz zu empfangen: Gemeint ist der offizielle Vertreter des Heiligen Stuhls in Österreich, Apostolischer Nuntius, Exzellenz Erzbischof DDr. *Donato Squicciarini*. Er war bemüht, meine sicher auch für ihn nicht alltäglichen Fragen geduldig zu beantworten.

Ebenso zu danken habe ich aber auch jenen fünf Kontaktpersonen, die mir als Brief- und Gesprächspartner zum Inhalt dieses Buches Rede und Antwort standen: Benediktinerpater Professor *Alfredo Pellegrino Ernetti* †, Père Professor François *Brune*, Diplom-Physiker Professor Dr. *Ernst Senkowski*, Astrophysiker Dr. Dipl.-Ing. *Karl Grün* sowie der Wissenschaftsjournalist *Ernst Meckelburg*.

Ein herzliches »Dankeschön« gebührt ebenso *Viktor Farkas*, der mir zum Buch das Vorwort – »Fallstricke der Zeit« – verfaßte; *Rainer Holbe*, RTL-, SAT.1- und TalkNews-Starmoderator, sowie *Andreas von Rétyi*, die ich alle zu meinen Freunden zählen darf und die mich, jeder für sich, bei meiner Arbeit selbstlos unterstützten.

Das gilt ebenso für die nachfolgenden Personen. Auch ihnen habe ich entsprechende Dankesschuld abzuleisten: *Trude Hayer*, für die vor-lektorierende Durchsicht meines Manuskripts, *Karin Balzer*, für die Übersetzung wichtiger Textbeiträge aus dem Französischen, *Heide M. Schmid*, die mir in einer Notlage eine wesentliche literarische Quelle vermittelte, sowie *Anke* und *Horst Dunkel* beziehungsweise *Reinhard Habeck*, Ko-Autor bei zwei meiner früheren Werke, die den Bildteil dieses Buches hilfreich bereicherten.

Ideelle Unterstützung wurde mir in vielerlei Hinsicht durch meine Freunde *Erich von Däniken*, *Walter Ernsting* (»Clark Darlton«), Dr. *Jo-*

hannes Fiebag, Peter Fiebag, Hartwig Hausdorf, Uli Dopatka, Hans-Werner Sachmann, Walter-Jörg Langbein, Jörg Dendl, Wolfgang Siebenhaar, Ingrid und Willi Grömling sowie Julia Zimmermann zuteil. Auch ihnen habe ich zu danken.

Am Herzen liegt es mir aber auch, Dank zu sagen jenen Leuten, die verlagsintern beigetragen haben, diesem Buch den entsprechenden Stellenwert zu verschaffen: Meinem unermüdlichen Lektor *Hermann Hemminger*, dem Gestalter des gelungenen Buch-Covers, *Wolfgang Heinzel*, der Layouterin des Bildteils, *Angelika Geiß*, der Verlagsleiterin Dr. *Brigitte Sinhuber* sowie meinem Verleger Dr. *Herbert Fleissner*. Ohne deren einsatzfreudige Unterstützung wäre meine Arbeit wohl vergeblich gewesen.

Das letztgültige Urteil über Wert oder Unwert dieses Buches obliegt jedoch dem Leser selbst. Ihm muß der Autor vertrauen ...

Peter Krassa

294

Literatur und Quellen

Blavatsky, Helena Petrowna: »Die Geheimlehre«, Berlin 1933

Bohnke, Ben-Alexander: »Esoterik«, Düsseldorf 1991

Bonin, Werner F. (Hrsg.): »Faszination des Unfaßbaren«, Stuttgart 1983

Brune, F./Chauvin, R.: »En direct de l'au-delà«, Paris 1993

Bülau, Friedrich (Hrsg.): »Geheime Geschichten und Räthselhafte Menschen« (Bd. 1), Leipzig 1850

Casanova, Giacomo: »Erinnerungen« (Bd. 5), München-Leipzig 1907

Cayce, Edgar: »Die Geheimnisse des Universums«, München 1993

Cayce Evans, Edgar: »Das Atlantis-Geheimnis«, München 1991

Charroux, Robert: »Le livre du passé mystérieux«, Paris 1973

Childs, J. Rives: »Casanova«, Reinbek/Hamburg 1960

Clark, Kenneth: »Leonardo da Vinci«, Reinbek/Hamburg 1969

Däniken, Erich von: »Raumfahrt im Altertum«, München 1987

–: »Wir alle sind Kinder der Götter«, München 1987

–: »Habe ich mich geirrt?«, München 1985

–: »Beweise«, Düsseldorf 1977

Dopatka, Ulrich: »Lexikon der außerirdischen Phänomene«, Bindlach 1992

Eisfeld, Rainer: »Mondsüchtig«, Reinbek/Hamburg 1996

Ertelt, Axel: »Die interplanetaren Kontakte des Albertus Magnus«, Höhr-Grenzhausen/Koblenz 1986

Farkas, Viktor: »Jenseits des Vorstellbaren«, Wien 1996

–: »Esoterik«, Frankfurt/Main 1990

–: »Unerklärliche Phänomene«, Frankfurt/Main 1988

Ferzak, Franz: »Nikola Tesla«, Neuenhinzenhausen 1995

Fiebag, J. und P./Sachmann, H.-W.: »Gesandte des Alls«, Essen 1993

Fosar, G./Bludorf, F.: »Der kosmische Mensch«, Frankfurt/Main 1993

–: »Resonanz der Psyche«, Frankfurt/Main 1993

Gentes, Lutz: »Die Wirklichkeit der Götter«, München-Essen-Ebene Reichenau 1996

Grandt, G. und M.: »Schwarzbuch Anthroposophie«, Wien 1997

Grimal, Pierre (Hrsg.): »Mythen der Völker« (Bd. 2), Frankfurt/ Main-Hamburg 1967

Habeck, Reinhard: »UFO – Das Jahrhundertphänomen«, Wien 1997

Hausdorf, Hartwig: »Wenn Götter Gott spielen«, München 1997

Hawking, Stephen W.: »Ist alles vorherbestimmt?«, Reinbek/Hamburg 1996

–: »Eine kurze Geschichte der Zeit«, Reinbek/Hamburg 1988

Holbe, Rainer: »Niemand stirbt für immer«, München 1997

–: »Phantastische Phänomene«, München 1993

Holbe, R./Gruber, E.: »Magie, Madonnen und Mirakel«, München 1986
Ions, Veronica: »Indische Mythologie«, Wiesbaden 1967
Kanjilal, Dileep Kumar (Zimmermann, Julia – Hrsg.): »Vimana in Ancient India«, Bonn 1991
Klinckowstroem, Carl Graf von: »Geschichte der Technik«, München 1957
Knappert, Jan: »Lexikon der indischen Mythologie«, München 1994
Krassa, Peter: »Phantome des Schreckens«, Plaidt 1997/Wien 1980
–: »Gott kam von den Sternen«, Berlin 1995/Freiburg 1974
Krassa, P./Habeck, R.: »Die Palmblatt-Bibliothek«, München 1993
Külb, Karl Georg: »Der ewige Abenteurer«, Berlin o. J.
Langeveld, L. A.: »Der Graf von Saint-Germain«, Berlin-Haag 1930
Ludwiger, I. v./Oppitz, H. (Hrsg.): »Von Hexen, Wahrsagern und Alchimisten«, Luzern 1987
Mann, A. T.: »Prophezeiungen zur Jahrtausendwende«, Bern-München-Wien 1993
Mathé, Jean: »Leonardo da Vinci – Erfindungen«, Fribourg-Genf 1980
Meckelburg, Ernst: »Hyperwelt«, München 1995
–: »Zeittunnel«, München 1991
–: »Der Überraum«, Freiburg 1978
Miers, Horst E.: »Lexikon des Geheimwissens«, München 1986
Norman, Eric: »Bibel, Götter, Astronauten«, München 1972
Oettinger, E. M.: »Saint Germain«, Leipzig 1846
Rijnberk, G. v.: »Saint Germain in de brieven«, Den Haag 1943
Rohr, Wulfing von: »Es steht geschrieben…«, Genf 1994
Roy, Biren (Hrsg.): »Das Mahâbhârata«, Düsseldorf-Köln 1961
Schmitz, Emil-Heinz: »Das Zeit-Rätsel«, Genf 1979
Segrè, Emilio: »Die großen Physiker und ihre Entdeckungen«, München 1990
Senkowski, Ernst: »Instrumentelle Transkommunikation«, Frankfurt/Main 1995
Sheldrake, Rupert: »Das schöpferische Universum«, München 1991
Steiner, Rudolf: »Aus der Akasha-Forschung – Das Fünfte Evangelium«, Dornach 1991
–: »Aus der Akasha-Chronik«, Dornach 1990
Steinhäuser, Gerhard R. (Krassa, Peter – Hrsg.): »Heimkehr zu den Göttern«, Berlin 1997
–: »Die Zukunft, die gestern war«, München 1977
Tetzlaff, Irene: »Der Graf von Saint Germain«, Stuttgart 1980
Uccusic, Paul: »PSI-Resümee«, Genf 1975
Volz, Gustav Berthold: »Der Graf von Saint-Germain«, Dresden 1923
Wells, H. G.: »Die Zeitmaschine«, Zürich 1974
York, Ute: »Eine Reise zu den indischen Palmblattbibliotheken«, München 1995

Zeitschriften, Magazine:

»Bild« (Nr. 230), Hamburg 1995
»Bild am Sonntag« (Nr. 50), Hamburg 1992
»La Domenica del Corriere« (Nr. 18), Mailand 1972
»Esotera« (Nr. 9), Freiburg 1994
– (Nr. 8), Freiburg 1978
– (Nr. 4), Freiburg 1978
– (Nr. 9), Freiburg 1977
– (Nr. 4), Freiburg 1977
– (Nr. 3), Freiburg 1975
– (Nr. 7), Freiburg 1972
»Neue Illustrierte Wochenschau« (Nr. 6), Wien 1977
– (Nr. 47), Wien 1973
»NEWS« (Nr. 14), Wien 1997
»Rätselhafte Phänomene« (Nr. 2), München-Karlsfeld 1992
»Samstag« (Nr. 15), Wien 1978
»UFO-Kurier« (Nr. 28), Rottenburg 1997
»Wissenschaft ohne Grenzen« (Nr. 4), Suhl 1996

Register

*Unser
Weltbild
wird in
Frage gestellt*

Langen Müller

Den Autoren gelang es, als erste in bislang streng verbotene Zonen Chinas vorzudringen. Was beide an Bildern und Berichten mitbrachten, ist sensationell und atemberaubend wie kaum eine Dokumentation zuvor. Nun steht fest: Die »Götter« aus dem All hinterließen allgegenwärtige Spuren im Reich der Mitte.

Dokumentation
des ersten
Kontaktes mit einer
nichtmenschlichen
Existenz

Joachim Koch · Hans-Jürgen Kyborg

**Die Antwort
des Orion** Nachweis
einer
kosmischen
Begegnung

Langen Müller

Langen Müller

Der erste, authentische Bericht über die fremde Intelligenz, die hinter den echten, nicht von Menschen gemachten Piktogrammen in englischen Kornfeldern steht. In Zusammenhang mit ägyptischen Pyramidentexten gebracht verweisen sie auf einen geheimnisvollen Stern in Orion.